治安維持法の
歴史 III

荻野富士夫

# 朝鮮の治安維持法の「現場」

## 治安維持法事件はどう裁かれたか

六花出版

治安維持法の歴史Ⅲ

# 朝鮮の治安維持法の「現場」

治安維持法事件はどう裁かれたか

## ◉目次


はじめに——1

植民地統治を支える治安維持法の「悪法」性　2／「思想犯罪」処理の流れにそって　4／治安維持法関連史料の活用と制約　7

Ⅰ　検挙・取調——高等警察　9

一　高等警察の拡充——10

高等警察機構の確立　10／一九三二年の高等警察拡充　14／戦時体制下の高等警察拡充　17

二　内偵捜査から検挙へ——22

要視察人・要視察団体の内偵　22／戦時下の内偵捜査　26／第一次朝鮮共産党事件検挙の発端　27／拘留処分中の捜査から　29／『朝鮮日報』社説の批判　31

三　取調――33

「聴取書」と「訊問調書」　33／容赦なき叱責　36／「良心」に訴える　38／執拗な追及　40／「現在の心境」を問う　44／証人訊問　47／「訊問調書」の偽造　52

四　拷問――55

拷問の実態を知る手がかり　55／第一次・第二次朝鮮共産党事件の拷問　57／より残虐な「間島」領事館警察による拷問　62／日常化する拷問　66／拷問警察官の処罰　69／検察当局の警告　70／修養同友会事件の拷問　73／戦時下の拷問　77

五　送致――79

「素行調書」　79／「意見書」　82／「犯罪事実」の盛込み　87／「捜査報告書」と名称を変更　92／功労記章　95

Ⅱ　起訴――思想検察　99

一　思想犯罪処理の中枢として――100

思想検察の前史　100／思想検察の確立　102／思想犯検挙の激増と思想検事の増員　106／思想検事　伊藤憲郎　109／「思想」パンフレットにみる分析　115／『思想月報』の発刊　118／厳罰方針の変容　120／「銃後治

安の確保」の徹底へ　126／高等警察との応酬　128／警察側の検察批判　132

二　取調――135

検事取調の短さ　135／「訊問調書」の具体事例――第一次朝鮮共産党事件　137／「訊問調書」の具体事例――第二次朝鮮共産党事件　139／「訊問調書」の具体事例――一九三〇年前後　142／検事訊問時の警察の圧力　145／「訊問調書」の捏造　149／証人訊問　151

三　起訴処分――156

起訴か不起訴か　156／「公判請求」と「予審請求」　158／「威嚇主義」と「寛大なる処置」　160／朝鮮共産党関係の「予審請求」　162／第二条「協議」想定の「予審請求」　166／民族独立運動事件の「予審請求」　168／「予審終結決定」に対する「意見書」　170／「予審終結決定」に対する検察の抗告　171／戦時下に増えた「公判請求」　172／不起訴の理由　175

# III　予審――法院 I　181

一　思想係予審判事――182

予審判事の役割　182／二人の思想係予審判事――五井節蔵と脇鉄一　184／思想係予審判事の設置と拡充　187／予審判事不足と勾留の長期化　189

二　取調――192

第一次朝鮮共産党事件の新義州地方法院予審　192／第一次・第二次朝鮮共産党事件の京城地方法院予審　193

／予審「訊問調書」の捏造　196／警察「訊問調書」にそって　199／予断にもとづく「犯罪事実」の強要　202／「独立」の認識の追及　205／予審での拷問　209／署名拇印のごまかし　213

## 三　予審終結決定――216

「公判に付す」か「免訴す」か　216／公判「判決」に転用　219／共産主義運動関係の「予審終結決定」　224／無政府主義・民族主義運動関係の「予審終結決定」　227／宗教関係の「予審終結決定」　228／「予審終結決定」に検事が抗告するケース　229／予審終結イコール「有罪」決定　233／ハングル新聞の報道　236

# Ⅳ　公判――法院Ⅱ　239

## 一　公判の訊問と陳述――240

朝鮮での思想判事　240／開廷の状況　242／波乱の法廷――第一次・第二次朝鮮共産党事件公判　246／拷問の暴露と裁判長忌避　250／「案外軽い」判決　252／「治安維持法は古今稀な悪法」――権五卨の陳述　253／総督政治への理解と同意を求める裁判長――民族独立運動事件公判　256／十字架党事件公判における訊問と陳述　260／日中戦争全面化と寛大な処分の消滅　264／「牛刀をもって鶏を割く」厳罰　267／諺文研究会事件公判における訊問と陳述　269／控訴審――第一審と同等の量刑　270／控訴審――減刑されるケース　274／控訴審――検事からの控訴ケース　275／上告審――木で鼻を括ったような棄却　277／上告審――検事の上告も棄却　280／朝鮮人判事の関与　282／朝鮮人判事の来歴　285

## 二　判決全般の特性――288

平均刑期　288／日本国内との量刑の比較　290／一年未満の量刑　292／無罪判決――「公訴事実」の証明

不十分　296／無罪判決――「訊問調書」の偽造　300／軽微な事案にも実刑　305／執行猶予の基準　306／戦時下の執行猶予の減少　309／目的遂行罪の適用　311／謝罪なき刑事補償　315／「訊問調書」の証拠能力　317／朝鮮少年令の施行による不定期刑の導入　320

三　公判における弁護活動――324

人権弁護士トロイカ　324／多数を占めた官選弁護　329／日本国内からかけつける――朝鮮共産党事件公判の布施辰治　330／鈴木義男の修養同友会事件弁護　334／裁判闘争への処罰　338／事実誤認を柱とする弁論　341／量刑不当とする弁論　343／拷問による虚偽供述とする弁論　345／情状酌量を求める弁論　347／「国体」変革の拡張解釈を不当とする弁論　350

## V　行刑・保護観察・予防拘禁

355

一　行刑――356

受刑者の増加　356／独房増設と看守長増員　360／行刑の状況――劣悪な環境　362／行刑の状況――反抗・抵抗・教化　366／「転向」の誘導と促進　370／戦時下の「転向」表明　375／仮出獄――「改悛の状顕著」　377／「累進得点原簿」　383／金斗禎の仮出獄　387／仮出獄のハードルの上昇　389／さらに厳格化する仮出獄　392

二　保護観察――394

思想犯保護観察法施行をめぐる新聞論調　394／保護観察所の開設とその陣容　396／保護観察の審査、解除、更新　398／「保護」から「観察」「思想の指導」へ　402／警察との協調　405／時局対応全鮮思想報国連

盟の結成　407／思想報国連盟から大和塾へ　409／皇民化政策の先鋒として　412
三　予防拘禁――414
予防拘禁制度の先行　414／予防拘禁所の開設　420／予防拘禁所の実際　422
あとがき――425
索引――441

◉凡例

一、原則として常用漢字を用いた。

二、史料の引用にあたっては、旧字旧かなは新字新かなとし、カタカナ表記はひらかな表記にあらためた。また、適宜、句読点を付した。難読の語・人名にはルビ（振りかな）を付した。

# はじめに

東亜漫画「落ちてきている石を防ぐことができるか」
『東亜日報』1925年2月26日

## 植民地統治を支える治安維持法の「悪法」性

作家となるための文学修練に熱中する北海道・小樽の小林多喜二が、そのために社会科学を学び、社会の動静にするどい関心を向けていたことは、残された一九二六年五月から二八年一月までの「日記」(「析々帳」、『小林多喜二全集』第七巻)に鮮明に刻み込まれている。その二七年四月一〇日の条には「京大学生事件、支那の国民運動と共産党運動、それに対するロシアの関係。朝鮮の共産党の関係……多事！」とある。京大学生事件とは京都学連事件を指し、この時は京都地方裁判所検事局による取調の段階だった。「朝鮮の共産党」とは、京《キョン》城《ソン》地方法院における第一次・第二次朝鮮共産党事件の予審終結決定が二七年三月三一日になされたことを受けている。

多喜二はこれらに関する情報を主に『小樽新聞』から得ていたはずであるが、これら国内外の出来事を「多事！」と一括してとらえることができたのは、社会変革の潮流が東アジアでも大きくうねっていることを実感し、それらと自らの文学を対峙させるべきとする決意があったからであろう。朝鮮人に対する多喜二の関心は小説「東倶知安行《ひがしくつちあんこう》」(一九二八年九月完成、発表は三〇年一二月の『改造』)のなかに描写される。列車に乗り合わせた朝鮮人の集団からの連想で、小樽での経験を踏まえて日本と朝鮮の労働者の間に横たわる「最大の困難を伴う未墾地」に言及するが、そこにはプロレタリアとしての「団結」や「連帯」への希求があった。

その多喜二は東京時代、日本プロレタリア作家同盟の書記長として、新任の書記となった詩人金龍済《キムヨンジェ》と短いながらも濃密な交流をもった。地下潜行中の多喜二のレポ役も務めた金龍済は、治安維持法違反で入獄中に多喜二の虐殺を知って衝撃を受け、出獄後、知られざる「人間小林」の実像を「懐友」という文章にまとめ、『朝鮮文学』に寄稿する(一九三七年三月号)。ここにはプロレタリア文学を通じた多喜二と金龍済の友情と「連帯」

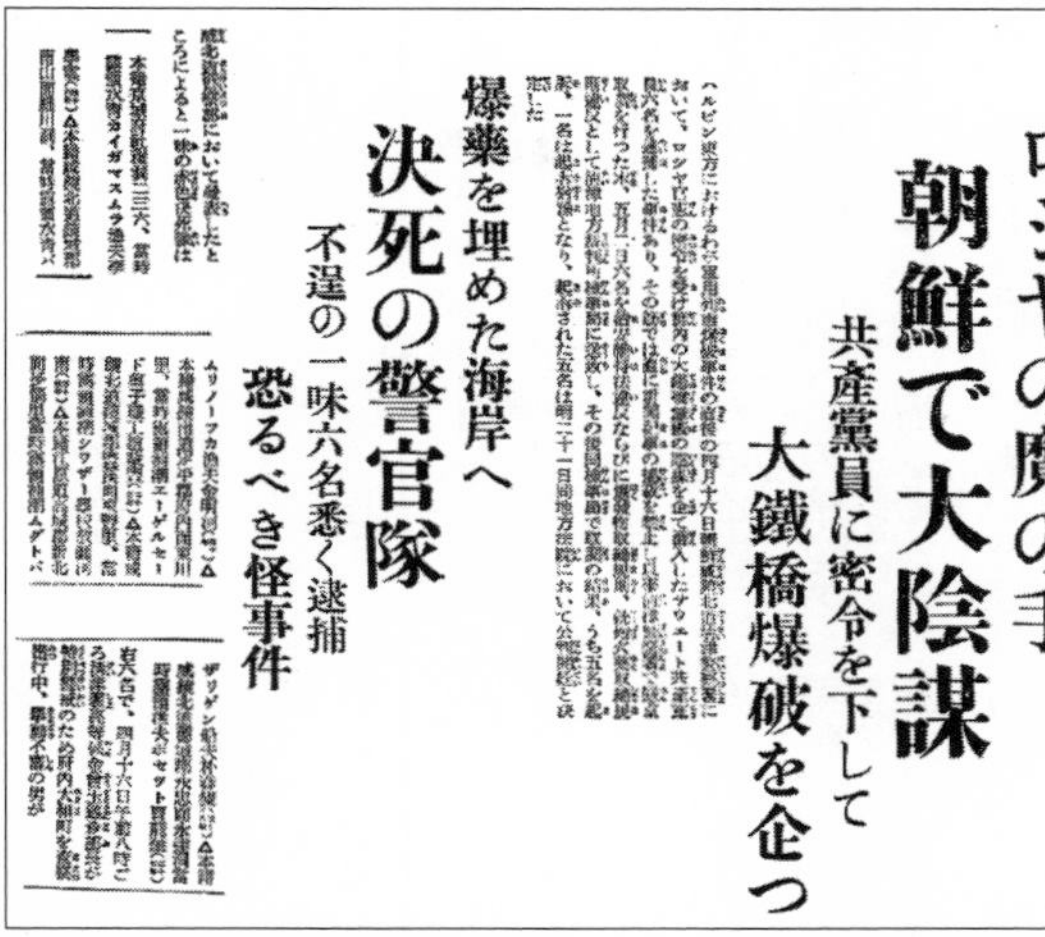
ロシヤの魔の手
朝鮮で大陰謀
共産黨員に密令を下して
大鐵橋爆破を企つ
爆藥を埋めた海岸へ
決死の警官隊
不逞の一味六名悉く逮捕
恐るべき怪事件

『大阪朝日新聞』1932年6月20日「朝鮮で大陰謀」
神戸大学図書館「新聞記事文庫」

がある（『民主文学』二〇二一年二月号参照）。

しかし、こうした日本人と朝鮮人との友情や「連帯」はごくごくわずかなかたちにとどまった。日本の植民地統治は両者の間に越えがたい分断をもたらしたが、朝鮮の民族独立運動や社会運動を弾圧する最大の武器となった治安維持法がその分断を生み出す大きな要素となった。治安維持法は日本国内の運用において十分に「悪法」であったが、朝鮮における運用ではそれを上回る「悪法」ぶりを発揮し、植民地統治の後半の二〇年を下支えした。

治安維持法による取締と弾圧が朝鮮人の独立や社会変革のための運動や思想・宗教を抑え込んだことは確かであるが、同時に日本人一般の朝鮮人に対する差別意識をも増幅させた。それは、次のような日本国内における治安維持法違反事件関連の新聞報道によって醸成された（神戸大学図書館「新聞記事文庫」による）。

「朝鮮学生騒動を起した黒幕の秘密結社　首魁ら十二名有罪に決す」『大阪朝日新聞』一九三〇年九月一四日

「ロシヤの魔の手　朝鮮で大陰謀　共産党員に密命を下して　大鉄橋爆破を企つ」『大阪朝日新聞』一九三二年六月二〇日

「稀有の赤色テロ　有罪の認定　間島《カンド》共産党事件予審終結」『大阪朝日新聞』一九三二年一二月二九日

「朝鮮の赤化教員　二十二名を起訴　教材を逆用して児童を煽動」『報知新聞』一九三三年一二月一三日

日本人の多くはこうしたセンセーショナルな報道を通じて、朝鮮の独立運動や共産主義運動を悪逆不逞なものととらえるようになった。

## 「思想犯罪」処理の流れにそって

前著シリーズⅣ『朝鮮の治安維持法――運用の通史』では朝鮮における治安維持法がどのように運用されていったのか、二〇年間の通史的な概観をおこない、日本国内とは異なるもう一つの「悪法」性を明らかにすることに努めた。本書では治安維持法違反事件が司法処分の各段階＝「現場」でどのように裁かれたのかという観点から、あらためて考察を加えたいと思う。このことについては日本国内の状況をシリーズⅠ『治安維持法の「現場」――治安維持法事件はどう裁かれたか』で検証したが、それを朝鮮において再度検証する試みである。

「思想犯罪「処理」の流れ」（**図1**）では、治安維持法違反とされた者がどのような司法手続きによって「処理」をなされていったかに焦点をあてている。まず内偵捜査を経ての検挙と被疑者の取調から検事局への送致に至る警察（高等警察）という「現場」、ついで被疑者を起訴するか否かの観点からあらためて取調をおこなう検察（思想検察）という「現場」がある。起訴された被告はそのまま公判に進む場合と、地方法院（朝鮮における第一審の裁判所）の予審に付されて公判のための取調がなされる場合があるが、予審という「現場」では大部分の被告は公判に付されることになる。一般に戦前の刑事裁判において実質的な審理は予審でおこなわれ、公判は被告の「犯罪事実」の確認の「現場」となった。判決が下って有罪になると、受刑者として刑務所における行刑という「現場」となる。治安維持法違反事件の司法処分で特徴的なことは、この行刑の完了後もなお保護観察、さらに予防拘禁という司法処分の「現場」がつづくことである。

この思想犯罪「処理」の大きな流れは日本国内においても朝鮮においても同じだが、それぞれの段階で運用

図1　思想犯罪「処理」の流れ

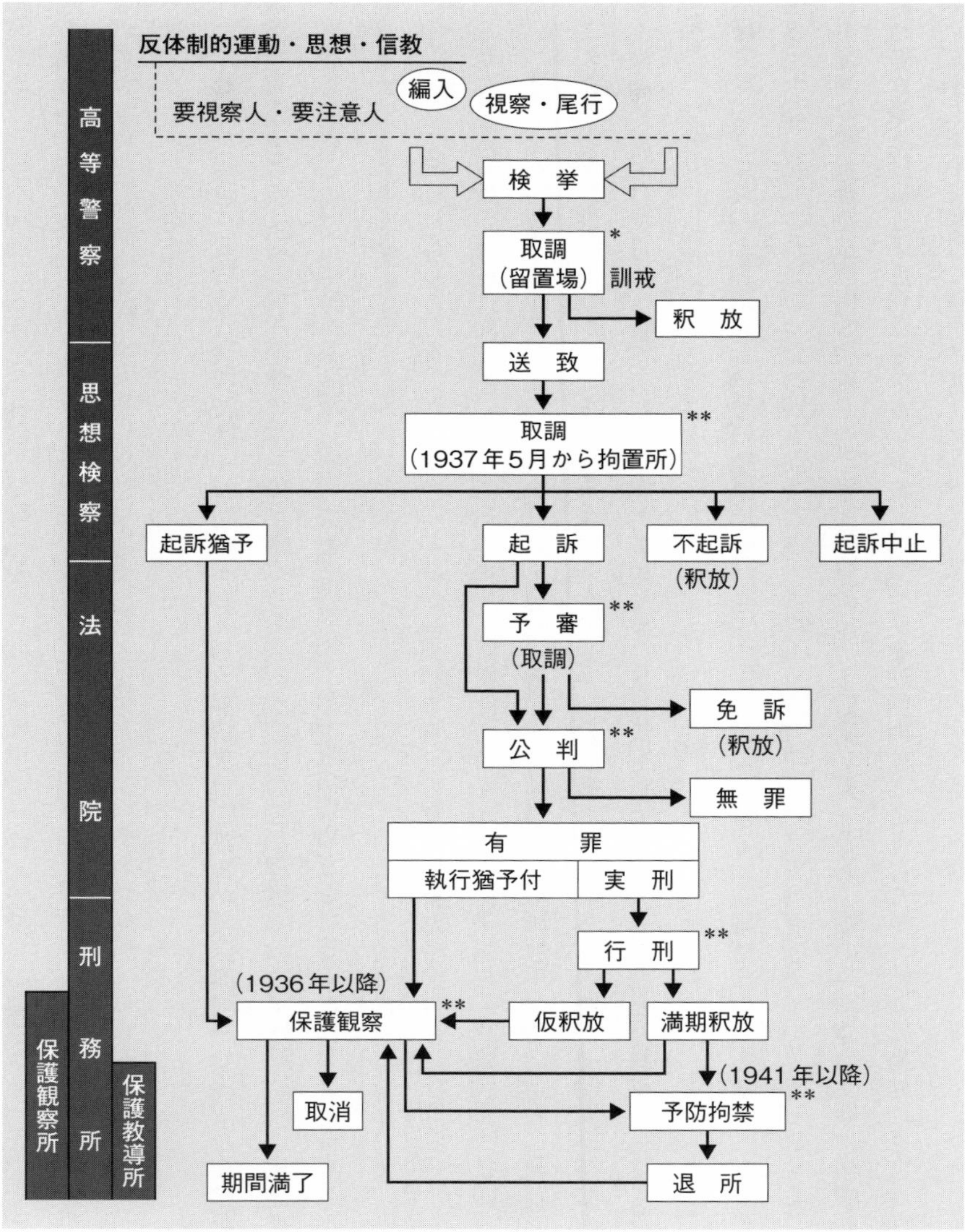


＊　肉体的・精神的拷問および「転向」への誘導
＊＊「転向」への誘導

の相違がある。日本国内を基準とすれば、朝鮮においては「特殊事情」ゆえの独自の運用があった。たとえば、検察の起訴処分時には、「転向」誘導のために日本国内で一時期活用された起訴の「留保処分」は朝鮮では実施されていない。「起訴中止」となるのは被告の逃亡などの場合だが、これは朝鮮ではかなりあった。日本国内ではごくわずかである。

また、検察が起訴する場合、選択肢は「公判請求」と「予審請求」であるが、日本国内ではほとんどが「予審請求」であったのに対して、朝鮮では「公判請求」の選択が全体の三割程度あった。保護観察の実施にあたっても朝鮮の場合には日中戦争全面化以降、「皇国臣民化」が一直線にめざされることになり、日本国内の実施状況とかなり位相を異にする。

この「流れ」図にはあらわれないが、公判における「犯罪事実」の立証に警察や検察の「訊問調書」が証拠能力を有した朝鮮での運用に対して、日本国内の運用で証拠能力をもったのは予審の「訊問調書」に限られていた（一九四一年の新治安維持法施行後は、日本国内でも警察・検察の「訊問調書」も証拠能力をもつことになった）。とくにこの警察の優位性につながることは植民地統治という「特殊事情」に発するものだが、治安維持法の司法処分上においてだけでなく、警察の行政警察的運用（とくに警察限りでの釈放者に対する視察継続などによる、十分な運動抑圧・威嚇効果の発揮）にも影響をおよぼしただろう。

本書ではこうした「思想犯罪」処理の差異に注目しつつ、朝鮮における治安維持法の「悪法」性がどのように生み出され、発揮されていったのかを前著とはアプローチの方法を変えて再度考えていくことにする。それは日本国内の治安維持法運用の特殊性——治安維持法による処断が第一条第一項の「国体」変革に集中し、目的遂行罪が最大限に拡張されるといういびつな状況——を逆照射することになる。治安維持法の条文上からいえば、朝鮮における幅広い運用がむしろ順当だった。

## 治安維持法関連史料の活用と制約

朝鮮の治安維持法の「現場」と日本国内の「現場」が相似形ながらも局面で異なった様相を示すのは、いうまでもなく「朝鮮の特殊事情」によるところが大きく、その論述が本書の中心となるわけだが、そうした論述の基礎となる治安維持法関係の史料の残存状況によるところもある。この点の日本国内と朝鮮の比較については前著「はじめに」で簡単にふれた。

日本国内ではほとんど利用できない警察・検察・予審の各「訊問調書」や「公判記録」、「判決文」が、朝鮮の場合では数多く利用が可能である。「訊問調書」が拷問による自白の強制で作成されたことや偽造・捏造されたことにも留意しつつ、それらを活用することによりそれぞれの「現場」における取調や審理の状況が具体的にどのようにおこなわれたのか、という治安維持法運用のもっとも肝心な部分が浮かび上がる。第一審を中心とした「判決文」からは、その段階的な推移とそれに密接に連動する拡張解釈ぶりをより具体的に詳細に追うことができる。ただし、朝鮮の場合においても、一つの治安維持法違反事件の警察から公判、「判決文」、行刑などに至るすべての司法処分の記録がそろって残っているわけではない。前半一〇年のところでは比較的各「訊問調書」が残っているものの、対応する「判決文」が見当たらないことも多い。

「現場」に着目するということは、奥平康弘『治安維持法小史』の表現を借りれば、警察や検察などの「サブシステム」が治安維持法というシステムのなかでどのように機能し、役割を分担しているのかを見極めていくということにほかならない。朝鮮における高等警察や思想検察の全貌を明らかにすることは後日を期すこととし、本書では各「サブシステム」が治安維持法違反事件の司法処分にどのように関わるかという点に絞っている。わずかにそれぞれの組織の機構や人員規模の推移について、官制上の定員を中心に可能な限り記している。また、治安維持法を実際に運用し、各「現場」での司法処分をおこなった検事と判事については、判明する日本人・朝鮮人ともに簡単な履歴を付すことにした。

治安維持法運用の実態をある程度客観的に示す統計類については、残存史料から抽出し、再構成して提示した。全体の時期を通観するものは見当たらず、時期的にも内容的にも限られたものとなっている。

公判における弁護活動については、高等法院の判決中の「上告趣意」に依拠せざるをえなかった。日本人弁護士と朝鮮人弁護士の弁論に異同があるのか、公判外での弁護活動など、明らかにしたいことは多いが、それらも他日を期すほかない。

治安維持法の制定や「改正」をめぐって、治安維持法違反事件の各段階の司法処分をめぐって、社会的な関心の高さを反映して朝鮮においては日本国内以上に新聞に活発に報じられた。それらについては日本語新聞とハングル新聞の論調の違いも含め、視野に入れるようにした。

おそらくこうした「思想犯罪」の流れにそった先行研究はこれまで日本でも韓国でもなされていないと判断したので、できるだけ各「現場」に即した具体的な論述を心がけた。そのため煩雑で執拗な内容になっている。治安維持法による処断がこのような次元の行動や思想にまで容赦なくおよんだということを再認識していただき、甘受していただけるよう願っている。

なお、本書では高等警察や思想検察などの「サブシステム」の思想犯罪「処理」の流れを追っていくため、時系列が何度も錯綜する叙述となっている。

＊

本文中の写真については、明記したもの以外は国史編纂委員会のデータベースによる〔한국사데이터베이스(history.go.kr)〕。

# I

# 検挙・取調
## ——高等警察

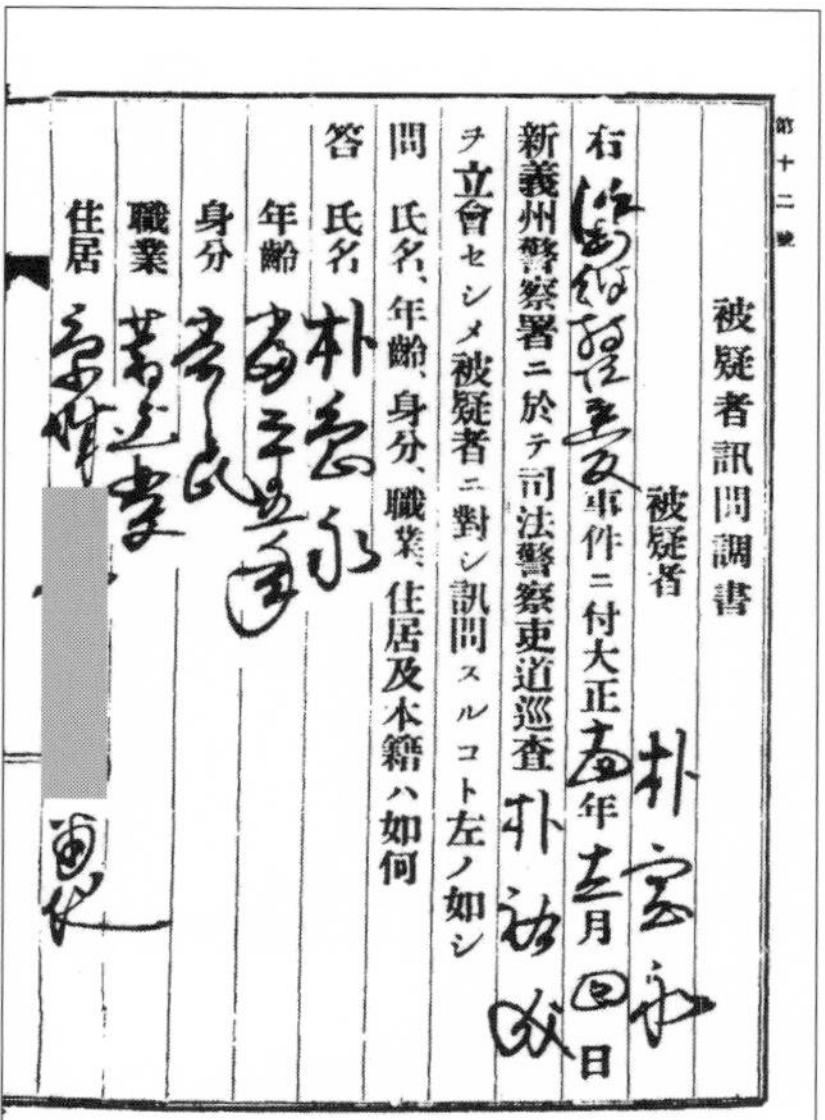

第十二號

被疑者訊問調書

被疑者

右　事件ニ付大正　年　月　日

新義州警察署ニ於テ司法警察吏道巡査

ヲ立會セシメ被疑者ニ對シ訊問スルコト左ノ如シ

問　氏名、年齢、身分、職業、住居及本籍ハ如何

答　氏名

年齢

身分

職業

住居

朴憲永「訊問調書」
1925年12月4日

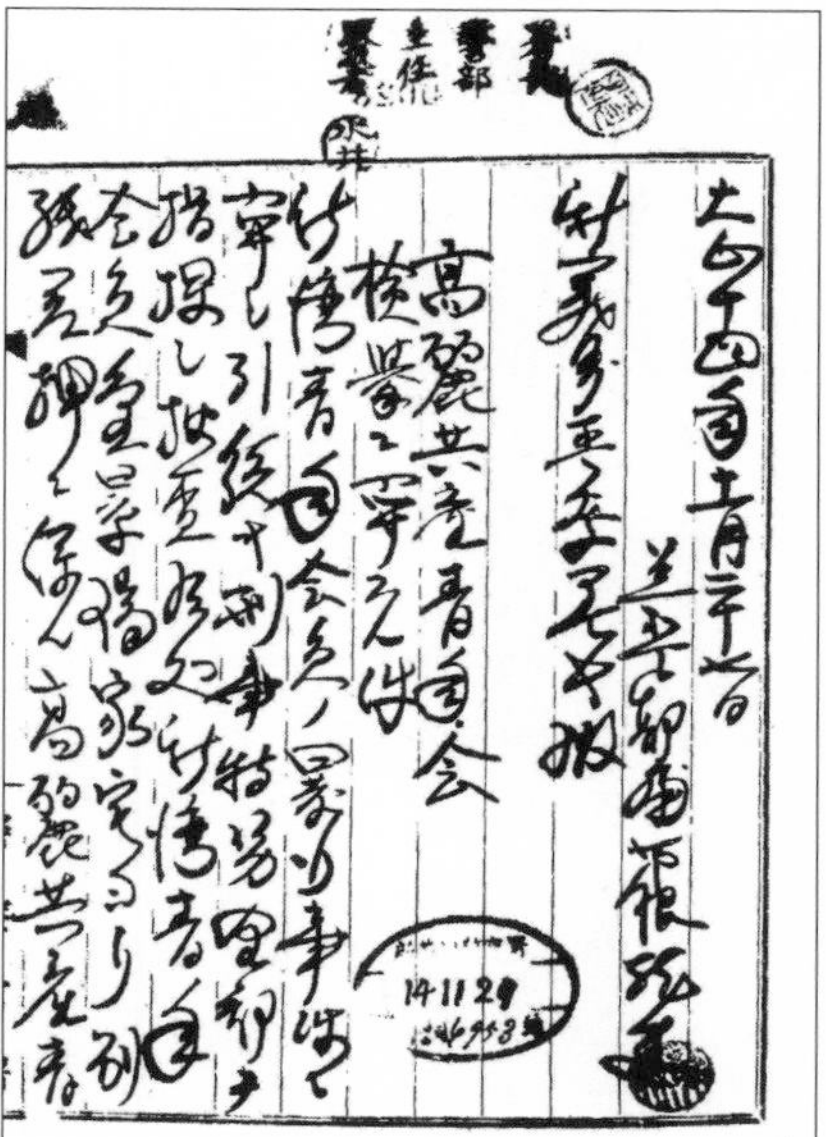

「高麗共産青年会検挙に関する件」
1925年11月27日

ともに「治安維持法違反（朴憲永外十人調書）」韓国・国会図書館所蔵

# 一　高等警察の拡充

## 高等警察機構の確立

一九一〇年八月の朝鮮総督府発足時から警務局に高等警察課が設置された。一九年の三・一独立運動の収束までは憲兵警察制度の下、「地域末端では、憲兵は、キリスト教をはじめとする宗教への監視、私立学校や書堂など朝鮮人教育機関にたいする監視のような高等警察に力を入れた」（松田利彦「植民地警察はいかにして生まれたか」、林田敏子・大日方純夫編著『警察』「近代ヨーロッパの探求」13、二〇一二年）。憲兵警察制度から普通警察制度への転換後、「高等警察」は民族独立運動に加えて新たに社会主義運動の展開に対応した。

まず治安維持法の最大の運用者となった「高等警察」の機構面での拡充ぶりからみよう。

一九二〇年代になって共産主義運動の取締が開始されていく。二三年七月一七日の『毎日申報』に「所謂《いわゆる》主義者の取締は一層徹底的におこなう」という新庄祐治郎警務局高等課長の談話がある。二六年四月二五日の『朝鮮時報』は「朝鮮に於ける社会運動は治安維持法施行以来、全く其表面運動は阻止されたが、反対に内面的には益々《ますます》深刻味を加え、漸次複雑化しつつある傾向で、是に対する高等警察官は現在の数では十分ならず、増員の必要緊切なるものあり……目下各道警察部警務課に於て管内主要警察署に対し増員の程度其他につき夫々《それぞれ》意見を徴している」と報じた。この段階ではまだ警察内部のやり繰りによる高等警察の増員を想定していると思われる。
二七年四月、運動の中心地である京畿道《キョンギド》の警察部高等課長に平安南道《ピョンアンナムド》高等課長だった佐伯多助が就任した。佐伯は警視庁高等課で一八年間勤務した後、朝鮮警察に移っていた。『毎日申報《メイルシンボ》』は「高等警察の権威」「適任者」とする（一九二七年四月八日）。

朝鮮全道を指揮する中枢の警務局では二六年に「事務分掌規程」の改正をおこなっている。それまでの警務課・保安課・高等警察課・図書課・衛生課を、警務課・保安課・図書課・衛生課に再編した。新保安課は「高等警察に関する事項、労働者募集取締に関する事項、外事警察に関する事項」を担当する（「公文類聚」第五四編・一九三〇年・第七巻、国立公文書館所蔵）。事務官一人と属一人が「高等警察」を担当した。

日本国内の特高警察が二八年の三・一五事件を画期に大拡充されたことと連動して、七月、朝鮮警察においても高等警察の整備拡充が実施された。朝鮮総督府部内臨時職員設置制中改正によるもので、「輓近《ばんきん》思想運動の趨向は一層深刻味を加え来れるを以て此等思想の調査取締を期する為」として、警務局保安課に事務官四人、属三人、通訳生四人を、道警察部に合わせて警視八人、警部七人、警部補二六人の増員を図った（「公文類聚」第五二編・一九二八年・第六巻）。保安課事務官の内訳は思想取締に一人、在外諜報機関増設に二人、出版物取締に一人となっている。

このときの保安課は富永文一を課長とし、庶務係・高等係・特別高等係・外事係・調査係・視察係から成る。高等係は「政事時事に関する事項、不逞運動に関する事項、帰順に関する事項、馬賊に関する事項、学校及学生に関する事項」などを、特別高等係は「集会結社多衆運動取締に関する事項、社会思想運動に関する事項、労働争議小作争議に関する事項、要視察要注意人に関する事項」などを担当する。高等係が民族独立運動を、特別高等係が社会主義運動関係を主管したといえる。保安課には「主として思想問題の研究」をおこなう嘱託七人も配置する。八月一七日の『京城日報』によれば「高級者は月俸三百円を給され、高等官のホヤホヤより優遇されるので、相当その道の権威者が来るだろうといわれている」。

同時に各道警察部の高等警察の拡充もなされていく。七月四日の『朝鮮新聞』によれば、京畿道警察部では巡査二二人の増員と上記の官制改正による幹部級の配属を合わせて、高等課内に特別高等係を新設し、「思想団体、主義者の査察取締、外国人取締等に全力を尽くすと共に、図書検閲方面も面目を刷新して万全を期する」という。七月一三日の同紙は「朝鮮における思想取締の新陣容　高等警察課長補充等　ここに整備を見る」と報じ、「朝鮮の治安維持の要ていは従来、時に兇暴方面もあったが、今後は思想の悪化と之に伴う策動が唯一の脅威となって来た」という浅利三朗警務局長の談話を載せた。七月一六日から全鮮高等警察課長会議が開かれた。

ついで、二九年九月、朝鮮総督府部内臨時職員設置制中改正により警務局保安課に高等警察に関する事務増加という理由で事務官と属を各一人、警務官と警務官補を各二人増員する。この説明資料には二八年一〇月に警務局で作成した「朝鮮共産党事件の概況」を付している。第一次・第二次朝鮮共産党事件から二八年六月の朝鮮共産党平安道《ピョンアンド》幹部機関及細胞機関検挙事件までの概要を収録し、総検挙人員六一九人、検事局送致人員五八二人としている。

警務官と警務官補は、日本国内で三・一五事件後の特高警察大拡充の際に導入されたものにならっている。「各道間に於ける高等警察に関する犯罪事件の捜査及検挙の連絡共助並統一」をおこなうとした。説明資料に付された「高等警察に関する犯罪にして二道以上に跨《またが》りたる事件の概要」では、たとえば「昭和三年十一月京畿道に於て高麗《コリョ》共産党朝鮮宣伝派遣員金漢童《キムハンドン》を検挙したるが、本名は同年二月間島《カンド》より咸鏡北道《ハムギョンブクド》を経て入鮮、以来京畿道、慶尚南北道《キョンサンナンプクド》、全羅《チョルラ》南北道各地を徘徊し、主義宣伝に努めたること判明せり」とされている。

警務官の任命を受けて、三〇年二月二〇日の『東亜日報《トンアイルボ》』社説「朝鮮警務官と思想検事」(『朝鮮思想通信』に

**表1　高等警察に関する事務に従事する臨時職員**

| 目的＼区別 | 総督府警務局保安課 | | | 道警察部 | | |
|---|---|---|---|---|---|---|
| | 事務官 | 属 | 通訳生 | 警視 | 警部 | 警部補 |
| 思想取締 | 1 | 2 | | 8 | 4 | 26 |
| 在外諜報機関増設 | 2 | | 2 | | | |
| 出版物取締 | 1 | 1 | 2 | | 3 | |
| 計 | 4 | 3 | 4 | 8 | 7 | 26 |

「公文類聚」第53編・1929年・第9巻

**表2　警務局保安課定員及現員表**

| 官名 | 事務官 | 通訳官 | 属 | | 通訳生 | 嘱託 | 雇員 | 計 |
|---|---|---|---|---|---|---|---|---|
| | | | 内地人 | 朝鮮人 | | | | |
| 定員 | 5 | 5 | 8 | 1 | 2 | 23 | 20 | 65 |
| 現員 | 5 | 5　定員外1 | 8 | 1 | 2 | 17 | 20 | 58 |

備考一、事務官一名は課長とす
二、事務官二名、通訳官五名、通訳生二名、雇員五名は諜報勤務として国外に派遣中のものなり
三、属内地人一名は東京出張員とす
四、属朝鮮人一名、嘱託十五名は外勤とす
五、嘱託が定員に比し現員少きは予算一人当給与低きに依り充員せざるに依る
「公文類聚」第53編・1929年・第9巻

よる）は「朝鮮の思潮、思想が一層不穏になり激化する為め、その取締と禁圧することによりヨリ以上能率を増進せしむる為である」としたうえで、目的を「警察部が道知事の指揮の下におりながら警務局とも密接な関係を有せるが如く、警察部の直接指揮下にある高等警察事務を中央保安課と一層密接にして統一的関係の下に置かんとする」と観測する。

拡充の説明資料には**表1**が付されている。これは拡充前の二九年五月一日現在の臨時職員設置制による人員で、実際の保安課の高等警察関係には朝鮮総督府官制による定員（事務官・属各一人と推定）が加わる。

道の警察部には高等課がおかれた。警部補以上は官制上に定員が規定されるが、それら以外に巡査部長・巡査がおかれる（人数は不明）。このときの朝鮮警察の全

体の人員は約二万人である。また、保安課定員と現員については、**表2**のようになっている。ここには外事係・視察係などが含まれる。

「備考」欄にあるように、上海・間島などの国外に事務官が諜報要員として配置されていたことは注目される。朝鮮人嘱託の多くは「外勤」となっており、市井での情報収集にあたっていた（以上、「公文類聚」第五三編・一九二九年・第九巻）。

一九三〇年度の警務局の陣容は警務課四一人、図書課三四人、衛生課四六人に対して、保安課は六六人を擁していた（「公文類聚」第五四編・一九三〇年・第七巻）。図書課と合わせると一〇〇人となり、日本国内の内務省警保局保安課・図書課のほぼ三分の二の規模である。ここに朝鮮における高等警察機構の確立がなされた。

## 一九三二年の高等警察拡充

一九三二年一月二一日の『大阪朝日新聞付録　朝鮮朝日』（南鮮版）に「高等警察偏重に非難が起る　司法高等均等の要望」という記事が載る。重大な刑事事件が相次いで発生するものの、解決に難航する現状に「高等警察偏重に流れ、警察界の人材は殆ど高等方面に吸収されているために司法警察方面はとかく人材に恵まれず……司法警察の貧窮を暴露」する状況になっているとして、「高等警察尊重の弊風」打破が叫ばれているという。

しかし、共産主義運動の高揚とともに治安維持法違反事件が頻発する事態に、総督府警務局では高等警察の拡充は不可避と考えていた。それは三二年三月二二日の『朝鮮日報』社説「思想警察の拡張　根本的問題はなに」（『朝鮮通信』による）が「警官二千名の増員、警部の高等課長を警視に昇格せしめ、各道に警備電話を増設し、駐在所の設置のない郡部五十八個所中、急設を要する四十個所と鉄道沿線の主要駅に派出所を、国境に警察出張所を設置し、這間《しゃかん》廃止された列車内の移動警察を復活せしめる」計画で、「五十万円乃至二百万円の予算を具体的に討議中」と報じたことにうかがえる。三月一六日の『朝鮮時報《チョソンイルボ》』が「慶南道《キョンナムド》の要求は大体十八名の見当であるが、特に内鮮関門の重要地たる釜山《プサン》水上署に於ては一層充実の目的を以て増員の計画をなしている」と報じるのは、これと関連しているだろう。

五月一三日の『大阪朝日新聞付録　朝鮮朝日』（南鮮版）の「三、四十万円位は出して呉れるだろう　特高網充実で東上した　池田（清――引用者注）朝鮮警務局長は語る」という記事では、京城―咸鏡北道間の直通電話線の架設、日本国内および「満洲国」や上海などとの連絡機関の装備、警察官約一六〇人の増員などが構想に上っていたことを伝える。六月一九日の同紙によれば「思想事件その他内地と関係ある事件が最近激増せるに鑑み、東京に専属連絡員として事務官一名、属官三名を駐在させる」計画という。

この拡張計画は縮小されて、三二年九月に実施された（朝鮮総督府部内臨時職員設置制中改正）。臨時費による経費は二一万七七〇三円に圧縮された。警務局図書課の出版物取締に属一人が増員となった。各種の出版物増加により職員にとって「頗《すこぶ》る加重なる事務の負担」となっていることに加えて、朝鮮人発行の出版物は「所謂許可制度にして、総て原稿を急速検閲の上、許可不許可を決せざるべからず」という事情、各種言語の検閲が必要であること、さらに「輓近各種社会運動団体より指令、宣言、綱領、宣伝文、声明書、声討文等の形式に依り印刷頒布せらるる不穏ビラ、パンフレット、ポスター等激増し、検閲事務は量的にも益《ますます》過重なる負担を余儀なくせられつつあり」とする（**表3**）。

新聞紙行政処分件数は一九二七年から三一年までの総計で一万二六四七件にのぼっており、逐年漸増している（二九年が「山梨（半造朝鮮総督――引用者注）事件其の他疑獄事件の為」に四一七〇件と最大）。また、三一年九月から三二年六月までの新聞記事取締状況は合計六二八件で、内訳は禁止一件、警告五二件、懇談二一件、注意五一二件、解除四二件となっている。

表3　図書課検閲事務分担表

| 検閲事項 | 分担者 | | | |
|---|---|---|---|---|
| | 通訳官 | 通訳生 | 属 | 計 |
| 各種諺文新聞雑誌（原稿）全般・鮮内外諺文刊行物（逓信局・税関関係を含む） | 1 | 2 | 2 | 5 |
| 各種鮮内外の邦文新聞及通信類 | | | 2 | 2 |
| 各種の支那文新聞、通信、雑誌類（逓信局・税関関係を含む） | | | 1 | 1 |
| 内地及鮮内発行継続出版物、単行本英字新聞、各道入手伺出、逓信局及税関合議（主として外国文）、購読英字新聞、邦文雑誌 | | | 1 | 1 |
| 各種露文新聞、雑誌（各道入手伺出及逓信局・税関関係をも含む） | | （兼）1 | | |

「公文類聚」第56編・1932年・第10巻

三二年の拡充の重点は地方の高等警察機構の強化にあった。道に警部一二人（忠清南北道を除く各道に一人）と警部補四人が増員された。警部の増員理由として、次のような説明がなされた。

朝鮮人一般の民族思想は文化の発達、社会事情の変遷に伴い益深刻味を加え、或は当府の施政に反抗し、動《やや》もすれば矯激《きょうげき》なる行為に出でんとする者漸次増加せんとする傾向にあり、而《しか》も共産主義運動は大正十四年朝鮮共産党結党以来数次の弾圧を加えたるに拘《かかわ》らず益潜行的且《かつ》尖鋭化し、民族的思想と相結んで革命的意識は強烈に進展し、其の社会的危険性は到底内地思想運動の比に非ざるなり。

而して之が捜査取締には特殊の智識教養あるを要し、且一面事務能率増進上より見るも之が専任者を定め、一般警察官の指導監督及直接思想犯の捜査取締に従事することは最も喫緊事なり。

警部補の増員は「不逞者来往査察の為」とされ、「主要港湾及汽車汽船の査察取締」という移動警察の監督にあたる（たとえば慶尚南道の釜山・大邱間）。実働部隊として高等警察専任の巡査一一四人も増員される。

三二年六月時点の各道警察部高等警察課定員（警部補以上）は合計で八一人だった（「内地人」が七四人、朝鮮人七人、現員は七一人）。

京畿道一二人、平安北道《ピョンアンプクド》一〇人などで、他の各道警察部は四人から七人の定員である。これらに九月の増員が加わる（以上、「公文類聚」第五六編・一九三二年・第一〇巻）。

先の三月二二日の『朝鮮日報』社説「思想警察の拡張　根本的問題はなに」では、おそらく「根本的問題はなに」を論じた段落が削除されている。その削除箇所につづけて次のように論じた（『朝鮮通信』による）。

根源的最重要問題は、思想警察の拡大強化を必要とする現在の朝鮮の社会関係の進展、複雑化のそれであり、次ぎは果然如上の高等警察網の拡大と現在の朝鮮の変化する社会関係とこれが能《よ》く平衡を得るであろうか、否かにある。吾人はこの根源的たる不可分の両問題の解明を試みんとする者ではなく、ただこれを提示するに過ぎない。真にこの根源的問題の解明たるや、実に誰もが一日も速かに之れが究明に勉めねばならぬことである。

問題の提示を越えてその打開策を提示しようとすると検閲により削除されたわけであるが、『朝鮮日報』の訴えようとすることは伝わる。

## 戦時体制下の高等警察拡充

松田利彦『日本の朝鮮植民地支配と警察』（二〇〇九年）は「一九三〇年代の思想警察人員の増強は、三二年の拡充を頂点とし、以後、三六年まで比較的小規模な人員増加が行われた」と指摘したうえで、さらに「一九三〇年代半ばになると、革命的大衆運動の弾圧が進み、農村振興運動が朝鮮支配政策の中枢的位置を占めるようになった。それにより、「今や治安中心時代の施政は過去の夢となり」、朝鮮統治の中枢は農林、殖産両局に移ったとまで評され、かつての花形だった高等警察も必ずしも従来の特権的地位を保てなくなっていた。……この時期の高等警察は、社会主義運動の再生を阻止するために当時期特有の政策と結びつき、そのことは結果的に高等警察の存在意義をなお示し続けることにつながった」とする。

一九三〇年代前半、治安維持法の積極的運用により共産主義運動・民族独立運動を抑え込んだにもかかわらず、三六年一二月に朝鮮総督府部内臨時職員設置制中改正により高等警察、なかでも外事警察の拡充を実現した。「近時鮮内の治安状況は表面小康を得つつありと雖《いえど》も、共産主義運動の執拗なる潜行運動は未だ跡を絶たざるのみならず、民族主義運動も亦《また》二、二六事件を契機として兎角勃興せんとするの徴あり」という現状認識に立って、「国際時局の尖鋭化」は「必ず鮮内にも顕著なる反響を生ずべきは予想に難からざる所」とする。このコミンテルンの人民戦線戦術採用への危機感を理由の一つとして「高等警察上の査察取締」の一層強化を図った。京畿道と咸鏡南北道に警部補各一人の増員がなされた。

三六年一一月一日時点の各道警察部高等警察課定員（警部補以上）は合計で一一一人となっている。三二年六月の時点から三〇人増えている（警察部全体では一二七三人）。警部補以上と巡査の人員比は一対三と推測されるので、朝鮮全体では高等警察課では巡査が三〇〇人程度配置されていただろう。さらに各警察署の高等係を合わせると、一九三〇年代における朝鮮の高等警察の人員総数は一〇〇〇人前後と思われる。各道警察部高等課は課長以下、高等係・特高係・検閲係・査察係で構成されていた。

一一月二七日の『朝鮮新聞』は「日独防共協定で高等警察拡充　半島の赤化防衛陣」と報じた。上述の外事警察拡充についで、「今後は高等警察の拡充強化が当然必要とされ、明年度にも幾分の充実計画を有しているが、昭和十三年度には更に一層の拡充をはかり、ソ連の赤化運動に対抗する強固なる陣営を構築する方針」という。

こうした高等警察の拡充が実現する段階で、警務局保安課の事務官高田柱造は「共産主義運動が最近漸く下向的な傾向を示す」時点で、「吾々の目標をはっきり意識する必要がある」という観点に立って、「特高警察の職域に就《つい》て」という見解を発表する（警務局『警務彙報』第三六〇号、一九三六年四月）。それは「予防的特高警察の任務如何」という問題である。高田は具体的に「青少年男女の指導問題」「思想転向の助成と転向者指導の問題」「労働争議、小作争議に対する警察処置の問題」「地方振興運動に対する活動」をあげる。高田の意図は特高警察の果たすべき役割として、「治安の障害を除去する」こと以上に、「積極的活動により反社会的現象の未然防止を理想とすべし」ということにあった。

共産主義運動の逼塞化をなしとげたがゆえの特高警察の新領域の展望であったが、まもなく日中戦争の全面化にともなう治安確保の要請の前に、また「治安の障害」除去という役割に戻らざるをえなくなる。

次の官制上での高等警察の拡充は、朝鮮人労働者内地移住取締を理由とした一九四〇年一月となる。日本内地と朝鮮側当局による移住協定が三九年九月から実施されて事務が繁劇化したことに加えて、「処務の当否如何は直接国策産業の振否に影響すると共に、内鮮両地に於ける銃後治安、延《ひ》いては朝鮮統治に及ぼす処至大なるものある」とする。警務局保安課と下関に属各一人が配置された（保安課においては三八年一一月から「内鮮関係高等警察に関する事務」が開始されていた）。下関には従来から「諜報連絡」のために属一人が駐在していたが、「事変下に於ける朝鮮人関係諜報の使命は一層重加し、且九州並中国地方在住の朝鮮人は年と共に増加せる」などという理由による増員である。

内地移住協定の実施後、各道警察部高等課には新たに「労働者募集に関する各種取締、応募者の思想性行、稼働能力等の身元調査、移住適否の認定、其の他移住に関する指導斡旋乃至《ないし》取締」という負担が加わったとして、全羅南道《チョルラナムド》と慶尚南道に警部各一人、他の道に警部補四人が配置された。

「朝鮮人労働者内地移住に関する方針」の一つに、「募集に依る移住朝鮮人労働者は思想堅実、身元確実、身体強健にして、成るべく国語を解し、所轄警察署長に於て内地渡航支障なしと認定したる者に限ること」があった。三八年の労働者の内地渡航出願者総数は一〇万六四七八人にのぼるが、「地元警察署独自の立場にて」諭止された割合は二二％に、「内地側に照会の結果支障あり」として諭止された割合は三九％に達している。「内地側回答に基き」警察署で紹介状を発給した数は三万八六三一件であった（警務局調）。

三九年段階の警務局保安課の事務は「鮮内普通高等警察及ラヂオ放送取締に関する事務」「鮮内特別高等警察に関する事務」「国外関係高等警察に関する事務」「外事警察に関する事務」「諜報関係鮮外派遣員」などに分かれている。通訳生以上は三四人を数え（外事警察事務の技手三人を含む）、前掲**表2**の二九年段階の二一人（嘱託・雇員を除く）から大幅に増えている。「諜報関係鮮外派遣員」は事務官三人、通訳官六人、通訳生三人である（以上、「公文類聚」第六四編・一九四〇年・第三〇巻）。

『高等外事月報』第一三号（四〇年八月分）の保安課事務分担表（四〇年九月一九日現在）をみると、古川兼秀保安課長以下、三人の事務官が配置されている。主な係についてみると、高等第一係は政治情報、国家主義運動のほか、朝鮮人の内地渡航・移住などをあつかう。高等第二係は「宗教類似団体に関する事項」や経済警察を、高等第三係は「民族運動に関する事項」をあつかう。特高係は「社会主義運動に関する事項」や時局関係事項（「時局に伴う民心の動向視察」「反戦反軍的犯罪、不穏言動」「造言蜚語に関する犯罪、不穏言動」「事変に伴う民衆の美談美挙」など）をあつかう。他に庶務係・企画係・防共係・外事係・無電係・査察係があり、派遣員は上海・北京・天津・牡丹江・新京・奉天・張家口・ハルビン・延吉・琿春《ホンチュン》・東京・大阪・下関に配置されていた。

四一年一〇月の拡充は大規模だった（朝鮮総督府部内臨時職員設置制中改正）。警務局に事務官一人、属三人、通訳生三人、道に技手八人、警部一九人、通訳生七人、警部補一〇人（ただし二人減員）が増員された。大部分は「特殊工作の為、高等外事警察の充実に要する増員」で、次のような理由である。

時局の反響として思想並に外事警察の対象著しく拡大せる折柄、事変の長期化及之が処理の膠着化に伴い人心漸く弛緩の気風現われ、殊に最近内外諸情勢の帰趨《きすう》は延《ひ》いて民衆に異常の衝動を与うるに至り一部民心に悪化の兆《きざし》認められ、主義者等不純分子の動向亦楽観を許さず思想事件再燃の兆あると共に、不穏落書、不穏文書通信等激増の傾向ありて時局に関聯する鮮内各種思想運動の趨向、コミンテルンの赤化進攻及蒋政権並に中国共産党の対鮮満工作等、治安維持上厳に警戒を要すべき情勢にあり……此の儘《まま》に推移する時、軍機及国情機密の保全は勿論、東亜新秩序の建設に支障を来し、国土防衛の万全を期すること能わざるが如きを憂慮せらるのみならず、今度時局の推移仮りに一時的にも日本の不利に陥ることあらんか、主義者等人心の浮動困惑に乗じて策動、銃後の治安を紊《みだ》るが如きこと無きを保し難く、時局下高等上外事警察上深慮重大視すべき情勢にあり

こうした認識に立ち、「従来殆ど表面皮相的取締の範囲を脱せざる警察活動に積極的新生面を加え」るとして、警務局と各道警察部に大規模な増員を図った。これらの増員により「抜本塞源的思想浄化工作」などをおこなうとあるものの、具体的な内容は不明である。ただし、「人心の浮動困惑」の把握が重視されていたことは確かである。

さらに「防諜無電検索の拡充に要する増員」として道に技手八人が、「出版物取締強化に伴う増員」として道に警部一人と警部補二人が配置される。前者ではソ連側スパイによる短波無電を検索する施設を平壌《ピョンヤン》・新義州《シンウィジュ》・咸興《ハムフン》・釜山に設置し、技手を二人ずつ配置する。後者では激増する出版物の取締とラジオ放送の取締のため、咸鏡北道・全羅南道・平安南道に配置する（以上、「公文類聚」第六五編・一九四一年・第四八巻）。

最後は四五年八月四日になっての「高等警察機構の強化を図る為」の拡充である（朝鮮総督府部内臨時職員設置制中改正）。忠清南北道《チュンチョンナムブクド》・黄海道《ファンヘド》の高等警察課長を警視に昇格させるもので（各道の警部補三人を減員）、「大東亜戦争の推移に伴う情勢の緊迫尖鋭化逆睹《ぎゃくと》すべからざる秋《とき》に際会し、銃後治安確保の実務は益々重大性を加う

るの情勢」という理由が付された。この時点で各道警察部は警務課・警備課・経済警察課・高等警察課・輸送保安課・衛生課で構成されている。敗戦直前においても「銃後治安確保」は必須の課題であったが、実際には実現をみないでおわっただろう（「公文類聚」第六九編・一九四五年・第二九巻）。

# 二　内偵捜査から検挙へ

## 要視察人・要視察団体の内偵

一九二六年一月一七日の『朝鮮新聞』は「治安法違反で主義者　十四名検挙」という見出しで、元山《ウォンサン》警察署発表として「昨年来元山青年会を乗取り、会の主義綱領を主義化せんため、一月六日委員会を開き過激なる綱領を制定したので、予《かね》て彼等の行動を監視して居た当局は治安上看過し難く、十日……十四名を治安維持法違反として検挙した」と報じる。警察が元山青年会とその活動家に対して「予て」から「監視して居た」ことがわかる。

また、二八年七月二八日の『東亜日報』には「今回甲乙の種類を廃止して全部要視察人に改定し、全鮮的名簿を作成中であるそうだが、現在当局の要視察人と認むる人物は全鮮を通じて全部三千余名に達し、万歳騒擾当時は（大正八年）約千名内外に過ぎなかったが、その後漸次増加したもの」（『朝鮮思想通信』による）とある。

日本国内と同様に、朝鮮においても「要視察人」に対する日常的な視察取締が高等警察活動の基本をなしていた。

警務局保安課による三二年五月末調の「要視察人一覧表」がある。「鮮内」「内地」「国外」に分かれ、種別は「特別」「政事」「労働」「普通」要視察人となっている。総計は三〇九六人で、「特別要視察人」一三二七人、「政事要視察人」一三〇三人、「労働要視察人」九一人、「普通要視察人」三八五人となっている。最多は京畿道で、咸鏡南道《ハムギョンナムド》、咸鏡北道とつづく。居住別では「鮮内」は全体の六四％、「内地」は六％、「国外」は三〇％である。

また、三一年末の保安課「各種思想団体状況表」では「政治」「思想」「労働」「農民」「衡平」（被差別民の解放運動）「宗教」「宗教類似」などに分かれ、「内地人」「外国人」を含めて、総計では七八九五団体八六万一九一四人となる。「思想」は「民族主義」「社会主義」「無政府主義」に分類され、それぞれ一七五団体一万五七一八人、三五団体一四二三人、一七団体四七三人となっている。「各種結社累年盛衰表」は一九二〇年以降のもので、ほぼ漸増傾向にある（以上、「公文類聚」第五六編・一九三二年・第一〇巻）。

日本国内ではこうした要視察人・要視察団体については詳細に「視察取締内規」が制定され、尾行などについても手順・注意点が規定されている。朝鮮においても制定されたはずであるが、今のところ不明である。要視察人については個人ごとに「視察人名簿」が作成され、主義系統・経歴・交友関係・言動などが記録され、編入・削除などの見直しがなされる。

羅英均《ラヨンキュン》『日帝時代、わが家は』（二〇〇三年）は、冒頭で父羅景錫《ラギョンソク》に対する総督府の「身上調査書」を引用している。

処罰　大正八年京城地方裁判所に於て強盗殺人未遂、保安法違反により懲役三か月に処せられる

性向　執拗　大正四年以来、会社製薬事業等に従事したるも失敗　此間大杉栄　逸見《へんみ》直造等と交を結び、

主義者となる
系統所属団体　高麗共産党
思想行動　共産主義者にして熾烈なる排日思想を有し、之れが鼓吹に努力中

羅英均は「あまりに露骨な敵意」と述懐しているが、おそらく「要視察人名簿」をもとに作成されたものだろう。

このような日常的な視察による内偵情報の蓄積のうえで、思想的容疑があるとみなされると検挙となる。一九二七年四月一〇日の『中外新報』連載「朝鮮共産党事件（五）」に、二五年「十一月二十五日の朝を期して全朝鮮内社会主義者の大検挙風が起ったのであるが、この突然の暴風に吹かれた主義者の数は実に数百名に達したのである。平素より警察の要視察人にして注目されておった表面運動者等は勿論、少くとも思想団体と何か関係のありそうな人であれば、この検挙に洩れなかった」（『朝鮮思想通信』による）とあるように、高等警察は「要視察人」や「要視察団体」関係者としてリストアップしていたなかから被疑者を一斉検挙した。

二六年六月の第二次朝鮮共産党事件の検挙にあたっては、思想団体に対する徹底的な内偵が功を奏した。李《リ》王《ワン》の国葬にともなう査察強化中、順天《スンチョン》警察署の伊藤浦太警部補は「国葬前数日間」、農民連合会館に集合した順天思想団体幹部の動静を注視し、「時局に対する画策等なきや保し難しと思料し、常に注意警戒中」だった。国葬前日、「一層査察を密」にしていたところ、不審の行動がみられるとして任意の家宅捜査を実施して「秘密文書」を発見した。翌日、「該文書の内容より見るに治安維持法に違反する所為あるものの如く」として、伊藤警部補は警察署長に報告した（「秘密文書発見に関する件」二六年六月一〇日、「李栄民外二名（治安維持法違反）」、国史編纂委員会所蔵）。ここから一斉検挙が始まる。

この検挙に関連して、李昌洙《リチャンス》ら三人について「金基洙《キムギス》の秘密結社組織の嫌疑ある文書発見により調査したる

に、治安維持法違反事件の嫌疑あるを以て司法捜査処分に移す」という「認知書」が六月一九日、伊藤警部補によって作成されている（「李栄民外二名（治安維持法違反）」）。検挙前の手続きとしてなされたものだが、その後はこうした「認知書」は作成されていない。

二八年の京城の学生ストライキ事件に対する内偵捜査の過程で、朝鮮学生科学研究会のメンバーが検挙されていった。九月一三日の西大門《ソデムン》警察署の「治安維持法違反及保安法違反並に窃盗犯罪被疑事件に関する報告」では、「学生の自覚を促す方便として盟休事件発生等に際しては極力之を支持すべきを屡々《しばしば》協議し、之が交渉団体として共産党の所謂ヤエチカ（細胞——引用者注）組織に準じ、各府内中等学校に五名内外の読書会なる秘密結社を組織すべく」活動しているとして、検挙の許可を求めた（韓国教会史文献研究院『日帝下治安維持法違反公判記録資料集——李鉉相事件』第一巻）。

京西高秘第四六二八號
昭和三年九月十三日
京城西大門警察署長
京畿道警察部長殿
京城地方法院検事正殿
學校盟休ト朝鮮學生科學研究會ノ行動ニ關スル件
首題ノ件ニ關シテハ一部所報（警察部長宛）ノ通ナルカ其後各關係被疑者取調ノ結果左記ノ通罪状明白トナリタルヲ以テ事件ハ治安維持法、保安法

「学生盟休と朝鮮学生科学研究会の行動に関する件」
（「学生盟休に関する情報綴」国史編纂委員会）

これにより李鉉相《リヒョンサン》ら五人が検挙され、二四日に京城地方法院検事局に送致されたが、それに先立つ二二日の西大門警察署長の「学校盟休と朝鮮学生科学研究会の行動に関する件」では「表面単純なる学生の社会科学研究なる仮面を被《かぶ》れる一種の共産党の細胞団体にして、会に潜在せる党員の意志に依り党是の実行並に宣伝に依り大衆を共産主義化する最も危険団体にして、長く司法並に警察当局をして盟休の背後に煽動団体あるを思わしめたる其正体たるを知る」とされている（「学生盟休に関する情報綴」、国史編纂委員会所蔵）。

## 戦時下の内偵捜査

一九三〇年代後半に度重なる弾圧や視察取締が厳重になると「要視察人」や「要視察団体」は身動きがとれなくなり、「転向」や団体解散も増えてきた。日本国内でもそうだったが、高等警察が「要視察人」らの日常的視察を基礎として検挙をおこなうことは減少したと思われる。それでも治安維持法および保安法などに抵触するとみなした言動を入手・察知すると、検挙に向けて関係者の周到な内偵がおこなわれた。

そうした事例の一つ、三九年三月の常緑会《サンノクスフエ》事件の検挙に至る経緯をみよう。江原道春川《カンウォンドチュンチョン》警察署では春川中学が「排日的盟休の如きも学校設立以後五回を数え、祝祭日参列忌避、諸般の国家行事に対し極めて不謹慎なる態度」をとるという伝統的校風を有していることに注意中のところ、「支那事変勃発以来学生の態度明朗を欠き、稍《やや》反戦的気風さえ察知されたる」として「鋭意内偵」を強めていた（春川警察署長「春川公立中学校学生の民族革命運動事件検挙に関する件」、三九年三月二五日、『韓民族独立運動史資料集』六〇、「常緑会事件　裁判記録Ⅲ」）。

三八年一〇月二八日の春川警察署第一報「校内に於ける秘密結社発見に関する件」によれば、「偶《たまたま》十月十七日午後八時頃春川邑丹陽《タンヤン》町咸泳大《ハムヨンデ》下宿に於て、同校五年生数十名密会の聞込と内坪駐在所よりの報告」を総合し、「本画策は単なる学校当局に対する不満より惹起《じゃっき》せんとの企図とは認め難く、何等か背後に不穏分子の内在又は結社組織活動中には非ずや」と判断して、首脳者を検束したとする。「密会の聞込」と駐在所報告をもとに、治安維持法違反の企図があると憶測した。取調は難航したが、四年生の生徒の「本を読みました」に端緒を得て、「厳重取調の結果、読書会の現存し、常緑会の指導下に活動中なること判明したる」とする。ここで一斉検挙に踏み切った。

なお、三九年三月二五日の総括的な春川警察署長「春川公立中学校学生の民族革命運動事件検挙に関する件」では、「主謀者と認めらるる人物の一斉検挙」と家宅捜索をおこなった結果、「多数の民族主義的文献」を発見したとする（以上、『韓民族独立運動史資料集』六〇、「常緑会事件　裁判記録Ⅲ」）。

対米英開戦となった四一年一二月八日、開城《ケソン》の私立松都《ソンド》中学校の英語教員金《キム》（金川）炯敏《ヒョンミン》は授業中の「不穏言動」を理由に検挙された。この事件の背景には、七年間ハワイやアメリカ本土に留学した金の「今尚欧米依存観念鞏固《きょうこ》なる」として、動静を「予ねて鋭意内査中」だったことがある。授業中に「不穏言動を弄したる旨聞込み、引続き内査するに罪証明白となりたる」として、一二月二五日に任意同行し、立件に至った（開城警察署長「松都中学校教員の不穏言動に関する件」、四二年一月四日、『韓民族独立運動史資料集』六八、「戦時期　反日言動事件Ⅲ」）。授業中の言動が「不穏」とみなされたことからみて、生徒間の雑談などを内偵中に「聞込」んだか、あるいは生徒のなかに情報提供者を獲得していたことも考えられる。

## 第一次朝鮮共産党事件検挙の発端

検挙の発端となるのはさまざまだが、一九二五年一一月の第一次朝鮮共産党事件の場合は新義州における新湾青年会員の暴行事件という小さな出来事であった。その現場にかけつけた茅根《かやね》龍夫警部補が「単なる一時の発作的暴行事件と認め難く、常に惑星の如く何等か暗中飛躍を試みつつある朝鮮日報新義州支局長独孤佺《ドクコチョン》等の朝鮮赤化陰謀事件の発露と認めらる」と判断したのは、次のような点に着目したからであったと警察署長に報告する（「新湾青年会員の暴行事件に関する件」、二五年一一月二三日）。

①警察官並に府内居住の有志と知り、特に結束して腕力を行使したる事

②暴行に先《さき》ち赤の腕章を其の執行委員長たる金得麟《キムドクリン》が使用し居り、之が成功せりと赤腕章を指せしは赤が成功せり現革命を意味するものに非ざるや

③特に警察官を指称して敵と呼ぶは、将来に於ける革命を意味するに非ざるやとの疑義を生ずるを以て、引続き之が真相内査中なり

おそらく独孤佺は要視察人としてその言動が監視されていたと思われる。そして、茅根警部補は「赤の腕章」の意味を追及するという鋭い高等警察眼を持ち合わせていた。さらに二七日にも「官権及資産家を殴打したる祝賀会を開催すべしとて、会員等に廻状を廻し居る旨に有之候」ことを報告している。二五年四月に結成された朝鮮共産党と高麗共産青年会の存在はここまで存在を知られていなかったが、この偶発的で些細な事件により探知された。

一二月四日の「高麗共産青年会検挙に関する件」では「刑事特務全部」を動員して捜査していること、関係者の家宅捜索により高麗共産青年会関係の書類を差押え、検挙が断行されていることを警察署長に報告している。なお、茅根警部補は京城に出張し。関係者として朴憲永《パクホンヨン》らの取調をおこなったのち、朴ら七人を新義州署に「任意同行」後、検挙している（以上、金俊燁・金昌順共編『韓国共産主義運動史』資料編I）。

なお、第二次朝鮮共産党事件における李鳳洙《リボンス》の検挙の経緯も興味深い。二六年八月二日の京城鐘路《チョンノ》警察署長から京城地方法院検事正への報告は、七月二日に証拠不十分として不起訴処分になっていた李鳳洙について釈放後も「犯証捜査中の処」、新たな事実を発見したので「至急御処置」、つまり再度の検挙をおこないたいという内容である。何としても李を断罪するために、言動の監視のほか、過去の交友関係・通信などの洗い直しが厳重に実施された（「李鳳洙（治安維持法違反）」、国史編纂委員会所蔵）。

## 拘留処分中の捜査から

警察での拘留中に犯罪容疑が見つかり、検挙に至る場合もある。第二次朝鮮共産党事件の鄭淳悌《チョンスンチェ》と白光欽《ペクガンフム》の場合がそれにあたる。鄭は一九二六年八月一九日、「被告は大正十五年六月九日頃住居地及同所に於て故李王《リワン》国葬に当り何事か重大事変勃発すべしと人を誑惑すべき不穏の浮説を流布したる」として警察犯処罰規則違反による拘留一〇日の「即決言渡」を受けていた。最初の検束は六月九日頃であり、拘留がすでに何回か更新されていた可能性が強い。そして、一〇日後の八月二九日には治安維持法違反により鐘路警察署に留置された。

白の場合は「一定の住居生業を有せず、常に諸方に徘徊するものにして、現に大正十五年午前十時頃府内貫徹洞路上に於て徘徊し居りたるものなり」として八月一九日に警察犯処罰規則違反で拘留一〇日の「即決処分」を受け、二九日に治安維持法違反容疑で留置された（以上、「鄭晋武外二十二名（治安維持法違反）」、国史編纂委員会所蔵）。

このようにまず警察犯処罰規則違反などの警察による行政処分を用いて拘留を繰りかえし、その間に実質的な取調をおこない、治安維持法違反容疑の「犯罪事実」を確定していくという手法は実際に多用されたと推測される。

徽文《フィムン》高普校の同盟休校事件に関係したとされた李鐘律《リジョンリュル》の検挙（二八年一一月）のきっかけは京城鐘路警察署に「拘留処分中」、「他に犯罪容疑の点あり」として居宅の家宅捜索をされた際に「全朝鮮学生は蹶起《けっき》せよ」という檄文を発見され、「其出所、頒布状況、所持目的等」を追及されたことにあった（『韓民族独立運動史資料集』四九、「同盟休校事件　裁判記録1」）。

三〇年七月、京城西大門警察署に「浮浪者として拘留中」だった李愚民《リウミン》は「曾《かつ》て支那方面に居住したるものに付き、其居住中に於ける思想運動状況」を追及され、上海の臨時仮政府に加入して宣伝部員として活動したこと、義烈団《ウィリョルダン》に加入したことなどが判明したとして検挙された（『韓民族独立運動史資料集』三〇、「義烈闘争3」）。

三一年八月の警察部長会議で松寺竹雄高等法院検事長は「朝鮮に於ける司法警察官は内地と異り事件急速を要すと認めたるときは、現行犯たると非現行犯たるとを問わず、共に被疑者の拘束其の他の強制処分を為すことを得べき法令上の権限を有す、而して捜査の端緒は警察官吏の探知に発すること極めて多数なるに因り、司法警察官は事犯の殆んど大部分に付捜査処分の全般を行い、其の結果断罪の資料となるべきを以て其の職務たるや予審判事及検事と同様にして実に重要なるものと謂うを得べし」と訓示した。訓示の主眼は拷問などの「司法警察官吏の職権濫用」について警告を発することにあったが（道警察部長会議書類、国家記録院所蔵）、ここでは捜査の端緒や処分の全般について警察官の関与が大きく、かつ重要であったという事実に注目したい。

日本国内の思想事件の処断において特高警察に占める役割は実質的に同様ではあったものの、決定的な相違は朝鮮の高等警察では当該事件についての報告書や取調での訊問調書が公判で証拠能力をもつとされていたことである。また、後述するように検事局送致の際に添付する「意見書」は、その後の司法処分の基本的枠組みとなった。警察の捜査内偵と検挙と取調は司法処分全般の方向性をほぼ決定するものとなったのである。

三〇年一〇月七日、『東亜日報』は社説で「警官の司法事務取扱制限　警部補以上に制限せよ」と論じた。「最近朝鮮総督府では従来巡査及び憲兵上等兵をして司法事務を取扱わしめていたのを時勢の推移に伴い、その司法事務取扱制限を巡査部長にまで引き上げるそうである。之は賢明なことである」とする。検挙・取調などの司法事務の権限を巡査・憲兵上等兵がもつのは韓国併合直前の一九一〇年七月以来のことであり、そのために「朝鮮人民の権利は如斯《かくのごと》き広汎な警察官の権限の下で制限、収縮されたのであった。多数の者が警察に検束されて司直の手に廻され無罪で釈放される例の多いのも、これが原因となって居る」（『朝鮮通信』による）と観測する。この社説では朝鮮警察における頻繁な検挙と取調の苛酷さを一部改善するものとして取扱制限の引上げを「賢明なこと」とする一方で、司法事務の権限を警部補以上に制限すべきとした。

## 『朝鮮日報』社説の批判

治安維持法の本格的運用が開始されると、検挙は頻繁となった。この状況に、とくにハングル新聞『朝鮮日報』は「社説」できびしい批判を繰りかえした。一九二八年一〇月二六日の「反覆常なき検挙の態度」は「最近御大典の期日切迫に依り警察の多忙なるは想像されるが、昨今の如く検挙釈放の無常なるは稀に見る所である。彼の所謂黄海道事件に関連し、京畿道警察部に検挙された者が十数名に達し、一時は世人のセンセイショナルを捲《まき》起したのが、到頭《とうとう》事実無根に依り続々と釈放され、警察の軽挙を非難する声が高くなって来た。……最近特別警戒の為激増された密偵や移動警察の過敏な取締が斯《かか》る事端をヨリ多く惹起する様である」（『朝鮮思想通信』による）と記している（一〇月二五日の『毎日申報』にも「検挙者続続放免　容疑微弱　取調は継続」とある）。一一月の昭和天皇の大礼を前に警察の検挙は異常なほど頻発し、容疑なしとして釈放される事例が多いことにこの社説は批判を浴びせている。

二九年八月二〇日の「検挙と不起訴」では「山梨総督が来てから、特高警察網並に其他思想取締の施設に一段の力を注いだ」結果、さらに「取締の厳酷」が加わったとして次のように展開する（『朝鮮思想通信』による）。

警察署に於て有罪と認定した事件の過半数が不起訴となるその理由が、果して検事局の刑罰を惜しむ寛大なる態度に依るものであるか。然らざれば警察署の犯罪構成に対する標準が苛酷である所から産まれたものであるか。……殊に近来警察の態度が犯罪事件の構成を多くするを以て、その功績を争う傾向のあることは、思想取締の苛酷なる施設と共に、朝鮮警察に固有の無制限なる権限そのものが之を助長せしめたものである。この外にも警察に於いて有罪と認定するまでに、又どれ程多くの人員が単なる嫌疑のために苦められておるかを考えれば益々驚かざるを得ない。

「警察署の犯罪構成に対する標準」の苛酷さや検挙件数の「功績を争う傾向」の指摘にとどまらず、朝鮮警察に「固有の無制限なる権限」を与えているという構造的な問題に迫っている。

三〇年三月六日の社説「濫《みだり》に検挙するは不可なり」では京城の各警察署から京城地方法院検事局への被疑者送致に注目し、「件数に於いて五割四分余、人数に於いて六割二分五厘に該当する者は、全然事実無根による不起訴処分であった」とする。さらに「警察官署より検事局に起訴意見を添付して廻す被疑者数を出すに至るまでは、必ずその数以上の被疑者の検挙及び総《あら》ゆる厳重な取調を為すことは一般の目撃する所である。故に不起訴処分までに至らずして先づ警察官署で或る一定の辛苦を嘗めて釈放さるるものが必ず相当の数に達するものと断定さるる」と指摘する。検事局における不起訴者数が半数以上にのぼるだけでなく、警察限りの訓戒で釈放される者が「相当の数に達する」ことをするどく糾弾している。正式の送致数の背後に隠されている膨大な暗数についても目を向けている。

しかし、こうした批判が警察に届いた形跡はみられない。その例証として、三四年四月の道警察部長会議の「現下朝鮮に於ける労働農民運動の趨向に鑑み、之が取締並に善導方策如何」という諮問事項に、咸鏡南道からは折からの治安維持法改正案の議会提出に合わせて「更に朝鮮の特殊事情に鑑み、検事に許されたる拘留期間は司法警察官にも之を許容するよう考慮」することを要望したことがあげられる。「朝鮮の特殊事情」とは「現在思想犯罪の捜査は刑事令《ママ》の規定に基くも、実際的捜査に当り刑事令の規定を厳守しては思想犯の検挙は絶対不可能なりと断言するも過言にあらざるべく、現に事件の取調は検束の更新、拘留処分を繰返し居るの実情」という状況だったのである。この違法性は朝鮮警察全般で黙認されていたが、やはり違法性の自覚は具合が悪く、それでは違法性を解消するために治安維持法の改正を求めようという本末転倒ぶりであった。

同会議では慶尚北道から「思想犯人に対する警察官の留保処分を認められたし」という希望も表明されている。日本国内で「転向」を促進するために思想検事が起訴の「留保処分」を編み出して活用していたが、それにならって警察からの「思想犯人の検事送致を留保し、相当期間視察の結果に依りて夫々《それぞれ》相当の意見を付し、検事に送致し得ること」を求めたのである。警務局の応答は「詮議し難し」（以上、『特高警察関係資料集成』第二六巻所収）と拒絶されたが、こうした発想がなされること自体、治安維持法違反事件に対する高等警察の得手勝手ぶりが露呈している。

# 三　取調

## 「聴取書」と「訊問調書」

第一次朝鮮共産党事件において、警察の取調記録は初期段階の「聴取書」と「訊問調書」に分かれている。一九二五年一二月一日の京城鐘路警察署における新義州警察署の茅根龍夫警部補による朴憲永に対する取調記録が「聴取書」であるのは、まだ正式の検挙ではなく「任意陳述」とされたからである。分量は多くない。高麗共産青年会の組織について、朴は「私共の目的は帝国政府、軍国主義者等を葬りまして、露国の如き共産主義者の世界と為しまする目的であります」などと供述した。

一二月一四日の金尚珠《キムサンジュ》に対する茅根警部補の取調も「任意陳述」による「聴取書」とされた。「朝鮮共産党の目的は如何」と問われ、「団結して共産主義の宣伝を為し、以て共産主義的の制度にするというのが其目的であります」と供述するなど、内容はその後の「訊問調書」と変わらない。

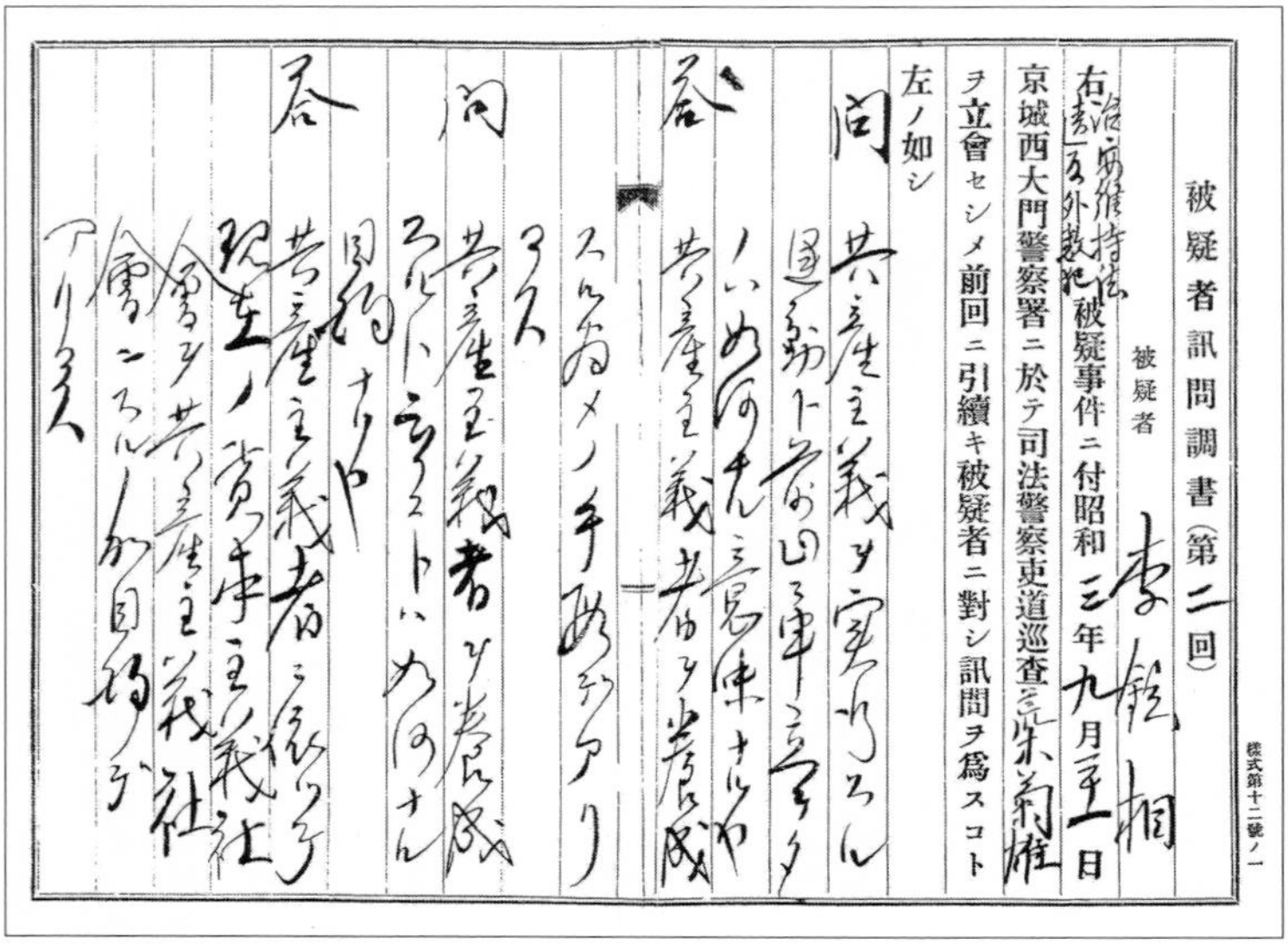
様式第十二號ノ一

被疑者訊問調書（第二回）

被疑者 李鉉相

右治安維持法違反外数犯被疑事件ニ付昭和三年九月二十一日

京城西大門警察署ニ於テ司法警察吏道巡査

ヲ立會セシメ前回ニ引續キ被疑者ニ對シ訊問ヲ為スコト

左ノ如シ

李鉉相「訊問調書」1928年9月21日

『日帝下治安維持法違反公判記録資料集——李鉉相事件』第1巻

朴憲永の場合、京城から新義州に同行されたのち正式な検挙となった。一二月四日の新義州署における茅根警部補による取調は被疑者として扱われ、その記録は「訊問調書」となった。ここでは高麗共産青年会について「共産青年会は秘密に組織したるものでありまして、共産主義綱領は現在の資本家制度、現私有財産制度を否認し、現在に於ける労農露西亜《ロシア》的の団体を組織する」と供述する。「其方等の立場より吾が日本帝国の国体を如何に観察するや」に対しては、「現在の日本帝国の国体は資本主義的国家であります」と答える。この訊問はおそらく数時間におよぶ本格的なものとなった（以上、『韓国共産主義運動史』資料編Ⅰ）。

第一次朝鮮共産党事件以後の取調記録は、すぐに「訊問調書」の形式となる。ただし日本国内や上海から移送された場合、それぞれの警察における取調記録は「聴取書」となる。三二年一二月五日、神戸水上警察署における趙鏞夏《チョヨンハ》の取調は「聴取書」とされて、身柄とともに朝鮮に移送された。一問一答式ではなく聴取した軸丸勝敏警部によってまとめられた概要で、たとえば「思想傾向」は「私は常に朝鮮の独立を希望するものでありますが、其の方法は朝鮮の一般民衆が民族的に自覚して上海の仮政府を支持したならば必ず実現すると考えて居りまして」などとなっている（『韓民族独立運動史資料集』四二、「独立軍資金募集1」）。

また、三八年九月一九日に上海総領事館警察部の藤井忠夫警部の取調を受けた韓国独立党員朴景淳《パクギョンスン》の場合も「聴取書」である（『韓民族独立運動史資料集』四六、「中国地域独立運動裁判記録4」）。

「訊問調書」の具体例は次項以降でみることとし、検事側からの「被疑者訊問中の注意」についてみておこう。「間島」領事館警察から京城地方法院検事局への移送に齟齬が生じた際、両者の間で協議の場がもたれ、検事局側から領事館警察側への注文がなされたことがある。三二年一月、京城地方法院検事局では「司法警察官及検事々務取扱に於て記録作成上の注意」について言及し、「被疑者訊問中の注意」として次のような留意点をあげた（「検事々務打合其の他の状況報告の件」「在支帝国領事裁判関係雑件」第一巻D-1-2-0-2　外交史料館所蔵）。

イ、治安維持法違反事件は凡《すべ》て現行犯事件として取扱い居るが故に、一件書類は現行犯たることを明確に為すべきを以て、現に主義目的達成の為め活動し居ることを明にすること

（略）

へ、訊問は可成《なるべく》一回にして簡単明瞭にし、且必要条件を欠かざる様留意すること、数回訊問を為したる調書は日時場所及方法が合致せざる者多く、従って何れが真なるやを疑わしめ、取調上手数を要するを以てなり

（略）

チ、司法警察官の作成したる訊問調書は其の後取調の基礎となるのみならず、証拠となるを以て取調に際しては可成完全且詳細に作成し、特に証拠蒐集に努力せられたし

「間島」領事館警察のずさんな自白偏重の取調により、公判の証拠能力をもつ「訊問調書」の出来が悪いことに、遠隔地ゆえに再調査ができない京城地方法院検事局がいら立っていたことが、このきびしい「被疑者訊問中の注意」になったといえる。直接的には「間島」領事館警察に改善が求められたが、朝鮮の高等警察においてもこれに近い実態があったと推測される。

治安維持法違反事件の「訊問調書」全般についていえることだが、実際のやりとりがそのまま記録されているわけではない。後述するように、多くの場合、拷問による供述の強制があり、「訊問調書」作成自体が詐術に満ちていたり、偽造されたりしていたからである。被疑者は被告となって公判の場で、これらのデタラメぶりを暴露する。

したがって「訊問調書」によって描き出される事件像＝「犯罪事実」とされるものは、高等警察による恣意性が強いと考えられる。それでも訊問のやりとりから導きだされる高等警察の手法やスタンスは検証に値する。

## 容赦なき叱責

高等警察の治安維持法違反事件の「訊問調書」をみていくと、訊問のやりとりから導きだされる高等警察の手法やスタンスについていくつかの特徴があることがわかる。

まず、事件への関与を否定する被疑者への容赦ない叱責である。一九二六年八月二二日、第一次・第二次朝鮮共産党事件被疑者辛命俊《シンミョンヂュン》に対する第一回訊問で京城鍾路警察署の高木義雄巡査は朝鮮共産党との関係をきび

しく追及していくが、辛が否定を繰りかえすと、「つまらぬ答弁をしてそれで万事を隠し終《お》うせると思うか」と迫る。さらに、次のようなやりとりがなされた（前掲「鄭晋武外二十二名（治安維持法違反）」）。

問　其方は上述に何等朝鮮共産党及高麗共産青年会に関係ない旨を述べ居るが、何程否認しても立派な証拠が在るが、それでも知らぬと言い得るか。

答　存じ無いことは申し上げられませぬ。

問　実は京城其他に於て共産党及共産青年会の中央の幹部並に夫等《それら》の秘密書類全部を押収し、調査の結果言い逃れるに由なく、全部の者が是認して居る、良く周囲の事情並に逃る可からざる運命を自覚して潔《いさぎ》よく自白せよ。

答　何度御尋ねになっても知らぬことは申し上げられませぬ。

問　暫《しばら》く余裕を与えるから良く思考して置け。

答　承知しましたが、何等考えることはありませぬ。

同日の第二回訊問で、辛は冒頭で「悪《わる》う御座居ました。前回迄の陳述は偽りでした、取消して下さい。私は朝鮮共産党に関係して居ます」として供述をはじめた。この場合は朝鮮共産党関係の書類が押収されていたため辛は否認をあきらめたが、その後の多くの治安維持法違反事件の場合、高等警察が示す被疑事実を否定すると、まずきびしい叱責があり、それでも否認を繰りかえすと、後述のような残酷な拷問による供述の強要がなされた。

二九年一二月七日、同盟休校事件の被疑者鄭種根《チョンジョングン》の第一回訊問で、京城鍾路警察署の劉承雲《リュスンウン》巡査は学生デモ運動の協議への関与を追及した。鄭がそれを否定すると、「そんなことはない。後で訊問するからよく考えて置けよ」と言い渡す。一〇日の第二回訊問で劉巡査が「其方はデモ運動に付て何も知らないと云うも、相《あい》被疑者が陳述して居るから自分のやった通り正直に述べては何うか、よく考えて見よ」と迫った。「相被疑者が陳述して居る」というのも供述を引き出す常套手法である。「訊問調書」では「この時被疑者は何かブツブツ考え居れり」と記したのち、鄭が「よく判りました」と答え、供述がはじまったとする（『韓民族独立運動史資料集』四九、「同盟休校事件　裁判記録1」）。

四一年三月二四日、京畿公立中学校四年生の姜祥奎《カンサンギュ》（大山隆実）の民族差別に端を発した反日言動事件の、京畿道警察部での第三回訊問では「忘れて居て偽《いつわり》を吐く奴があるか。何故偽を吐いたか。其理由を明かにせよ」「お前は其自分の日記にも書いて居る如く、自分の学校の先生に対してさえ校長が狂気染みて居るの、川本が敵であるのと、校長先生や担任教師迄こき下す様な男だから、只今の取調べに対しても偽を吐く事位《くらい》平気で居るのだろーが」などとはげしく責めたてた。姜は「どーも恐縮致します。極端な民族主義に捉われて居る処から、遂《つ》いあんな悪口迄申しまして誠に申訳ありませぬ」と恭順の意を示さざるをえなかった（『韓民族独立運動史資料集』六七、「戦時期　反日言動事件Ⅱ」）。

圧倒的な優位に立つ警察官は人格を罵倒する言葉を並べて、被疑者を追い詰めていった。

## 「良心」に訴える

とくに第一次・第二次朝鮮共産党事件の訊問に顕著にあらわれるが、高等警察は思想犯罪を絶対的に悪とみる前提に立って、被疑者の「犯罪事実」の非道徳性を責め立てていく。

一九二六年七月一九日、京城鐘路警察署の劉承雲巡査による姜達永《カンダルヨン》の第二回訊問では、冒頭から次のようなやりとりがなされている。

問　第一回にも汝は虚言のみを述べて居たが、少し考えたか。

答　幾ら考えても共産党には干係はありませぬ。

問　そんなことばかり云わずに良心に訴えて男らしく述べるがよいではないか。

答　私は社会主義者だと当局の方で誤解して居りますけれども、私の本当の真思想は民族思想を持って居るものです。

問　少し尚又考えて見よ。

この時、被疑者は頭を下げ、暫らく黙々として前非を後悔するが如く考え居《ママ》た。

問　朝鮮共産党との干係如何。

答　私は朝鮮共産党の幹部の一人であります。

七月二七日の李準泰《リスンテ》に対する第二回訊問では、鍾路警察署の黒沼力弥警部補が「被疑者は従来の取調に際し、朝鮮共産党に関しては全部否認しあるが、良心に訴え正直に申立てよ」と迫っている。李の答は「幾程御取調を受けても事実の無き事は申されませぬ」だった。

八月二二日の韓廷植《ハンジェシク》に対する第一回訊問でも、劉承雲巡査の「そんな剛情を張らずに良心に訴えて真実を述べよ」との追及に、被疑者は「暫くの間黙々として何か考えて居」たが、「はい、判りました。私は悪うございました、私のしたことは一切陳述します」と供述するに至ったとする。この供述には拷問があったと、一二月二二日の京城地方法院の予審訊問のなかで韓は供述する（「警察では其様に陳述しましたが、其れは拷問せられ、苦痛であったからで、全く虚偽の申立であります」）。

八月二二日の辛命俊に対する第二回訊問でも、高木義雄巡査が「其方は前回迄全然共産党に関係なき旨申立て居るが、一時も早く自白して良心の苦しみを避け、且つ相当の罪を償い、家族等の安堵を図る気はないか」と迫ると、辛は「悪う御座居ました。前回迄の陳述は偽りでした、取消して下さい、私は朝鮮共産党に関係して居ます」と供述したとする（以上、「李鳳洙（治安維持法違反）」、国史編纂委員会所蔵）。「良心に訴え」や「男らしく」、あるいは「正直に」などが常套句のように用いられているが、それらが被疑者に伝わったとは思えない。ましてや「前非を後悔するが如く考え居た」という観測は、訊問する側の憶測にすぎない。供述に転じるのは、朝鮮共産党関係の書類の押収という物的証拠の前に頑強な否認をあきらめざるをえなかったということとともに、拷問による自白の強制があったからである。

このように「良心に訴え」を繰りかえして供述を迫ることは、その後の訊問ではほとんど見られなくなる。思想犯罪の確信犯に「良心に訴え」ることは効果のないことであり、冤罪にひとしい思想犯罪を仕立て上げられたものにとって「良心に訴え」かけても出てくるものは何もなかった。「正直に」供述しても、それを高等警察の側では認めなかった。

## 執拗な追及

治安維持法違反事件の訊問は常に執拗な追及に終始したといってよい。具体的にいくつかの事件で検証してみよう。

一九三三年の十字架《シブジャカ》党事件で、牟谷《ムコク》学校の卒業生で同校臨時教員の南宮現《ナムグンヒョン》に対する洪川《ホンチョン》警察署の訊問（一一月八日）では、読書会の目的に対する知識の向上を図るためとの答に、「表面は単に雑誌を購読すると謂って、其の実は他の主義を宣伝するのではないか」と追及する。また「エベツ青年会」についても、一般信徒に対する信仰心の向上や伝道の援助という答に、「表面に現われる目的は宗教の発展を期する団体と云うけれども、裏面の目的は南宮檍《ナムグンオク》を中心として無窮花《むくげ》の宣伝をやって、一方民族運動を為す結社に非ずや」と問いただしている（『韓民族独立運動史資料集』四七、「十字架党事件1」）。

主謀者と目された劉子勳《リュジャフン》に対する訊問は六回におよぶが、一一月二三日の第三回では「生産機関は如何にするや」「階級制度は如何にして撤廃するや」と責め立て、「天皇は天皇たる職務を履行するに於ては偉人であるかも知りませぬが、個人としては我等と異る所がないから、階級の意識をなくして平等にならなければ、現社会は理想でないと思います。此れを撤廃するには人為的には簡単に往《い》きませぬから、基督教の精神を以て此の意識を撤廃して、天皇でも人民でも平等にならなければ理想でありませぬ」という供述を引き出した。ここから一挙に「国体」変革の意図に結びつけていく（『韓民族独立運動史資料集』四七、「十字架党事件1」）。

問　然らば其許《そこもと》は国家を否認するのではないか。

答　私は決して国家を否認するのではありませぬ。国家とか天皇はあっても好いが、階級丈けは撤廃しなければ往かないと謂うのであります。

問　天皇と普通人民と平等になるとせば、国家を否認するではないか。

答　職務丈けは天皇の職務を取って好いが、一個人としては差別をする必要がないと云うのであります。

問　然らば天皇は至尊至高の方で、国法に侵すべからざると云うことを厳格に規定してあるが、天皇でも人間に依っては変りがないと云って平等にするとせば、其許の主義は不敬になることは勿論、国家を否認するのではないか。

答　全然国家を否認するのではなく、唯《ただ》階級の意識丈け造らなければ別に問題とする所でありませぬ。私の主義は天皇が居っては往かないと謂うのではなく、単に居っても好いから階級丈け造る必要がないと云うのであります。

問　夫れが結局国家を否認する主義でなく何にか。

答　解釈の限界にも依りますが、私は存在を認めないと云うのではなく、階級の意識丈けなくして人類である以上、誰でも平等であると云うのであります。

問答がかみ合わないまま、訊問側は被疑者の思想が「結局国家を否認する主義」と決めつけてしまう。

三九年の常緑会事件では、各被疑者の各訊問で常緑会や読書会の目的が繰りかえし追及されていく。南宮玽《ナムグンテ》に対する第一回訊問（一一月一八日）の「常緑会の組織したる目的如何」という問いに、「朝鮮は日本に同化されて行くのは見るに忍びませんから、将来朝鮮を背負う中堅青年に民族反抗心を注入し、時期を得て朝鮮独立を目的とするものであります」という答えだったが、二二日の第二回の「常緑会の組織目的は如何」という問いに南宮玽の供述は一歩も二歩も踏み込んだものになっている。「吾が朝鮮は異民族圧政の下に沈淪し、総督政治施行後朝鮮人は政治的自由は奪われ、経済的に日本の資本家に依り搾取侵略されある。此の朝鮮を往昔の朝鮮に為すには日本より主権を奪取し、崩壊せる朝鮮の経済を立て直して、独立国家の朝鮮を建設する。其の過程として必要なる人物に民族意識を注入し熾烈なる民族反抗心を養成し、全民族一致協力して朝鮮を日本帝国の統治羈絆《きはん》より離脱せしむる目的で結社を組織したのであります」とする（『韓民族独立運動史資料集』五八、「常緑会事件　裁判記録　訊問調書・公判調書」）。

第四回（二月二一日）では「常緑会及読書会の究極の目的は何か」に対して「一言にして言えば全く朝鮮独立であります」と、強い意志の下で活動していたという供述を引き出す（『韓民族独立運動史資料集』五九、「常緑会事件　裁判記録Ⅱ」）。そして、最後となる第八回（三月二四日）の「被疑者等が常緑会を組織したる究極の目的は如何」という問いに対する供述は、「それは今まで供述した通り朝鮮の独立にあります。即ち他民族より搾取圧迫の下に統治されつつある悲惨なる吾が同胞なる朝鮮民族を救済し、自由と幸福を得させるには日本の羈絆より脱せしめ完全なる独立をなさしめるにあるのであり、而して此の目的は必ず達成し得る確信があったのであります」だったとする（『韓民族独立運動史資料集』六〇、「常緑会事件　裁判記録Ⅲ」）。

このように、訊問側が事件の焦点と考えることを繰りかえし執拗に追及することで、供述の内容は茫漠としたものから遠大で緻密な計画性と達成への強靭な意志を備えたものへと変容していく。そこに拷問による供述の強制があったことは間違いないだろう。

一九四二年の水原《スウォン》高等農林学校の諺文《おんもん》研究会事件ではどうだったろうか。ここで焦点となるのは、諺文研究会の設立目的と活動内容である。鄭周泳《チョンチュヨン》（松島健）の場合を例にとると、八月二六日の第一回目では「然らば朝鮮語を研究することは朝鮮民族精神昂揚であり、朝鮮魂の練成であって、延《ひい》ては国体意識を変更せしむる目的で諺文研究会を組織したと認めらるるが如何」と訊問側の想定する諺文研究会＝「国体」変革結社という図式を示すと、鄭は「理論上云えば只今御訊ねの通り国体意識の変更せしむる目的で東寮（朝鮮人生徒の寮――引用者注）精神の昂揚に努め、諺文研究会を組織したことになります」としつつ、「実際は国体を変革する目的で諺文研究会を組織したのではありませぬ」と否定する。

以降の訊問では、ここを責め立てていく。第二回（九月四日）では「其の許《ママ》は自分が朝鮮の昔の文化を復活させねばならぬとか、東寮精神を生かすことは朝鮮を生かすことであるとか云うことを朝鮮人学生に話をする時に、其の話を聞く者等が国体観念が変ると云う認識はなかったか」と問い、「それは充分に判って居りました」と供述させると、「然らば国民に国体意識を変更せしむる目的で民族精神の昂揚をしたと認めらるるが如何」と畳みかける。

九月七日の第四回では、鄭の「将来の為に」という講演をめぐって次のようなやりとりがなされた。

問　然し、其の許が講演した其の要旨よりすれば、日本精神に悖《もと》るものと認めらるるが如何。
答　私としては私が申したことは日本精神に悖ることは充分に認めます。
問　日本精神に悖れば国民の国体観念を変更せしむる意思があったと、斯様《かよう》に認めらるるが如何。

答　斯様に御認めになれば仕方ありませぬが、私は其の処迄は考えて居りませぬでした。
問　然し、其の許の講演の要旨よりして、又当時其の許が朝鮮魂の練成に努めたことは、結局朝鮮に天皇の統治権が及ばぬ様にする意思があって、其の目的を以て六十余名のものに講演して、其の目的たる実行に関し煽動したと認めらるるが如何。
答　私は其の様な目的はありませぬでした。
問　国体の大義に照し、日本臣民として斯様なことが人に言えると思うか。
答　日本臣民として国体の大義に照すときは私の申したことは悪いことで、日本臣民として言うことは出来ないことであります。

そして、一〇月七日の第五回では「然らば朝鮮の独立を目的として講演を為したのか」という問いに、鄭は「左様であります」と答えることになった（以上、『韓民族独立運動史資料集』六九、「戦時期　反日言動事件Ⅳ」）。執拗に繰りかえして責め立てられた結果、被疑者は訊問側の目標とするゴールに追い立てられていったことがわかる。

## 「現在の心境」を問う

警察における訊問の最後に「他に利益となるべき証拠、又は事実あらば提出し、又は申立てよ」と問われ、被疑者の弁明がうながされた。十字架党事件の南宮檍が「別にありませぬ」とするように、被疑者の多くはとくにない旨を答えている。あえて弁明せず、恭順の意を示す場合が過半を占めると思われるが、なかには「犯罪事実」の否認、あるいは治安維持法で処断されること自体への不同意・拒絶の表明があった。一方で思想や運動からの離脱に向かう被疑者は、この機会に検挙と取調を踏まえた現在の心境を語り、反省や後悔の念を表明する。

民族独立運動の不穏宣伝ビラ撒布事件で検挙された李昌業《リチャンオプ》は、一九三〇年二月三日の伊川《イチョン》警察署における第二回訊問の最後で「今迄私が思って居たこと及やったことは経験なく、且つ幼いので一時の感情に依って誤った行い、誤った考をしたが、将来は忠実に日本国民として働く覚悟でありますから、今回の事に付いては御寛大な処分を御願致します」と供述した。しかし、警察の「素行調書」（二月三日）では「本名在学中なるも常に思想方面を研究し、活動せんとする性濃厚のものなれば、改悛の見込は全く認めず」（『韓民族独立運動史資料集』五三、「抗日万歳示威と排日伝単配布事件　訊問調書・公判調書」）とされ、検事局送致の「意見書」では治安維持法第一条・第二条該当の犯罪とされた（その後、保安法違反により懲役一年を科された）。

排日言動をめぐる京畿公立中学校四年生の被疑者姜祥奎は、四一年四月一〇日の京畿道警察部における第五回訊問の最後で「私は今度の事で懲《こ》り凝《ご》りしましたし、又将来の事も考えて是迄の事が自分の思い異《ちが》いであったと後悔して居ります」としたうえで、「只だ自分と其家族達の将来を考えて同情して下さって、一度今度丈けは大目に見て釈《ゆ》るして下さい」と懇願した（『韓民族独立運動史資料集』六七、「戦時期　反日言動事件Ⅱ」）。

諺文研究会事件の鄭周泳は第六回訊問（四二年一一月二一日）で、「私は水原高農に入学し上級学生より内地人学生に対抗する為に民族意識の注入を受け、三学年に進級し寮長に被選せられ、学生の浅薄な考えから朝鮮の独立を希望するに至りましたが、実社会に出て学校在学中の考が如何に間違いであったかと後悔して居りますから、何卒《なにとぞ》御寛大なる御処分を願います」と答えた。同事件の金象泰《キムサンテ》（青山秀章）は第五回訊問（四二年一一月二六日）で「私は今迄考えて居たこと、又為しつつありたることは悪いことでありました。故に潔く処罰を受け、再び社会に出れば今後は皇国臣民として更生し度いと考えて居ります」と答えた（以上、『韓民族独立運動史資料集』六九、「戦時期　反日言動事件Ⅳ」）。

ここで引例した反省と再起の弁をみると、一九三〇年段階では「将来は忠実に日本国民として働く覚悟」という植民地下の自覚にとどまっていたが、四〇年代になると「今後は皇国臣民として更生し度い」という、大日本帝国を支える一員としての自覚を語らなければならなくなったといえよう。

訊問の過程で現在の心境を問われることもあった。金九《キムグ》主宰の愛国団員の一員だった鄭喜童《チョンヒドン》は、三七年一〇月二五日の第五回訊問で「其許が現在抱持して居る思想及心境は如何」という問いに対して、「民族主義思想は放棄して居りませぬが、留置場に這入《はいっ》て拘束の身となりましてから自己の過去及現在の立場等を連想する時、老いたる祖母、母等を持ち居りながら若気の至りで日本帝国に反抗して朝鮮独立の夢を見て居たことを沁々《しみじみ》と痛感致しました。そうして自分の愚かな考を想像して、今更ながら後悔致して居ります」と供述する（『韓民族独立運動史資料集』四五、「中国地域独立運動　裁判記録３」）。「転向」表明であったが、治安維持法による処断は容赦なく、第一審・控訴審とも懲役四年を科せられた。

韓国独立党に加入したとして治安維持法違反に問われた朴容喆《パクヨンチョル》は三七年一〇月一〇日の京城鍾路警察署における第二回訊問で、「今後は独立運動は絶対にやりません」と答えると、「朝鮮独立を熱望する者が何故に運動を持続せざるや」と追及された。これに対して、朴は次のように供述する（『韓民族独立運動史資料集』四五、「中国地域独立運動　裁判記録３」）。

今回の支那事変に依り支那人が如何に苦労しつつあるかを今回目撃しました。然るに朝鮮人や台湾人等は日本帝国軍人の保護の下に安心して飛行機や軍艦に護衛せられ乍《なが》ら支那を引揚げたのであります。今回の事変に依り朝鮮人が如何に幸福であるかを知ることが出来ました。故に多少の内鮮人差別待遇等に感情を抱き、朝鮮人が日本帝国に反抗することは内鮮人民族の滅亡であると考える様になって来ましたので、今後は運動をやめます。

前述の常緑会事件の被疑者南宮玲は三九年二月二八日の第六回訊問で「現在の心境」を問われて、揺れ動く精神状況を供述する。「朝鮮民族の民族精神に付観《つき》ずるに性格の改造は幾分為し得るも、本能なる意志薄弱なる点は絶対に改造する事は出来ません」「朝鮮は国土狭く、人口少く、到底他の国の如く強大なる国家を組織する事は出来ません」として、「私は如何にしても実現出来ざる朝鮮独立の思想は断然擲《なげう》ち、今後は民族主義行動は全然やらない考えでおります」と表明する。

ここで「然し乍ら」として「私は未だ日本の現在の政策たる朝鮮に対する搾取圧迫及差別待遇に対する不満は政策の改めざる限り、私の脳裡より消滅させる訳には行きません。此の点、私は今後も憤懣として残るものと思います」と内心を吐露するも、「此の事は考えざる事にして漸次除去する考えでありまして、此の精神が私の脳裡より去って始めて精神的に立派な皇国臣民となり得ると考えております」とする。さらに、「現在日本が大いに主張する大亜細亜主義に共鳴しまして、区々たる朝鮮民族の事は脳裡より去りつつあります」ともいう（『韓民族独立運動史資料集』六〇、「常緑会事件　裁判記録Ⅲ」）。

南宮玲の苦衷を察するにあまりあるが、これらは訊問する側への迎合的な姿勢だった。それでも日本の朝鮮統治政策への不満や憤懣を率直に述べること、無理やりにそうした不満は「考えざる事」にしようとする心境は、訊問側にとっては道半ばの「転向」とみて、警戒を緩めなかったと思われる。

## 証人訊問

被疑事件の立証のために関係者の証人訊問がおこなわれた。

常緑会事件では春川中学校同級生のほか、被疑者が関与した敬老会・少年団・夜学会などに参加した合計一一〇人が証人として訊問されている。

一九三九年一月一八日、被疑者らの同級生だった金裕晳《キムユソク》は春川警察署東内警察官駐在所で証人訊問を受けている。訊問の項目は「常緑会の会員を知っているか」「同級生中常日頃《つね》、其の言動に於て思想とか信念とか言った様なものを持っていると感じた者はないか。あるとすれば其の言動如何」「民族意識に依り現在の朝鮮統治に対し不平不満を有し、且つ之を表現するものはなかったか」などの情報提供が求められ、詳細かつ多岐にわたる。同様に多くの同級生が証人として訊問された。

一月二六日には春川警察署長から江原道の各警察署長に「管下春川公立中学校卒業生並に在学生に不穏秘密結社あるを発見、目下当署に於て検挙取調中なる」として、卒業生の名前をあげて「証人訊問調書作成」が嘱託されている。項目は在学中、「五年生乙組隊歌及常緑会歌を知り居りたるや。若し知り居りたるとせば、其作詩作曲者の氏名並何時頃より知りたるやの詳細」「乙組隊歌を作詩したる動機」などだった。

三月二日には春川警察署長から洪川警察署長に「牟谷里《ムコクリ》少年団組織に対する副会長として南宮玲の意を受け活動したること判明したる」として、鄭起千《チョンキチョン》に対する証人訊問が嘱託された。「少年団の役員、団則、団歌及要綱如何」「南宮玲が牟谷里の部落会及婦人会にて講演したる事実ありや」「南宮玲より本を送って貰った事ありや。又ラッパを受取りたるや」などの項目である。これに対して、三月二〇日に証人訊問を受けた鄭起千は「南宮玲の指揮を受けて行事を実行した丈でありまして、其の他何等特別に活動したことはありませぬ」として、事実関係のみを供述した。「証人は南宮玲を如何なる人と思って居ったか」という問いにも「南宮玲は中学校にも通ったものであって、我等よりは立派な人と思いました」と答えている（以上、『韓民族独立運動史資料集』六〇、「常緑会事件　裁判記録Ⅲ」）。

この少年団に参加した崔基俊《チェキチュン》は、二月二四日に証人訊問を受けていた（『韓民族独立運動史資料集』五九、「常緑会事件　裁裁判記録Ⅱ」）。

問　該少年団の趣旨目的は如何。

答　左様な事は私には充分には判りませんけれども、南宮玲の教えてくれたる、

一、奉公、即ち村の為に尽す事、

二、犠牲、即ち自分を殺す事、

三、正直、即ち一生正直となす事、

三綱領にあると思います。

問　然らば其の趣旨目的に依り活動したか。

答　ラヂオ体操、草刈等をした外は格別活動した覚えはありません。

問　組織後、南宮玲以外に指導者なきや。

答　ありません。

（略）

問　夜学会を開催せざりしや。

答　夜学会を開催したいと云う事を南宮玲より聞いた事はありますが、而《しか》し実際に開催した事実はありません。

こうした治安維持法違反事件をめぐる多人数の証人の警察への召喚と訊問は、当事者にとどまらず、地域一帯に深刻な影響をもたらしただろう。

京畿公立中学校四年生の姜祥奎が四一年四月一〇日の第五回訊問で同級生の金潤洙《キムヨンス》に「アヂプロ」をしたという供述を受けて、五月二九日、金潤洙に対する証人訊問がおこなわれた。「思想問題に付て被疑者が証人に自分の意見を話したそうだが、事実か」と問われると、金は姜から「自分達は遠からず本校を卒業するのだが、

自分は卒業後、上級学校に入り、更に教育を受け社会に出てから智識階級の一員として半島同胞の為に尽す覚悟であるが、君はどうするか」と尋ねられたと供述する。姜が「朝鮮独立の為に革命運動に力を尽すと言うことは確かに言いました」ともいう。最後に「被疑者が此の話をした時、証人はどんな気がしたか」という問いには、「全く驚きました。被疑者は副級長でもあり、私等の学校の先生は殆んど内地人ですが、先生からも信用があり、又同級生からも人望があり、平素の言動に於ても何等変った点も無く、主義者だとは全然感じて居ませんでした」と答えている（『韓民族独立運動史資料集』六七、「戦時期　反日言動事件Ⅱ」）。

私立松都中学校の英語教員金炯敏の「不穏言動」事件では、授業を受けた生徒ら三〇人に証人訊問をおこなっている。その一人、四一年二月二二日の王鉉《ワンヒョン》に対する訊問では、次のようなやりとりがなされている。

問　金炯敏先生は如何なる目的で其《そ》んな話を為したると思いたりや。

答　金炯敏先生は朝鮮の独立を希望し、布哇《ハワイ》に居る朝鮮人が日米戦争を待って居るが如く自分も日米戦争を待って居った様に、客年十二月八日、日米戦争が勃発するや、当日好奇心を以て吾等に其んな話をして、君等も何か一つ朝鮮の為に働けと云う話の意ではないかと思いました。

問　証人は其の話を穏当なる話と思いたるや。

答　私は当時其の話は不穏当と思いました。

問　証人は如斯《かくのごとき》不穏が松都中学校の生徒全般には勿論、他に飛ばされて銃後国民の緊張が馳緩《ママ》せば如何なる結果になるだろうと思うか。

答　一般生徒の風紀や道徳は勿論、緊張して居る銃後国民の民心が紊乱《びんらん》するものと思われます。

問　銃後国民の緊張が紊乱するときは其の結果は如何に展開するものと認めらるか。

答　戦時中でありますから敵国に国内実情を知らせ易いですから、敵国の利する処多いと思います。

問　金烱敏先生は朝鮮独立運動を暗示的に証人達を煽動したるものと思われざるや。

答　中等学校の教員として絶対に言えざる布哇に居る朝鮮人の独立運動状況を話して聞かせることを考えれば、矢張《やはり》何か意味があってその話をしたるものにして、暗示的に私等を煽動したるものと思われます。

崔殷鏞《チェウンヨン》（山本利夫）の場合も同様である。「斯様な話しが一般に知られる場合は国家に如何なる影響を及ぼすものと思うか」という問いに、「一つの流言蜚語となって民心に不安を与えて国家に不利になるものと思います」と供述する。証人自身にも「朝鮮の独立は見込あるものと思うか」という踏絵的な問いが浴びせられた（崔の答は「全く違います。毎日皇国臣民の誓詞を斉唱したり、内鮮一体を高調する今日、斯《か》かることは寸毫《すんごう》も考えたこともありません」）。総じて証人とされた生徒らには誘導的な訊問が繰りかえされ、被疑者金烱敏の言動の不穏当ぶりと独立運動の暗示的煽動の意図があったという供述に導いた。

こうした生徒らの証言をもとに、金烱敏は責め立てられた。二月二七日の第六回訊問では「証人等は其の方の話を聴いて朝鮮の独立運動を煽動する様に思ったと陳述し」ているが、どうかと迫っている。これに対して、金烱敏は公判を前に八月一七日、京城地方法院長に「上申書」を提出する。「生徒の証言であると言って私に訊問することは程《ママ》んど全部が事実とは余り距離が遠い事許《ばか》りでありました」として、「生徒も警察官より訊問を受ける時は大分恐怖心を免れなかったと思われます」と述べて、その不当性を訴えた（以上、『韓民族独立運動史資料集』六八、「戦時期　反日言動事件III」）。

## 「訊問調書」の偽造

朝鮮においては警察の「訊問調書」が公判で証拠能力をもった。警察の「訊問調書」で「犯罪事実」とされた枠組みは検察の「予審請求」「公判請求」に、予審の「終結決定」に、そして最終的に公判の判決文に踏襲されていくため、その重要性は決定的だった。警察が描き出す「犯罪事実」を立証し、確実なものとするために、次節でみるような苛酷な拷問による自白の強制にとどまらず、「訊問調書」自体の偽造さえもおこなわれた。「訊問調書」の最後は「右本人に読聞かせたるに相違なき旨申立てたるを以て、署名拇印せしむ」とあるように、供述内容について被疑者に「読聞かせ」をおこない、異議があれば訂正をするという手続きがあったにもかかわらず、この手続きが無視されることがあった。

第一次・第二次朝鮮共産党事件の京城地方法院の公判（一九二七年一〇月一〇日）で、全政琯《チョンジョンカン》は警察署で一回も調書の「読聞かせ」がなされなかったと述べた（「高允相《コユンサン》外百名（治安維持法違反等）」、国史編纂委員会所蔵）。したがって、拷問による強制的な供述もそのまま「訊問調書」に記載され、有罪の証拠とされた。こうした「読聞かせ」の無視はしばしばおこなわれた。

光州《カンジュ》学生事件の被告姜達模《カンダルモ》は控訴審を前に大邱《テグ》覆審法院長に「陳情書」を提出し、警察での取調の様子が欺瞞に満ちたものであることを訴えた（三〇年一二月八日、大邱刑務所）。瑆進会という結社の目的を問われ、「社会科学研究だと云うと、他の者は「ちゃんと」言って居る。お前だけ否認したって通るものか、貴様が言わないなら此方で言わせてやると言って拷問するのです。でも左様でないから貴殿の勝手にせよと言うと、左様か、よしと言って自分達が勝手に書いてしまったのです」（朝鮮総督府高等法院検事局思想部『思想月報』第一巻第一一号、一九三二年二月）という。

諺文研究会事件の公判（四三年二月一七日）で、被告鄭周泳は裁判長から「互に朝鮮人たる意識を忘れざること」などの研究会の申合せについて問われて、「左様な申合せをしたことはありませぬ。それ等は取調の警察官が勝手に作ったものであります」と答えるが、これも最後の「読聞かせ」がなされなかった事例と思われる。同公判で朴道秉《パクドビョン》が「警察で取調を受ける際、刑事が諺文研究会を作るに付ては学校当局又は警察に届出でて許可を得たかと訊ねますので、許可は受けなかったと答えますと、それならば秘密結社であると勝手に決め、更に研究会では朝鮮語を使用して研究したかと訊ねますので、勿論諺文研究会であるから朝鮮語を使用したと答えますと、それならば朝鮮人たる意識を忘れぬことを申合せたに相違ないと断定し、凡て斯様に警察が擅《ほしいまま》に諺文研究会を朝鮮独立を目的とする秘密結社なりと独断し、綱領を作ったのであります」と供述するのも、やはり警察の訊問時には「読聞かせ」がなされず、公判廷ではじめて警察の「訊問調書」の内容を知ったことを示そう（『韓民族独立運動史資料集』六九、「戦時期　反日言動事件Ⅳ」）。

前述の被告人金炯敏は公判を前に京城地方法院長宛に提出した「上申書」（四二年八月一七日）で警察の「訊問調書」自体の偽造を訴え、調査を求めた。検事による取調の際にこのことを知ると、検事に調査を求めたが、聞き入れられなかったという。

その内容は、二月二七日の警察の訊問で「私は平素朝鮮の独立を希望して居りましたが、日本は大変強い国でありますので、それを実行に移す機会はなかったが、今度の日米戦争を良い機会と思って先づ同志を求める為めに去年の十二月八日、生徒達にその話（今度の私の事件の本体になるその話）を述べました」と述べたことになっているが、この二七日の訊問自体が虚構であったとし、その日に警察官の訊問を受けた事実はないというものである。二月二四日で訊問はすべて終わっており、その後「四十八日間は開城警察署留置場の監房の外に一歩も出た事がございません」と主張する（検事にはこの留置場の勤務日誌の調査を懇願したが、無視された）。

二月二七日の「訊問調書」には最後に拇印が押されているが、金炯敏は「拇印の事についてはその紙が一枚の離れて居る別の紙であるから、取調書の内容は幾らも添加し得る様になって居ました」とする。事前に拇印を押させておき、その用紙のみを挿入することは日本国内の治安維持法違反事件の取調でもみられた偽造の手口である。このことについては、九月一七日の京城地方法院の公判でも弁護士が「被告人が本年二月二十七日警察の取調を受けたる事実無きことを立証する為、開城警察署の留置場の勤務日誌の検証」を要求しているように、金の主張には信憑性《しんぴょう》があると思われる（裁判長はこの検証を却下、『韓民族独立運動史資料集』六八、「戦時期反日言動事件Ⅲ」）。

三六年一〇月の検事局監督官会議で山沢佐一郎高等法院検事が希望事項として、次のように注意喚起をしたことも警察における「訊問調書」の偽造があったことを裏づける（『日帝下支配政策資料集』第八巻）。

> 訊問調書の作成方法が証憑力《しょうひょう》に重大なる影響を及ぼすことは申すまでもないことでありますが、或る思想事件に付、司法警察官が作成せる調書に関し四千丁の厖大なる調書の作成及其の読聞けが共に一日の内に行われたることになり居り、且右調書に立会司法警察官吏として署名捺印せる各巡査は同日何れも他道に家宅捜索の為出張し居りたることが明瞭となりたる為、公判に於て其の調書を疑い、結局無罪となりたる事例がありました、四千丁の調書が一日の内に作成せらるるが如きことは特別の場合の外、首肯し難いことでありますから、総て調書は其の都度作成整理の上綴込む様、司法警察官吏の教養に付御配慮ありたいのであります

「或る思想事件」とは、三六年三月二〇日の光州地方法院における李同安《リドンアン》・徐光勲《ソガンフン》らが全員無罪となった衡《ピョン》平社《ピョンサ》事件を指している。判決では被告らに対する取調が「昭和八年一月以来約半ヶ年の永きに亘り、一人に対する取調回数のおおきは凡《およそ》十回乃至二十回に及ん」だにもかかわらず、「其の取調日及調書作成日が何れも昭

和八年七月二十六日と記載せられありて、四十余名に対する取調四千枚に近き彪大なる調書の作成及其の読聞けが共に一日の内に行われたるが如くなり居る」ため、「是等警察官の各訊問調書は其の添付手記と共に速《すみやか》に之を信用し難く」（『日帝下社会運動史資料叢書』補完編）と結論づけられた。

公判で無罪判決がなされるという決定的な失態をとりあげ、杜撰きわまりない警察の「訊問調書」作成と、起訴段階でそれに気づかなかった検察当局の怠慢にも叱責がおよんだ。この場合はあまりにも膨大な「訊問調書」が一日で作成されるという不自然さが要因となったわけだが、このような偽造はそれほど珍しくなかったのかもしれない。「特別の場合」にはこうした偽造も「首肯」されたと、この注意喚起からは読み取れる。露見しないように、巧妙に作成するように司法警察官吏を「教養」せよ、というニュアンスさえ感じられる。

# 四　拷問

## 拷問の実態を知る手がかり

拷問された側の後日の告発や証言によってそれが広範囲にかつ残虐になされたことは疑いないところだが、警察内の密室でおこなわれる拷問について実証的に立証することは困難である。そこで本節では二つのことを手がかりとする。

まず、公判廷における被告や弁護人による拷問の暴露や告発である。後述するように、検事廷や予審廷で警察における拷問の事実を訴えても、検事や予審判事がそれらに耳を傾けることはなく、各「訊問調書」にもその供述は記載されない。予審廷において拷問をおこなった形跡さえある。これに対して、公判廷では非公開であっても裁判長と被告とのやりとりを記録した「公判調書」は一問一答で記載されており、供述の信憑性は高いと判断される。

被告や弁護人が高等法院に上告する際、拷問の実態を「上告趣意書」で訴えることがあった。「上告趣意書」そのものはほとんど残っていないため、高等法院の判決に引用されたものを利用する。

もう一つは、検察当局から警察に向けてなされた警告や牽制に拷問の事実をみることができる。

いうまでもなく警察による拷問は治安維持法施行の以前から、とくに民族独立運動の取調でおこなわれてきていた。司法処分の記録でみると、たとえば、寺内正毅《まさたけ》朝鮮総督の暗殺を計画したという「一〇五人事件」の京城覆審法院の第二回公判（一九一二年一一月二七日）では、被告金一浚《キムイルヂュン》は裁判長から警視総監部の取調で新民会に加入したと供述していることを問われて、「種種の拷問を受け、其苦痛に堪え兼ねて其事を申立てたるにて、実は入会等の事実は無し」と答えている（『韓民族独立運動史資料集』一、「一〇五人事件公判始末書Ⅰ」）。

三・一独立運動では、拷問による自白を証拠に多くの被告が有罪とされた。保安法違反とされた被疑者金台《キムデ》鉉《ヒョン》は京城地方法院検事局の第二回目の訊問（一九年五月二七日）で「京城憲兵分隊に於て度度《たびたび》取調べを受け、其際も前同様、鄭広朝《チョンカンチョ》の命を受けて朝鮮独立運動の費用を集めたと申立居るではないか」と問われて、「左様に申した事は間違いありませぬが、裡里《イリ》では拷問せられた故、偽りを申したと申した処、又拷問すると申します故怖《おそろ》しく、偽りを申した」と供述する（『韓民族独立運動史資料集』一〇、「三一運動と天道教誠米」）。

また、一九年五月二一日の京城地方法院の公判で被告金允植《キムユンシク》は、工業専門学校の前で「該学校は総督府の建物故見るも憎いと云い、投石せし由なるが如何」と警察で供述していることを問われて、「拷問に堪えずして申したのです」と答えた（『韓民族独立運動史資料集』二七、「三一運動　一七」）。

## 第一次・第二次朝鮮共産党事件の拷問

予審進行中に治安維持法が施行された「朝鮮共産党準備事件」の一九二五年九月一日の京城地方法院の公判では、宮本元裁判長から「被告は警察署に於て先程から訊問した様な事情でインテルソンの命を受け、百五十円の旅費迄も同人から貰って京城に来たのであると供述して居るが、如何」と問われて、鄭在達《チョンジェダル》は「警察署では最初訊問の申立てたる通り事実を云いたる処、係官が殴り拷問するので不得止《やむをえず》訊問官の云う通り返事をして居た訳で、夫れは全部不実申立であります」と答えた。鄭ともう一人の被告人李在馥《リジェボク》は「最終の陳述」でも「警察署では拷問に不堪《たえず》、不実の陳述を致ました」と述べたが、公判の進行をなんら左右することなく、判決が言い渡された（保安法違反で各懲役三年、『韓国共産主義運動史』資料編Ⅰ）。

二六年八月二七日の『朝鮮新聞』は「某重大事件の人物　朴純秉《パクスンヒョン》死亡」という見出しで、第二次朝鮮共産党事件で検挙された時代日報記者朴純秉が「検挙当時より盲腸炎の為め静養を要する病体であったが不拘束となり、総督府医院で外科手術を行ったが、経過良好ならず、遂に死亡した」と報じた。この死は拷問が原因であるとする抗議の声が高まったため、追悼会は厳重に警戒された。『無産者新聞』第一〇二号（二七年九月二五日）は、公判中に朴純秉の死を知った朴憲永が九月二二日の公判で裁判長に「汝等が殺した同志朴純秉を此処に呼び出せ！　然らずんば我等は一言も答えぬ」と絶叫したとする。「九十五人の同志亦悲憤極まって号泣、凄愴の気は法廷に漲り、歔欷《きょき》の声は廷外に漏れ聞えた」という。ただし、この部分は「公判調書」に記載されていない。

二七年九月から開廷された第一次・第二次朝鮮共産党事件の公判では拷問問題が大きく報道された結果、社会的な反響を呼び、焦点となった。前述のように民族独立運動に対する拷問については公判廷などで言及されていたが、この公判で初めてその実態が具体的に暴露され、警察官が告発されるまでに至った。

九月一五日の第二回公判で金在鳳《キムジエポン》は朝鮮共産党の綱領規約の制定について予審で供述していることを問われて、「拷問を受けたので出鱈目を申した」と述べるのがこの公判での最初の陳述である。九月二二日の第五回公判で被告宋徳満《ソンドクマン》は新義州警察署での拷問の実態を次のように述べた。

> 新義州警察署でも最初私は事実の通り本件共産党に関係したことはないと申立てたら、警部は私を竹刀で殴りし後、太い縄で私の両手を固く結縛し約五十分間位其の儘にして置きました。私は其の間苦痛に堪えず、男泣きに泣きました。夫れから又第三回訊問の時であったと思います。警部は刑事に廻すと拷問すると云うて司法室より鮮人巡査と二人で私を運動場の所の水道のある所に連行し、其の時は恰度《ちょうど》冬でありました。私の上衣を脱ぎ、そうして板の上に私を俯向けに寝せ、手足を縄で固く結縛し、警部は国境の名物を見せて遣《や》るとて水道の口に「ゴム」管を嵌《は》め、他の一方を私の鼻口に当て水道から水を出して鼻に注ぎまして、私は苦痛と寒さの為めに間もなく昏倒して仕舞いました。夫れから正気付いて見たら着物は全部ズブ濡になり、寒さに顫《ふる》えて居りました。

九月二三日の第六回公判では独孤佺も新義州警察署の取調で「拷問されて苦しまぎれに出鱈目を申述べたので、何を言ったか記憶して居りませぬ」と供述している（以上、「高允相外百名（治安維持法違反等）」、国史編纂委員会所蔵）。

こうして被告らは拷問の具体的様相を供述しはじめたが、その際、弁護人が拷問についての供述を求めるのが踏台となった。一〇月四日の第九回公判では、弁護人李仁《リイン》の「求問」により矢本正平裁判長が「被告は警察で拷問を受けたと云うが、一体何処の警察で如何なる拷問を受けたか」と問われて、洪憙裕《ホンドクユ》は次のように具体的な事実を供述する。

警察は鍾路署です。同署で最初本件に付訊問するので否認しました処が、当時は恰度夏でした。係官は私の着用せる洋服を脱がせ、椅子を横に置き、其の上に坐らせ、両手を首の背後に曲げ、紐で両手を縛りましたので、私は其の苦痛に堪え兼ね四、五回倒れました。すると今度は両手首の紐を解き、両手の肘を曲げ、掌を上に向け、其の上に書物を載せ支えさせましたが、私は暫くすると支え切れず、書物を落しますと、又書物を載せ、夫れを数回繰返えしました。尚厚さ一寸位の板の上に正坐させ少しでも足を横に出すと正坐せよとて手や藤製の〝ステッキ〟で頬や其の他を幾百回となく殴りました。左様にして吉野警部補から二日三夜拷問を受け乍ら訊問されました。私は殴られた為め負傷して出血したので、鮮人巡査から紙を貰って血を拭《ぬぐ》うたこともあります。

ついで裁判長から取調警察官の名前を問われると、洪は「坂本、森下、金冕奎《キムミョンギュ》」と答えた。この供述以降、被告人からの拷問の暴露は毎回のようにつづいた。一〇月一一日の第一二回訊問で、古屋貞雄弁護人の求めで裁判長が被告姜達永に「警察署に於て何故事実に反する供述を為したるや」と問うと、姜は「夫れは鍾路警察署に於て非常なる拷問を受けた為」と答える。

検挙直後の取調で吉野藤蔵警部補が「私の頬を殴打し、夫れから私の洋服を脱ぎ《ママ》両角の木の上に坐らせられ、手を後方に縛し、同警部や刑事等が靴で膝抔《など》を矢鱈《やたら》に蹴り責めました」などの拷問により、「私は精神朦朧《もうろう》として意識を失い、何が何やら判らなくなりました」という。二、三日後に意識が回復すると、「長い椅子に私を縛付け、薬罐の水を鼻口に注入され、非常な苦しみを受け、私は其場に昏倒して仕舞いました」。「拷問の為非常に身体衰弱し居り、恰《あたか》も電灯の明滅する様に精神朦朧」の状態のなかで、暗号の解読を命じられた。検挙から約二週間のことで、「精神朦朧とし常に恐怖に襲われ、取調官の顔色のみに注意し、両度辛き目に合わぬ様にする為、警官の意に迎合する如く、有ること無いこと問わるるままに申述べましたので、事実に相違した供述となった」と述べた。拷問の手を下したのは三輪和三郎警部、吉野警部補、金晃奎警部補らだった。

水責の拷問については「鼻口から水を注入される時には三輪警部が時計を持って立って居り、吉野警部補は水を入れた薬罐を持って、一人の巡査は私の腹の上を押え、一人の巡査は頭を押えて水を注入されました」と具体的である。このとき気絶したという。

一〇月一五日の第一四回公判では金炳魯《キムビョンノ》弁護人の求めで、裁判長が全政琯に「警察署に於て何故虚偽の供述をしたのか」と問うと、金は「警察署に於ては前後十数回取調べを受けましたが、其都度《つど》拷問を受けなかった事はありませぬでした」として、とくに「夜の十時頃から着衣を脱がされ、長い椅子に寝かされ」、水責の拷問をされたことを「最も酷い拷問」だったと述べた。さらに、「手で殴打されたり、又は靴で蹴られたりした事は数えませぬ位多く、其の為に膝頭に負傷したり、耳を痛めたり、又背中を捕縄で殴打されて着物に血の付いた事もありました。耳からは刑務所に入ってから膿《うみ》が出た事もありましたし、又今も尚耳に指を入れると血が付いて来ることもあります。尚鼻の左内側の工合が悪く、朝洗面の際に出血する事もあります。而して背中の傷、膝頭の傷等は本年四月頃迄痛み、苦んだのでありました」とする。金も拷問した警察官として三輪警部を総指揮官とし、吉野警部補、大森秀雄巡査の名前をあげる。

一〇月二五日の第一八回公判では廉昌烈《ヨムチャンヨル》が水責の拷問により昏倒し、「意識を回復して見ると、医師が聴診器で私を診察し居り、吉野警部補が一、二と号令を掛て大森巡査が腹部に乗って人工呼吸を施して居て、夫れから注射を受け漸く正気付きました」と述べる。弁護人金炳魯は廉被告の背中の傷跡の検証を求め、その場で「右肩上方より二、三寸の箇所より七、八分の間隔を置き、下方二三個の疵痕並びあ」ることが確認された（以

拷問事實들어나는대로
二次三次告訴提起
證據蒐集에苦心하는辯護士團
拷問判明된被告九十餘人

當局態度는怠慢
裁判所反省要求
東京自由法曹團決議

元橋檢事擔任으로
昨日부터取調開始

病態診斷書봐야
保釋與否決定
被告五人保釋問題

五井豫審判事
間島共産黨取調에

公開禁止抗議

當局엔抗議
辯護士激勵

拷問對策講究

加藤氏歡迎會

全朝鮮蹴球와
第一次委員會

中等庭球리그
培材對養正戰

『東亜日報』1927年10月22日　拷問

『東亜日報』1927年10月17日
布施辰治（左）、李仁（右）

上、前掲「高允相外百名（治安維持法違反等）」）。

上述のような京城地方法院の第一次・第二次朝鮮共産党事件公判のなかで被告らは自らの拷問体験を生々しく語るだけではなかった。一九二七年一〇月二六日、被告人権五卨《クオンオソル》ら五人を告訴人に、布施辰治・古屋貞雄ら六人の弁護士を告訴代理人として、京城鐘路警察署の三輪和三郎警部・吉野藤蔵警部補・大森秀雄巡査らを暴行陵辱瀆職《とくしょく》罪で京城地方法院検事局に告発した。理由は「人間として忍び得ざる暴行陵辱を加え、被疑訊問事項の肯定的供述を強要した」ことで、具体的な内容は公判での供述にそったものだった。

おそらく告発の中心となったのは布施弁護士で、この問題で一〇月二八日には総督府政務総監の湯浅倉平と会見している（その会見記は、布施「朝鮮共産党事件に就て総督政治の非道に抗議す」、『海外』第三巻第一号、一九二八年一月)。また、布施は「告訴状」を雑誌『進め』第五巻第一二号(一九二七年一二月)に載せている。

一一月一六日、三輪らは不起訴処分となった。京城地方法院検事局の元橋暁太郎検事は「事件があの重大なる共産党事件に関係もある事だから、余としては何処までも厳正なる立場にあって取調を行ったのであるけれども、単に告訴人の供述と証人の証言のみで物的の証拠或は暴行に依る傷害等の痕跡さえも認められず、証拠皆無の事件は起訴する訳にも行くまい」(『朝鮮新聞』、一九二七年一一月一七日)と述べた。「傷害等の痕跡」はあったはずであるが、その検証は無視された。京城覆審法院への再抗告も却下された。警察と検察の癒着の関係からは予想された結果ではあったが、この頓挫により、警察の拷問は「物的の証拠或は暴行に依る傷害等の痕跡」を残さなければ、やり放題になった。

## より残虐な「間島」領事館警察による拷問

一九三六年六月一八日、高等法院は五・三〇間島共産党事件(第五次間島共産党事件)の上告を棄却した。高等法院判決に引用された各被告人の「上告趣意書」をみると、中国東北部の「間島」と呼ばれた地域に配置された領事館警察による拷問の程度は朝鮮以上の残虐さであったと推測される。

金光黙《キムガンモク》は頭道溝《トウダオゴウ》領事館分館と総領事館警察署で「拘禁六十日間の大半は殆んど無意識状態」であったと自身の体験を述べた。「領事館警察署に於ける拷問の甚酷《はなはだ》なることは第一審相《あい》被告人全部の訴うるところにして、京城地方法院検事局に押送されたる被疑者中多数が不起訴処分に付せられ、予審に於て百十八名の免訴となり、第一審に於て殺人、放火、強盗等の点に対する無罪の言渡を受けたるもの多数あるに徴するも、右拷問の程度を裏書するに足る」とする。しかも、領事館警察署に勾留中に巡査らは「京城にては一層厳しき拷問を為すと云い、押送途中にても同様のことを言聞か」せて威嚇したため、法律の素養のない被疑者は京城刑務所にいる間、「拷問は今日か明日かと不安憂慮に包まれ居る中、突然検事廷に呼出さるるや訊問官が検事なることも知らず、唯拷問を避くることのみに汲々」たる状況だったという（「独立運動判決文」）。

五・三〇事件以後も、「間島」地域の領事館警察の残虐な拷問はつづいていた。

三八年一月二〇日の高等法院は三一年以来、農民協会・少年先鋒隊・赤衛隊・中国共産青年団に加入し活動していたとされる金春沢《キムチュンテク》の上告を棄却した（治安維持法第一条第一項後段・第二項に該当、殺人・強盗・放火罪で死刑判決）。金の「上告趣意書」には延吉警察署（「間島」）の訊問では「蕃椒粉《とうがらし》を混入したる水を被告人の顔面に注ぎつつ厳しき拷問を為し、被告人が人事不省に陥るや医師をして手当を為して更に拷問を継続したるを以て、被告人は已むなく不実の自白を為したり」とある（「独立運動判決文」）。

三九年三月三〇日、高等法院は金明均《キムミョンギュン》らの上告を棄却した。朝鮮共産党・中国共産党に加入し、軍事部の責任者となり、各種の襲撃事件にかかわったとして、金は殺人・強盗などの罪により死刑の判決を第一審・第二審で受けていたが、すでに転向・帰順していることが量刑に考慮されていないとして上告していた。金の「上告趣意書」には次のような拷問の実態が記されている。

> 間島警察署に於ける治安維持法違反被疑者に対する取調方法は実に残酷なり、斯《か》くの如きことは日本、朝鮮に於ては見ることも聞くことも能わざる事なり、拷問に堪えられざる為自然に出づる悲鳴哀呼の声、苦悶より出づる呻吟《しんぎん》の声は耳を以て聴くに忍びず、全身を裂《さ》かれ血だらけとなり、身体が蕾膨《らいぼう》して失神状態となり、如何程殴打せらるるも苦痛を知らず、癲癇《てんかん》病者の如く四肢の筋肉を震わす様は見るに忍びざるなり、真に死を決したる勇者ならば格別、生を図らんとする匹夫《ひっぷ》は母と姦《かん》したるや問われても否認すること能わざる状態なり、而して拷問せられたる為に死したるものあり、不具となりたるものあり……被告人も不幸にして斯る危機に当面するに至り、二十日間継続拷問を受け、寸歩《すんぽ》も動くこと能わず……当時被告人

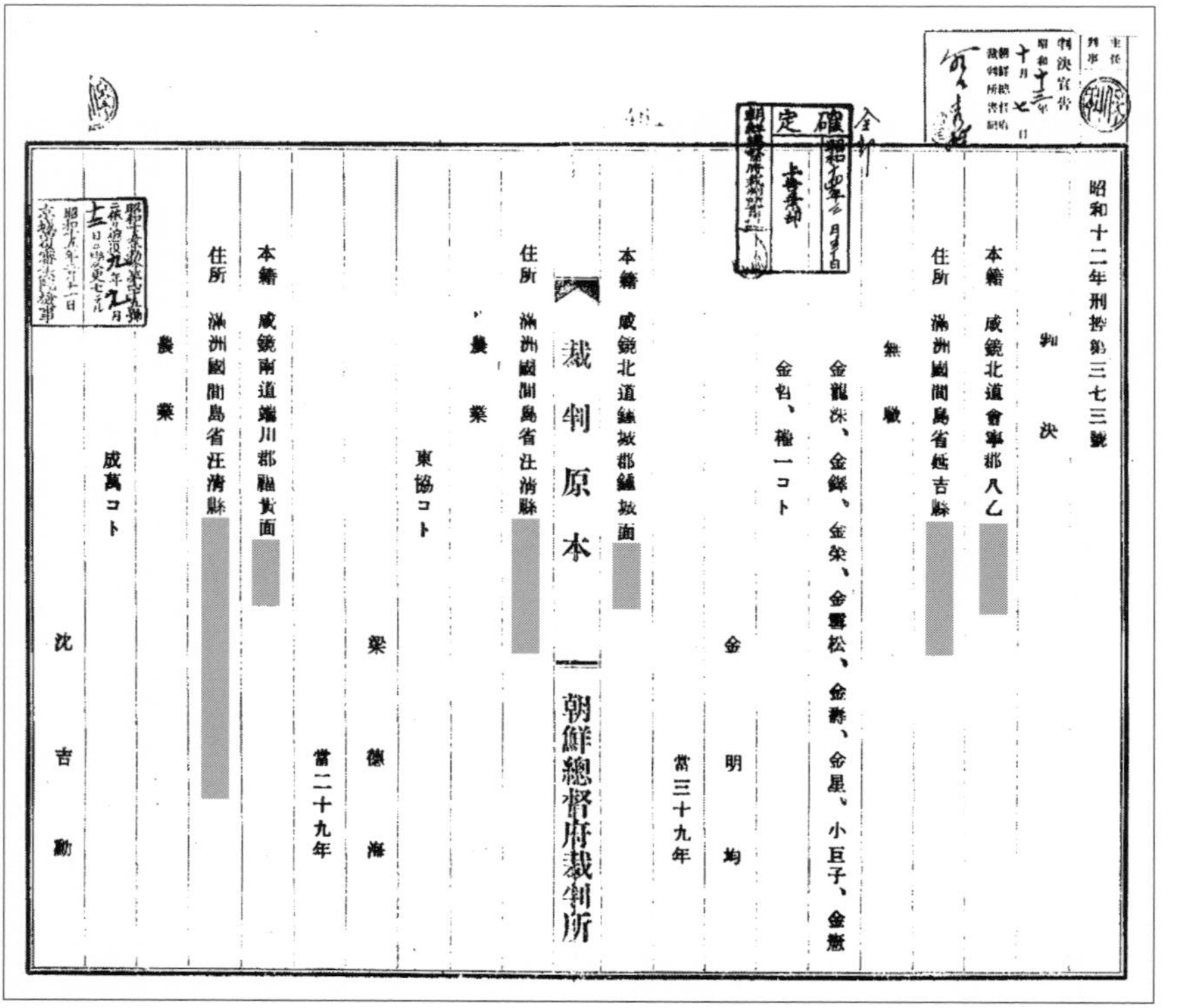

昭和十二年刑控第三七三號

判決

本籍 咸鏡北道會寧郡八乙

住所 滿洲國間島省延吉縣

無職

金龍洙、金鉉、金榮、金壽松、金壽、金星、小巨子、金憲

金包、權一コト

金明均

當三十九年

本籍 咸鏡北道鍾城郡鍾城面

住所 滿洲國間島省汪清縣

農業

東協コト

梁徳海

當二十九年

本籍 咸鏡南道端川郡福貴面

住所 滿洲國間島省汪清縣

農業

成萬コト

沈吉勳

裁判原本 朝鮮總督府裁判所

高等法院判決　1939年3月30日　金明均拷問「独立運動判決文」

は眼は見えず、皮と骨は相接するに至りたる

「警察署の調書に現われたる被告人の指導事実の大部分は被告人が知り居る事実として供述したるものを、全部被告人に於て指導したる軍事工作の如く記したるもので、其の以外の事実は警察に於て地方よりの報告により認定したる事件を被告人が承認したるものなり」として、この調書の「偽作」が拷問による自白の強制下になされたとする。

また、梁徳海《ヤンドクヘ》は「百草溝警察署に於て取調を受けて以来五ヶ月に亘り囹圄《れいご》の身となれり、抑々《そもそも》警察に於ける調書は拷問により作成したる虚偽のものなり、既に守備隊及憲兵隊に於て総ての罪を自首し、

非社会性を除去し、転向帰順して完全なる社会人に立至りたる者を極刑に処することは苛酷に過ぐる」と訴えた。こうした主張を高等法院の判決文は「記録に徴するも右取調に関し所論の如き不当の措置ありたりと認むるに足る証跡なし」と一蹴した（以上、「独立運動判決文」）。

三二年一〇月、京城で間島総領事館の庄司勇領事と「間島」からの治安維持法違反事件の被疑者移送の問題を協議した際、京城地方法院の山下秀樹思想係裁判長は「間島」における領事館警察の訊問調書作成について「証拠は信憑力を有するものならざる可からず、検事々務取扱より再度に亘り最初被告を自白せしめたる司法警察官に被告人を逆送して自白を強要する形跡あるものの如き、或は司法警察官が千枚以上の調書を一日、又は二日にて作成せる形式あるものの如きは措信し得可き調書と云い難く、又拷問の形跡身体も存するもの、例《たと》令《えば》焼火箸を身体に当てたりとの供述あり、医師の鑑定之に対応する如き、之を公判に付するも公判々事の心証を克《か》ち難く、且公判廷に於ける傍聴鮮人に及ぼす影響を考慮すれば、事件を公判に付せざるを適当とす」と述べた。

水野重功京城地方法院検事正も同様に「仮令《たとえ》傍証ありとするも拷問の形跡あるものには、有罪の判決を期待し得ざるを以て提訴せず」と指摘した（「鮮人犯罪被疑者の収容審理其他を在間島総領事館より朝鮮総督府に移管関係雑件」、D-1-2-0-1、外交史料館所蔵）。「間島」から移送したにもかかわらず、多くの起訴猶予・免訴・無罪が生じるのは拷問による自白中心の「訊問調書」が「措信」し難いものであったと指摘して、注意をうながした。

朝鮮側司法当局からみても、「間島」領事館警察における拷問は黙認の度を超える残虐さであった。ただし、「間島」側にとってこの指摘は「間島」の状況を踏まえていないものとして不満を募らせるものとなった。まもなく朝鮮側への「移送」を中断する。そして、「間島」領事館警察において拷問を控えることにはならなかっただろう（『朝鮮の治安維持法――運用の通史』参照）。上述の一九三〇年代後半の金春沢と金明均らの事例はそのことを裏づける。

## 日常化する拷問

治安維持法にともなう取調において、拷問は日常的におこなわれていたといっても過言ではない。

朝鮮学生科学研究会の被告人林周弘《リムジュホン》は控訴審開廷を前に大邱覆審法院長宛の「陳情書」で、「殊に警察官署に於ける最も非人間的な野獣性的な暴虐なる拷問に対しては、何とも名状すべき言葉さえ知らないのです。我々の行為を治安を妨害せる犯罪行為として法律を適用処分せんが為に、自ら法律を蹂躙する」と、強い憤激をもって拷問の非道性を訴えた（一九三〇年一二月八日、『思想月報』第一巻第一一号）。

上海臨時仮政府や義烈団加入という容疑で京城西大門警察に検挙された被疑者李愚民は、一九三〇年八月三日、金永浩《キムヨンホ》巡査の取調を受けた。次のようなやりとりがなされている。

問　日本に於ける社会制度を根本から破壊して共産主義の実現を目的して汝は支那共産党に入ったと云うて居るが、汝の云うが如く社会制度が破壊されるんだったら現《ママ》の日本帝国の国体は何うなるのか。

答　其は当然日本帝国主義の国体は変革されます。

問　然らば其変革を目的して支那共産党に入ったのだね。

答　其は勿論です、其を目的して加入しました。

このことについて京城地方法院の村田左文予審判事から訊問（三一年二月一二日）を受けた際、李愚民は「警察に於て左様な供述はして居りませぬ」と供述している（『韓民族独立史資料集』三〇、「義烈闘争3」）。また、三月三一日の第二回訊問では警察の取調で「（タムール団の）為め活動することになり、其事を趙重九《チョジュンク》に相談したる処、同人はタムール団の如き実行運動には賛成出来ぬと云って被告の方針に反対し、四川省方面に往きたる旨供述（六三頁）し居るが如何」と問われ、「左様な事実はありませぬ。夫れは警察に於て拷問し乍ら御訊ねの如き事実を誘導的に訊問し、勝手に調書を作成したのであります」と供述している。

一九三二年四月、第二次太平洋労働組合事件で興南《フンナム》警察署によって検挙された四〇〇人余のなかに磯谷季次《いそがやすえじ》がいた。自伝『わが青春の朝鮮』（一九八四年）で、次のように証言する。

私も数回にわたり取調べを受けた。それは取調べられるというより、野獣的な暴力支配に身を委ねることを意味した。まず上半身を裸にされ、六尺ほどの細長い腰掛けに仰向けに寝かされ、両手・両足ごと体を麻縄でぐるぐる巻きに縛りつけられた。それだけで私は全く自由を奪われた。そのうえ腰の上には金昌律《キムチャンユル》刑事――私を検挙した中折れ帽をかぶった男だ――が馬乗りになり、口を開かせてタオルを噛ませ、その両端を力をこめて下に引っぱった。一方、金世マン刑事は履いていた短靴をゴム長にはきかえて腰掛けに上り、両足で私の顔を左右に動かないようにしっかりはさみ、あらかじめ水を入れてあった馬穴《バケツ》にヤカンをつっこんで水を汲み、鼻から間断なく注ぎ込んだ。口をふさがれたうえに鼻からみずを流しこまれるので呼吸は全く出来ず、心臓は破裂せんばかりに苦しい。その感覚は冷水びたしにされたなどというものではなく、真っ赤に焼いた鉄の棒を鼻から突っ込まれた感じで、眼頭に火花が散った……こうしたやりかたで馬穴の水を何ばいか呑まされた。

この水責の拷問は拷問の痕跡が残らず、かつ被疑者に最大限の苦痛を味わらせるものとして開発され、広く用いられていた（関東憲兵隊でも反満抗日運動弾圧に常用された）。しかも、拷問は実行時に肉体的に被疑者を苦しめるだけでなく、長く精神的においつめる効果をもった。先の五・三〇間島共産党事件の金光黙の場合もそうだったが、磯谷季次も三二年四月末から三三年一一月末までの興南警察署留置場生活について、「取調べの進行中の監房生活の緊張感は筆舌に尽くしがたいものだった。いつ刑事が留置場に入って来て看守から鍵をうけとり、檻の扉を開けて誰かを指さし引き立ててゆくかわからない。それも日中だけのことでなく、ことさら深夜をえらんで取調べがおこなわれることさえあった」と記している。

膨大な「訊問調書」が一日で作成されたというような不自然さが顕著な場合には、調書が信用し難いとして無罪の判決が言い渡される場合もあるが、ほとんどは苛酷な拷問の事実を訴えても公判で顧みられることはなかった。被告にとっては最後の機会となる高等法院でもけんもほろろな対応であった。

三三年一月二六日、高等法院は同盟休校事件の趙信女《チョンシンニョ》・趙誠哲《チョンソンチョル》の上告を棄却した（懲役二年が確定）。被告人の「上告趣意書」では「警察署で非常に水をのませて殴打しながら、御前がやったろう、やったろうと云いますので、弱い心に恐《こわ》く恐くて聞かれる儘はいはいと答えました」と訴えたが、判決では「記録を精査するに司法警察官が被告人を訊問するに当り、所論の如き拷問を加えたる事実は之を認むる証左なく」とあるのみだった（「独立運動判決文」）。

七月六日、高等法院は朝鮮共産無政府主義同盟を組織したという柳華水《ユファス》の上告を棄却した（懲役五年が確定）。柳の弁護人金瓚泳《キムチャンヨン》の「上告趣意書」によれば、元山警察署で「約一箇月間に亘り取調を受くる中、午前十時より午後五時迄継続して各種の残酷なる拷問を受け、意識を失い、人事不省となりたること屡《しばしば》あり、二週間以上動作の不自由なる程全身に傷害を受けたることすらあり」という状況だったが、判決では「記録を精査し、一切の証拠資料を比照考合するに……被告人が所謂拷問を受け、又は威圧せられたる為真意に非ざる供述を為したる事実を認むべき証左なく」とした（「独立運動判決文」）。

三五年一二月二六日、「振興会」という組織の結成により「私有財産制度」否認を問われて懲役二年六月の刑を科せられた李秉模《リビョンモ》は上告したが、棄却となった。その上告趣意では「井戸にある限りの水を飲ませるし、飛行機に乗せるし、薪を敷いて其の上に正坐させた上、火櫨《ひはぜ》を抱かせて半ヶ月間寝せない等」の拷問を継続して、「拷問を恐れて父を子であると云うとか、犬を牛と云うとか、石を木と云うても「ハイハイ」左様ですと云う許《ばか》りの調書」であったとする。高等法院の判決は「被告人の犯行が無知覚状態中に為されたるものなる旨の所論事実は之を肯認するに足る証跡なく、記録を精査し証拠資料を考覈《こうかく》するも原判決の認定事実に重大なる誤謬あることを疑うに足るべき顕著なる事由な」くと拷問を全面否定した（「独立運動判決文」）。

## 拷問警察官の処罰

新聞の報道によると、何らかのかたちで拷問の痕跡が発覚し、警察官に対する瀆職《とくしょく》・傷害致死事件として処断されることがあった。

一九三三年三月一七日の『朝鮮新聞』は「元山署の三刑事罷免　容疑者に暴行か」という見出しで、次のような記事を掲げた。

元山署は去る十二日のマルクス五十年忌に当り、左翼分子の不穏計画あるを探知し、首謀者と目される元山府外堂下里朴輝秉《パクフィビョン》（二五）を予備検束に付し取調中、翌十三日朝に至り朴は突然死亡し、警察当局は取調べ中、心臓麻痺のため死亡せるものとして遺骸を家族に引渡したが、家族知友同志等は元山署に殺到、容易ならぬ形勢を示したため、元山検事局の発動となり、寺田検事指揮の下に死体を解剖に付し取調べ中、突如朴の取調べに当った元山署高等課刑事高野、岩本、金三氏罷免、寺田検事の手で取調べを受けている、右に関し警務当局は語る、刑事三名罷免、検事の取調べを受けているのは事実であるが、その内容は判明せぬが、容疑取調べ中に暴行したものらしい

この事件に関して三月一六日の『聯合通信《れんごう》』は「高等刑事の拷問致死なること判明」「頑強に口を割らぬ容疑者の態度に業を煮やした三刑事は種々拷問を行なったものの如く」「結果愈々《いよいよ》拷問死なること確実となった

ので、即時前記三刑事を検事局に引致、寺田検事の手に依って峻烈な取調が開始された」という記事を配信したが、検閲により削除されている（朝鮮総督府警務局『朝鮮出版警察月報』第五五号、三二年三月分、国史編纂委員会所蔵）。

警察では朴輝秉の死を「心臓麻痺」としたが、拷問致死は明らかだった。家族のもとに戻った死体には「頭部各所に歪《ひずみ》を生じ、両手、眼球等も傷つき、見るにしのびず」という状態だったため、家族や同志らは警察署に殺到して抗議するとともに、検事局に傷害致死の告訴を提起した（『朝鮮新聞』一九三三年九月二三日）。検事は死体を解剖に付し、三人の警察官の取調にあたった。六月一二日、咸興地方法院の判決で元山署高等係巡査部長高野秀雄に懲役二年（求刑三年）、金昌朝《キムチャンチョ》・岩本五郎巡査に懲役一年（求刑二年）、執行猶予三年という全体的には軽い刑が言い渡された。その後、朴輝秉の父親は朝鮮総督を相手取って五千円の慰謝料請求訴訟をおこしている（結果は不明）。

また、北青《プクチョン》赤色農民組合事件に関連した三三年七月一〇日の咸興地方法院の北青署拷問事件公判で、高等係主任の後藤二六警部補に懲役二年、執行猶予五年の判決が言い渡された（『東亜日報』一九三三年七月一二日）。これも量刑としてはかなり軽い。検察側は執行猶予が付されたことを不服として控訴した（結果は不明）。

三三年一〇月の検事局監督官会議の訓示のなかで境長三郎高等法院検事長は、警察官の暴行陵辱に対する告訴事件が三二年に二九件四〇人、三三年（九月まで）は四四件七四人にあったとし、「大多数は嫌疑なきもの」とされたが、警察官の職権濫用・「威圧主義」と認定されたものが七件一一人あったとする。そのなかに先の元山署や北青署の拷問事件が含まれるであろう。

## 検察当局の警告

取調に拷問がともなうことは警察の内部では日常的で、しかも必要不可欠な手段と暗黙裡に理解されていた。そのため警察部長会議で警務局長からなされる訓示が「高潔なる警察の樹立」の要望（一九三〇年一月、「道警察部長会議書類」、国家記録院所蔵）であったように、過度の行きすぎに懸念が示される程度であった。一九三一年八月の警察部長会議では「取調に際しても不熟練の下級警察官に委ねて指導監督を怠」ることをあげて「思想犯罪の取扱」について改善を求めたが、拷問には直接言及されていない。「左翼運動の動向に付ては細心の注意を払い、非合法運動に対しては原則として其の初期の間に強力なる弾圧を加うること」という指示が最優先されるなかで、実質的に取調において拷問はなくてはならぬものとされていた（一九三一年八月、「道警察部長会議書類」、国家記録院所蔵）。

拷問問題で警察側が消極的な姿勢に終始する一方で、しばしば検察当局からは警告が発せられた。三一年八月の警察部長会議の訓示のなかで、松寺竹雄高等法院検事長は「往々にして司法警察官吏の職権濫用を耳にすることあるは頗る遺憾とする所」としたうえで、「拷問によりて自白を強要するが如きは捜査方法の最拙劣なるものにして証憑書類の信用力を失うこと尠《すくな》からざるもの」と是正を求めた（「道警察部長会議書類」）。

三二年七月の警察部長会議で、境長三郎高等法院検事長は思想犯人の激増と反抗姿勢のため「警察官が其の捜査取調を為すに当り、法規上許容すべからざる手段方法に出づるやの噂」があるとして、適正な手段による取調を求めた。三三年四月の警察部長会議における訓示でも、境高等法院検事長は「犯罪検挙に際しては法規に従い、公明正大なる態度を以て人権を尊重」することを求めた。弾圧の強行が「官憲に対する反抗心を挑発」し、思想犯に対する同情を呼び、かえって思想悪化を深刻にさせかねないという理由からであった（『高等法院検事長訓示通牒類纂』、『日帝下支配政策資料集』第八巻）。いずれも拷問という言葉は用いておらず、警察への遠慮があった。

しかし、前述のように思想事件で拷問警察官が有罪となる事例がつづき、社会からの批判が高まったことを受けて、三四年四月に開催された警察部長会議では「頻出する警官失態　根本的対策樹立」（『毎日申報』四月一九日）、「不祥事件を伏線に警察部長会議開く」（『朝鮮日報』四月二四日）という新聞報道がなされた。明らかに拷問問題が背景にあった。なお、会議に出席した平安南道の佐伯顕警察部長は「警察官の綱紀粛正」が主な問題だったと語った（『朝鮮日報』五月二日）。

この会議で境高等法院検事長は、次のようなきびしい訓示をおこなった。

数年来多数の警察官中には職権を濫用し、自白等を強要して暴行を加え、多大の損害を被らしめ、甚きは拷責致死の大罪を犯したるものありしのみならず、近頃極端なるは思想犯は証拠書類等あるも自白なければ反古同然なるを以て自白強要も已むを得ずと称し、其の責任を感ぜざるものありとの噂あり、斯の如きことは軽々しく信ぜんとするものに非ざるが、万一然りとせば公然法の権威を損し、公の秩序を害するの甚しきものにして、是れ即《すなわち》国家の非常時なりと称するも過言に非ずと信ず……

抵抗不能の地位に置かれたる者に対し残虐性の発露と謂うも過言にあらざる極端なる陵虐行為に出て、法禁を犯し、法律秩序を無視するが如きは到底許容し、看過すべき限にあらず

この訓示では拷問を明確に「違法行為」とみなし、「法の権威を損し、公の秩序を害する」ことにつながるとして危機感を強めている。

実は三三年一〇月の検事局監督官会議で境高等法院検事長は「昭和七年十一月より同八年四月の間、被疑者に自白を迫まり、残忍なる暴行を加え、一ヶ月の治療を要する創傷を負わしめたるもの一件二人、死に致したるもの三件六人の不祥事件を生じ、中には聞くも肌に粟を生ずる残虐なる拷問を為し、死に致したるものあり」と訓示していた。「警察官の拷問は朝鮮統治上多方面に亘り影響すること甚大なるを以て、多年其の根絶を期

し来りたる」として、二度も直近の警察部長会議で注意を喚起しているにもかかわらず、「未だ全く其の跡を絶たざる」状況に業を煮やしたからである。

身内の会議ゆえに率直な警察批判がなされたが、検察の危機感を強めていたのは拷問の非人道性・人権蹂躙という観点ではなかった。「過激思想の起源の一は権力の濫用に対する弱者の呪咀なること異論なきところにして、拷問は思想運動の宣伝煽動に好餌を与え、延《ひ》いては良民に総督政治を呪わしめ、諸般の行政に支障を生じ、目下幸にして多少沈衰の状態に在る思想状態をして悪化瀰漫《びまん》せしめ、主義者の跳梁跋扈《ちょうりょうばっこ》を招来する惧《おそれ》多き」ことにあった（以上、『高等法院検事長訓示通牒類纂』、『日帝下支配政策資料集』第八巻）。

しかし、これ以降、管見のかぎり警察や検察の会議や通牒などで拷問が問題視されることはなかった。一九三〇年代後半・四〇年代の思想犯事件において拷問自体がなくなったわけではなく、すぐ次で述べるように相変わらず取調の不可欠な手段として活用されていた。ひたすら戦時下の治安維持の確保だけが求められるなかで、「法の権威を損し、公の秩序を害する」ことにつながることや反官憲意識の醸成などへの憂慮もなくなったからと思われる。非人道性・人権蹂躙という意識は一貫して皆無であった。検察の立場からも拷問の行使は黙認されるようになった。

## 修養同友会事件の拷問

戦時下においても拷問をともなう取調はつづいた。むしろ、実際の治安維持法違反事件をみると、警察側の構想する「犯罪事実」と被疑者の実態の行動・思想の乖離はより大きくなるため、その「犯罪事実」を認めさせるために拷問はよりはげしくなったといえる。

『朝鮮の治安維持法――運用の通史』で論述した修養同友会《スヤンドンウフェ》事件自体、最終的に高等法院で無罪判決（一九四一年一一月一七日）が下されたように、その荒唐無稽《むけい》ぶりは明らかである。警察から検事局への送致が一八一人におよんだことは、警察限りでの釈放も含めれば、実に多くの人々が無辜《むこ》の罪の容疑をかけられ、拷問の苦痛を免れ得なかったと推測される。ここでもその実態は京城覆審法院で有罪となり、高等法院に上告した被告と弁護人の「上告趣意書」に依拠せざるをえない。

日本国内の治安維持法違反事件の公判でも、罪刑法定主義を大きく逸脱した治安維持法の苛酷な処断に果敢に立ち向かっていた鈴木義男は、この修養同友会事件の弁護も担当した。全体の総論的な「上告趣意書」を提出しており、そこでは「警察聴取書中には往々にして政治的意図ありたるものの如く記載せられたるものありと雖も、被告人等の異口同音に訴うる如く被告人等の真意に反して強制と作為の加えられたる形跡あるを以て、到底措信すること能わず」と記していた（後述）。

また、弁護人李基燦《リキチャン》（安城基《アンキソン》）も警察の「訊問調書」は「虚偽の供述にして、或は拷問の為め、或は拷問を免れる為め、或は保釈を希望する余り、或は起訴猶予を希望する余り、不本意乍ら訊問官の意図に迎合して供述したりと云う」と述べる。

被告金《キム》（金山）性業《ソンオプ》の弁護人金翼鎮《キムイクジン》は「上告趣意書」で、次のように拷問の実態について記している。

> 本件が警察に検挙拘束せられたるは昭和十二年六、七月頃にして、最も暑き盛《さかり》に一坪二合の留置場に十二、三人を収容し、検事局送致までに約半年を要したり、此不法勾留中言語に絶する有形無形の拷問（脅迫）詐術を欲するが儘にし、自白を得んが為めには手段方法を撰ばざりしなり……被告人金性業（外にも多数あり）の如き幾回も気絶せること、同人作成陳述書記載の如くにして、出監後も終身治癒せざるべからざる身となりたり……斯る場合、懲役は後日の事にして目前の急を免れ、一命を取止めんとするは吾人の止むを得ざる処なるべし、本件直後支那事変発生せしが、警察は時局柄汝等の如き非国民は幾人殺すも問題

にあらずと言い、或は署内に於て死するが如き不得手のことは為さざるも、雑巾を洗いたるバケツの水を多量に飲ませ置くときは出署後半年以内に肺病にて斃《たお》るる等、死生の境を彷徨する者に斯る威嚇を為さば、如何に強心臓の持主と雖も威怖心を抱くは当然なり

戦時下における高等警察の拷問のエスカレートぶりは、「時局柄汝等の如き非国民は幾人殺すも問題にあらず」と言い放って威嚇することにうかがえよう。一方で「署内に於て死するが如き不得手のことは為さざる」というところからは、拷問の違法性を認識しつつ、拷問の痕跡が発覚して自らが処罰されることを警戒していたこともわかる。

修養同友会事件の被疑者とされた人々は社会的に地位もあり、多くは中年以上であったが、気絶せしむるほどの拷問にとどまらず、猛暑下の留置場へ長期間勾留し、死を明示・暗示する威嚇などの悪辣な手法も駆使された。

かつては治安維持法違反事件の公判で判事や予審判事を務めたこともある脇鉄一（戦後、別府市長）は、弁護士となってからは治安維持法違反事件の弁護にあたり、修養同友会事件でも被告李光洙《リガンス》らを担当した。その長文の「上告趣旨書」では、被告朱耀翰《チュヨウハム》の「陳述書」から「警察に於きましては多くの被告は一回以上に亘り、所謂「飛行機乗り」（腕を後に廻して縄にて吊し上げ、身体を打つ方法）又は「水攻め」（仰向けにして口及鼻より水を灌《そそ》ぐ方法）によって肉体上の苦痛に耐え切れず心にもないことを陳述し、取調官の意の儘に書いた調書に拇印をしたのであります」などを引用する。被告李光洙の「陳述書」からは、次のような場面を引用する。京城鐘路警察署の訊問室に入ると、セメント叩きの床に腰掛とヤカンが置かれている。

板壁一重の右隣の室にては或被告（韓昇寅《ハンスンイン》ではないだろうか、と思いたり）の「アイゴウ」という悲鳴聞ゆ、「云え、云え」という怒気を帯びたる声聞ゆ。斎賀警部補ならんと思えり。「云います、云います」、

しばらく沈黙、また悲鳴。また「云え、云え。」、あとは何も聞えざりき。本被告人は今日の自分の運命を自覚したり。てっきりかの薬罐とかの腰掛は本被告人のために設けあることを感じたり。他の被疑者より聞かされたる道具なればなり、やがて斎賀警部補不機嫌なる顔にて入り来る……本被告人を睨《にら》みて後、「今まで余り可愛がり過ぎたんだ。可愛がってやったらつけ上がって本当のことを云わぬ。嘘つきには嘘つきに対する方法がある」と申されたり。……本被告人は、自分の病める肺に水を吸い込むことは死を意味する如く感ぜられたり。

斎賀七郎警部補から他の被疑者が「独立」を認める供述をしたのですぐに釈放したと聞かされると、李光洙は「ついに観念」したという。斎賀との長時間の押し問答の末、「遂に調書に書き入れたる通りの答」となった。こうした拷問を暗示する威嚇は体力と気力の衰えた被疑者には有効に働き、警察側の思うとおりの「訊問調書」ができあがっていく。

高等法院では四一年七月二一日の判決で「記録に就き精細なる検討を遂げるに、原判決には重大なる事実の誤認あることを疑うべき顕著なる事由ある」として、「事実の審理」をおこなうこととした。一一月一七日の事実審理の判決では「全資料を仔細に参酌考覈するも、右団体を以て朝鮮の独立を図るの目的に在りたるものと認むべき心証を惹起するに足るものなし」として、全員に無罪を言い渡した（以上、「独立運動判決文」）。覆審法院判決が証拠とした警察の「訊問調書」も否定されたわけで、拷問とその威嚇により強制された自白が虚偽であることが認定されたことになる。

治安維持法違反事件の公判で、しかも戦時下にあって、実質的に拷問が認定されて無罪となることは、例外的だった。李光洙を筆頭とする社会的な著名人による修養団体が朝鮮独立を目的としていたという警察・検察の描く強引な構図に社会が反発し、鈴木義男のような日本国内からの弁護士も加えた弁護団が総力をあげてこぎつけた結果であった。無罪という結末を迎えたとはいえ、司法処分の過程での李光洙に代表される「転向」の続出と戦争協力への傾斜は、十分に修養同友会事件がもたらした効果だった。

## 戦時下の拷問

多くの治安維持法違反事件の公判では、拷問にもとづく警察の「訊問調書」をも証拠として処断されていった。

四二年一〇月二九日の高等法院は、宗教結社による「朝鮮建国団」組織にかかわったとされる李《リ》（滝本）春《チュン》栄《ヨン》の上告を棄却した。李の「上告趣旨」は「警察署に於ては取調官が一件書類を見ながら前記被告人が南宮錫《ナムグンソク》に会いてより井邑《ジョンウプ》に到り宣誓式に参列したる迄の顚末に付拷責を加えながら訊問を為すに因り、被告人は取調事件が如何に重大なるものかは全然判らぬが、南宮錫の調書記載通にせられ度しと答えたる次第」というものであった。判決では「所論警察署に於ける被告人の供述が取調官の拷責の結果、真実に反して為されたることは記録上之を肯認し得べき毫末《ごうまつ》の証迹なし」とされた（「独立運動判決文」）。

水原高等農林学校卒業生らの諺文研究会事件をみよう。被告鄭周泳は四三年二月一七日の京城地方法院の公判で「警察及検事廷に於ては朝鮮文化の保存と朝鮮の独立の為に利用するために諺文研究会を作ったと述べて居るが如何うか」と問われて、「警察では拷問を受けたので、刑事に強いられる儘に供述したのであります」と答えている。

第一審判決で懲役二年六月を科された金象泰は高等法院に上告した。弁護人丸山敬次郎は「上告趣意書」で「被告人は原審公廷に於て警察に於ける取調べに際しては拷問によりて責められ、その苦痛に堪え兼ねて虚偽の自白を為した」とする（以上、『韓民族独立運動史資料集』六九、「戦時期　反日言動事件」Ⅳ）。四三年五月二四日の高等法院判決はやはり「警察に於ける被告人の供述が強制に基く虚偽のものなることは、記録上之を推認せしむるに足る資料無く」として、上告を棄却した（「独立運動判決文」）。

四三年一二月一日の平壌地方法院の懲役七年という判決に、三津山繁は上告した。その「趣意書」には「余りも苛酷なる拷問を以て取調べるので、連日の厳しい拷問に堪え得ず、遂に「其の通りです」と警察官の要求通りに承認しました」とするほか、検事局でそのことを供述しなかったのは「警察署で取調を受ける時、警察官からお前がもしも検事の前で否認したらもっと検事に憎まれて重い刑を受けるし、又予審に廻されて三年も四年も未決で居らねばならぬ」と聞かされたからとする。この検事局送致の際に証言を翻すことを厳禁し、威嚇することは送致時の警察のほぼ常套手段となっていた。四四年三月三〇日の高等法院判決は「供述が所論の如く警察官の強制又は誘導に基き為したる不実の陳述なることは記録上認め難く」として上告を棄却した（「独立運動判決文」）。

四四年三月二七日の高等法院判決は全允弼《チョンユンピル》の上告を棄却した。上告趣意は「被告人の口よりは一言も言わなかったことを警察署で勝手に調書を作り、被告人を拷問しながら強制的に被告人の手を引張って拇印させた」というものであったが、判決では「被告人の供述せざる事実を擅《ほしいまま》に録取して作成したるものなることは記録上認め難く」とした（「独立運動判決文」）。

拷問は憲兵隊による検挙・取調でもおこなわれている。孫《ソン》（富原）澤龍《テクヨン》と崔《チェ》（水原）潤海《ユンヘ》は「同心会」という朝鮮独立を目的とする結社を組織したとして、四三年六月に平壌憲兵隊によって検挙された。一二月二九日の平壌地方法院判決で有罪となったため、二人は高等法院に上告した。孫被告の「上告趣意」には「憲兵隊に於ては取調の際、内鮮差別あるものと考えたか問い、被告人が夢にも考えたる事なき旨申したるところ、殴打しつつ事実なき事でもある如く答うれば罪になる事でもなきにつき釈放する旨申して厳問するを以て、已むを得ず、ある旨答えたるが、それが書類上には事実あるかの如く記載され、無念に堪えざるところなり」とある。崔被告の「上告趣意」にも「憲兵隊では余《あまり》にも殴打し乍ら拷問するので已むを得ず、憲兵隊の通りに何も彼も承認し仕舞ったが、実際には朝鮮独立運動をし外国から武器を仕入れ、独立運動に供する様なことを憲兵隊では書類を作成しましたが、斯様なことは全然夢にも思って居りませんでした」とある。

四四年四月六日の高等法院判決は「被告人等の犯罪事実は原判決挙示の各証拠を総合して優に之を認むるに足り、各被告人の所論検事局及第一審に於ける供述が誘導又は拷問に因る虚偽のものなることを認むべき証左なく」と上告を棄却した（「独立運動判決文」）。

# 五 送致

## 「素行調書」

高等警察段階での取調が終わると、ここで最初の司法処分がおこなわれる。検束・勾留を含む広義の検挙者について、検事局に被疑者として送致するか、警察限りで訓戒のうえ放免するか、の選択である。『朝鮮日報』の一九三〇年三月六日の社説「濫《みだり》に検挙するは不可なり」によれば、京城の各警察署から京城地方法院検事局への送致で「件数に於いて五割四分余、人数に於いて六割二分五厘に該当する者は、全然事実無根による不起訴処分であった」という。「不起訴処分」とあるのは不正確だが、「事実無根」の釈放者は検挙者のほぼ三分の二近くにおよぶと推測された。釈放後、それらの人々の多くは「特別要視察人」として、日常の言動・交友関係などが高等警察の監視下におかれた。

放免となる際、運動からの離脱や思想の放棄などが訓戒された。儆新《キョンシン》学校ストライキを煽動したとして京城東大門《トンデムン》警察署に検挙された同校三年生の崔星煥《チェソンファン》は六日間の留置後に釈放されたが、署長は「将来の訓戒を加え、当日来署せし実父に対し特に監督に関する注意を加え、尚本籍地所轄署長宛本人の将来を依嘱したる私信を持たせ帰宅」させている（京城東大門警察署長「事実調査方の件」『日帝下治安維持法違反公判記録資料集』第九巻）。

その一方で、警察の恩情が強調された。三〇年二月一日の『大阪朝日新聞付録　朝鮮朝日』に「獄舎に呻吟する女学生遂に釈放さる」という記事が載る。京城市内の学生ストライキ・騒擾事件で検挙されていた女学生六七人に京畿道警察部長鹿野宏が「厳《おごそ》かに、しかも慈愛に満ちた口調で」釈放を宣言すると、「みな首をうなだれて細く閉ぢたひとみには希望と光明と感謝と、そして正しい興奮の涙がいっぱいであった」と最大限の賛辞を呈している。

広義の検挙者中の約三割から四割程度が治安維持法および他の治安法令・刑法の違反として司法処分を求めて、検事局に送致された（検事局受理）。この割合は日本国内の検挙者中の送致者の割合が二割強であったことと比べると、かなり高い。後述するように、検事局送致者中の「起訴」処分の割合が日本国内のその割合と比べてほぼ三倍におよぶことと同様に、朝鮮における治安維持法運用の苛酷さの一つを示す数値といえる。

検事局送致の際、被疑者や証人の「訊問調書」のほか、押収文書などとともに「意見書」と「素行調書」が添付された。「素行調書」とは、被疑者に関する「性質」や「素行並本人に対する世評」「改悛の見込の有無」などの項目について記した書類である。三二年一月、京城地方法院検事局が間島総領事館の司法領事事務取扱との協議の場で示した検事局側の要望によれば、「素行調書」について「同調書は処罰の判定及刑の量定等の資料となる」ため、できるだけ正確に作成することが求められていた（「在支帝国領事裁判関係雑件」第一巻）。

この「素行調書」の添付は治安維持法施行以前からの慣行だった。たとえば、三・一独立運動関係で水原警察署沙江《サガン》駐在所の大木喜市巡査が被疑者李聖鳳《リソンボン》について作成したもの（一九一九年四月二八日）を例にとれば、性質は「活発にして敏捷」、品行は「不良の噂さなし」である。「生活の状態」「貧富の程度」とつづき、「改悛の見込有無」については「改悛の見込あるものと思料す」とある（『韓民族独立運動史資料集』二二、「三・一運動Ⅻ」）。

また、民族独立運動の被疑者辺麟鳳《ピョンリンボン》の場合、「一見温順にして、内容は稍《やや》粗暴なる性質あり」「品行方正にして、好酒の欲望なく他人に悪言干説を吐くことなし」であり、改悛の見込はあるとされた。これは「平素巡察及戸口調査に依り作成したるもの」であった（一九二〇年八月一〇日、沙里院警察署白承瑞巡査、以上、『韓民族独立運動史資料集』三二、「独立軍資金募集1」）。

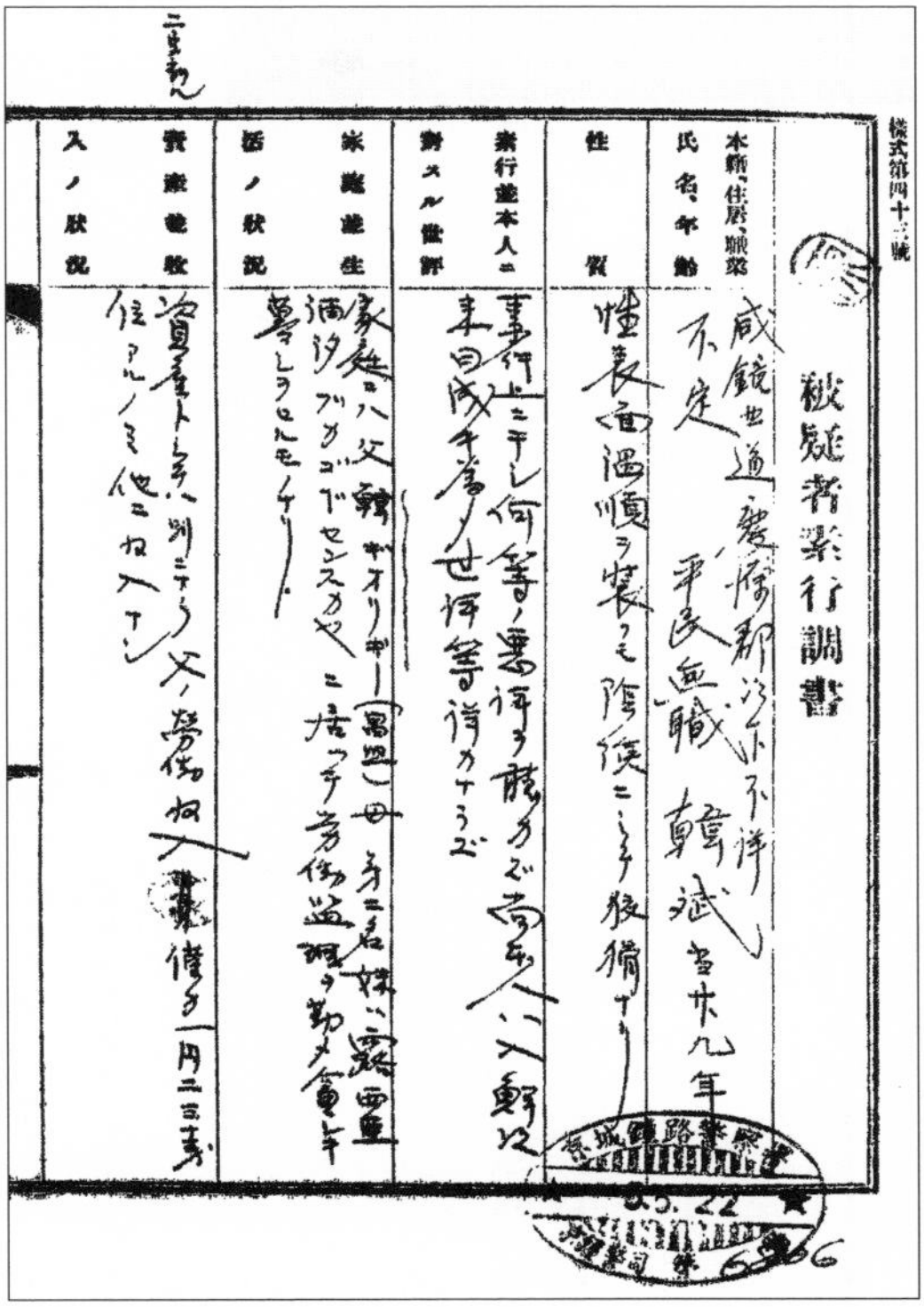
様式第四十三號
被疑者素行調書
本籍、住居、職業
氏名、年齢
性質
素行並本人ニ對スル世評
家庭並生活ノ状況
資産並收入ノ状況

「素行調書」韓斌
「治安維持法違反：韓斌訊問調書」韓国・国会図書館

第二次朝鮮共産党事件関係でみると、権栄奎《クオンヨンギュ》の「素行調書」は「一見温順を装う、陰険なり」

「素行不良にて常に主義思想に狂奔し、不穏言動を為すの慮《ママ》あり。本人に対する世評良ならず」であり、「改悛の見込なし」とされた（一九二六年八月二八日、京城鍾路警察署住田鉄男巡査）。また辛命俊については「怜悧にして稍短気」「米穀商を営むものなるも、主義思想に奔走中なるものにて素行悪《わるか》らず、世評普通なり」であり、「改悛の見込なしと認む」とされた（八月三〇日、京城鍾路警察署高木義雄巡査、以上「権栄奎外二名（治安維持法違反）」、国史編纂委員会所蔵）。

朝鮮学生科学研究会事件の李鉉相についての「素行調書」は「一見温順を装うも陰険にして寡黙、意志極めて強固なり」とし、「熱烈なる社会主義者にして意志極めて強固、改悛の見込は更になし」となっている（二八年一〇月一二日、京城西大門警察署の李龍景《リヨンギョン》巡査、『日帝下治安維持法違反公判記録資料集』第八巻）。

民族独立運動関係の金正連《キムジョンリョン》についての「素行調書」はさらに悪意に満ちている。「本人性質過激にして陰険認む」「本人就学中級五年前迄では素行良好にして教育事業に熱心たりしが、江界英実《カンゲヨンシル》学校在勤中より常に不良分子と交際し、遂に酒色に耽《ふけ》り、蓄妾をなし、本妻を虐待し、一定の住居なく、諸方を転転し居る為め、本人に対する世評宜しからず」であり、「常に排日思想を抱持し居り」「厳重処罰するにあらざれば改悛の見込なし」としている（一九二九年五月五日、龍岩浦警察署楊光駐在所高俊泰巡査、『韓民族独立運動史資料集』四一、「独立運動資金募集10」）。警察の思想犯罪に対する憎悪や敵対視を反映して、総じて偏見を多く含んだものとなっている。

反日運動の容疑で検挙された京畿公立中学校四年生の姜祥奎の「素行調書」には「性活発にして短気、闘争心に富む」「世評至極良好なり」とあり、「改悛の見込充分あるものと思料せらる」とあった（一九四一年六月四日、群山警察署白川博正、『韓民族独立運動史資料集』六七、「戦時期　反日言動事件Ⅱ」）。

### 「意見書」

警察署から検事局への送致にあたり、「意見書」が付された。これも治安維持法施行以前からの慣行だった。一九二一年九月の朝鮮総督府爆弾投擲《とうてき》事件被疑者黄壬性《ファンイムソン》についての一一月二〇日付の「意見書」（慶尚南道の統営警察署長から釜山地方法院検事正宛）を例にとれば、前科の有無についで「犯罪事実」と「証拠」を記したのち、「右被告事件を按ずるに」として爆発物取締罰則などの適用法令・条文に「該当する犯罪の証憑十分なるものと思料す」としている（『韓民族独立運動史資料集』二八、「義烈闘争1」）。

二五年九月一七日付の朝鮮日報記者辛日鎔《シンイルヨン》についての「意見書」をみよう。九月八日の『朝鮮日報』社説「朝鮮と露国の政治的関係」が治安維持法違反として検挙された事件である（公判中に辛が逃亡し、公判中止）。「犯罪事実」として「該論文掲載頒布に付、各被疑者の犯状」を詳細に記したのち、「右事件を案ずるに、被疑者辛日鎔は治安維持法第三条に該当する犯罪にして、被疑者は嘗《かつ》て大正十一年十一月中雑誌新生活に不穏の論文を記名掲載し懲役に処せられたるものにして、濃厚なる共産主義の思想を抱持し、将来改悛の情なきものと認めらる、其証憑何れも充分なるを以て起訴処分相成べきものと思料す」とする（「辛日鎔外二名（治安維持法違反、新聞紙法違反）」、国史編纂委員会所蔵）。治安維持法第三条の「宣伝」を適用すべきと明記された。

二五年一二月一〇日、第一次朝鮮共産党事件の朴憲永らが新義州警察署の茅根龍夫警部補により新義州地方法院検事局に送致された。その「意見書」には「私有財産制度を否認し、且つ吾が日本帝国を資本主義的制度の下に建設せられある軍国主義の国家と認め、其国体を転覆せんとする秘密結社高麗共産青年会を組織し……朝鮮赤化の大陰謀を企て、以て吾が帝国政治を其根底より覆さんとしつつありたるもの」とあり、治安維持法第一条に該当する犯罪とされた（「治安維持法違反（朴憲永外十人調書）」、韓国・国会図書館所蔵）。

同事件の一二月一九日の兪鎮熙《ユジンヒ》・金尚珠らについての「意見書」では「朝鮮共産党は実行団体として、及高麗共産青年会は重《おも》に教養団体として相呼応し、吾が帝国政治を覆《くつがえ》せんとする大陰謀を企てつつありたるもの」

で、各被疑者の行動は治安維持法第一条に該当するとした（金俊燁・金昌順共編『韓国共産主義運動史』資料編Ⅰ）。

二六年八月三〇日、第二次朝鮮共産党事件の被疑者として権栄奎・韓廷植らが京城鐘路警察署の吉野藤蔵警

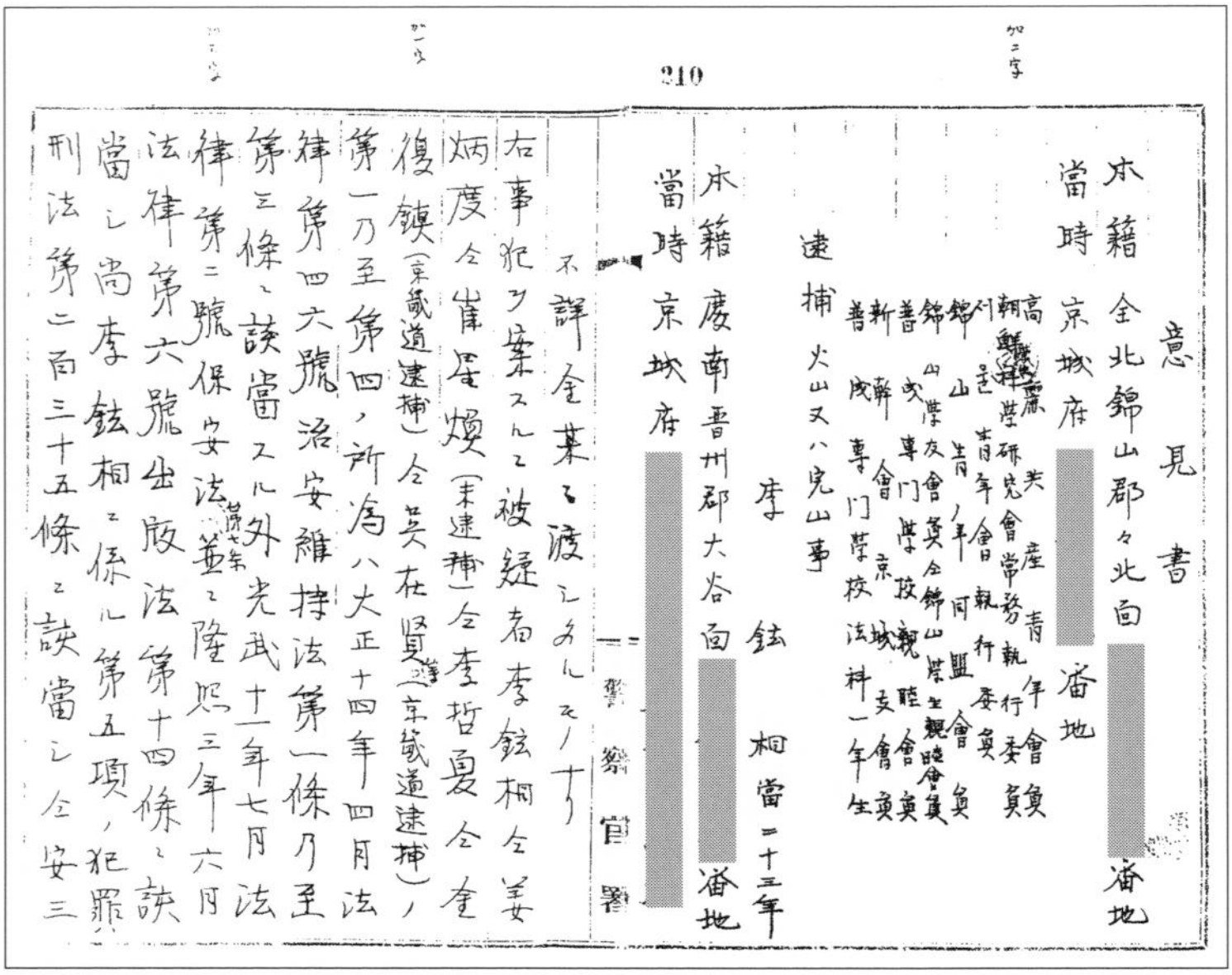
意見書

本籍　全北錦山郡々北面[redacted]番地

當時　京城府[redacted]番地

本籍　慶南晋州郡大谷面[redacted]番地

當時　京城府[redacted]番地

李鉉相　當二十三年

李鉉相　治安維持法違反「意見書」

『日帝下治安維持法違反公判記録資料集』第２巻

部補から京城地方法院検事局に送致された。その「意見書」では被疑者金亨植《キムヒョンシク》・都寛浩《トカンホ》ら四人は治安維持法第一条に該当する犯罪の証拠が不十分として「不起訴処分」に、権栄奎・韓廷植・呉淇燮《オギソプ》の三人は同条に該当する犯罪の証拠十分として「厳重処分相成可然《あいなりしかるべき》ものと思料す」とした。警察は送致の段階で「起訴」と「不起訴」の予備選別というべきことをおこなっている。

　同事件の九月八日の辛命俊・金基洙・申東《シンドン》浩《ホ》らについての「意見書」では、金洧善《キムユソン》の行為について治安維持法第一条に該当する犯罪の証拠は十分ながらも「年齢尚十六年に満たざる少女にして、目下公立高等学校四年在学中にして、平素の学績及素行も善良なるのみならず、検挙後に於ても大いに前非を悔い、改悛の情顕著なるものある」として起訴猶予

処分を求めていた（以上、「鄭晋武外二十二名（治安維持法違反）」、国史編纂委員会所蔵）。

朝鮮学生科学研究会事件の李鉉相らに対する二八年九月二四日の京城西大門警察署の「意見書」では、「犯罪事実」の第一に高麗共産青年会への加入後、学生ヤチェーカを組織し、日本軍の済南出兵問題や単一青年同盟創立についての派閥問題などを討議して「共産主義運動に必要なる観念の訓練に努め」たこと、一般社会に向けて「資本主義に対する反抗心誘発の手段として剰余価値の定理を説明」するなど「常に共産主義の宣伝に努め」たことなどをあげ、さらに具体的に学生ストライキへの関与について、治安維持法の第一条から第三条に該当するとする（『日帝下治安維持法違反公判記録資料集』第二巻）。

さらにもう一歩先の司法処分を要望した「意見書」もあった。三二年三月七日の中国共産党満洲省委員会東満特別委員会朝鮮内工作事件についての京城東大門警察署の「意見書」では、冒頭の被疑者六六人の一覧にそれぞれ「起訴」「起猶」（起訴猶予）「不起訴」「未逮捕」の区分がなされている。しかも「起訴」とされた三二人のうち二〇人が「求予審」（予審請求）と注記が付されている（『韓国共産主義運動史』資料編Ⅱ）。この事件の中心に位置するとみなされた被疑者が「求予審」とされており、それらの起訴処分では「予審請求」が望ましいという意味に解される。四月一八日の京城地方法院検事局では、この二〇人を「予審請求」した。

「左翼女性運動に狂奔し」、「秘密結社赤色労働組合を結成すべく意図し」ていたとして、三四年一二月四日、許均《ホギュン》は京畿道警察部から京城地方法院検事局に送致された。「意見書」には「罷業を誘発せしめ、其の背後に於て之を煽動し……罷業職工の団結を鞏固にし、飽迄《あくまで》資本階級と闘争を続け、目的貫徹を期すべく協議し」たとして、治安維持法第二条の「協議」に該当するとある。その際、処分の要望として「被疑者は昭和四年以来共産運動を続け、前顕刑事処分を受けたる外、京城本町、仝鐘路、仝東大門、仝龍山《ヨンサン》の各警察署に於て治安維持法違反被疑事件に関し厳重訓戒釈放されたる者なるに不拘《かかわらず》、毫《ごう》も改悛の情を認められざるを以て起訴相成可然ものと思料す」としている（「治安維持法違反（権栄台外三十五名訊問調書）」、韓国・国会図書館所蔵）。

日本国内の治安維持法違反事件では一九三〇年代前半には特高側と検察側の間で、「意見書」に厳重処分を求める強い書き方はしないという合意ができたようである。検察側にとってみれば、特高側から起訴か不起訴かという判断に意見をはさまれることが面白くなかったのではないかと思われる。それと比較すると、朝鮮の「意見書」には起訴・起訴猶予のほかに適用すべき条文も明記し、さらに「厳重処分相成可然もの」という表現さえあった。後述するように、検察側は警察「意見書」に示された「犯罪事実」の構図にしたがって「予審請求」や「公判請求」することが多く、警察の「意見書」でなされるかなり越権的と思われる書き方を許容していたのかもしれない。

なお、上海総領事館警察署作成の「意見書」もあった。上海反帝同盟や留滬《リュホ》韓国独立運動者同盟を組織し、朝鮮共産党の再建を図ったとして同警察署によって上海で三〇年九月一一日に検挙された具然欽《グヨンヘム》についてのものである。同警察署で取調を受け、一〇月一日付の「意見書」とともに、一四日に京城地方法院検事局に移送された。その「意見書」には「素行来歴」として「朝鮮又は世界革命運動に没頭し居たるものにして、其の性質最も不良危険なる人物」とする。ついで「犯罪事実」として、朝鮮共産党の再組織を企て「韓国独立上必要なる民族的一切革命力量の総集中に努力し」、韓国唯一独立党・東方被圧迫民族反帝同盟籌備《ちゅうび》会・留滬韓国独立運動者同盟の組織にあたったという。治安維持法第一条に該当するとして、「本人は厳罰に処するの必要ありと思料す、起訴相成度意見なり」とした（「訊問調書（具然欽外二名：治安維持法違反）」、韓国・国会図書館所蔵）。

三九年五月一二日の常緑会事件についての「意見書」では「右被疑者等は日本帝国が支那事変勃発以来、新東亜秩序建設に邁進せる非常国難に遭遇、挙国結束すべき秋《とき》に際し、偏狭熾烈なる民族運動を以て銃後攪乱の不逞行為を為したる犯情洵《まこと》に憎むべきものあり」と断罪する。そのうえで六人を治安維持法第一条第一項の結社組織に該当し「今尚民族意識を抱懐し、改悛の情認めざる」として起訴、六人を結社加入罪とし「毫も改悛の情認めざるのみならず、其の抱懐する民族意識は洵に牢乎たるものある」として起訴、二四人については結社加入罪に該当するも「改悛の情を認めらるる」として起訴猶予に、二人を「犯罪の嫌疑なき」として不起訴処分にすべきとした（『韓民族独立運動史資料集』五八、「常緑会事件　訊問調書・公判調書」）。

このように「意見書」では検察側の司法処分を先取りして起訴・不起訴の仕分けをおこない、さらに「厳重処分」をも要望している。高等警察にしてみれば、長い内偵捜査と苦心惨憺の取調によって「犯罪事実」を具体的に明らかにし、検事局送致の段階に至ったことに自ら高揚し、はげしい断罪の表現になったといえよう。

## 「犯罪事実」の盛込み

検事局送致の際に付された「意見書」には、警察の内偵捜査と拷問を含む取調によって明らかになったとされる「犯罪事実」が詳細に、そして過剰な表現で書き込まれた。検察の「予審請求書」「公判請求書」との比較を試みることを通じて、「意見書」の意味を考えてみよう。

朝鮮共産党の創立者の一人金洛俊《キムラクヂュン》を例にとると、一九三一年六月四日の京畿道警察部高等警察課の三輪和三郎警部の「意見書」では、党の創立について「私有財産制度を否認し、共産制度の実現を目的とする朝鮮共産党の単独組織を完成し」とある。六月一二日の京城地方法院検事局の森浦藤郎検事の「予審請求書」では「朝鮮をして帝国の羈絆より離脱独立せしめ、且朝鮮に於て私有財産制度を否認し、共産制度を実現することを目的とする秘密結社朝鮮共産党を組織し」とあり、ほぼ同じである。「意見書」では「昭和五年五月以来東、北間島に於ける共産テロ運動暴挙の基礎を作り、党務に奔走中」とし、これを受けて「満洲総局の東、北満洲、殊に北間島に於ける暴動を惹起せしめたる責任は重大なるものあるに付き厳重なる御処分相成度」とする。「予審請求書」にはこの箇所に対応するところはない（『韓国共産主義運動史』資料編Ⅰ）。

警察側では「意見書」に多くの「犯罪事実」を盛込み、どれほど重大な違法行為であったかを説明しようとするが、検察側では確実に起訴としうる証拠にもとづく「犯罪事実」に止めるというスタンスをとった。起訴状（「公判請求書」および「予審請求書」）の書き方として「客観的情勢及闘争経歴の記載は之を簡略にし、其の起訴事実も主要なる行為を摘出し、明瞭簡潔に記載するに止め」ることを方針とした。これは三三年一〇月の検事局監督官会議で玉名友彦高等法院検事が希望事項として述べたもので、思想事件の処分が長期にわたることへの改善策の一つとして示された（『日帝下支配政策資料集』第八巻）。

十字架党事件の場合をみると、三三年一二月一四日の洪川警察署「意見書」は南宮檍・劉福錫《リュポクソク》（子動、検事局以降、「福錫」を用いる）ら一八人を対象とする（一二人の起訴、二人の起訴猶予、四人の不起訴を要望）。南宮檍の「犯罪事実」の一つとして、牟谷学校の朝鮮歴史の授業で生徒らに「汝等は先づ勇敢なる精神を養成せらるべしと強調し、朝鮮独立を煽動し、我等は日本に併合せられ倭将の奴僕と為りたるも、汝等青少年が如何なる艱難に遭遇するも之を排撃する不撓不屈の精神を涵養するに於ては朝鮮の独立は左まで難にあらざるべしと説き」とあるが、これに対応する一二月二六日の京城地方法院検事局の佐々木日出男検事の「予審請求書」は「朝鮮歴史を教授するに当り、我等は日本に併合せられ倭将の奴僕と為りたるも、汝等青少年が如何なる艱難に遭遇するも之を排撃する不撓不屈の精神を涵養するに於ては朝鮮の独立は左まで難にあらざるべしと説き」とほぼ同一である。

劉子動の「犯罪事実」の一つとして「昭和七年十二月頃より昭和八年四月下旬頃までの間、屡々《しばしば》江原道洪川郡又は春川邑内等に於て会合し、基督教の伝道に名を藉《か》り、朝鮮人に対し民族的意識を注入し、彼等を煽動して朝鮮の独立を図ることを目的として其実行に関し協議を為し」とする箇所は、「予審請求書」でもそのまま用いられる。

約一〇日後の「予審請求書」で対象となり起訴となったのは六人であり、「意見書」で起訴処分を求めた一二人のうち、五人が起訴猶予となっていた。「意見書」と「予審請求書」の量を文字数で比べると、南宮檍の部分は約半分に、劉福錫の部分は約三分の一に絞られている。

これは何を意味するだろうか。十字架党事件の場合、起訴権をもつ検察は事件の中枢的な部分に絞りつつ、南宮檍と劉福錫の「犯罪事実」の核心部では「意見書」の構図をほぼそのまま借用したといえるだろう。警察側にはできるだけ事件の輪郭を拡大してとらえ、明らかにしえたとする「犯罪事実」をすべて盛込み、より広範囲に重い弾圧を加えたいというねらいがあった。そこにはフレーム・アップされた「犯罪事実」が多く盛り込まれていると推測される。

民族独立運動の洪加勒《ホンカルク》の「意見書」（三四年一二月一五日）と「公判請求書」（一二月二六日）をみよう。まず文字数で比べると、「公判請求書」は「意見書」の約五分の一となる。警察の取調は検挙からほぼ一カ月余であり、この間に拷問を含めて明らかとなったと考えられる「犯罪事実」がすべて盛り込まれた。

「意見書」の「犯罪事実」では冒頭に被疑者の民族独立運動の行動履歴が詳細に記された後に、「環境の事情は自然現代社会を呪咀《じゅそ》し、斯の如き不合理なる社会は一に資本主義制度の悪弊なるを以て、此の欠陥を芟除《きんじょ》して平等幸福なる理想社会を実現せざるべからず。之が為めには朝鮮を日本帝国の羈絆より離脱せしめ、之に共産社会の建設を為すに如《し》かずとの信念を抱くに至りしものなる処」とある。これと対応する「公判請求書」の箇所は「其の環境の事情は予て抱懐する民族的意識と相俟って被告人をして現代社会を呪詛するに至らしめ、遂に朝鮮の独立並に共産化なる革命思想を抱くに至りたるものなる処」と簡略化されており、民族独立運動の行動履歴は省略されている。

「公判請求書」で「犯罪事実」とされたのは義烈団に加入し、その指示を受けて入鮮、平壌の「日本穀産株式会社其の他の工場に労働者として入り込み、労働大衆層に同志を獲得し、漸次前指令を果さんとして種種奔走し」などの行動であった。これに対応する「意見書」の「犯罪事実」は、第四の「来るべき一九三五・六年の日本の国際的危機に際して反戦及共産主義の実現運動の緊要なる旨を宣伝煽動し、更に同地日本穀産株式会社、其の他の工場に筋肉労働者と為りて労働大衆の間に同志を獲得し、以て之が基礎組織を為すべく企画したるも就職意の如くならず」という箇所である。

また、「意見書」では「被疑者は朝鮮内に於ける思想運動に対する官憲の取締厳重なるに比し、国外に於ては斯種の運動自由にして熱意ある革命闘士の宿望を達成するには極めて容易なりと妄信し」として義烈団への加入、朝鮮革命幹部学校への入校と「教養訓練」、卒業生による地下組織「戦進隊《チョンジンテ》」の結成をあげているが、これらは「公判請求書」には取り入れられていない（『韓民族独立運動史資料集』三一、「義烈闘争4」）。

この洪加勒の場合、「公判請求書」は「意見書」とは別個に作成されたとみてよい。大幅に「意見書」の「犯罪事実」を絞っており、その内容の重複もすくない。送致を受けた検事局が再度被疑者の訊問をおこない、「公判請求」を選択するまでに一〇日ほどかかっており、それは一般的な期間である。この間に、公判で治安維持法による処断が確実になしうる「犯罪事実」が選択された。警察「意見書」の出来が悪いと判断されると、検事局が自前で作ることにした可能性もある。

もう一つ、韓国独立党に加入・活動した朴景淳を例にとると、「意見書」（三八年一二月五日）と「公判請求書」（一二月一四日）では前者は後者の約三倍の文字量となっている。「犯罪事実」の具体的記述をみると、たとえば韓国独立党について「意見書」は「其目的が、革命手段を以て怨讐《えんしゅう》日本の凡ての侵略勢力を撲滅し、政治、経済、教育の均等を基礎としたる新民主国を建設し、以て内には国民各個の均等生活を確保し、対外的には民族及国家の平等を実現し、進で世界一体の進路に向うべく従来の孤立的或は支隊的活動に満足せず、封建的英雄的勢力を排除し、全民族の革命力量を総集中し、絶対的韓国独立の完成を期する」とあるのに対して、「公判請求書」では「革命手段を以て我日本帝国より国土と主権とを完全に光復」の実現を目的とした結社とあっさりとした記述である。

「意見書」の「犯罪事実」の第四では韓国独立党の目的遂行のための行動として一五項目を列挙するが、「公判請求書」ではそのうち三項目を取りあげるにとどまる。

このようにみると朴景淳の場合も、「公判請求書」はかなり大幅に「意見書」の「犯罪事実」を絞っており、「意見書」の参照の度合いは低いといえよう。

一方で、予審進行中に治安維持法が施行され、予審段階で治安維持法適用が追加された鄭在達・李載馥《リジェボク》の「朝鮮共産党準備事件」の場合、二四年一〇月三〇日の京城地方法院検事局検事平山正祥の「予審請求書」は「被告等は共産主義の宣伝に因り朝鮮に於ける政治の変革を企図し、司法警察官意見書記載の行動を為し、以て安寧秩序を妨害したるものなり」だけで済ませている。

一〇月二二日の京城鐘路警察署の「意見書」によれば、被疑者鄭在達の「犯罪事実」は「現制度を呪い、共産主義を憧影《ママ》するの念禁じ難く」として、上海派とイルクーツク派による朝鮮共産党大会に参加するほか、コミンテルン極東総局高麗部の内紛の調停にあたり、高麗共産党組織のための朝鮮代表者の派遣に奔走したことなどがあげられている。鄭・李載馥ら六人が制令第七号違反として「起訴可能」、金在鳳ら三人は「証拠不十分」として不起訴処分が求められた。検事局はこの要望をそのまま受け入れ、六人に対する「予審請求」をおこなったわけだが、その「犯罪事実」は「司法警察官意見書記載の行動を為し」とするだけで、具体的な内容は省略された（以上、『韓国共産主義運動史』資料編I）。

この手抜きともいえる事例は例外的と思われるが、検事局では警察「意見書」の出来がよく、起訴するうえで十分な「犯罪事実」と判断したのかもしれない。

一般的には「意見書」の主要な「犯罪事実」に絞るというかたちで、「予審請求書」や「公判請求書」の骨格をまとめることが多かったと思われる。修養同友会事件はその一つで、弁護人脇鉄一の上告趣意書に引用された被告人李光洙の陳述書の「私のみでなく他の被告の分も検事記録は実際の問答に依らず、警察の意見書そのまま写し取ったようでありまして」という一節からは、警察の「意見書」の「犯罪事実」に全面的に依拠して検察の取調がなされていたことを推測させる。この事件については警察「意見書」も検察「予審請求書」も不明だが、おそらく「予審請求書」が「意見書」の骨格を踏襲していることは確かだろう。

次章でみるように、検察の取調期間は警察の取調や予審の取調に比してかなり短く、二週間前後で起訴か不起訴の司法処分をおこなっている。実質的な取調は警察段階でなされているという前提で、その「犯罪事実」は「意見書」に盛込まれているという認識があったのだろう。

## 「捜査報告書」と名称を変更

一九四一年の新治安維持法施行により司法手続きの大幅な変更が実施されることになったことと関連してだろう、検事局送致に添付されていた警察の「意見書」は「顚末書」ないし「捜査報告書」、「報告書」と名称を変えた。基本的な形式はそのままであり、「犯罪事実」を極力盛込むということも変わらなかった。

京畿公立中学生の被疑者姜祥奎の反日言動事件の警察取調は、新治安維持法施行の過渡期にあたる。四一年六月五日の京畿道警察部高等課の「顚末書」は「犯罪の概要」を五点とするが、七月一二日の京城地方法院検事局の「公判請求書」は二つの「犯罪事実」に絞り、文字数も「顚末書」の約七%と大幅に圧縮している。多くの内容を盛込んだ「顚末書」は、戦時下の高等警察の厳重な断罪の方針を反映している。

「顚末書」の「犯罪の概要」では被疑者の履歴を記すなかで、「歴史の真相を把握する事なく歪曲せられたる史実を皮想的に過信したるが為め、長ずるに随《したが》い漸次民族意識を濃厚とし、社会百般の事象の批判観察に当りても民族的立場より之を為し」と、思想的背景を強調する。これも以前の「意見書」からよくみられた手法である。

「犯罪の概要」の第一にあげられたのは帰省中に実兄に語った話で、「朝鮮は元来独立国であった。夫れが日韓併合に依て朝鮮は日本に国を奪われて仕舞って不幸を見て居る状態に在るので、朝鮮としては如何にしても祖国を恢復し、民族同胞を幸福にする為めに朝鮮から日本の勢力を駆逐して独立させねばならぬ」とあるように、姜の語り口で記されている。これに対して「公判請求書」では「朝鮮民族は日韓併合に因り祖国を失い、日本の圧制に苦しみ、殊に農村は疲弊の極に達し居るを以て、朝鮮人たる者は悉《ことごと》く朝鮮独立の実現に付努力せざるべからず」と要約したものになっていた。

「顚末書」の最後では新治安維持法の第三条（「国体」変革の煽動）に該当するとし、「其犯罪の証憑充分なりと認めらるるを以て起訴相成可然ものと思料す」と結んでいる（以上、『韓民族独立運動史資料集』六七、「戦時期反日言動事件」Ⅱ）。

私立松都中学校教員の金炯敏の反日言動とされた事件の「捜査報告書」は四二年四月一三日、「捜査一応終了したるを以て関係記録添付の上」、開城警察署から京城地方法院検事局に提出された。「犯罪事実」の初めに履歴を記すなかで、被疑者金は「欧米依存観念甚だ強く、布哇は第二の故郷にして平和時代に蘇らば再び布哇に渡航する心算なりと礼賛し居りたる」などと、犯罪の背景に言及する。文字数としては約半分に圧縮された「公判請求書」（七月二二日）ではこれに対応した箇所はない。

「捜査報告書」では「右事件を按ずるに被疑者は左の犯罪に該当するものと思料す」として、詳細な「意見」を書き込んでいる点が注目される。第一に開戦当日に授業中に生徒らに話したことが新治安維持法第五条の「煽動」に該当するとする。「被疑者は大東亜戦争勃発当日、帝国は米英を敵国として戦端を開くに至るも、彼我の国力より推して敗戦の憂目を見るは必須なりと憶断し、同校は全校生徒朝鮮人にして生徒等も同様帝国の勝敗に対し半信半疑の念を抱懐し居るを察知し、布哇在留朝鮮人の朝鮮独立運動の状況を説明し、生徒等に対し、朝鮮独立を慫慂《しょうよう》せしむる目的を以て朝鮮独立に関する意識を認識煽動せしめたる」ことを犯罪とする。

第二に蒋介石の言動を賞揚《しょうよう》したこと、第三に軍事に関する造言飛語についてもそれぞれ犯罪としたうえで、「然かも被疑者は中等学校教員たる職分を悪用し、純真無垢なる半島人中学生に対し、朝鮮独立に関する意識を認識煽動せしめ、刻下非常時の銃後民心を惑乱せしめたる」と念押しする。「起訴」という言葉を使っていないが、「情状洵に憎むべきものあり」という表現で金に対する厳重な処分を求めた。

「公判請求書」では第一の「犯罪事実」にのみ絞ったうえで、「暗に朝鮮人たる右生徒等に対し帝国が苦境に陥り、朝鮮独立の機会あるべきを教示して其決意を促し、右生徒等の民族意識の啓発高揚を図り、朝鮮独立の目的を以て其の目的たる事項の実行に関し煽動を為したるものなり」とした（以上、『韓民族独立運動史資料集』六八、「戦時期　反日言動事件Ⅲ」）。

諺文研究会事件をみよう。四二年一二月一五日の京城地方法院検事局「公判請求書」は量的には半分程度に圧縮しているものの、一二月一日の水原警察署「報告書」の構図にもとづいた内容となっている。「報告書」で起訴を求めた五人がそのまま「公判請求」された。「報告書」では履歴に加えて「内鮮人差別の事実あるは朝鮮民族を侮辱せるものなりと妄断し、民族意識濃厚となり、密かに朝鮮の独立を翹望《ぎょうぼう》するに至りたる者」（鄭周泳）、「好機到らば朝鮮の独立の為、之が実行運動に出でんことを意図し居りたるもの」（朴道秉）などの、被疑者個々の思想的背景への言及がある。「公判請求書」では「被告人等は何れも交友の感化及社会科学に関する書籍の耽読により、朝鮮を帝国の羈絆より離脱せしめんことを熱望し居りたるものなる」と一括する。

「犯罪事実」については「報告書」も「公判請求書」も、第一が鄭周泳の講演「将来の為に」による独立の煽動、第二が諺文研究会の組織、その民族意識の昂揚と同志獲得の活動、第三が林鳳鎬《リムポンホ》の全羅北道鎮安《チンアン》郡における民族意識昂揚のための活動と同じである（以上、『韓民族独立運動史資料集』六九、「戦時期　反日言動事件Ⅳ」）。

新治安維持法の運用において、「公判請求書」は警察の「捜査報告書」などの構図を踏襲したといえるが、むしろ思想検察による高等警察の指導が強められたことからすると、警察の取調とその集大成といえる「捜査報告書」の作成などにも検察の指導が反映されていたとみるべきかもしれない。

## 功労記章

ある思想事件について内偵捜査・検挙・取調・検事局送致まで進むと、高等警察の直接の関与は一段落する。こうした時点でとくに顕著な活動があったと認められると、朝鮮警察界最高の名誉として警察官吏功労記章（一九一〇年制定）が授与された。一般的にこの授与は重大な刑事犯罪人の検挙や災害救助などを対象にするが、一九三〇年代には治安維持法違反事件関係の功績の顕彰が多くなった。日本語新聞がそれらを詳細に報じた。

治安維持法違反事件関係で最初に授与されたのは、第二次朝鮮共産党事件検挙にあたった京城鐘路警察署の吉野藤蔵警部補と思われる。一九二六年一二月一六日の『朝鮮新聞』で「警察官として最高の誉れ　鐘路の吉野警部補」と報じられたが、事情は不明ながら正式の授与は二七年四月二〇日となった。京畿道警察部高等課長の佐伯多助は「万一之が発見検挙が手遅れになったとしたならば、其の結果は朝鮮のみに止まらず実に由々敷大事を惹起したかも知れない、斯く思う時に吾々は一種の戦慄さえ覚ゆる」として、吉野の「名誉と功績は我朝鮮警察史上に赫々《かくかく》たる光彩を発揮するに至った」と称賛した（「所感」、朝鮮総督府警務局『警務彙報』第二五三号、一九二七年五月）。吉野は二〇年に巡査となり、二一年五月から京城鐘路警察署の高等係をつとめていた。

三〇年八月四日、平安北道警察部の桂蘭秀警部に功労記章が授与された。『朝鮮総督府官報』では「犯罪人逮捕に関し功労抜群」とあるのみだが、八月一九日の『朝鮮新聞』は「光輝ある警察功労記章　平北の桂警部に授与」として、「潜伏中の匪賊巨魁《ひぞくきょかい》李応瑞《リウンタン》を探知し……李の猛烈な抵抗に対し勇猛果敢遂に逮捕した」と報じている。桂警部は二七年以来、高等課勤務であった。

三三年二月一一日の『朝鮮新聞』は「暴動、反抗あらゆる戦術　咸南《ハムナム》に迫った赤の危機　断乎たる検挙に覆没さる」という見出しで、咸鏡南道の興南警察署長加藤誠警部と端川《タンチョン》警察署長の河崎竹千代警部に功労記章と賞与が授与されたことを報じる。加藤については「定平《ジョンピョン》農民組合の共産主義的犯罪団体なるを察知し、犯罪人元会極等を逮捕し、これに徹底的弾圧を加え、道内農民組合検挙の端緒を与えたる功績抜群一般の亀鑑たり」というもので、賞与は百円である。

さらに三四年一一月三日には、一挙に一九人に授与された。『朝鮮新聞』は「朝鮮警察青史に燦《さん》！　挺身の栄光　功労記章授与　明治節の佳辰を卜《ぼく》して　警察界最高の名誉を刻む」と大きく取り上げ、池田清警務局長の談話と一九人の「功績」を顔写真付きで紹介した。池田は「何れも民衆保護の為め、数倍数十倍の敵匪と交戦して之を遁走せしめ、或は衆寡敵せず矢弾は尽き果て斃《たお》れて後已《のちや》みたる如き、或は国体の相容《い》れざる共産主義運動の撲滅を図り民心の趨向を明かにする等、実に其の行動の剛毅果断、犠牲的精神の躍如たる、涙なしには語れない」と最大級の賛辞を呈した。筆頭にあげられた三浦秀吉の「功績」は次のようなものであった。

右者《は》咸鏡北道城津《ソンジン》警察署長として在任中共産主義者首魁金傑《キムコル》以下三百余名を検挙し、共産主義運動を根柢より排除清掃し、全鮮中最も思想悪化地帯と目されし城津郡をして昔日の平和郷に還元せしめるは、本人

の一意専心至誠奉公の犠牲的精神に依るものにして、其の功労抜群一般警察官の亀鑑たり

平安北道巡査の許俊《ホジュン》の場合は、駐在所を襲撃する「大刀会匪《テドフェピ》」と交戦するだけでなく、「巧みに支那服に変装し大胆にも数回に亘り単身密《ひそか》に越境賊地に入り、生死の巷を彷徨し九死に一生を得て克《よ》く賊状を内査、諜報を齎《もたら》し、鮮内の警戒警備又は匪賊の討伐等に関し軍警の行動を容易ならしむ」などとされた（以上、『警務彙報』三四二号、三四年一一月）。

三四年一一月の段階での功労記章の授与は、とりわけ共産主義運動の逼塞化に目途をつけた、高等警察のいわば勝利宣言といえる。警察全般だけでなく、新聞に大きく掲載されることによって一般社会にもこの状況を知らしめることをねらった。

三八年一二月の警務局『警務彙報《いほう》』第三九二号は、二人への功労記章授与を伝える。全羅北道巡査姜斉永《カンジェヨン》については「永年社会に害毒を流布したる邪教普天教《プチョン》の取締に専従すること実に十有三年、総有《あらゆる》迫害と物質的誘惑を排除し、身辺の危険をも顧みず不撓不屈其の取締の徹底を期し、遂に同教をして解散の余儀なきに至らしめ」た「功労」である。

『朝鮮新聞』1934年11月3日　功労記章授与

平安北道満浦《マンポ》警察署長小野秀雄警視については咸鏡北道吉州《キルジュ》・明川《ミョンチョン》各警察署長在任中、「朝鮮に於ける共産主義運動史上類似なき吉州左翼農民組合及農民運動明川左翼なる二大秘密結社事件を検挙し、検挙人員実に一千余名、内《うち》事件送致したもの五百余の多数に上り、其の間の苦心は実に容易ならざるものがあった」と称賛する。さらに「思想浄化」という功績も加味された。「事件検挙後の部民の徹底的思想浄化に着眼し、最も難事とする思想善導対策を樹立して直ちに実行に移し、率先示範献身的努力を続け、赫々たる実績を挙揚し、遂に部民をして皇国臣民たる自覚を堅持せしめ、今日の平和郷を現出せしむるに至った」とする。

三橋孝一郎警務局長談には「由来思想犯の検挙は難事中の難事でありまして、明敏なる観察、周匝《しゅうそう》なる計画と不撓不屈の努力、機敏果敢なる行動と相俟って始めて其の功を奏するものでありまして、其の苦心は弾丸雨飛の中に立って匪賊の討伐に当る労苦に勝るとも劣らざるものがある」という一節もあった。

四〇年二月、「鮮満国境地方に於て幾多の不逞行動を敢行したる中国共産党系秘密結社を抜本的に壊滅せしめ、鮮内に於ける軍事上重要地帯の攪乱及武装蜂起を未然に防止」という「抜群の功績」をあげた三人の警察官に功労記章が授与された。そのうちの一人、咸鏡南道警察部高等警察課の市原感一警部については、二二年の「巡査拝命以来現在に至る迄十七年間を高等警察事務に終始し、思想運動の取締に対しては該博なる智識と独特の手腕を有し」とある。日本国内でもそうだったが、朝鮮警察においても一貫して長期にわたり高等警察に関与する者がいたことがわかる。

こうした功労記章の授与は、当該警察官の名誉となり、ますます高等警察の職務に奮励させる効果をもたらすだけでなく、警務局長が最後に「全鮮警友諸氏も克く之の同君の不撓不屈至誠の行動を亀鑑とせられまして、治安の確保に邁進せられ、益々明朗朝鮮の建設に努力せられんことを希う」(『警務彙報』第三九二号)と述べるように、一般警察官にも奮起をうながす意図が込められていた。

# II

# 起訴——思想検察

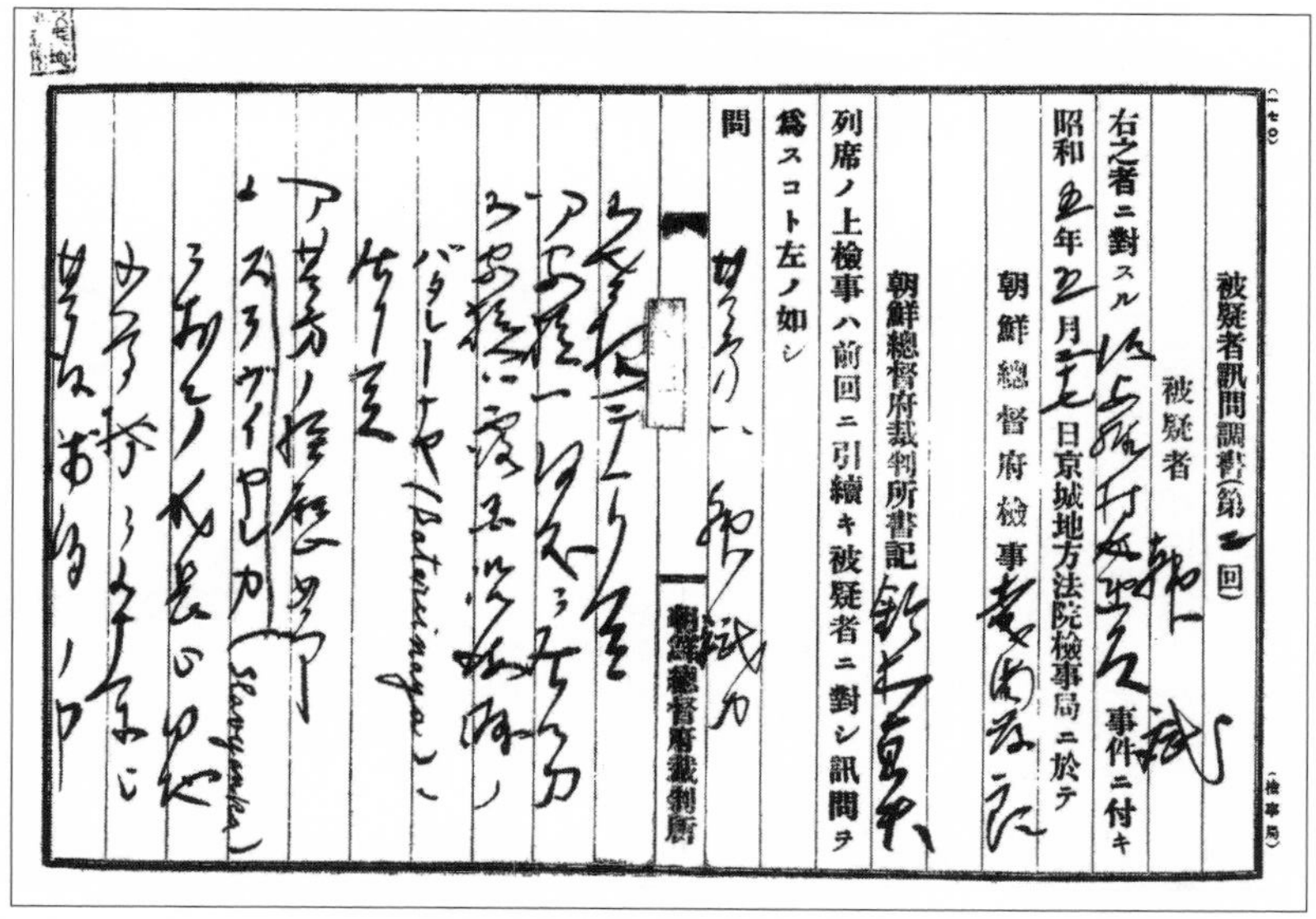
被疑者訊問調書(第二回)

被疑者 韓斌

右之者ニ對スル　　事件ニ付キ

昭和　年　月　日京城地方法院検事局ニ於テ

朝鮮總督府検事

朝鮮總督府裁判所書記

列席ノ上検事ハ前回ニ引續キ被疑者ニ對シ訊問ヲ為スコト左ノ如シ

問

朝鮮總督府裁判所

韓斌「訊問調書」 森浦藤郎検事

「治安維持法違反：韓斌訊問調書」韓国・国会図書館

# 一　思想犯罪処理の中枢として

## 思想検察の前史

社会運動と直接対峙し、抑圧と取締を担うのは日本国内においては特高警察、朝鮮においては高等警察であった。それと双璧をなした思想検察は、治安維持法を筆頭とする治安法令を駆使した司法処分（起訴の有無や公判での論告求刑など）、および検挙から予審・公判、さらに行刑に至る一連の司法処分全般の統制を通じて、社会運動の勢力を弱体化ないし解体させていった。その機能を人的に体現するのが「思想検事」であった。

検事の定員は、地方法院・覆審法院・高等法院の各検事局を通じて一九三〇年代前半までは九〇人前後、三〇年代後半以降でも一三〇人前後にとどまる（判事の定員はほぼ倍）。そのなかで思想検事という専任の職掌をもつのは一〇人前後であり、高等警察の人員が千人規模であることに比して、圧倒的に少なかった。専任の思想検事が配置されていない検事局では、実質的に次席検事が担当した。

一九二一年五月の検事局監督官会議で中村竹蔵高等法院検事長は「一昨年春勃発せる妄動事犯」、すなわち三・一独立運動は「益猖獗《ますますしょうけつ》を極めて一時は何時終熄すべきや殆ど予測するを得ざらしめし」状況だったが、警察力・軍事力に加えて検察による「起訴不起訴概ね機宜に適し、求刑亦時勢に順応」したことにより、民心は安定し、社会も平穏に近づいたと訓示し、治安の維持に自信をみせた。

しかし、翌二二年五月の同会議で中村高等法院検事長は新たな「過激社会運動に対する司法処分」に言及することになった。「現時共産主義の根源の宣伝者は平和手段に依りて之を伝播せんとする趣」と楽観視しつつも、「其の末に至りては必ずしも然らずして、殊に其の主義の信仰者に非ずして之を利用せんとするものに至りては、過激手段を採るに至らないとは申されませぬ」と「暗殺、爆弾投擲《とうてき》等の如き兇行」の惹起に注意を促し、保安法や制令第七号による「相当処罰」を求めた。二三年五月の同会議になると、共産主義への敵視を強め、「過激思想に関する取締」「社会運動に対する取締」という項を立てて訓示している。

二七年六月の同会議訓示では朝鮮民族の「不穏思想」は「大にしては帝国の国是を紊《みだ》し、之を小にしては民心の弛緩を来し、朝鮮の進展開発を害すること甚大にして容認の余地なき思想」と断じた。「主義者の行動は縦令《たとえ》微細なるものと雖、査察を怠らず禍を未発に防ぎ、大事の生ぜざる様、特に留意」を求めた（以上、高等法院検事局斎藤栄治編纂『高等法院検事長訓示通牒類纂』、『日帝下支配政策資料集』第八巻）。

また、二四年五月の裁判所及検事局監督官会議の場で朝鮮総督府法務局長松寺竹雄は独立運動の事犯は「跡を絶たんとする」状況になったとしつつ、「不穏なる思想を抱懐し、或は矯激なる言説を流布し、或は殊更労働問題小作問題等を作為して事端を紛更せしめんとする者の数を加えんとするの傾向漸く濃厚に赴きたる」とした。そのうえで「左傾思想に胚胎する事犯」について「最適正なる措置」をとることを訓示した（朝鮮総督府法務局法務課『総督訓示及法務局長注意事項集』、『日帝下支配政策資料集』第八巻）。

この時点では思想犯罪に対する専任の検事はいなかったが、各地方法院検事局の検事正・各覆審法院検事局の検事長を通じて、朝鮮総督府法務局と高等法院検事局の注意や訓示の内容は行き渡った。そして、治安維持法の運用も日本国内よりも早く本格化し、実際にも朝鮮共産党事件などに対する司法処断に臨んでいた。

## 思想検察の確立

朝鮮において思想検事が創設されたのは、直接の契機としては日本国内の三・一五事件にともなう治安体制大拡充の一環で思想検事が創設されたことに連動するもので、高等警察機構の確立と並行していた。といっても、受動的に拙速に進んだわけではなく、思想問題専任の検事配置の必要性が高まっていたところに、三・一五事件の衝撃が後押しし、この拡充の機会に積極的に乗っていったといえる。思想検事創設の理由にある「近来朝鮮に於て社会思想に関する刑事事犯頻発し、益々《ますます》増加の趨勢にある」という状況でいえば、むしろ三・一五事件以前の日本国内よりも切迫していた。

水野直樹は「対処すべき朝鮮の独立運動、共産主義運動が「内地」とは異なる特殊な性格を帯びていただけに、朝鮮の思想検事は独自の調査や取り締まり方針の策定などの活動を行なった」(「植民地朝鮮の思想検事」、国際日本文化研究センター国際研究集会報告集第三〇集『日本の朝鮮・台湾支配と植民地官僚』二〇〇八年)とするとともに、「思想検事はすべて日本人であった。朝鮮人検事が思想事件を扱うことは避けるべきこととされていた」「日本「内地」での司法官経験者は少ない。思想検事を務めたのは、一九二〇年代から三〇年代に朝鮮を最初の任地とした「朝鮮生え抜き」の司法官が多く、「内地」検察官との出入りもほとんどない」ことなどを指摘している(「思想検事たちの「戦中」と「戦後」」、松田利彦・やまだあつし『日本の朝鮮・台湾支配と植民地官僚』二〇〇九年)。

なお、例外というべきだろうが、民族運動の統義府に加入し、資金募集のための行動が強盗殺人罪に問われた呉興俊《オフンヂュン》の新義州地方法院の公判に新義州地方法院検事羅在昇《ラジェスン》が立ち合っている。新義州《シンウィジュ》刑務所長宛に「執行指揮書」を羅検事が送付していることからみて、呉の訊問取調や起訴処分を羅が担当したことは確実である。呉は中国側警察によって検挙され、すぐに日本の領事館警察を経て朝鮮側に引き渡されていた。起訴時は制令第七号違反と強盗殺人事件となっていたが、二九年七月二三日の判決では統義府加入に治安維持法第一条第一項後段と殺人罪を適用し、懲役一五年を科した（三四年に恩赦により一一年三月に減刑、以上「仮出獄」、国家記録院所蔵）。

羅在昇は一九一六年に京城《キョンソン》専修学校を卒業、二五年九月に裁判所書記兼通訳生から平壌《ピョンヤン》地方法院検事となった。二八年五月に新義州地方法院検事局に異動、さらに光州地方法院検事局に移るが、そこで瀆職事件にかかわり休職となる（三〇年一〇月、高等法院で上告を棄却され、懲役八月の実刑が確定した）。

一九二八年八月二一日、朝鮮総督府裁判所職員定員令中改正により「専ら思想事犯の検察事務に従事せしむる」ために、はじめて地方法院検事局に検事五人と書記五人が増員された。六月時点の検事定員は八二人、書記・通訳生の定員は六九〇人である。増員となったのは「過去に於ける思想犯受理件数人員の多寡、管内思想団体並に団員数」を考慮して、京城・平壌・大邱《テグ》・光州《カンジュ》の各地方法院検事局、「内地との連絡関係等」から釜《プ》山《サン》地方法院検事局とされた。新たに配置される思想検事には、次のような役割が求められた（以上、「公文類聚」第五二編・一九二八年・第六巻）。

凡《およ》そ此種の犯罪に対し適切なる司法処分を行わんと欲せば、先づ須《すべから》く平素より当務者に於て社会の実相を詳かにすると共に、之等事犯の根抵たる思想を系統的に究明し、常に其の現状並に推移を洞察するの用意なからざるべからず、而して之が実行を計るには思想に関する内外出版物の調査に依りて一般的予備智識を養うべきは勿論、各種情報の蒐集、既に司法事件として現われたる事案に付ては夫々《それぞれ》刑事事件記録の調査に努め、各種の具体的資料と相俟《まっ》て全鮮的には勿論、内地満蒙在住の主義者をも統一したる主義者名簿を作成する等、極力資料の蒐集に精進し……主義者各人の思想の変遷又は思想団体の行動を事前に於て査察し、又一旦事犯発生したるときは検事局に於ては即座に其の系統を闡明《せんめい》し、一網打尽検挙の敏速を計るに便じ、被疑者其の他の関係人取調に際しては勿論、予審又は公判に於ても其の起訴を受くるや、各思想団体並に其の団員の系統行動に関する予備智識を活用し、事案の敏速なる処理に便するに如《し》くはなし

ここでは思想犯罪の司法処分の前提として全般的な思想情勢・社会運動情勢の把握や「主義者名簿」の作成などを強調しているが、実際には眼前の頻発する治安維持法違反事件などの司法処分に奔走することになったと推測される。

ただし、この官制改正による思想検事の創設を前に、実質的に「思想検事」の活動ははじまっていた。二七年五月六日の『東亜日報《トンアイルボ》』は「思想問題専門検事特置」の計画があり、八月頃の実施かと報じているが、予算上の理由だろう、計画は棚上げとなっていた。

二七年一二月二七日の『朝鮮新聞』は「新面目を画する裁判所の増員異動　特に注目されるのは思想方面専任検事」として、京城覆審法院判事から高等法院検事に「栄転」した伊藤憲郎を写真付きで報じた。「社会思想問題に精通」するという人選である。二八年一月七日の同紙は伊藤の談話として、司法省に「裁判にあらわれた思想方面の犯罪に就いて研究する」機関として設けられている思想課に相当するとし、「朝鮮半島における思想を背景として時代的に現れる諸犯罪の因果関係を詳細に研究調査し、幾分なりとも今後法廷方面に現れる思想犯罪の審理に就いて参考資料としよう」というものと伝える。

また、二八年六月一六日の『毎日申報《メイルシンボ》』は「市内安国洞《アングクドン》で重大時局犯人逮捕　思想検事の取調」と報じた。七月二八日の『中外日報』にも「朝共最後公判　最初の思想検事立会」として、第一次朝鮮共産党事件関連で被告人李啓心《リケシム》の公判が二七日に京城地方法院で開かれたとある。この「思想検事」とは京城地方法院検事局の森浦藤郎検事を指す。これらからすると、官制上の正式の発足を前に実質的に「思想検事」が指定され、被疑者の取調や公判の立会をおこなっていたことになる。京城地方法院検事局の場合は森浦藤郎であり、官制改正

後、正式に任命された。

二九年一月、内部規定の改正により高等法院検事局に検事分室（思想係）が設置され、定員のやり繰りにより専任の思想検事を置いた。ひきつづき伊藤憲郎がその職に就いた。後述するように『思想月報』などを刊行していく高等法院検事局思想部を統括する。

三〇年三月刊行の高等法院検事局『朝鮮思想検察提要』第一冊収録の「地方法院思想事件検察事務章程」には思想検事の役割・任務がまとめられている。第一条では治安維持法から爆発物取締罰則まで、担当する一〇の思想犯罪があげられる。第二条以下、「思想問題に対する基本的研究」と管内思想団体の系統の精査、刑務所の巡視と「思想囚の行刑状況」考察（「特に其の思想推移に付き注意すべし」）、管内要視察人・団体や新聞・雑誌などの名簿作成、思想事件に関する月表・年表の作成がつづく。第一一条で「思想係検事を置かざる検事局」における各種名簿や月表・年表の作成などが指示された。

日本国内では思想検事の創設を前に、二七年六月、司法省刑事局に「思想部」が設置され、池田克部長（書記官）の主導で全般的な思想対策が樹立されていくが、朝鮮総督府法務局にはこれに相当する部門は設置されなかったようである。二四年の統治機構全般の行政整理によって法務局では刑事課と民事課が法務課に統合され、この体制はその後もつづいた。高等法院検事局の思想係に就いていた伊藤憲郎は、三〇年九月には法務局法務課の事務官を兼担する。後述する刊行物や通牒類も多くは高等法院検事局（思想部）から出されており、ここが一貫して思想犯罪対策の中央指揮センター的な役割を果たしたと思われる。

先のことになるが、戦時体制の進行のなかで治安確保が重要な課題となった一九四〇年一月の朝鮮総督府臨時職員設置制改正により法務局法務課を民事課と刑事課に分離し、人員も拡充した。刑事課の分掌は「一、朝鮮保護観察令　一、時局防諜防共に関する事務　一、思想犯罪防遏《ぼうあつ》に関する事務」などとなっていた（「公文類聚」第六四編・一九四〇年・第三〇巻）。刑事課長には京城地方法院検事局の思想検事などを歴任した森浦藤郎が就いている。

日本国内でも創設されたばかりの思想検事が上海・北京・ハルビンのほか、京城にも派遣された。二八年一〇月二四日の『朝鮮新聞』によれば、名古屋控訴院検事局の徳江治之助と札幌控訴院検事局の関実が京城に出張している。前述の森浦藤郎は二九年一一月、東京に出張し、「日本共産党と朝鮮共産党との関係事実を調査」（『毎日申報』、一一月二九日）している。頻繁な交流とまではいかないが、朝鮮の思想検事は司法省の思想実務家会同にもオブザーバーとして参加する。

## 思想犯検挙の激増と思想検事の増員

その後の思想検事の拡充ぶりをみよう。一九三二年六月二九日の『朝鮮新聞』は「思想検事配置、今年度より実施」として未配置の検事局に順次配置していく計画を報じて、まず咸興《ハムフン》地方法院検事局への配置がなされるとしていた。一一月二二日の朝鮮総督府裁判所職員定員令中改正により、咸興地方法院検事局に検事・書記・通訳生が各一人増員された。通訳生の増員については「朝鮮の裁判所及検事局の司掌する事件は殆ど全部常に通訳を要する事案」のため、日本国内と比べ二倍以上の時間と手数がかかるためとする。

増員理由を説明するなかでなされた朝鮮の思想犯罪の傾向についての認識が注目される。「往年朝鮮独立運動の勃発以来、朝鮮人の思想界に一大動揺を齎《もたら》し、其の反動として当時澎湃《ほうはい》として襲来せる各種の社会思想に感染悪化する者漸く多きを加うるの傾向を示した」とする。「感染悪化」という表現は、その防遏に手を焼く治安当局者特有の認識で、日本国内でも同様である。それは「遂に労働運動又は小作争議、衡平運動等の具体化を見るに至りたる」だけでなく、労農ロシアや日本内地との連絡により「不穏の行動を企つるもの漸増の情勢」としている。三一年中の検事局受理の思想事件は九九四件七九五六人におよび、検事が「予審請求」・「公判請求」した人員は合わせて二六〇五人にのぼった（以上、「公文類聚」第五六編・一九三二年・第一〇巻）。

治安維持法違反事件の検事局受理数や起訴者数が最大となった一九三二年の状況を受けて、三三年三月一二日の『朝鮮新聞』は「「赤」弾圧に思想検事大手不足　結局増員となるか」という見出しの記事を載せた。「思想犯検挙の激増によって、これが取調べに当る思想検事の不足をも来し、各地検事局では大多忙を極めているが、法務局では事件の円滑処理を期する上において近く思想検事の増員を全鮮覆審法院の所在地になす模様」とある。三月一三日の『中央日報』には「大邱、平壌等各地の思想検事大増員」とある。

しかし、おそらく予算不足を理由として三三年六月の増員は一人にとどまった。朝鮮総督府裁判所職員定員令中改正により、「在間島《カンド》帝国総領事館の管轄に属する刑事々件処理の為の増員」として京城地方法院検事局に検事・書記・通訳生の各一人が配置された。「間島」における朝鮮人の思想事件は「殆ど本府裁判所の管轄に移され居る次第」で、「近時異常の激増を来し、今後間島地方に於ける主義運動の終熄せざる限り斯の種事件は益《ますます》増加すべきものと認めらる」という理由である。三〇年六月から三二年一二月までの間に京城地方法院検事局に送致されて受理となった人員は六四七人におよび、検事の予審請求は四九六人、公判請求は三人、不起訴は一四八人となっていた。

なお、この増員説明では「間島」領事館警察の捜査が杜撰であるほか、証人取調や物的証拠の蒐集・検証に「遺憾の点尠からざる」ため、遠隔の京城からの捜査が著しく困難という現状への不満が吐露されている（「公文類聚」第五七編・一九三三年・第七巻）。

**表4**は、思想事件がピークに達した一九三二年から三四年の一カ年平均の各地方法院検事局の受理数である。一一検事局中の六検事局に思想検事が配置されているが、未配置の検事局でも多くの事件を担当していること

**表4　思想事件検事負担調**

| 庁別 | 検事定員 | 思想事件新受 | | 検事一人負担 | |
|---|---|---|---|---|---|
| | | 件数 | 人員 | 件数 | 人員 |
| 京城地 | 12 | 169 | 1,454 | 14 | 121 |
| 公州地 | 7 | 47 | 574 | 7 | 82 |
| 咸興地 | 7 | 268 | 4,020 | 38 | 574 |
| 清津地 | 5 | 94 | 1,155 | 19 | 231 |
| 平壌地 | 6 | 55 | 442 | 9 | 74 |
| 新義州地 | 5 | 220 | 867 | 44 | 173 |
| 海州地 | 4 | 36 | 415 | 9 | 104 |
| 大邱地 | 8 | 57 | 886 | 7 | 111 |
| 釜山地 | 8 | 69 | 644 | 9 | 111 |
| 光州地 | 7 | 102 | 1649 | 15 | 236 |
| 全州地 | 7 | 58 | 805 | 8 | 115 |
| 計 | 76 | 1,175 | 12,911 | 平均15 | 平均170 |

1、思想事件新受は1932年～34年の1カ年平均
2、検事定員中、京城・咸興・平壌・大邱・釜山・光州には思想検事一人を含む。
（朝鮮総督府裁判所職員定員令中改正、「公文類聚」第59編・1935年・第11巻）

がわかる。朝鮮北部の検事局での負担が大きい。それらの未配置の検事局では次席検事が担当することになった（水野論文参照）。

治安維持法違反事件の司法処分が大きな山を越えた一九三五年七月の時点で、思想検事の増員が実現する。朝鮮総督府裁判所職員定員令中改正によるもので、「稍《やや》事件の減少を見たる」としつつ、思想団体は「一般当初に於ける烏合の衆は年と共に団体の結束を鞏固《きょうこ》にし、益系統的に発達を遂ぐるものなるを以て、今日に於ける小康は決して楽観を許さざるものあり」という理由が付された。**表4**のように思想事件が多く、「鮮満国境に位し重要なる」位置が考慮されて、新義州地方法院検事局に検事・書記・通訳生の各一人が配置された（「公文類聚」第五九編・一九三五年・第一一巻）。

四二年三月、朝鮮総督府裁判所職員定員令中改正により高等法院検事局に検事一人と書記・通訳生二人が、地方法院検事局に検事三人と書記・通訳生一二人が増員となった。新治安維持法・国防保安法の司法手続きの変更で「総て検事が直接検挙当初より之が捜査に当ること」のほか、「内外情勢の緊迫に伴い、斯種犯罪に対しては最も厳重周到なる検挙と断乎たる処罰」が必要となるという理由である。京城・咸興・清津《チョンジン》の各地方法

院に配置された。高等法院の増員は、各地方法院の指導に加えて控訴審が省略されたために上告審が増加するという理由である（「公文類聚」第六六編・一九四二年・第四〇巻）。

こうして四度の拡充により高等法院と地方法院の検事局に配置された官制上の思想検事の定員は一二人となったが、未配置の検事局も残った。

このようにみると朝鮮における思想検察の確立は一九三〇年頃にはなされ、実際の思想事件と対峙するなかで鍛えられ、習熟の度を高めていった。その運用が軌道に乗った三四年末時点での思想検事の主な顔ぶれは、高等法院検事局思想部が森浦藤郎、京城覆審法院検事が伊藤憲郎、平壌覆審法院検事局が森浦（兼任）、大邱覆審法院検事局は不明、京城地方法院検事局は伊藤（兼任）と佐々木日出男であった（金炳魯「半島の思想判検事陣」、『三千里』一九三五年三月）。

## 思想検事　伊藤憲郎

この思想検事の代表格であり、治安維持法運用の前半一〇年を実際に主導したといえるのが伊藤憲郎である。

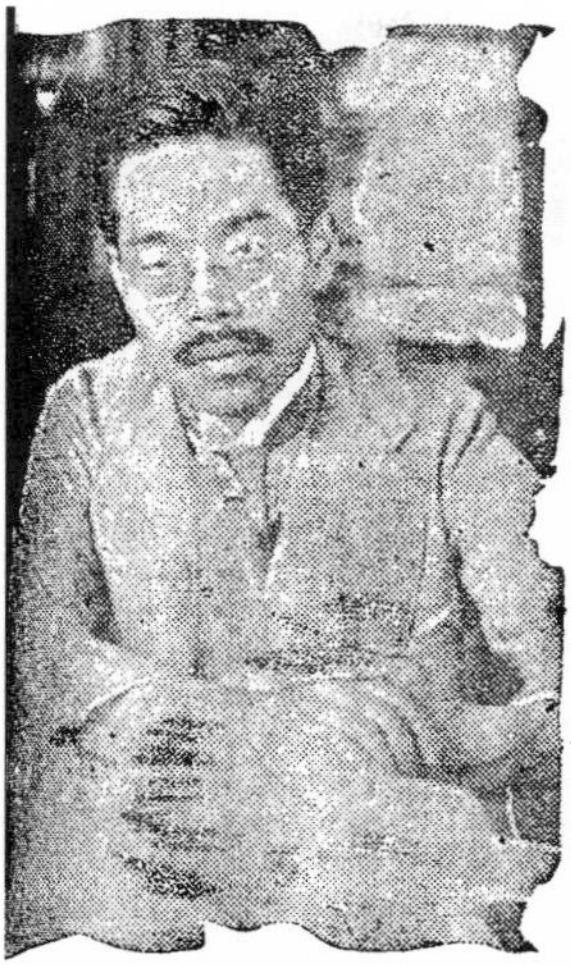

『京城日報』1928年6月9日
伊藤憲郎

その略歴は一八九二年に青森県に生まれ、一八年に東京帝国大学法学部を卒業後、同年一〇月には朝鮮総督府の司法官試補となっている。当初、判事畑を歩み、二七年一二月に検事に転官し、平壌覆審法院検事と高等法院検事を兼任している。二八年一月、高等法院検事局の思想検事に任命された。三〇年九月には法務局法務課の事務官を兼任し、司法行政の面でも思想犯罪対策の中心となった。三三年八月、京城覆審法院検事兼京城地方法院検事となる。四一年に釜山地方法院検事正となるまで、各地の地方法院検事を務める。四四年一〇月に検事を退任し、国民総力朝鮮連盟総務部長、朝鮮文人報国会理事長などに就いている。戦後は弁護士となった。

伊藤は、二六年三月には京城覆審法院判事として朝鮮日報記者辛日鎔《シンイルヨン》らの新聞紙法違反事件の公判に加わっている（裁判長は末広清吉）。上述の高等法院検事局の在任中、京城地方法院検事局に応援に出ることがあり、二九年八月には呂運亨《ヨウニョン》の治安維持法違反事件を担当した（第五回訊問から第七回訊問まで）。また、京城高等女学生同盟休校事件では取調を担当している。その三〇年二月三日の被疑者李順玉《リスンオク》に対する第二回の訊問では、次のようなやりとりがなされている。

問　其方は平素より如何なる理想を抱いて居るか。
答　無産者の革命、即ち共産主義的社会の実現を理想と致して居ります。
問　斯様な理想を抱くに至った動機は。
答　父が存命中、父から話を聞きましたが、此れと云う動機はなく自然に段々左様な理想を持つに至りました。
問　其方は家が裕福でない関係上、裕福の生活が仕《し》て見たい為め、左様な理想を抱いて居るのではないか。
答　左様なことは決してありませぬ。
問　誰からか指導を受けたか。
答　自分一人で研究致し、指導なんか受けた事はありませぬ。
問　朝鮮に対しては如何なる理想を抱いて居るか。
答　朝鮮に対しては別段の理想は持って居りませぬが、唯《ただ》国家的地位を奪われて居る事は甚だ心外であると考えて居る丈けにて、此れを怎《ど》う仕様と迄は考えて居りませぬ。

「公判請求書」(二月一〇日)も作成しており、李順玉について「両親何れも社会運動者にして之れが為め幼時より思想に染《なじ》み、現に中央青年同盟に入会し居り、現在の社会制度を呪咀する者なる」(『韓民族独立運動史資料集』五一、「同盟休校事件　裁判記録3」)としている。三月一九日の京城地方法院公判の論告では「朝鮮の教育を破壊するものであると極言し、執行猶予の如きもなすべきでない」としている(『京城日報』三月二〇日)。

さて、伊藤は文筆の資質に加えて、思想検事のトップとしての自覚もあり、思想問題について精力的に講演活動をおこない、治安維持法関連の文章も法学雑誌などに発表している。ここでは伊藤の治安維持法観を概観しよう。

緊急勅令による治安維持法の「改正」直後、『警務彙報《いほう》』第二六九号(一九二八年九月)に「国体の意義」を寄稿している。「該法は今や我が国に蔓延せんとする二大悪思想に対し一大弾圧を加え、以て光輝ある我が祖国の歴史を完《まったか》らしめんとするもの」としたうえで、「国体」に関する「学者の説」や内務省・司法省の解釈などを整理する。最後は「万世一系の天皇が統治権の総覧者たる万国無比の君主国体を指す。天皇によりて統治せられる、これこそ我が国体の顕著なる特色であって、世界に誇り得る所のものである。治安維持法は実に此の光輝ある国体に反する悪思想を其の対象として立法せられ、而して之等の悪思想を取締らんがために存在するもの」と結ぶ。

つづく『警務彙報』第二七二号(一九二八年一二月)の「治安維持法第一条の構成及び解釈」では改正第一条を一四の「犯罪行為」に分析する。思想には思想をもって対抗すべしとする論者を想定して、「所謂《いわゆる》思想善導屋のイデオロギーを以ては、思想範疇を異《こと》にするマルクス信奉者の所説を克服し難い」として、次のように論じている。

直接当面の問題として、国家を護る法律の立場としては、先づ断々乎として、直接行動乃至テロリズムを為さんとする団体行為を厳罰するにあらずんば、国家の治安を保つことは出来ぬと思うのである。彼等社会主義者の人々にして何等犯罪羞恥の情なく、路傍又は法廷に於て盛んに示威運動を試み、毫《ごう》も改化遷善の道なければ、残るはただ社会隔離の方法あるのみ。この事は如何にも残酷のようであるけれども、一般社会予防のため致方《いたしかた》なきように思うのである。国家治安の維持上、緊急已むを得ざるものと思うのである。

「思う」を三つつづけるように、こうした断言に絶対の自信はないけれども、処断自体は「断々乎」としておこなう。最後に「単なる社会主義者の会合、又は個人の不穏思想に対しては適用なきことを考慮しなければならぬ」とするが、すぐにそうした会合や個人の思想も厳罰に処せられていく。

『朝鮮司法協会雑誌』では治安維持法を大局的な刑法理論のなかに位置づけようとする。「治安維持法所定の目的要件」（第八巻第一二号、一九二九年一二月）では「私有財産制度を否認し、惹《ひ》いて国体を変革せんとの新思想的傾向、殊にこれを基調とする結社協議煽動等の諸行為は、従来法、例えば内乱罪、騒擾罪等に対する刑法、治安警察法、新聞紙法等を以てしては欠陥なきを得なかったのではないか」として、治安維持法の出現を刑法理論上から必然とし、従来の治安諸法を補完するものとして合理化しようとする。伊藤にとって「所謂国体の変革、私有財産制度の否認なる観念は朝憲紊乱《びんらん》の観念のうちに包含される。刑法第七十八条（内乱の予備・陰謀――引用者注）と治安維持法第一条乃至第四条とはこの範囲に於て重複すること明白である」とする。

「治安維持法所定の行為――その可罰性に付て」（第九巻第一・二号、一九三〇年一月）では、治安維持法は思想を罰するものではなく「結社乃至煽動を危険なる行為として罰する」としながらも、「結社、協議、煽動はこれを放任することに依って暴動に達する、国体の変革、私有財産制度の否認に於て容易に内乱に達せんとする、所謂一所為数法、これを未然に防止せんとするところに治安維持法の精神がある」という理解を示す。この「未然に防止」をめざす論理には、治安維持法の拡張解釈の余地が内包している。

三〇年三月の「司法から見た思想問題」(学務局主催の思想問題講演会、高等法院検事局思想部『思想月報』第七号、一九三一年一〇月)では、治安維持法の精神は「暗黙に結社を作るとか、或は少くも結社の前提行為を為す人々を罰すること」にあり、「決して脳中にある思想を罰するものではない」として、「国民の自由を認めようというところに於ては、少しもこの法律が立入っておらない」と強調した。この講演では「思想犯に対する刑事政策は思想犯に対する科学的究明、思想犯取扱の特別化、思想法規の運用ということを考慮することに依って時代に適応する対策を講ずること」としつつ、刑罰だけでなく「思想の善導、社会の改善ということも同時に考えらるべき」と結んでいる。

水野直樹は「伊藤の見解は、「思想の善導」「社会の改善」を重視する立場から、取り締まりや刑罰を万能視することを戒めるものであった」(思想検事たちの「戦中」と「戦後」)ととらえる。確かに「思想の善導」や「社会の改善」を視野におさめる点は高等法院検事局の思想検事らしいが、その「思想取締」自体が寛大なものでなかったことは、伊藤自身が京城地方法院検事局の思想検事として関わった前述のような治安維持法違反事件の処断においても、『朝鮮司法協会雑誌』掲載のいくつかの論文でも読み取れる。

「治安維持法所定の結社行為」(第九巻第五号、一九三〇年五月)では「治安維持法所定の結社が一定の目的を遂行する一種の犯罪団体であり、同じく共犯関係に属するものであるが、綜合的組織的なる点に於て従来の犯罪団体の比でなく、又、その継続的なる点に於て集会と異り、統一的なる点に於て群衆と異ること」を論じる。読書会や文学愛好団体なども「秘密結社」として取締当局が「治安維持法所定の結社」と認定すれば、もはや問答無用に処断される段階に入っていたが、この伊藤の見解はそれにお墨付きを与えるものであった。

伊藤が高等法院検事局思想部『思想月報』第一〇号(一九三二年一月)に載せた「何故内鮮の共産主義者は提

携するか」は、思想検事を主導する立場から思想犯罪の新たな動向を注視していたことを示している。京城帝国大学反帝事件などに注目し、日本国内と朝鮮の共産主義者の提携が「実践的過程」に入ったとみて、将来の激化とともに「日本内地に於ける日本共産主義者が所謂国際精神インターナショナリズムから独立運動支持の独自的闘争をするに至るであろう」と展望する。

そして『思想月報』第二巻第四号（一九三二年七月）の「朝鮮における内鮮人提携に依る共産主義運動」では、新興教育研究会事件にふれて朝鮮の共産主義運動が「新たに内地人共産主義者の優秀分子を入れ、智識に於て組織に於て面目を改むることは、今後の運動に一生面を増し、激化するやの虞《おそ》れなきにあらず」と警戒を寄せた。「朝鮮特殊の刑事政策的問題」（第一一巻第五号、一九三二年五月）では「思想犯の問題」に言及するなかで、「今日に於ける思想運動のヘゲモニーたるものは、かの曾て朝鮮を風靡したるWilson主唱の（民族自決主義）の理論よりも（コミンテルン）の夫れであることに相違ない」として、共産主義運動が大勢となっているという認識を示した。とりわけ「企業場内の組織活動と宣伝煽動のための出版活動とは、厳戒さるべきもの」としている。朝鮮共産党の再建運動が下火になるなか、「企業場内の組織活動」＝労働組合の動静に警戒が向けられている。

三四年五月の『司法協会雑誌』（第一三巻第五号）掲載の「朝鮮の犯罪原因と刑事政策」では「思想犯罪に対する処分は、他の犯罪よりも以上に寛厳の程度に開きを与え、首魁、幹部、率先、助勢者に対しては厳重に処罰すべく、殊に国際共産党の教唆に基く一連の運動者に対しては断乎として厳戒されて然るべきものと思う。然し、年少未だ智育発達せず、全く他人より誘惑せられ犯罪を為し、孤立的であり、一時的であり、付和雷同の徒に対しては相当その事情を斟酌さるべきもの」と述べる。治安維持法違反事件の激増による大量の司法処分に追われる状況が一段落しつつある段階で、司法処分の「寛厳の程度」を考慮する「余裕」が生じている。

理由は不明だが、一九三〇年代後半以降の伊藤は検事の職にありつつも、思想事件とのかかわりは少なくなったようである。

## 「思想」パンフレットにみる分析

一九二八年一月、高等法院検事局は伊藤憲郎を思想検事に任命し、思想部を発足させた。そこでは思想に関する内外出版物の調査、各種情報の蒐集、思想事件に関する刑事事件記録の調査、主義者名簿の作成などがおこなわれた。それらはすぐに「思想」パンフレットとして刊行された。高等法院検事局思想部『思想月報』第三巻第一号（一九三三年四月）の末尾の目録表によれば、二八年四月の『黒旗《フクキ》連盟《ヨンミョン》事件の研究』から始まり、三三年三月の『朝鮮思想運動調査資料　第二輯』まで三四冊が刊行されている。これらのうち、現在確認できるのは数冊にとどまる。

パンフレットの三として二八年一〇月に刊行された『朝鮮治安維持法違反調査』は二五年五月から二八年二月までの「確定判決」（五一件、一一一人）を対象とした統計的調査で、「裁判所別事件人員表」「判決人員年齢調」など三二項目におよび、「確定判決に現れたる秘密結社一覧表」が付された（『朝鮮問題資料叢書』第一一巻「日本植民地下の朝鮮思想状況」収録）。「抱懐せる思想」として「民族主義が一番多い、即ち五十一名、次ぎは共産主義者の四十五名、次ぎは無政府主義者十一名」などのコメントが付された。また、「各秘密結社の運動方法」としては、次のような詳しい説明がなされている。

各秘密結社が、その目的達成の為の運動方法には、テロリズムを唯一の手段とするものと、文書その他によって宣伝し主義の実現を企てんとするものとがある。テロリズムを手段とする結社は、爆弾、拳銃等で鮮内主要都市の官庁、銀行、会社を爆破し、大官又は首脳者を暗殺して、人心の動揺に乗じ一挙に事を成さんとし、無政府主義及び民族主義者中の一部の結社は之に属す。文書等に依り主義の宣伝をする結社は、機関紙若くは機関雑誌を発行するか、又は其の他の方法、例えば宣伝文配布、講演等によって、主義の宣伝をして居るのである。機関紙とか機関雑誌とか云う様な、一定の宣伝機関を有する結社は鮮外にのみ限られて居り、鮮内は取締厳重なる為、単に宣伝文の配布又は集会等に依る位のものであるが、事実は表面に現れざる所謂地下運動によって巧妙なる連絡統一を計り、取締官憲の目を掠《かす》めんとして居るのである。

これらのパンフレットは各法院・検事局などに配布し、広く思想犯罪の実際を周知するために詳細で具体的な分析がなされている。

パンフレットの一六として二九年一〇月、『朝鮮治安維持法違反事件判決（一）』が刊行された（『朝鮮問題資料叢書』第一一巻収録）。黒旗連盟事件（一九二五年一一月一七日）、真友《ジンウ》連盟事件（二七年七月五日）、高麗革命《コリョヒョンミョン》党事件（二八年一〇月一八日）、「儒林団《ユリムタン》事件」（二八年一一月二八日）、斎藤総督狙撃事件（二八年一一月六日）、新民府事件（二八年五月一七日）、朝鮮共産党（第一次・第二次）事件（二八年二月一三日）、間島共産党事件（二八年一二月二七日）の八つの判決が収録された。前二者が無政府主義、後二者が共産主義で、他は「民族主義又はその他との混合した事件」である。新民府事件は関東州の関東庁地方法院の判決である。

一九三〇年三月には『朝鮮思想検察提要』第一輯が刊行された。高等法院思想係検事の執務方針「社会思想研究調査に関する綱要」や「地方法院思想事件検察事務章程」「高等法院検事局思想係書記官事務章程」のほか、「検察事務章程」中の「思想運動の原因及範囲の究明」の参考事例として「日本共産党事件調査」や「読書会の組織及行動」などが収録されている。「社会思想研究調査に関する綱要」の「方針」として、次のような具体的な内容が記されている。

朝鮮に於ける状態は固《もと》より、当朝鮮に対し兎もすれば思想的先達たる日本内地、支那、満洲、露西亜《ロシア》に於ける思想状態、又総督政治反対、司法否認運動及各種階級闘争の実際、或は又各種の結社、集会、不穏行為として学生、新聞記者及職業団体等の傾向、尚お具体的に司法事件に対し統計的、罪別的、個別的観察を為すべく各般に亘り研究調査資料を蒐集し、諸種の図書文書報告書を分類整理し、以て逐次研究調査の結果を関係方面に頒《わか》ち、向後一般刑事政策の参考に供せんとするものなり。

後述する『思想月報』第三号（一九三一年九月）に「最近全鮮治安維持法違反事件確定判決集」第七輯が収録されるが、第二輯から第六輯までの続編は未発見である。

なお、朝鮮総督府法務局から三〇年一二月に『朝鮮重大事件判決集』（『朝鮮問題資料叢書』第一一巻収録）と、三一年一一月に『朝鮮独立思想運動の変遷』が刊行された。いずれも法務局の兼任となった伊藤の手になるものだろう。

前者は独立騒擾事件（二〇年一〇月三〇日）から朴烈《パクヨル》事件（大審院、二六年三月二五日）、「二重橋前爆弾事件」（東京控訴院、二五年八月一二日）などの一一件の治安維持法違反事件以外の判決を収録する。「序言」には「此等の判決を通読すれば日韓併合後、朝鮮共産党事件前後に至る朝鮮に於ける思想状況の推移を察知すべし、又向後の重大事件に対する認定及刑の量定上有益なる資料たるべし」とある。さらに思想犯罪に対する姿勢として、次のように記している。

今、朝鮮思想犯罪の変遷を辿るに、大体単独犯より群衆犯へ、更に結社犯へ、又鮮内犯より鮮外犯へ進展したる跡歴然たり、在外亡命の犯罪団が国家の治安を脅かすこと甚大なるは歴史に徴し明かなり、思想犯の検挙及裁判に際しては朝鮮内外に於ける社会状況及人心の帰趨《きすう》を知悉するの必要あり、而して常時或は各種団体の動静を明かにし、或は日本内地支那各地に於ける不良者の生活状態を詳《つまびら》かにするは勿論、其の歴史的過程及思想系統の脈絡を研究調査し置き、以て一旦事犯発生したる場合に於ける用意を為し、這般《しゃはん》の犯罪に於ける根源に対し徹底的処置を為さざるに於ては刑事政策の目的は容易に達成し難しと思料するものなり。

「思想年表」と「思想事件統計」が付されている。統計は一九一九年から二九年のもので、治安維持法違反のほか保安法・制令第七号違反などが計上されている。

『朝鮮独立思想運動の変遷』は「判決を重《おも》なる資料として、朝鮮に於ける独立及び思想運動の変遷を叙述」（「はしがき」）している。「国権恢復運動の時代――第一期」について、一九一九年以降の「民族自決運動の時代――第二期」、二四年以降の「共産主義運動の時代――第三期」に区分し、第二期と第三期の各六つの判決書を収録している。

第三期の叙述はほぼ「朝鮮共産党事件」に終始している。準備段階から創立の経緯、数次の検挙と裁判について述べ、「朝鮮共産党は、国際共産党の然るが如く、その一支部として、暴力革命に基く共産主義的国家の建設を目的とするものたること言を俟《ま》たぬ。朝鮮問題としては共産党指導の下に労働者農民の結合に依り共同戦線を展開し、日本帝国の統治を変革し、その私有財産制度を否認せんとするにある」とする。そして、「プロレタリア独裁への民族運動を援助することは勿論、戦術として民族主義的団体と提携し、これを利用することは、既に数えられている。労働運動へ小作争議へと喰込む。学校の盟休もその対象に置く。而して、その組織に於て各方面にヤチェーカを扶植し、あらゆる表現団体にフラクションを設く」と現状認識も述べている。

## 『思想月報』の発刊

こうした各種の「思想」パンフレットの刊行に加えて、高等法院検事局思想部は『高検思想月報』を三一年四月一五日から発刊する。第一号の「雑録」には「従来時々配布せるパンフレットを一纏《まと》め発送するを便宜なりと考え、題して「高検思想月報」となしたり。以後毎月配布の計画なり、資料あらば御恵送願いたし」とあり、ほぼ伊藤憲郎の編集といってよい。日本国内で司法省刑事局が『思想月報』を発刊するのは一九三四年七月だから、はるかに早い刊行である。第五号（八月）から『思想月報』となる。第二巻第一一号（一九三三年二月）に活版印刷となるまで、謄写版刷りの速報とした。

第一号は次のような内容である（注記を付す）。

ボルセヴィキ党の結成過程――李鉄岳《リチョルアク》『階級闘争』第二号
朝鮮参政権に関する陳情書――国民協会員李東両　一九三一年三月
日本共産党台湾支部事件――東京地方裁判所判決、一九三〇年一一月一五日
共産党事件に付て当局者に望む――『名古屋新聞』社説、一九三一年四月二日
上海仮政府の現況――三輪警部（京城鐘路《チョンノ》警察署）『自啓』第三九号

その後も広く思想関係の情報を収集し、おそらく勝手に転載をしている。

第二号になると、編集方針が確立してくる。各法院の思想事件に関する予審終結決定書や判決が収録されるほか、「全鮮思想事件月表」が収録される。なお、第二号巻頭の善生《ぜんしょう》永助（朝鮮総督府嘱託）「朝鮮の思想運動」には「朝鮮の社会運動は従来の部分的経済運動より全民族的政治運動に方向を転換した結果、民族、社会両主義者が合同して民族単一党の結束を高唱し、これに共鳴する者も決して少くない。勿論その裏面には共産党の策動のあることは明かで、既に第四次の共産党事件の検挙を見たけれども、この種の不穏思想を懐く者の絶滅を見ることは容易のことであるまい」とある。

また、同号の「雑録」には「四月十八日、私（伊藤）の主催で司法倶楽部に「間島事件座談会」を催した」として、警務局・軍司令部・憲兵隊司令部・裁判所・検事局からの出席があったことや、伊藤が各道高等課長

会議に出席したことなどの記事がある。伊藤が思想検事として精力的に活動をおこなっていたことがうかがえる。

第三号（三一年六月）から「治安維持法違反調査」と「最近全鮮治安維持法違反事件確定判決集」が付録となった。前述の『朝鮮治安維持法違反調査』と『朝鮮治安維持法違反事件判決（一）』の続編となる。

全体を通じて、日本国内の治安維持法の運用状況に広く目配りをしていることが特徴である。折からの東京地方裁判所の日本共産党統一公判への関心は高く、布施辰治「日本共産党事件公判所感」の転載（第六号）、京城地方法院検事局福田甚二郎「日本共産党事件公判傍聴記」の転載（第九号）、東京地裁検事局平田勲の「論告要旨」（第二巻第五号）を載せるほか、第三巻第一号（一九三三年四月）からは「日本共産党事件判決集」として各地方裁判所の判決を収録している。

一九三四年一二月から『思想月報』は『思想彙報』と改題して刊行されていく。『思想彙報』第一号には「第四巻第六号迄毎月発行したる思想月報は今回思想彙報と改称し、随時発行のことに変更したり」という注記がある。『思想月報』の最後となった第四巻第六号は三四年九月の刊行で、その後三カ月間隔での刊行となる。この変更の理由は、一九三四年になって治安維持法違反事件の受理数や司法処分数が減少してきたことに関連があるだろう。

『思想彙報』は一九四〇年一二月に第二五号を刊行後中断し、四三年一〇月に第二六号（続刊）が刊行された。

## 厳罰方針の変容

検察当局は治安維持のために一貫して厳罰方針をとった。それでも、思想状況と社会全般の推移に応じて力点の置き所が変容している。ここでは主に一九三〇年代を通じて、その様相をみよう。

まず思想検察の本格的始動に際し、一九二八年一〇月の検事局監督官会議で中村竹蔵高等法院検事長は「今や思想問題、治安維持上に重要なる関係を有し、思想問題を度外して治安維持の十全を期すべからず、故に思想犯の処置に付ては予め思想の動静を察知し、又其の内容に通暁し、事起って検挙に捜査に違算なく、又科刑の適正を期せざるべからず」と訓示した。同会議では笠井健太郎高等法院検事が治安維持法違反事件で第一条に該当する捜査不十分のために第一・第二審とも無罪になったことについて、「同法の解釈に付き研究不十分なるがため、之に関する捜査粗漏なりしにあらずや」と指摘している（以上、『高等法院検事長訓示通牒類纂』、『日帝下支配政策資料集』第八巻）。

光州学生事件を契機とする学生運動の高揚に直面した三〇年二月一二日には、高等法院検事長から「学生蠢動事件処理に関する件」という各検事長・検事正宛の通牒が発せられた（朝鮮総督府法務局法務課『高等法院検事長訓示通牒類纂2』、『日帝下支配政策資料集』第九巻）。

> 最近各地に勃発せる学生団体の蠢動《しゅんどう》事件に付ては相当処理せられ居ることと思料するも、学生たる身分ある者を処理するに際《あた》りては其の根源を究め、且被疑者の具体的行動を精査したる上、共産主義其の他の秘密結社を組織したるもの、其の他役員等主として活動したる者は起訴の上厳罰すべく、他の勧誘により単に加入したるに過ぎずして何等具体的活動を為さざるものに付ては可成《なるべく》不起訴の上、将来を厳戒するに止められ度《たく》、又秘密結社の組織に至らず、単に示威不穏の行動を為したるに過ぎざるものに付ては首魁、煽動、率先指揮、不穏檄文の作成、撒布、其の他暴行脅迫毀棄《きき》等の行為ありたる者は起訴すべく、単に他の煽動に因り雷同したるに過ぎざるものは可成不起訴の上、将来を厳戒するに止むる様処理せられ度、為念《ねんのため》通牒す

被疑者の処分に寛厳の考慮を求め、起訴・不起訴の基準を具体的に示している。これは伊藤憲郎の「思想犯

罪に対する処分は、他の犯罪よりも以上に寛厳の程度に開きを与え、首魁《しゅかい》、幹部、率先、助勢者に対しては厳重に処罰すべく」という前述の「朝鮮の犯罪原因と刑事政策」論そのままであり、高等法院検事局の思想対策が伊藤を基軸に樹立されていることがわかる。

この学生運動への対応策として、三〇年六月の検事局監督官会議で松寺高等法院検事長は「学生運動発生の場合は学生其の者の査察以外に、尚動《やや》もすれば其の背後に潜在すべき主義者の行動及不穏檄文の内容に付ても精査を遂げ、因て以て其の根源の芟徐《さんじょ》に努められんことを望む」と訓示する。これに先立つが、朝鮮学生前衛同盟とされる事件の「予審請求書」では、被告韓慶錫《ハンキョンソク》の「犯罪事実」の第一に「朝鮮をして帝国の主権より離脱せしめ、且朝鮮に於て私有財産制度を否認し、共産制度を実現せしむる目的を以て朝鮮学生前衛同盟なる結社を組織し、其中央執行委員となり、組織部長に任じ、且つ私立徽文《フィムン》高等普通学校内に於ける該結社の細胞組織責任者として活動しきたるもの」をあげており（『韓民族独立運動史資料集』五〇、「同盟休校事件　裁判記録２」）、前述の通牒や検事長訓示に照応するものとなっていた。これを担当したのは京城地方法院検事局の思想検事森浦藤郎である。

同会議では水野高等法院検事が「思想犯の取締に就て」、二つの希望事項を述べている。一つは「民族主義並共産主義」の団体を組織し、「朝鮮の政治を非難するが如き事項を掲げ、又革命の意味を有する文句を使用せる宣言」をおこなった事件の公判が無罪となったことを受けて、「如此《かくのごとき》事件の捜査に当りては単に民族解放なる文句のみを以て直に独立思想の発露なりと安心せず、而《しか》も其の真意が那辺にありやに付、供述者の責任回避的弁解に乗ぜられざる様留意せられたし」という注意である。

もう一つは「私有財産制度」否認について、一般論にとどまらず、「我帝国内に於ける同制度の否認を目的とするもの」であることを「調書上並起訴事実中に明確にせられたし」というものである（『高等法院検事長訓示通牒類纂』）。いずれも公判において検察側に不本意な判決がなされたことに、取調上の不備や不徹底があるという理解から是正が求められた。

共産主義運動の勢いが最大となった三二年一〇月の検事局監督官会議における境長三郎高等法院検事長の訓示は「共産党の革命宣伝は弥猛烈《いよいよ》と為り、特に朝鮮に於ては満洲事変以来思想益悪化複雑化し、隣接地なる満洲、上海、浦塩《ウラジオ》等よりは不逞の徒輩潜入し、共産党革命宣伝は勿論、兇悪危険なる陰謀画策を為すものあり」と強い危機感に満ちている。それゆえに「加之《しかのみならず》鮮人は大陸人の通有性とも謂うべき発作的残虐性に富む」という強い偏見をあらわにしたうえで、「何時如何なる所に突如として戦慄すべき重大なる事件勃発するや計り難くして、治安維持に当る検察事務は益重大性を加え来りたる」と奮起をうながした。

治安維持法を発動した強権的取締と厳重な司法処分の断行により、この治安の危機を乗り越えた三三年一〇月の同会議での境高等法院検事長の訓示は一変した。「昭和五年下半期には其の絶頂に達し、地方に依りては其の治安は混乱に陥りたるが如き感ありて、人心動揺極まりなき情勢」であったが、「満洲事変勃発し、我帝国の国威を中外に発揚し、東洋平和を確立したる為、思想上相当重大なる衝動を与え、一大変化を来たし、一面各位が検挙取締に不断的の努力を払われたる為、漸次鎮定し、昨年後半期より本年に亘り思想犯の著しき減少を来したる」と治安維持の自信を誇るまでに至ったのである（以上、『高等法院検事長訓示通牒類纂』）。

治安維持法体制の一画にあって、とくに労働運動や農民運動の弾圧に活用された暴力行為等罰則に関する法律（暴処法）について、三二年一〇月の検事局監督官会議における高等法院検事長の訓示も注目される。「近時頻発の傾向」にある暴処法事件について「思想取締上相当重く之を処罰するの要ありと認められますから、求刑に就ては十分注意を払わなければなりませぬ」としたうえで、「斯《かか》る事案に就ては略式命令を求むることなく、通常手続に従い可成体刑を求め」るとしたのである（『高等法院検事長訓示通牒類纂』）。

治安維持法違反事件の減少傾向が顕著になった三五年六月、京城地方法院検事正の奈良井多一郎は京畿道《キョンギド》・江原道《カンウォンド》各警察署長会議で、思想事件の減少は「各位多年の職務上の奮闘努力の賜《たまもの》」と感謝を表明したのち、「今日小康を保持しつつありとするも、何時其の蠢動の勢力を地下に挽回して如何なる形態を以て勃興の気勢を顕《あらわ》し来るか、之を予測することが出来ぬ」として、これからも査察の完璧を期すように訓示した（高等法院検事局編『朝鮮刑事政策資料―昭和十年度版―』）。

三七年五月、笠井健太郎高等法院検事長は警察部長会議の訓示のなかで、北部朝鮮の重工業化とその軍需工業としての重要性増大にともない、共産主義運動が「今後益同地方に其の魔手を及ぼすこと」が予想されるとして、「将来斯の種運動に対する検挙に付ては、計画的に、而も極秘裡に十分なる準備を整え、一旦検挙に着手したる暁は苟《いやしく》も幹部級の者をして僥免せしむることなきは勿論、不幸其の逮捕を逸したる場合に於ても継続捜査の手を緩めず、全力を傾注して取締の徹底を期し、以て些《いささか》も蠢動の余地なからしむること」を求めた（高等法院検事局思想部『思想彙報』第一一号、一九三七年六月）。

日中戦争が全面化すると、新たな治安状況への思想検察の対応があらわれる。三七年一一月の検事局監督官会議では増永正一高等法院検事長が「赤化運動の防止に就て」訓示するなかで、「現下の思想運動情勢は周到なる査察取締と事変発生後の国民精神の昂揚とに因りて鎮静の観を呈して居ります」としつつ、「事変長期に亘り大衆の生活逼迫せんか、此の間隙に乗じ不逞の徒は赤化運動、殊に反戦運動を為し、国内を動揺せしめんとする虞がある」と警戒を求めた。とりわけ後方攪乱の策動に注意を向ける。

三八年一〇月、同会議で増永高等法院検事長は「思想犯の取締に就て」訓示する。治安維持法違反件数の増加傾向を指摘し、「一旦犯罪を探知せば仮借《かしゃく》なく検挙し、厳重処分の方針に出でられたい」と強調する。「時局の永続は一部の間に思想の動揺を来して逆転向者を出す虞あり、又不逞分子は出征者の遺家族及経済統制強化に因る失業者、転職者に対し反戦思想を鼓吹せんとする危険あり。又蘇聯《ソレン》は鮮人に民族意識を刺戟し、蔣政権は帝国内に反戦文書を撒布し、以て帝国臣民の思想を動揺せしめんと企図し居る」という状況に着目し、「若《もし》之等に因り銃後の治安を攪乱せられ、戦争目的の遂行に些かにても支障を生ずるが如きことありましては、痛恨此の上もない次第」と述べた。

さらに三九年一〇月の同会議の高等法院検事長の訓示では「聖戦の目的完遂に当り国民の思想を醇化し、思想戦線を統一して一致団結し、外敵に当ることは最緊要なること」として、「我国思想国防戦線中の羸弱線《るいじゃく》」とみなされている朝鮮半島に対して「最強烈なる思想戦の攻撃が向けられる」と予測し、治安の絶対確保を求めた。それは「我が国体と根本的に相容れざる共産主義思想の排撃は一貫せる不動の国是でありまして、斯の種思想の犯罪に対しては仮借する所なく弾圧を加うべきは勿論であります」という指示の徹底となる（以上、『高等法院検事長訓示通牒類纂』）。

これは八月の各道高等外事警察課長事務打合会で「全鮮各道一斉に思想浄化対策を強化徹底する」方針が打ち出され、「思想浄化対策要綱」が決定されたことと軌を一にする（警務局『高等外事月報』第二号、三九年八月分）。「国民の思想の醇化」や「思想浄化対策」は、広く朝鮮民衆全般を対象とするものとなり、「聖戦の目的完遂」に障害となるとみなされた言動に対して「仮借する所なく弾圧」が加えられた。

こうして思想検事に訓示や通牒で指示された厳重処分の方針は、直接的には治安維持法違反事件の起訴処分や公判での論告求刑において、間接的には高等警察の内偵捜査・検挙・取調、予審における取調、公判における取調、さらに刑務所における行刑、保護観察所の運用などの広範囲にわたって関与する各場面における指導と統制を通して貫徹していった。具体的には起訴処分や論告求刑などの基準を三〇年代前半より引き下げることによって、より広範囲により厳罰の適用として現出する。

## 「銃後治安の確保」の徹底へ

日本国内の新治安維持法施行による予防拘禁制度の発足を前に、一九四一年二月一二日、朝鮮思想犯予防拘禁令が先行して実施された。朝鮮思想犯予防拘禁令の施行当日の三月一〇日、法務局長から発せられた通牒にはその目的について「現下国際情勢の緊迫化に伴い、動もすれば悪化の傾向看取せらるる半島思想情勢に対処し」、「反国家的思想の殲滅《せんめつ》を期し、以て銃後治安の確保を図らんとするもの」とある。

この現状の治安認識と軌を一にして、二月三日、高等法院検事長から各検事長・検事正に「時局下に於ける思想犯罪の防遏に関する件」が通牒されていた。まず「仔細に半島に於ける思想情勢を通観するときは相当思想悪化の徴候を看取し得ざるに非ず」という現状認識を示して、キリスト教長老派や普天《プチョン》教関係の一斉検挙、京畿道・咸鏡北道《ハムギョンブクド》における広範囲の共産主義運動事件の検挙、流言蜚語の横行、不穏ビラ撒布や落書の発生などをあげた。さらに「思想対策上軽々に看過し得ざるところ」として、次のような社会全般におよぶ治安の悪化に言及する。

京城、釜山、全州《チョンジュ》等の各都市に於て純真無垢なるべき学生生徒に関する不祥事件相継いで発生する等のことあり、他面に於て上層階級智識階級に属する一部の者が内鮮一体強化運動を白眼冷視し、進んで之に協力せざるのみならず、却って徒《いたずら》に之を論難誹謗して民衆の帰趨を昏迷ならしめ、或は之を逆用して其の民族意識を刺戟興奮せしめんとするが如き事例なきに非ず、更に進んで所謂右翼団体の唱道する東亜連盟理論に便乗し、合法の仮面に隠れて朝鮮の独立を企図せんとするが如き運動の萌芽を見、相当数の共鳴者を獲得しつつありとの情報あり

社会の多くの場面において植民地統治や戦争遂行に不平や不満が噴出していることに苛立ちを募らせている

がゆえに、こうした「異端不純の分子を速に一掃するの要切なるものあり」と力んだ。事案発生の際には「仮借するところなく鉄槌を下す」とともに、常時管内の思想情勢に深い注意を払い、「些細なる事案と雖も其の背後思想関係の糾明に努め、其の外形的動向にのみ捉わるることなく裏面の思想傾向を洞察」するよう厳命した。三〇年代後半には「国民の思想の醇化」や「思想浄化対策」を掲げていたが、戦時体制の深刻化は社会全般を敵対するものとみなすようになり、「反国家的思想の殲滅」や「異端不純の分子」の排除・一掃を治安当局の最重要の課題とした。そして思想検察はその先頭を切る主導者であるべきとした。

新治安維持法施行を前にした四月二一日の高等法院検事長の通牒では「強制捜査の権限を検事に帰一せしめ、従て一切の強制捜査は検事の全責任に於て為さるる」ことを徹底させている。

五月一二日、次席検事会同で増永正一高等法院検事長は「初等学校の児童又は中等学校の生徒の間に不穏の言動を為す者」があることに注目し、それらが「父兄又は一般社会の思想傾向の影響が茲に至らしめたるもの」とする。こうした情勢に「一旦主義者の魔手が及ぶときは其の結果は甚だ憂慮すべきもの」として、青少年の動向についての査察徹底を指示した。また、講義の際に「民族思想を鼓吹」する学校教師は「最悪質」として「厳重取締」を求めた（以上、『高等法院検査長訓示通牒類纂2』）が、これは前述の私立松都《ソンド》中学校教員の金《キム》（金川）炯敏《ビョンミン》の対米英開戦時の反日言動事件などとして現出していた。

「銃後治安の確保」の要請は、アジア太平洋戦争下にさらに強まった。四二年三月、朝鮮総督府裁判所職員定員令中改正によって思想検察陣の拡充が実現したことは前述した。そこでは「今次治安維持法改正法律の施行に伴い、従来本法に該当せざりし行為も犯罪として本法の適用を受くることとなり、之が範囲を拡大せるのみならず、本法に於ても国防保安法と同一の刑事手続に関する規定を設けたるを以て本法違反事件は総て検事が直接検挙当初より之が捜査に当ることとなり、検事の負担従前に比し著しく増加するに至り、且内外情勢の緊迫に伴い斯種犯罪に対しては最も厳重周到なる検挙と断乎たる処罰を以て臨み、之が絶滅を期せざるべからざるものとす」という理由が付された。

新治安維持法施行により検事の警察指揮の権限が強化され、「検事が直接検挙当初より之が捜査に当ること」になったため、また「従来本法に該当せざりし行為も犯罪」とみなすことになったため、検事の負担が重くなっていた。官制改正の説明書に付された表では地方法院検事局別の「最近三箇年平均」の治安維持法違反事件の受理数と起訴者数は咸興・京城の順に多く、清津も四番目となっている。

高等法院検事局の増員は「本法違反事件の判決に対しては控訴を許されざるが故に、当然上告事件の激増を来す」ためとされた。三六年から四〇年の間の治安維持法違反上告事件は合計で三三件七六人、一年平均で六件一三人となっている（「公文類聚」第六六編・一九四二年・第四〇巻）。伊藤の検事局思想係就任以来、このポストは検事局内部の人員のやり繰りで運用されてきていたが、ここで官制改正により思想検事が一人増員されたことになる。朝鮮総督府『朝鮮総督府及所属官署職員録』によれば、四一年一月時点で高等法院検事局には六人が在籍していたが、四二年七月時点では七人となった。そのうち前歴から判断して思想検事の経験があるのは、米原先《すすむ》（平壌覆審法院検事局検事兼務）、佐藤豁《ひろし》、静永世策《しずながせいさく》の三人であり、これら三人のうち二人が思想犯罪を担当したと推測される。

## 高等警察との応酬

新治安維持法により検察は警察に対する指揮権を確立し、「検事を中心とする一元的捜査体制」の樹立強化を果した（一九四一年五月一二日の次席検事会同における増永正一高等法院検事長訓示、『高等法院検査長訓示通牒類纂2』）。名目的にはそれ以前から警察に対して検察は捜査指揮権をもっていたが、この具体的な運用をめぐって検察と警察の相互の批判が繰りかえされた。それは治安維持法違反事件を主とする思想犯罪の取扱いにおいてとくに顕著であり、前章でみたように高等警察における拷問に対して検察は全般的には黙認しつつ、過剰とみなした場合は警察部長会議などの場で注意を喚起した。

ここでは高等警察と思想検察の相互批判の応酬の状況をみよう。

一九三三年四月の警察部長会議で境長三郎高等法院検事長は「思想犯罪の取締」の現状について、次のように訓示した（『高等法院検事長訓示通牒類纂』、『日帝下支配政策資料集』第八巻）。

> 現下の情勢に於ては厳罰を以て臨み、其の撲滅を計る外なしと思料す、然れども徒に弾圧を励行し、一物をも逸せざる清掃的検挙を為すに於ては往々にして無辜《むこ》の民衆を検挙拘禁するの弊に陥り易く、為に本人は勿論、其の父兄縁故者等をして官憲に対する反抗心を挑発せしめ、又は検挙に急なる為法規に拠らず認容すべからざる手段を用い、罪の有無判明せざる者に対し回復し能わざる損害を蒙らしむるが如きは善良なる者をして真犯人に対してさえ同情を寄するの思潮を訓致し、却て思想悪化を益深刻瀰漫《びまん》せしむる虞なしとせず、故に犯罪検挙に際しては法規に従い、公明正大なる態度を以て人権を尊重し、捜査の秘密を守り、徒らに事件の重大性を誇張することなく、或は被疑者の多数なるを以て功名と為さず、克く事件の真相を穿《うが》ち軽重大小を探究し、呑舟《どんしゅう》の魚を逸せず、抜本的に之を壊滅せしむる様努力せられんことを望む

それまでにない、かなり思い切った警察批判となっている。治安維持法違反事件が最高潮に達した時点で、警察の違法な手法による検挙や取調にブレーキをかけようとしている。警察の検挙は「一物をも逸せざる清掃的検挙」であり、取調も「法規に拠らず認容すべからざる手段」、つまり拷問や長期の未決勾留が横行しているとみなしている。さらに、それらが「徒らに事件の重大性」を誇張し、「被疑者の多数なるを以て功名」をあげる思惑でなされていると批判する。

ここでもう一つ注目すべきことは、その抑制を求める検察側の論理である。法規の準拠と被疑者の「人権」尊重をかかげつつも、より重視するのは社会の「官憲に対する反抗心」挑発や「真犯人に対してさえ同情を寄する」の思潮という事態を招き、「思想悪化を益深刻瀰漫」しかねないという危惧だった。思想犯罪の「撲滅」や「殲滅」という目標は共有しているが、検察側からすれば過剰な警察取締はかえってその目標達成の阻害となると判断したことが、この訓示となった。

三三年一〇月の検事局監督官会議では玉名友彦高等法院検事が警察の治安維持法違反事件の司法手続きの不備を指摘し、検察による警察への指導の徹底を求めた。その一つは警察からのある送致事件を実例に、「被疑者甲等は私有財産制度を否認する目的を以て反帝同盟なる結社を組織し」としたことの認識不足――「反帝同盟」の組織は本来なら治安維持法第一条第一項の「国体」変革に該当するところだが、第一条第二項の「私有財産制度」否認に該当する犯罪としていたというチグハグさ――を問題とした。ここから「其の結社の目的は其の性質を決定する主要なる標準なるを以て、此の点を明確に捜査するの必要」を指導すべきとする。

また、取調において「被疑者の答弁にして抽象的に過ぐるに拘らず、之に満足し捜査を打切る」ことにも注意を求めた。予審や公判において「目的実現の手段非現実的となり、治安維持法所定の結社と解すること困難となる虞あり」という理由で、実際にこうした問題に直面したからであろう（『高等法院検事長訓示通牒類纂』）。

三六年六月の道警察部長会議で、笠井高等法院検事長は「司法警察官犯罪あることを認知し捜査に着手したるとき、其の重大なる犯罪に付ては之を検事に報告し適当なる指揮を俟ち、検事と連絡を遂げ、其の処理に付扞格齟齬《かんかくそご》を来さない様、度々御留意を需《もと》めて居る」ところだったが、また連絡の齟齬が生じたと苦言を呈した。ある重大な治安維持法事件について「之が処理に付、検事と連絡を為さず、漫然起訴猶予の意見を付し、事件を所轄検事に送致」したところ、検事は起訴猶予を妥当とせず起訴したというもので、「当該司法警察官の威信を甚しく失墜するに至」ったとする。今後は「検事との連絡協調に付一層の御留意」を求めた（「道警察部長会議書類」、国家記録院所蔵）。

三六年一〇月の検事局監督官会議で山沢佐一郎高等法院検事が杜撰《ずさん》で違法な警察の訊問調書作成ぶりを批判し、検察による「司法警察官吏の教養」を求めたことは前述した。三七年一一月の検事局監督官会議における「思想犯保護観察制度の実施に伴い、検察並に裁判上考慮すべき点如何」という諮問に対して、平壌地方法院検事正は次のように答申している（朝鮮総督府法務局「裁判所及検事局監督官会議諮問事項答申書」〔一九三七年度〕、「諸会議綴」、国家記録院所蔵）。

思想犯の捜査は検事自ら陣頭に立ち司法警察官吏を指揮するを要す、従来の実例は検事の人員不足と負担の過大なる関係上、多くの場合に於て其の犯罪の端緒を得たる司法警察官署に命じて之が捜査を為さしめ、事件は送致を受けたる後、検事に於て直後其の犯人の取調に従事するを常とす、而して本犯罪の捜査は其の性質上比較的長日数を有する関係上、時に妥当ならざる拘束を為し、又犯人に自白を強要し、往々にして拷問其の他の瀆職事犯を発生せしむること少からず、特に思想犯人に対する斯かる処遇は彼等を犯行に導き、増々《ますます》其の思想を悪化せしめ……以て検事の増員を為し、事件発覚と共に検事をして常に陣頭に立たしめ、直接司法警察官吏を指導し、以て叙上《じょじょう》弊害の根絶を期するを要す

日本国内では三六年七月二二日の司法大臣訓令「司法警察官吏訓練規程」の実施により、検察による警察の指導が強められたが、朝鮮においてもそれに準じた措置がなされたと思われる。しかし、実際には検事が常に陣頭に立つことは困難で、高等警察の検挙や取調をコントロールすることはできなかった。

三七年五月の警察部長会議で笠井高等法院検事長が「最近或警察署に於て、治安維持法の罪を犯したる者に対し、訓戒放免の処分を為したる事例がありましたが、訓戒処分を受くる者の中には保護観察に付する必要あ

る者もあり、而も訓戒放免処分を受けたる者は保護観察の対象となりませぬから、将来治安維持法違反の被疑者に対しては同処分を為すことなく、必ず事件を検事に送致せしむる様取扱わしめられ度い」と注意を促したのは、第一線の現場において検察の警察指導が徹底されていないことを物語る（「道警察部長会議書類」）。四一年の新治安維持法で検事の警察指導が明記されたのは、こうした不備の是正であり、検察側の念願であった。

## 警察側の検察批判

次に警察側からの検察批判をみよう。三一年八月の道警察部長会議の指示注意事項の一つに「思想犯罪の取扱に関する件」がある。そこでは「司法当局との円満なる連絡を欠き、為に予期せざる結果を招来したる事例尠からず」と検察と齟齬が生じていることを認めていた。警察側が考えるその齟齬とはどのようなものであったかは、同会議の「左翼運動の拡大強化、殊に新幹会、青総を中心とする解消論の展開に伴う極左的傾向を防遏し、運動を合法化せしむる方策如何」という諮問に対する京畿道警察部からの答申――「常に司法当局と連絡し、一体となりて此の方針に進むにあらざれば効果なし」とする一方で、「然るに時に司法当局と警察との見解を異にし、相互に隔意を生じ、同一歩調に出づること能わざる場合ありて遺憾とする点あり」――にうかがえる。

咸鏡北道警察部の答申からはより具体的な状況がわかる。「苟くも主義的非違に対しては克く裁判所とも連絡協調し、必罰厳刑主義を採」るという点では一致しているものの、現在の科刑の状況では「殆んど懲治の目的を達せず、徒らに彼等を矯傲《きょうほう》ならしむる」という不満である。この場合の「裁判所」とは裁判所と検事局を含めたものとみるべきだろう。おそらく検事局に対しては起訴が限定的になされていることや公判における求刑が控えめであることに、裁判所に対しては判決の科刑が軽すぎることに不満を募らせていると思われる。

さらに三五年四月の道警察部長会議における「高等警察上刷新改善を要すと認むる事項如何」という諮問への答申でも、この齟齬がまだ解消されていないことをうかがわせる。全羅北道《チョルラプクド》警察部答申のなかには、次のような「各地方法院に思想係専門検事の配置」の要望があった。

> 現在京城を除く各地方法院検事局には思想係専門の検事配置なく、加うるに普通犯罪のみにても既に事務繁多なる為、勢い思想犯罪に対する捜査指揮も消極的となり、事件送致の場合も検事の都合を照会し、且関係書類は早期に送付し置く為、取調終了後数十日を遅延送致するの事例あり、斯くては実際捜査に従事する警察官の士気を阻喪《そそう》し、捜査上極めて悪影響を及ぼすのみならず、警察署留置場の収容力にも不尠《すくなからざる》支障を来し、連累者は送局後の取調対策等を通謀し、事件を有利に導かんとするが如き結果をも招来するを以て、速に各地方法院検事局に思想専門の検事を増配するの要切なるものあり

実際にはこの時点で六地方法院検事局に思想検事が設置されているが、全州地方法院検事局は未設置だったため、このような不満が述べられた。思想検事が未配置なことに加えて、他の刑事事件の処理にも追われているため、思想事件の指揮が全般的に「消極的」であり、被疑者の送致にあたっても検事の都合に合わせて長期間送致を遅らせることがあり、それは警察官の「士気を阻喪」し、満杯となった警察留置場のため被疑者同士の通謀が可能となるような弊害を招いているとする。

咸鏡南道《ハムギョンナムド》警察部は別の観点から「検察機関の拡充」を要望した。高等警察が一度に数百人を検挙する場合、「永きに亘る取調と留置場、其の他物的設備の不充分に基因し、時々不祥事を見つつあるの実状」となっているとして、検事による指導・指揮の不十分さを指摘する。その点から思想検事の増員が求められた。

慶尚北道《キョンサンプクド》警察部が答申の第一とした「主要なる思想犯罪検挙に当りては思想検事に於て実際的捜査指揮を為

すこと」は、捜査指揮の消極性という点で咸鏡南道の答申と重なる。「最近主義運動」は「愈々《いよいよ》巧妙潜行的」となり、供述や証拠の収集は困難で「検察当局の要求するところを尽し得ざるが如き」状況にあり、そのために「比較的犯情重き関係者を不起訴、起訴猶予として釈放せらるるが如き結果」を招き、しかもそれらの釈放者が「更に巧妙なる活動を継続」することになっているとする。これらを是正するためには思想検事が「実際的捜査指揮に当」る必要があるという答申である。この背景にはおそらく高等警察にとって検察から供述の取り方や証拠収集に無理な注文を付けられたうえに、苦心して検事局に送致しても不起訴処分になってしまうことに不満が高まっていたことがあるだろう。

三七年五月の各道警察部長会議に各道から寄せられた「意見希望」のなかに、咸鏡南道警察部の「治安維持法の運用方に関する件」がある。検察側の運用姿勢に疑義を呈したもので、「左傾運動のオルグ」が各地の労働・農民層を獲得して秘密結社を組織しながら、直接の結社員ではないとして第二条（協議）や第三条（煽動）で処断するのは「科刑上妥当を欠くる嫌あり」とする。警察側からは結社の指導者として第一条を適用し、「厳罰」を科すべきとした（以上、「道警察部長会議書類」）。

高等警察ではできるだけ「犯罪事実」を網羅的に組み立てて「厳罰」を科し、社会運動の封殺を常に志向するのに対して、思想検察はその「犯罪事実」の組み立て方にともなう違法性を指摘し、法に依拠した司法処分の遂行にこだわった。高等警察にとっては、厳密に法に依拠した手法による捜査や取調では現実的に社会運動の封殺は困難だとして、法の厳密性に固執する思想検察を敬遠し、厄介視したといえる。思想検察にとって高等警察が違法な手法に走りがちなことは、全体として社会の反発と不信を招き、治安の維持にとってマイナスという認識だった。

こうして各段階で高等警察と思想検察の齟齬が生まれ、相互の批判の応酬はあったことは事実だが、一九二〇年代から三〇年代にかけての社会運動に対する厳罰方針や四〇年代の「銃後治安の確保」という点では両者のめざすところは一致していた。

## 二　取調

### 検事取調の短さ

思想検察は思想犯罪の司法処分全体の統制を図りつつ、被疑者に対する取調をおこなって起訴・不起訴を決定し、公判廷では論告求刑や控訴・上告をおこなう。高等警察での取調や予審における取調と比較した場合、この検事局の取調はどのような特徴があるだろうか。

最大の特徴は、前後の警察と予審での取調と比較して検事局の取調の期間が短いことである。たとえば呂運亨の治安維持法違反事件の場合、検挙が一九二九年七月一二日で、六回の訊問後の七月二九日に京畿道警察部から京城地方法院検事局に送致し、「意見書」が添付された。検事局では七回の訊問を経て、八月八日に京城地方法院に「予審請求」をおこなった。予審訊問も七回おこなわれ、三〇年三月七日頃に「予審終結決定」がなされ、四月九日から公判が開始された。この事案は呂単独であったため、警察での取調は二週間余と比較的短く、検事局の取調は一〇日余であったが、予審は七カ月を要している。

予審段階の最後が治安維持法の施行と重なった鄭在達《チョンジェダル》・李載馥《リジェボク》の「朝鮮共産党準備事件」の場合、検挙は二四年九月一五日、検事局送致が一〇月二二日で、検事の「予審請求」が一〇月三〇日であった。「予審終結決定」がなされたのは二五年七月一六日頃となり（「予審終結決定書」は未見だが、それに対する検察の「意見書」がある）、公判は九月一日に始まる。

京畿公立中学校四年生の姜祥奎《カンサンギュ》（大山隆実）の反日言動事件は検挙が四一年五月一五日、検事局送致が六月五日で、検事の「公判請求」が七月一二日、そして公判は一〇月二六日からとなった。

この傾向は治安維持法違反事件に限ったものではなく、おそらく刑事事件の司法処分では一般的であったようである。たとえば朝鮮総督府爆弾投擲事件の場合、検挙が二一年一一月一三日、検事局送致が一一月二〇日、検事の「予審請求」が一二月一〇日だったのに対して、「予審終結決定」となったのは二二年三月二二日であった。また、保安法違反事件でも李柱夏《リケハ》の警察での訊問は三九年九月二八日から始まり、一〇月九日に検事局送致、検事の「公判請求」は一〇月一八日であった（公判は一二月一一日から）。無線電信法違反を問われた陸海鍾寛《ジョンカン》の場合、検事局送致は四三年四月二日、検事の「公判請求」は四月一七日であった（公判は五月一八日から）。

被疑者が多数となった場合以外は、警察からの送致後一〇日間から二週間程度で検事局の取調は終了し、起訴（「予審請求」か「公判請求」）か不起訴（「起訴猶予」を含む）かの判断が下されたといってよい。後述するが「予審請求」を受けた予審の取調は長期におよぶことが多い。この取調期間の短さは何を意味するのか。

検察の起訴処分にあたっての基本的なスタンスは、公判で有罪としうる「犯罪事実」に絞って確定すること、そして具体的で詳細な「犯罪事実」の内容については予審判事に委ねることである。予審では公判での審理にたえて、有罪としうる「訊問調書」の作成が期待された。警察の作り上げたボリュームのある「犯罪事実」を検察は絞って骨格を固めることに重きをおき、予審はあらためて公判審理に必要な肉付けをしたといえよう。

朝鮮での公判において警察の「訊問調書」や検察の「訊問調書」は証拠能力をもったが、それでも判決で「証拠を按ずるに」とされて依拠されるのは予審「訊問調書」が多くを占めた。

前章で警察「意見書」と検察「予審請求」「公判請求」の相違についてみたように、警察はできるだけ広範囲に多数の「犯罪事実」を網羅する「意見書」を作成するのに対して、検察は「予審請求」や「公判請求」では公判廷において確実に有罪となしうる必要十分な「犯罪事実」に絞った。合わせて「意見書」に掲げられた被疑者から不起訴処分とする者を除き、被告を確定した。

この「犯罪事実」の絞り込みによる確定は、必然的に警察から送致された被疑者を見極めて起訴による被告の確定に連動している。検事局によるこれらの作業は比較的短い期間におこなわれた。

## 「訊問調書」の具体事例——第一次朝鮮共産党事件

治安維持法違反事件の地方法院検事局における「訊問調書」はどのようなものだったのだろうか。

治安維持法の施行前だが、「朝鮮共産党準備事件」とされる鄭在達・李載馥らの事件の警察の取調は一カ月余で最高九回におよび、詳細な「意見書」を送致した。一九二四年一〇月二三日、京城地方法院検事局の第一回訊問は平山正祥検事の「其方に対する被疑事件に付、今回警察官の取調に際し申立た事相違なきや」という問いに、鄭が「大体事実の通りでありますが、多少相違する点もあります」と答えて、それで終わりとなった。他の被疑者の取調も同様で、一回限りだった。そして、一〇月三〇日の「予審請求書」では「犯罪事実」について「司法警察官意見書記載の行動を為し、以て安寧秩序を妨害したるものなり」とするだけの手抜きぶりである。丸投げされたかたちの予審は、その後約八カ月をかけて「予審終結決定」に至った（『韓国共産主義運動史』資料編Ⅰ）。

第一次朝鮮共産党事件の新義州地方法院検事局の取調をみよう。新義州警察署から検事局に送致された二五年一二月一二日当日に、本島文市検事が朴憲永《パクホンヨン》ら一三人に簡単な第一回目の訊問をおこなった。高麗共産青年会を組織した朴の場合、最後に「其目的如何」(「答　共産主義を宣伝する為めの教養団体であります」)「其方等の所謂社会主義とは如何なる性質のものか」(「答　私有財産制否認であります」)などが問われた。第二回目が本格的なものとなり、一七日、朴に社会主義に興味をもった経緯などを供述させたのち、本島検事は高麗共産青年会について「裏面に於ては汝等が主義とする共産主義宣伝、少くとも右宣伝の利用に供せしが為めならん」「実際に於て右主義を宣伝し、多数の同志を得、延いては労働者等を煽動して革命に至らしめんとの意思にあらざるや」などと迫った。

朴は一二月二〇日の第三回目の訊問の冒頭で「苟も秘密結社を組織したと云う点に付ては今日に於て考え見るに何とも申訳なき事なるも、只だ右結社を組織したるは前同申立たる理由にて、別に暴力等を用い、革命を為し、我国の国体を転覆す如き考は毛頭ありませぬ」と供述した。

第一次事件の被疑者は朝鮮共産党・高麗共産青年会の組織・加入については肯定したが、その目的は暴力革命による国家や社会の破壊などではなく、共産主義の研究や社会への啓蒙・宣伝にあったとした。全員ではないが「国体」について追及されている。一二月二〇日の第二回目訊問で「我国の国体は如何」と問われた曺利煥は、「勿論我々の主義よりせば我国体は資本主義にて、従って我々は否認するものであります」と答えている。また、独孤佺《ドクコチョン》も二一日の第二回訊問で「国体に付ては別に考て居りませぬ、只共産主義共鳴者を多く得て、従って共産党の勢力を大ならしめんとのみ思って居ります」と供述している(以上、『韓国共産主義運動史』資料編Ⅰ)。この時点では「国体」変革を検事の側も朝鮮の独立や「天皇制」につなげて考えることはしていない。新義州地方法院検事局での取調は途中で中断し、被疑者は京城地方法院検事局に移送され、あらためて訊問を受ける。

## 「訊問調書」の具体事例——第二次朝鮮共産党事件

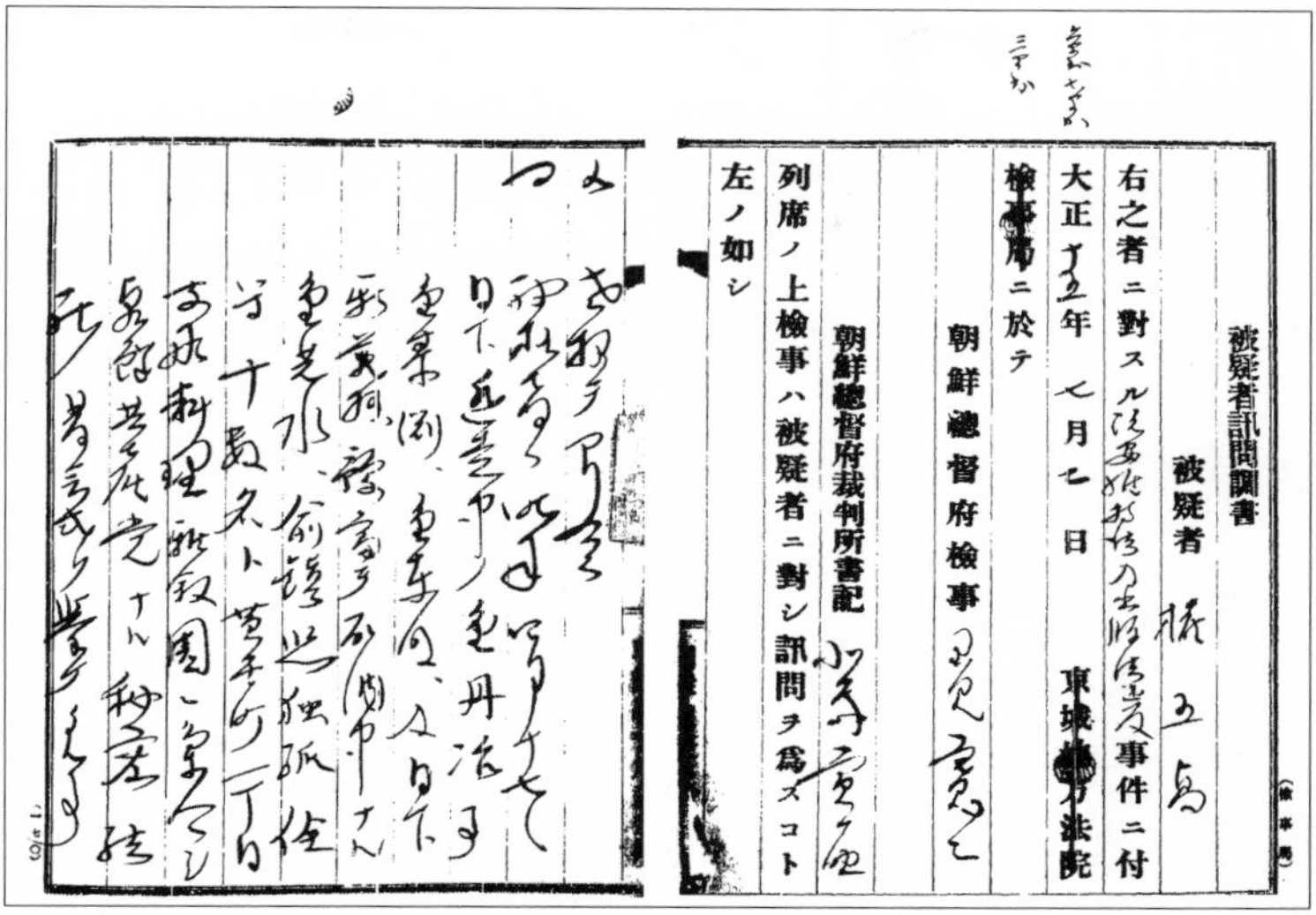
被疑者訊問調書
被疑者　権五卨
右之者ニ對スル治安維持法違反事件ニ付
大正十五年七月七日　京城地方法院
検事局ニ於テ
朝鮮總督府検事　里見寛二
朝鮮總督府裁判所書記
列席ノ上検事ハ被疑者ニ對シ訊問ヲ為スコト
左ノ如シ

検事「訊問調書」権五卨　里見寛二検事
「治安維持法違反訊問調書」韓国・国会図書館

京城地方法院検事局による第二次朝鮮共産党事件の取調をみよう。二六年七月二日、里見寛二検事に対して被疑者権五卨《クオンオソル》は高麗共産青年会について「我帝国の国体は資本主義に基くものなれば我々共産主義と相容れず、之れを破壊変革すべき必要あり、此の目的を実現する為に」組織したものと供述する（「治安維持法違反訊問調書：権五卨外十一名」、韓国・国会図書館所蔵）。「国体」＝「資本主義」と理解されていることは新義州の場合と同じである。

もう一つこの検事廷で注目されるのは、党加入を肯定する被疑者と強く否定する被疑者に分かれたことである。被疑者李準泰《リスンテ》は、二六年八月一四日、京城地方法院検事局の中野俊助検事の第二回目の取調を受けた。党加入を認めたうえで、コミンテルンとの関係について、次のようなやりとりがなされた。

問　朝鮮共産党は国際共産党の承認を得たのか。

答　国際共産党の承認を得る手筈になり居る旨

聞知して居りますが、既に承認を受けたとの事は聞きませぬ。

問　朝鮮共産党は既に国際共産党の承認を受け、其旨中央幹部会議の際、権五卨より報告した事実もある由なるが如何。

答　其事は存じませぬ。

この部分は、二七年一〇月一三日の京城地方法院の公判（第一三回）で裁判長の「被告は検事の第二回訊問の際に、朝鮮共産党は国際共産党の承認を得る手筈になって居った様に申立て居れるが如何」との質問に、李が「左様の申立をしたことはありませぬ」と否定したところに相当する。裁判長からその理由を問われて「検事は鍾路署に来て警察で申立てた通りかと云うので、後で詳細を申立てる積りで、先づ其の通りですと答えましたが、検事の取調は簡単で其の後事実を詳細に申立てる機会がなかったのであります」と述べた。

李の場合は三回目の訊問があったが、おおむね他の被疑者の訊問は二回でおわる。検事の取調は中心的な「犯罪事実」の確認が主で、「簡単」だった。

朝鮮共産党関係者として一斉に検挙された被疑者の多くは、警察「訊問調書」で認めていた党や高麗共産青年会への加入を、拷問で強制された自白であったとして強く否定する。二六年八月三〇日の最初の訊問で、元橋曉太郎検事と被疑者権栄奎《クオンヨンギュ》の間には次のようなやりとりがあった。

問　其の方は朝鮮共産党に加入をして居るか。

答　左様なものには少しも関係はありませぬ。

問　併し警察では朝鮮共産党員として我国の現在の制度を破壊し、共産主義の新社会を建設する為其の宣伝をした事を認めて居るではないか。

答　警察では厳しく取調べを受けた為、左様に運動をしたと申しましたが、それは全く事実に反する事であります。

九月六日の第二回訊問でも警察「訊問調書」をもとに繰りかえし共産党入党を追及されるが、その都度、拷問による自白の強制を訴えた。また、他の被疑者の「訊問調書」の供述をもとに追及されるが、これも「如何なる申立を為し居るか存じませぬが、左様な事実はありませぬ」と否定する。

被疑者韓廷植《ハンジェシク》の第二回目（九月六日）の訊問をみると、韓が共産党加入を否定しても、中野俊助検事は執拗に追及をつづけている。

問　其方の警察に於ける申立は詳細に亘り居り、偽の申立ではなく事実の申立を為したものと思えるが如何。

答　警察に於ける申立は事実ではありませぬ。拷問を受け、出鱈目の申立を為したのであります。

問　警察に始めは否認し、後に到り共産党には入党せざりしも共産青年会には入会した様申立居り、夫れが事実なるでありしや。

答　左様な申立を為した事は違《ちがい》なきも、夫れは皆拷問せられた結果、不実の申立てを為したのであります。

（略）

問　其方は朝鮮共産党や高麗共産青年会の存る事は知り居たか。

答　左様なもの存る事も存じませぬでした。

したがって、この第二次朝鮮共産党事件の検事取調では党の目的や活動についてほとんど訊問の対象となっていない。被疑者李寿延《リスヨン》の第二回目の訊問（二七年一月七日）で、中野検事は「朝鮮共産党は国体の変革を企図し、私有財産制度を否認するものなる事は知り居たるか」と問うが、李の答は「朝鮮共産党の存在すら知らぬのでありますから、其党の目的が御訊ねの如きものか否や存じませぬ」というものだった（以上、『韓国共産主義運動史』資料編I)。

## 「訊問調書」の具体事例——一九三〇年前後

後述するように戦時下の「訊問調書」では被疑者の供述がそのまま記載されたか大いに疑わしいが、一九三〇年前後の「訊問調書」には拷問の事実を語る被疑者の供述が載せられており、その作成自体は供述に沿っていると思われる。

二八年一〇月四日、朝鮮学生科学研究会事件の被疑者李鉉相《リヒョンサン》に対する第二回目の取調で、京城地方法院検事局の森浦藤郎思想検事は「高麗共産青年会は朝鮮をして帝国の羈絆《きはん》より離脱して、朝鮮を独立せしむると云う目的なることを知り居りしか」「共産主義の実現なりとせば、日本帝国の羈絆を脱して共産主義を行うと云う事は知り居りしか」と、すでに確立した訊問の定型を用いて追及する(『日帝下治安維持法違反公判記録資料集』第二巻)。

京城高等女学生同盟休校事件の李順玉の場合をみよう。三〇年二月三日、第二回目の訊問が京城西大門《ソデムン》刑務所で京城地方法院検事局の伊藤憲郎思想検事によっておこなわれた。伊藤の訊問は「朝鮮に対しては如何なる理想を抱いて居るか」「其方は露西亜の制度を研究したか」などから始まり、しだいに「其方の理想とせる無産階級の革命とは如何なる事か」「然れども其方は共産主義的社会の実現を理想として居ると申立たではないか」と責め立て、警察での供述をもとに「其方は警察署に於て、現代の資本主義本位の経済組織を根本より破壊して新たなる制度組織に依る新社会の実現を理想として居り、且つ之が実行を計って居る旨を供述せるが、其の通り相違ないか」と迫った。これに対して李は「警察署では取調官が色々なことを尋ねられるので、共産主義の理論を申上げたのみで、之を以て直ちに私が其の理想を抱いて実現を計る考えを持って居る意味に警察では間違われたものと思われます。私は理想としては議論して差支えないと思います。理論と之が実行とは全然別問題に属します」と供述する。

警察「意見書」では李順玉は治安維持法違反とされていたが、検事局では他の被疑者と同様に保安法違反として取り扱った。二月一〇日の「公判請求書」では李について「現在の社会制度を呪咀する者なるところ、同宿の梨花生尹玉粉より右騒擾の計画を聞くや之に参加し、赤旗ニ及帝国主義打倒万歳、弱少民族解放万歳、或は無産階級革命万歳、被圧迫民族解放万歳等の文句、其の他不穏なる図形を書きたるビラ百余枚を作成し与え」となっている（『韓民族独立運動史資料集』五一、「同盟休校事件　裁判記録3」）。

十字架党《シプジャカ》事件で治安維持法違反に問われた劉福錫《リュポクソク》の訊問は、京城地方法院検事局の思想検事佐々木日出男が担当した。三三年一二月二三日の京城西大門刑務所における第二回目では、挑発的な訊問に対して劉は純粋なキリスト教の運動であることを訴える（『韓民族独立運動史資料集』四八、「十字架党事件　裁判記録2」）。

問　其方は日本の新領土政策に反対し居るか。

答　反対と云うわけではありませぬが、差別ある事が面白くないと思い居ります。現在の朝鮮総督の朝鮮統治は教育其他に内鮮人を差別し居る事は良くないと思います。

問　共存共享の天国を建設するとは如何。

答　現在の社会は余りに貧富の差が甚しいから、キリスト教の博愛主義に依り貧しい者も生活ができるようにするのであります。土地等も或程度以上は制限して、何人にも之ら所有せしめるのであります。但し之は宗教の力に依て自発的に為さしめるので、政治的変革、即ち革命に依て強行するのではありませぬ。

問　結局私有財産制度を否認し、共産社会を作るものではないか。

答　左様ではありませぬ。私は私有財産は否認せず、只土地に関し制限する政策を行うものです。
問　支配階級、被支配階級又は有産階級、無産階級等の各階級を無くする訳か。
答　左様な階級は必要と思います。夫れを無くすのではありませぬ。

（略）

問　朝鮮は日本の植民地の地位にあると考え、現在朝鮮人が困る原因は日本の統治下にあるからである、之を脱して朝鮮民族を救済するより外はないと其方は考え居るではないか。
答　左様な考はありませぬ。只朝鮮人にも内地人同様の権利を与えて貰う事を望み居ります。

京城高等女学生同盟休校事件や十字架党事件の検事「訊問調書」は、まだ被疑者の供述がそのまま記載されているといえよう。

高等法院検事局思想部『思想彙報』第一六号（一九三八年九月）は「鮮内民族主義者が在外主義者と連絡を執りつつ、如何なる戦略、戦術を用いて朝鮮独立の目的を達せんとしたるかの点」に参考となるとして、興業倶楽部事件の被疑者申興雨《シンフンウ》に対する長崎祐三検事（京城地方法院検事局）の「訊問調書」を収録した。三八年八月六日の第一回訊問では、長崎の「朝鮮独立の方法如何」という問いに、申は「朝鮮民衆全体の学問的や経済的実力の養成に力を注ぎ、是等に対して独立意識を注入鼓吹して、然して以て其の綜合的実力に依り、或時期に朝鮮の独立を実現せんとしたのであります」と供述する。これに対して、長崎が「左様な方法で朝鮮独立が出来ると思って居たか」と挑発的に問うと、申は「興業倶楽部組織当時は日本の実力を確認し得ず、独立可能と思って居りました」と答えた。

八月八日、第二回目訊問の最後で「其方現在の心境は如何」と問われると、申は「吾々朝鮮人が再考せねばならぬ点は、小乗的見地を棄て大乗精神に参画し、日本精神の大義の下に馳せ参じ、大日本帝国をして其の聖業を遺憾なく遂行せしめねばならぬ点に在る……今後は皇国日本の一員として十二分に働き度い」と述べている。

## 検事訊問時の警察の圧力

警察の「訊問調書」の多くが拷問の実行や威嚇をともなう強制のもとで作られた。検事局ではそうした直接的な暴力の強制は免れていると推測されるが、なぜ被疑者は検事の提示する「犯罪事実」を否定できず、警察の場合と同じ内容の供述をしたのだろうか。そこには二つの理由があった。検事訊問時における警察の圧力と「訊問調書」自体の捏造である。

大邱覆審法院で懲役一年の判決を受けた新建設社事件の朴完植《パクワンシク》の上告を、一九三六年四月三〇日の高等法院判決は棄却した。朴は上告趣意のなかで、次のように全州地方法院検事局における訊問をめぐる不正に言及している（「独立運動判決文」）。

> 唯自己の本意に非ざりし点に付弁解せざりしは、検事廷に入る前、警察部の安藤巡査部長より「今回の事件は左程重大に非ざる為、被疑者等の処罰を望まず、検事の訊問は共産主義に関する説明、其の他極めて簡単なるものなるべきに付、検事の感情に触るることなき様注意あるべし、不起訴となるべき事件も其れが為、起訴となることもあり」云々と諭されたるより、被告人は之を信ずる……検事廷に入りたるに警察部に於ける取調主任たりし横山警部、取調の任に当りたる細上警部補立会し、調書の大半は被告人に代りて同官等が陳述して作成されたものなり

この上告趣意に信を置けば、検事廷での訊問に二つのことが大きく影響をおよぼした。一つは検事局への送致に際し、不起訴もありうると思いこませ、「検事の感情」をそこなわないよう警察と同様な供述をするようにと言い含め、信じ込ませたことである。もう一つはこの言い含めでも安心できなかったからなのか、検事訊

問に取調にあたった警察官が立会うだけでなく、「調書の大半は被告人に代りて同官等が陳述して作成されたもの」だったことである。検事は当事者の警察官が立会うことを歓迎したのであろうか、黙認したのであろうか。

この検事訊問における高等警察官の立会いは多くの事件でおこなわれている。上海で韓人独立青年同盟などに加入したとして治安維持法違反に問われた朴容喆《パクヨンチョル》の京城地方法院の第二回公判（一九三七年一二月一〇日）で、山下秀樹裁判長は「検事から警察署で取調を受ける際、警察官も立会して居たか」と問われて「左様。立会して居りました」と答え、さらに「検事局で取調べを受ける際は如何」との問いには「半分位取調を受けた時、高等主任が来ました」と述べている。

朴容喆の検挙は九月二日で、四回の取調後、一〇月一九日に「意見書」が京城地方法院検事局に送られたが、長崎祐三思想検事の鐘路警察署に出向いておこなった第一回訊問は一八日だった。そこでは独立運動の団体設立の趣旨を問われて、朴は「朝鮮独立を達成せしむるには独立を要する闘士を養成せねばならぬので、共産主義とか無政府主義とは縁を切って、朝鮮独立の闘士を養成する団体を作ろうと云う事でありました」と答えている。これは鐘路警察署での九月七日の第一回目訊問で、朴が知人の徐載賢《ソジエヒョン》の主張――「現在上海に居住する青年は共産主義や無政府主義に傾きつつありて朝鮮の独立を忘却せんとしている。此の儘放置せば朝鮮の独立は永久に不可能となり朝鮮民族は滅亡する故に、我々青年は青年を民族的に指導し、朝鮮独立革命の闘士を養成せざるべからず」――に賛同し、韓人独立青年同盟を結成したという供述に対応する。この場に警察官が立会っていたことになる。

第二回目以降の朴の訊問は検事局でおこなわれたが、そこには鐘路警察署の高等主任が同席したという。警察での供述を覆さないように、無言の圧力をかけようとしたのだろう（『韓民族独立運動史資料集』四五、「中国地

域独立運動　裁判記録3」)。

三八年三月八日、京城覆審法院での公判における被告人鄭喜《チョンヒ》童《ドン》の陳述をみよう。矢本正平裁判長から「被告人は前訊事実があったと言う事、即ち前訊目的を以て上海に赴いたと言う事は検事の取調に於ても申立てて居る事であるが、如何」と問われると、鄭は「それは検事の取調の時は警察で違った事実を申した関係上、同様に言わねば都合が悪いと思いまして、警察同様に申したのでありましたが、之全く事実無根の事であります」と答える。

また、帰鮮の目的について検事廷では「朝鮮内に於ける出征兵の兵種並に兵数等探知牒報が目的であって、之を探査したる上、牒報関係者を介し支那に牒報し、結局敵国支那の利益を図る事」にあったと警察では供述しているとの問いには、「絶対に左様な事実はありませぬ」と否定し、「尤も警察では拷問を受けた為に左様な事を申立て、検事にも警察で申立てた手前、警察同様に言わぬと都合が悪いと思って不実の事ではありましたが、警察同様に申しました」と答えている（以上、『韓民族独立運動史資料集』四五）。

検察に対して「都合が悪い」ということはどういうことであろうか。それを推測する手がかりとなるのは、前述の朴完植の上告趣意にあった事情、そしてすでに警察の拷問をみたところの繰りかえしになるが、被告人三津山繁の上告趣意（四三年一二月）にあった「警察署で取調を受ける時、警察官からお前がもしも検事の前で否認したらもっと検事に憎まれて重い刑を受けるし、又予審に廻されて三年も四年も未決で居らねばならぬ」（「独立運動判決文」）という威嚇に脅え、考慮せざるをえなかったということである。

先の公判でのやりとりに相当するところは、京城鐘路警察署における第四回目の訊問で被疑者鄭喜童が「朝鮮内に於ける一般鮮人及学生が如何なる態度であり、又は感想を持って居るか、若くは今回の支那事変に際し、幾程の日本兵が輸送せられ、支那本土に送られて居るかという事を内偵して、私は愛国団に報告する様に協議しました」とする供述だろう。検事廷では第三回目に「今次事変が勃発するや張思忠と会い、朝鮮内の各学校の状況、朝鮮内の情勢、日支事変に於ける鮮内の軍事関係を調査し、之を愛国団本部に報告する考であったと云うた事は間違ないか」という問いに、「間違はありませぬ」と供述したところが相当する（以上、『韓民族独立運動史資料集』四五）。

四〇年八月二一日の京城覆審法院の修養同友会《スヤンドンウフェ》事件に対する有罪判決に被告の多くは高等法院に上告するが、弁護人金翼鎮《キムイクジン》は上告趣意のなかで「警察に於ては検事の出張取調を知るや、予め被告人等に対し検事の前に於て否認するときは検事帰庁後酷《ひど》い目に合わすべき旨脅迫し置き、検事調の際は顔を見る丈にても身震《みぶるい》を感ずるが如き曾て自己に苛酷に絶する拷問を為したる斎賀警部補以下多数の刑事左右に並立し、被告人等に対して否認せんとする口振を見るや、矢の如き視線を放射したりと云う」と記している（「独立運動判決文」）。

また、弁護人脇鉄一は「拷問を為したる警官の立会の下に、検事局に於けるものも亦同警察の立会の下に為されたる」とするとともに、李光洙《リガンス》の陳述書から長崎祐三検事の鐘路警察署における第一回訊問の様子を、次のように引用している。

> 席上には署長と覚しき警視、井上高等主任、斎賀警部補その他二人の刑事あり。目的に就き一応第一回の供述の如く真相を申上げたるも、「警察で一旦認めたことをまた否認するか。革命家らしくもないぢゃないか」と検事は叱責されたり……「しかし全然独立が含まれないとは云えぬぢゃないか」「斎賀警部補にもいくら本当を申上げても取り上げられませぬでした。どうぞ好いようにお書き下さい。警察の調書通りにて結構です」と申したり。内心検事廷で検事と差向にて弁明する機会もあらんと思うこと、釈放入院の慾望のためなりき。これそもそも根本的の不覚なりき

検事廷の二回目の訊問は一五分ほどで、ここにも斎賀警部補が同席していたために「警察にて認めたること

を否認する申立出来ず」、これで訊問は終わってしまった。

前述の朴容喆のように警察署内で検事の訊問があり、「検事の前に於て否認するときは検事帰庁後酷い目に合わすべき旨」、つまり拷問を繰りかえすことをほのめかして事前に「脅迫」したこと、検事訊問の席に多数の警察官が並んで威嚇し、「矢の如き視線を放射」して被疑者の自由な供述を掣肘した。これらのことを、脇弁護人は複数の被告から聴き取った。

日本国内も含めて、警察が被疑者を検事局に送致する際に、検事局で証言を翻すことを厳禁し威嚇することはほぼ常套手段となっていた。極限状況に追い込まれている被疑者が警察によるこうした威嚇や言い含めの呪縛から抜け出ることは困難で、検事局の訊問でも「不実の事」を供述せざるをえなかった。さらに検事局で真実を述べることで検事の心証を悪くし、重い司法処分を被ること、取調がさらに長期に亘ること、警察に戻されて再び拷問の脅威にさらされることなどを恐れる意識もあった。

## 「訊問調書」の捏造

警察の「訊問調書」が拷問による自白の強制をともなったことを「訊問調書」自体から見極めることは困難で、前述したように公判廷における被告の陳述などから類推するほかないが、同様に検事による「訊問調書」の捏造についてもやはり公判廷における被告の陳述や上告趣意に依拠することになる。

前述の朴完植は高等法院への上告趣意（一九三六年二月）のなかで、「原判決が被告人の犯行を認定する資料に供せる検事の被告人訊問調書に付ては既に予審に於て供述せる如く、被告人は検事の「曾て朴英熙《パクヨンヒ》の論文を読みたることありや」との問に対し、「唯新聞紙上にて一、二回読みたる」旨供述したるに過ぎずして、決して同調書記載の如く供述したることなし」と記していた。この検事「訊問調書」は残されていないが、おそらく朴の供述した内容が変えられて、強く共感したなどとなっていたのだろう。朴は「捏造の検事訊問調書及論文読破云々の供述を証拠として目的意識の不法を認定するは憶測の甚しきものなり」と訴えた（「独立運動判決文」）。

検事が被疑者に供述させたい内容で「訊問調書」を作り上げてしまうことは、とりわけ戦時下の治安維持法違反事件では顕著になったと思われる。

諺文《おんもん》研究会事件をみよう。被疑者鄭周泳《チョンチュヨン》（松島健）は検挙当日の四二年八月二四日、新治安維持法による司法手続きとして、まず京城地方法院水原《スウォン》支庁検事分局の長井省吾検事の訊問を受けている。そこでは「国体変革の目的を以て諺文研究会なる結社を組織したことがあるや」との問いに、鄭は「左様な事はありませぬ」と否定した。その後、警察「訊問調書」では「国体」変革を目的として諺文研究会を組織したとされ、検事分局に送致された。一二月四日の第二回目の訊問で長井省吾検事から「朝鮮独立の目的を以て諺文研究会なる結社を組織したことがあるか」と問われて、「組織したことがあります。其れは祖国の文化を保存し、朝鮮文化を向上して朝鮮を独立せしむることを目的とした」と供述する。

同様に被疑者閔丙駿《ミンビョンヂュン》も一二月四日の第二回目訊問で、諺文研究会が朝鮮独立を目的に組織したことを肯定し、さらに鄭の「将来の為に」という演説にも共鳴して「同人が云って居る趣旨の如く朝鮮民族意識を昂揚して朝鮮の独立をしなければならないと思った」と供述する。事件の被疑者とされた五人はいずれも検察の取調で、警察の「訊問調書」と同様に諺文研究会が朝鮮独立を目的とした結社であることを認める供述をした。

四三年二月一七日の京城地方法院の公判で、鄭は朝鮮の独立を希望したことはないと陳述する。裁判長から「併し検事に対しては水原高農に入学してから同校の内地人学生が朝鮮人学生を軽蔑し、且虐待して居り、又卒業後鮮人学生は内地人学生に比し就職が困難で差別待遇を受けて居るのを知り、独立を希望する様になったと述べ、警察に於ても同様のことを述べて居るではないか」と問われて、「それは警察や検事廷に於て左様に認定せられたので、私が陳述したことはありませぬ」と答えた。この陳述に信を置けば、検事は被疑者の供述を「訊問調書」に記載することなく、警察の「訊問調書」や「意見書」をもとに自らが認定した内容で「訊問調書」を作成したと推測される。「訊問調書」は検事によって勝手に捏造されたことになる。

修養同人会事件に対する上告趣意のなかで弁護人脇鉄一は、李光洙の陳述書から「検事調べの時、書記は直ちに正式の調書を作成せず、下書だけを作って居りましたが、訊問が終って私は白紙の用紙に拇印を押しました。此調書が後で出来てから遂に私には読聞かせて呉れなかった」という箇所を引用している。李は「私のみでなく他の被告の分も検事記録は実際の問答に依らず、警察の意見書そのまま写し取ったようでありまして、他の被告も皆左様申立てて居ます」とも記している。

「訊問調書」の最後の用紙のみ別に署名・捺印をさせておき、それを捏造した調書に挿入することや「訊問調書」の読み聞かせをしないことは、日本国内の検事局でもみられた捏造の手法である。

## 証人訊問

証人訊問は検事局の取調でもおこなわれるが、検事局は短い期間で司法処分を判断することもあって警察や予審の証人訊問ほどは多くない。残された記録を見る限り、どのような基準で証人訊問がなされたのかは不明である。おそらく担当の検事の意向によってだろうが、一九三〇年代前半に比べて思想事件が少なくなる戦時体制下に多く実施されたように思われる。検事に相対的に時間の余裕が生まれてきたのかもしれない。

被疑者呂運亨の取調では呂の訊問と並行して、一九二九年八月三日、二人の証人訊問がおこなわれた。京城地方法院検事局の中野俊助検事によるもので、いずれも西大門刑務所の既決囚だった。林元根《リムウォングン》の場合、「呂運亨が其仮政府の組織に関係し居った事は知り居るか」「高麗共産党（朝鮮共産党の誤記か――引用者注）は朝鮮内に組織せられたる折、呂運亨が関係した事は知らざるか」など、呂の上海時代の独立運動や朝鮮共産党の組織関係が訊問されている（『韓国共産主義運動史』資料編Ⅰ）。

朝鮮共産党の創立者の一人で、遅れて一九三一年五月に検挙され、六月四日に京城地方法院検事局に送致された被疑者金洛俊《キムラクヂュン》（金燦《キムチャン》）の取調に関連して、同日に七人が森浦藤郎検事の証人訊問を受けている。一人を除き、いずれも治安維持法違反事件を問われた西大門刑務所の既決囚や未決囚だった。たとえば、新興青年同盟で金と知り合った安秉珍《アンビョンチン》の場合、次のような問答がなされた（『韓国共産主義運動史』資料編Ⅰ）。

問　金燦は其方と共に共産青年会の幹部となりたる者申立て居るが如何

答　全然知りませぬ

問　而して全鮮各地にヤチェーカを組織されて居り、新興青年同盟内には全無を責任者とするヤチェーカがありたる由如何

答　全無と云う人は知っておりますが、御訊ねの如き事は知りませぬ

問　大正十四年四月組織された朝鮮共産党はコルビューローの党員を引継ぎたるものではないか

答　左様なことは知りませぬ

金洛俊の供述を、その関係の人物に確認することがこれらの証人訊問の目的であった。金在鳳《キムジェボン》を責任者として朝鮮日報社にヤチェーカ（細胞）を組織したという予審終結決定の申立てについて、金在鳳が「同人が左様に申立て居るのは偽りであります」と答えるように、証人は多くの訊問を否定している。

一九三九年九月、京城永登浦警察署に保安法違反で検挙された被疑者李柱夏の「犯罪事実」は、李鎔泰との口論のなかで「「お前も俺も同じ全州李氏の子孫ではないか。お前ばかり勝手な権力があるのか。そんな権力

があるなら何故日本人を殺して李王職を取らないか、そうすれば現在の李王家よりお前は裕福になるのではないか」と内地人を排斥し、暗《あん》に旧韓国の再興を僥望《ぎょうぼう》するの不穏の言辞を為し」（「意見書」、一〇月九日）たというものであった。警察ではその場にいた四人を証人として訊問したが、京城地方法院検事局では五人を証人として訊問している。新たな一人は、この喧嘩の場に出動した永登浦警察署の都世浩《トセホ》巡査だった。一〇月一六日、「当時李柱夏の云い振りからして証人も同人が朝鮮を独立させる趣旨で左様な事を云ったと感じたか」という検事の問いに、都は「同人は無智なる者でありますが、左様な者が右の様な事を云ったので、私としても其際は只李鎔泰《リヨンテ》に対してお前が威張っても何が出来るかと云う軽い意味で云ったものと解し、之を検挙せず直ぐ帰したのであります」と答えている。

また、証人鄭日福は李の「何故日本人を殺して李王職を取らないか」という発言について「私は左様な事は聞いて居りませぬ」と答えた。検事が「証人が警察に於て左様に申上げたのではないか」と迫ると、鄭は「私は警察に於て左様に供述した事はない。今申上げた通り供述しました」とする。警察の証人「訊問調書」も都合よく作られていた可能性が高い。一二月一一日、李柱夏は京城地方法院で保安法違反を適用され、懲役四月を科されている。検事局での鄭の証言は無視されたことになる（以上、『韓民族独立運動史資料集』六七、「戦時期　反日言動事件Ⅱ」）。

四二年一月、京畿道警察部に保安法・朝鮮臨時保安令違反で検挙された職工の崔熙昌《チエヒチャン》の容疑は、日本人職工長に「人夫等は可愛想である」「日本は朝鮮を完全に取ったな」「南総督は内鮮一体を叫んで居るが、口先ばかりである」などの「政治に関し不穏の言動をなし、人心を惑乱した」というものだった（「意見書」、三月八日）。その場に居あわせた李基麟《リキリン》は三月一四日の証人訊問で崔が「内鮮一体は口先ばかりだという様なことは云わなかったか」と問われて、「左様なことは聞きませぬでした」と答えている。また、李光林《リガンリム》も「南総督の内鮮一体のことに付ては聞いて居らぬか」という質問に、「私は聞いて居りませぬ」と答えている（以上、『韓民族独立運動史資料集』六七、「戦時期　反日言動事件Ⅱ」）。

警察の証人訊問が誘導や追及により被疑者の犯罪性を認める証言を引き出そうとするのに対して、検事局の証人訊問では被疑者に有利となるような証言がなされることも多い。

松都中学校の英語教師金炯敏の反日言動事件の取調では二六人もの生徒が証人訊問を受けた。級長の朴淳《パクスン》天《チョン》は四二年六月二七日、京城地方法院開城《ケソン》支庁分局で訊問を受けた。次のようなやりとりがなされている。

問　金川〔金炯敏〕先生は此の独立運動の話をする際の態度はそれに賛成する様なものであったか、単に事実を述べる様な振りだったか。其れともそれに反対する様な態度だったか。

答　先生は単に先生が在住当時の話をされて、それに附加えて独立運動をして居る人達は喜んで居るだろうと想像して云われただろうと思います。然し先生は其の時、時局は益々重大になって居るから、つまらぬ事を云って流言蜚語になってはいけないから注意しろと云われたので、朝鮮独立に賛成さるる様には思いませぬでした。

問　証人は警察署では金炯敏先生が朝鮮独立の希望を持って居て、証人達にも其の運動をせよという目的にて話されたと思った旨供述して居るが、如何。

答　それは取調官が左様に聞いたので始めは黙って居りましたが、追及せられてそうだと申しただけで、事実は左様に思いませぬでした。事実私が受けた感じは独立運動なんかに関係してはいけないと云う様に感じたのであります。

（略）

問　先生は蒋介石は偉いから日本軍が敗けるかもしれないという趣旨を話したのではないか。

答　左様ではありませぬ。却って蒋介石は偉いからお前等生徒達も其の積りで緊張しなければならないという様な趣旨を云われたのであります。

朴は警察における証人訊問の内容が「追及」された結果の不本意のものだったと証言する。それに相当するのは開城警察署の一月三〇日の訊問——「問　金炯敏先生が話した朝鮮独立は如何なる意味なるや」「答　朝鮮独立と云うのは朝鮮の王様を立てて諸外国の援助を受けず政治をすることであります」、「問　証人は其の話を聴いて金炯敏は如何なる人物と思いたりしや」「答　金炯敏先生は独立運動の希望を持って居る人と思いました」——である。

また、証人許輪鍾《ホユンジョン》との間では次のようなやりとりがされている（六月二八日）。

問　先生はラヂオの放送が皆嘘だと云ったのではないか。

答　左様な事を話された記憶がありませぬ。

問　証人は先生からその話を聞いて怎《ど》う思ったか。

答　先生はよく皮肉を云う人で、其の時の話も私はそんな馬鹿な話はないと思いました。

問　先生は証人達に朝鮮独立の機会がある事を暗示したり、又日本が敗戦するかも知れないという様な話をしたのではないか。

答　左様な話振りではありませぬでした。

問　それでは反対に先生はそんな話をして、それを例にして証人等に時局下一層の緊張を促したのではないか。

答　今から思うと左様にも思います。そして先生は君達生徒は勉強するのが本分だからという様な話をされたのであります。

検事の証人訊問でも警察ほど露骨ではないが、金炯敏に独立運動の意図があったように生徒の誘導を図ろうとしていることがわかる。金に対する第一回訊問（六月一六日）で、藤木龍郎検事は「其の日、其の方の話を聞いた生徒達の中には其の方が生徒等に戦争勃発を機会に朝鮮独立の機会がある事を暗示し、又日本が敗戦する事がある様な話をして居たと供述するものが多いが、怎《ど》うか」と問い詰めるが、この生徒の供述とは警察での証人訊問の記録からのものだった。藤木検事の証人訊問は六月二七日、朴淳天から始まる。並行して金に対する訊問がつづくが、そこではこれら生徒の供述をもとに責め立てることはなかった。

検事廷の訊問において生徒らは金炯敏先生に対する不利な供述を避けているが、それらは実際に教室で聞いた際の率直な感想だったと思われる。にもかかわらず、検事は「生徒等の民族意識の啓発高揚を図り、以て朝鮮独立の目的を以て其の目的たる事項の実行に関し煽動を為したるものなり」（「公判請求書」、七月二二日）と起訴の判断を下した。

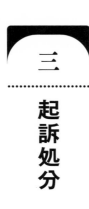

## 三　起訴処分

### 起訴か不起訴か

地方法院検事局では警察から送致された被疑者を短い期間で取調をおこない、その後の司法処分に必要十分な「犯罪事実」に絞ると、起訴か不起訴かの処分決定に進む。起訴には「予審請求」と「公判請求」の二つがある。前者は地方法院の予審係でもう一度被疑者の取調をおこなう。後者は地方法院の公判へと直接に進む。不起訴には「起訴猶予」と「不起訴」、被疑者が逃亡・所在不明で未検挙の「起訴中止」がある。「起訴猶予」と「不起訴」の場合は、検事局で訓戒されて放免となる。「起訴中止」となった者は、その後に検挙されると、検事局での取調を経てあらためて司法処分が決定される。

手続きとしては地方法院検事局から地方法院に「予審請求書」、あるいは「公判請求書」が送付される。すでにみたように警察の「意見書」と比べて「予審請求書」「公判請求書」は短縮・簡略化された。その後の司法処分に耐えられるように事件の骨格を確定し、それにともなって被疑者数も限定される。予審の取調を経て「免訴」となることや、公判の審理を経て「無罪」となることもあるとはいえ、この検事局の起訴処分によって有罪という司法処断の大半は確定したといってよい。被疑者は起訴後、被告人となる。

朝鮮における治安維持法違反事件の検事局による起訴処分の状況は**表5**のようになっている。

前著『朝鮮の治安維持法――運用の通史』「表4　朝鮮治安維持法違反事件累年別人員表」中の「検事局受理人員」と比べると、「起訴」処分の割合はおおよそ三割前後となっている。これは日本国内の「起訴」処分の割合が一割弱であったのに比べると（検挙者六万八二七四人のうち起訴者六五五〇人〔一九二八年から四五年五月まで〕）、大幅に高い数値で、起訴の基準が日本国内よりも下方にあったこと、つまり日本国内では「不起訴」ないし「起訴猶予」にとどまるものが朝鮮においては「起訴」となり、断罪されていくことを意味する。この点だけでも朝鮮における治安維持法運用の苛酷さを物語る。

表５　治安維持法違反事件の起訴処分の状況

| 分類／年 | 予審請求 | | 公判請求 | | 合計 | | 不起訴 | |
|---|---|---|---|---|---|---|---|---|
| | 件数 | 人員 | 件数 | 人員 | 件数 | 人員 | 件数 | 人員 |
| 1931 | 68 | 156 | 58 | 146 | 126 | 302 | 71 | 1,089 |
| 1932 | 99 | 789 | 74 | 221 | 173 | 1,010 | 108 | 2,977 |
| 1933 | 53 | 407 | 75 | 178 | 128 | 585 | 76 | 1,605 |
| 1934 | 39 | 356 | 54 | 173 | 93 | 529 | 50 | 1,362 |
| 1935 | 35 | 393 | 48 | 106 | 83 | 499 | 44 | 1,103 |
| 1936 | 17 | 185 | 43 | 91 | 60 | 276 | 45 | 45 |
| 1937 | 26 | 350 | 25 | 59 | 51 | 409 | 31 | 799 |
| 1938 | 17 | 244 | 19 | 39 | 36 | 283 | 38 | 601 |
| 1939 | 16 | 262 | 22 | 91 | 38 | 353 | 14 | 386 |
| 1940 | 16 | 127 | 8 | 14 | 24 | 141 | 17 | 138 |
| 1941 | 14 | 98 | 56 | 218 | 70 | 316 | 39 | 634 |
| 1942 | 7 | 145 | 77 | 275 | 84 | 420 | 28 | 450 |
| 1943 | 7 | 66 | 46 | 123 | 53 | 189 | 18 | 372 |

『思想月報』『思想彙報』の各号「全鮮思想事件月表」より作成
1932年は11月分欠、1943年は8月まで

## 「公判請求」と「予審請求」

「予審請求」と「公判請求」の合計の起訴者数は一九三二年をピークとし、三六年には半減、その後は漸減傾向にあるが、三七年の日中戦争全面化と四一年の対米英戦開始時に増加している。この表にはあらわれていないが、二〇年代後半は「公判請求」が「予審請求」を上回っていたが、三〇年代以降は逆転して「予審請求」が多くなる。

四一年以降の起訴件数・人員数の増大は、戦時体制の進行にともなう治安確保の徹底のため、起訴基準が引き下げられて、それまでは「不起訴」となった比較的軽微な民族独立の言動に対しても、司法処断が強化されたからと推測される。そのなかで「公判請求」の割合がさらに逆転して高まるのは、四一年五月、検事局監督官会議において斎藤栄治高等法院検事が「国防保安法及

改正治安維持法の適用を受くべき事件に付ては立法の精神に鑑み、運用上成るべく予審を請求せず、直に公判を請求し、亦略式命令の請求も成るべく之を避くる方針に出でられたい」と述べるような（『高等法院検事長訓示通牒類纂』）、司法処分の早期決着の要請が強まったことによる。

この『思想月報』と『思想彙報』掲載の合計は表から計算すると起訴が約一〇〇〇件・約五三〇〇人、不起訴の人員は約一万二〇〇〇人となる。これに一九二〇年代の件数・人員と四三年九月以降の件数・人員を総計すると、治安維持法違反事件の司法処分数はおおよそ一二〇〇件・七〇〇〇人と推定される。検事局受理人員約一万九〇〇〇人の三割強となる。

これを日本国内の治安維持法違反事件の司法処分と比較すると、朝鮮における特徴は「公判請求」の多さにある。後述するように、共産主義運動に関する事件はほとんどが「予審請求」となるのに対して、民族独立運動は「公判請求」となる場合が多い。予審は検事局で認定した骨格に肉付けしていて「犯罪事実」を具体的に詳細に固めていくために時間がかかるのが一般的だったが、「公判請求」では公判へと直接に進むため最終的な司法処分が短い期間でなされた。『朝鮮の治安維持法』で指摘したように、民族独立運動の治安維持法違反事件が「公判請求」に進む割合が多いのは、ある程度、被疑者が「犯罪事実」を肯定し、裁判の早期決着を望んだことが理由として想定される。

**表5**が示す「予審請求」と「公判請求」の推移は、当然ながら実際の運動とそれへの警察・検察の対応を反映している。

三三年二月一六日の『中央日報』は「思想犯取締政策の転換」という時評を載せた。大量検挙・処罰という「積極政策も其の効果を収めざるのみならず、却って将来一般思想界に悪影響を及ぼす処あるが為、多少其の政策を緩和し、又周囲の情勢、其の個人の家庭状態等を参酌し、所謂思想善導の意味に於て」、司法当局が起訴の緩和や「留保処分」の導入を検討しているとする。これを一面で歓迎しつつも、こうした「末梢」的な試みでは「竟《つい》に効果の薄弱たるべき」と評した（高等法院検事局思想部『思想月報』第二巻第一二号に転載）。三月三〇日の『大阪毎日新聞』朝鮮版でも「起訴留保処分　朝鮮でも実施　果して効果を挙げ得るか　関係当局で慎重研究」という記事を載せた。

東京地方裁判所検事局思想部が編み出した学生処分の緩和方針が効果的だったため、三二年一一月、司法大臣訓令「思想犯人に対する留保処分取扱規程」により「留保処分」は本格的に実施された。六カ月間、被疑者の司法処分を「留保」し、「意識の深浅」や「思想転向し、将来適法なる生活を営むの見込の有無」などを判断の基準として起訴の可否を決めるというもので、三六年まで実施され、「転向」推進に貢献した制度である。これを朝鮮にも導入することが検討されたが、五月一七日の『大阪毎日新聞』朝鮮版は「思想犯の留保処分　朝鮮では実現困難」と報じた。「保護者に子弟監督の教養なく　警察官にも査察の余裕がない」という理由だった（以上、国史編纂委員会所蔵切抜）。

## 「威嚇主義」と「寛大なる処置」

日本国内では実務にたずさわる思想検事や判事を集めて指示や協議が定例的になされていた。その思想実務家会同の議事録には運動状況の推移や地域的な状況の相違などにより、起訴・不起訴の基準について活発な論議がなされることもあった。基本は一貫して厳重処分であったが、三〇年代後半には少数ながら寛大な処分を求める声があがったことがある。

一方、朝鮮においては日本国内のような思想実務家会同は開催されていないため、検察や裁判所内部での具体的な運用方針をめぐって、どのような論議があったか知ることは困難である。おそらく日本国内よりも一枚岩的に厳重処分の方針は貫徹していたのではないかと推測されるが、一九三七年の思想犯保護観察法の施行をめぐり、わずかに厳重処分と寛大処分の相違が明らかとなる場面があった。三七年七月の裁判所及検事局監督官会議において法務局からの「思想犯保護観察制度の実施に伴い、検察並に裁判上考慮すべき点如何」という諮問に対して各地方法院・検事局が提出した答申に、その相違が読み取れる（「諸会議綴」、警務、一九三七年七月、国家記録院所蔵）。

京城覆審法院検事長は「起訴猶予処分並に刑の執行猶予の裁判の拡張」を、平壌覆審法院検事長は「起訴猶予処分を拡張すること」という立場をとる。海州《ヘジュ》地方法院検事正も「起訴猶予処分を励行すること」とする。清津地方法院検事正は「思想犯保護観察制度は所謂確信犯人に対する教育刑の理念に基く立法にして、画期的の法制なる事を理解し、治安維持法の威嚇主義との調和を考慮すること」として、次のように答申している。

> 一面治安維持法の威嚇主義のみを以てしては到底此の種犯罪の絶滅を期し得ず、却て悪化せしむる傾向ある事も認められ、之が緩和を計り、刑に於ける害悪性を教育の一方法なりと観察する思想より今回の保護観察制度成立せられたるものと理解すべく……従来は多く思想転向したるものに限り寛大なる処分を為したる傾向あるも、将来更に之を拡大し、準転向者と看做《みな》し得る者、進んで非転向者に対しても或る程度迄前示寛大なる処置を為し得べきものと信ず

従来の治安維持法の運用を「威嚇主義」一辺倒と批判し、「寛大なる処置」に転換すべきとした。「転向」者だけでなく「準転向者」や「非転向者」にもある程度の「寛大なる処置」をとることが思想犯保護観察制度の発足の精神だとして、起訴猶予や執行猶予処分を寛大にすべきとする。

一方、京城地方法院検事正は思想犯保護観察法施行により起訴猶予や執行猶予の拡張が予想されるとしつつ、「濫《みだり》に寛に失せざる様注意の事」とした。咸興地方法院検事正は「執行猶予並起訴猶予は当分拡張せざるを可

とす」と明言する。光州地方法院検事正は「思想の転向を為さざるものは従来よりも重刑を以て望む必要あり」とすることから、「威嚇主義」の立場だろう（裁判所については後述）。

これらの答申は日中戦争が全面化する直前の作成で、とくに「寛大の処置」を求める側には、治安維持法事件を減少に追い込み、その司法処分を通じての統制にようやく自信と余裕が生まれており、軌道修正を図ろうとした。ところが、すぐに日中戦争が全面化する事態に治安の引締めが急務となると、おそらく「寛大なる処置」を求める声は消えていってしまったのではないかと思われる。

## 朝鮮共産党関係の「予審請求」

一九二四年一〇月三〇日、京城地方法院検事局検事平山正祥による鄭在達・李載馥らの「朝鮮共産党準備事件」の「予審請求書」は、罪名が制令第七号違反となっていた。「犯罪事実」は「被告等は共産主義の宣伝に因り朝鮮に於ける政治の変革を企図し、司法警察官意見書記載の行動を為し、以て安寧秩序を妨害したるものなり」という「司法警察官意見書」引き写しの手抜きぶりだった（『韓国共産主義運動史』資料編Ⅰ）。

第一次・第二次朝鮮共産党事件の「予審請求書」は新義州地方法院検事局のものと、移送後の京城地方法院検事局のものがある。二五年一二月二二日、本島文市検事が金科全《キムカチョン》・朴憲永らに関して新義州地方法院予審掛に送付した「予審請求」は、「犯罪事実」として「社会凡面《あらゆる》の資本生産を社会共有と為し、之が分配を平等ならしめ、貧富の階級を打破し、各個人をして自由平等ならしむるは世界人類最上の幸福なりと妄信し、特に我帝国の国体は資本主義に基くものにして共産主義と相容れず、従て之を破壊変革の要あるものと思惟し、之が実現を期すべく先づ共産主義を鮮内に於ける労働者、農民及青年者等間に拡り《ママ》宣伝し、遂には彼等を煽動して革命を勃発せしめんことを企図し」としたうえで、各被告人の朝鮮共産党および高麗共産青年会の組織と加入

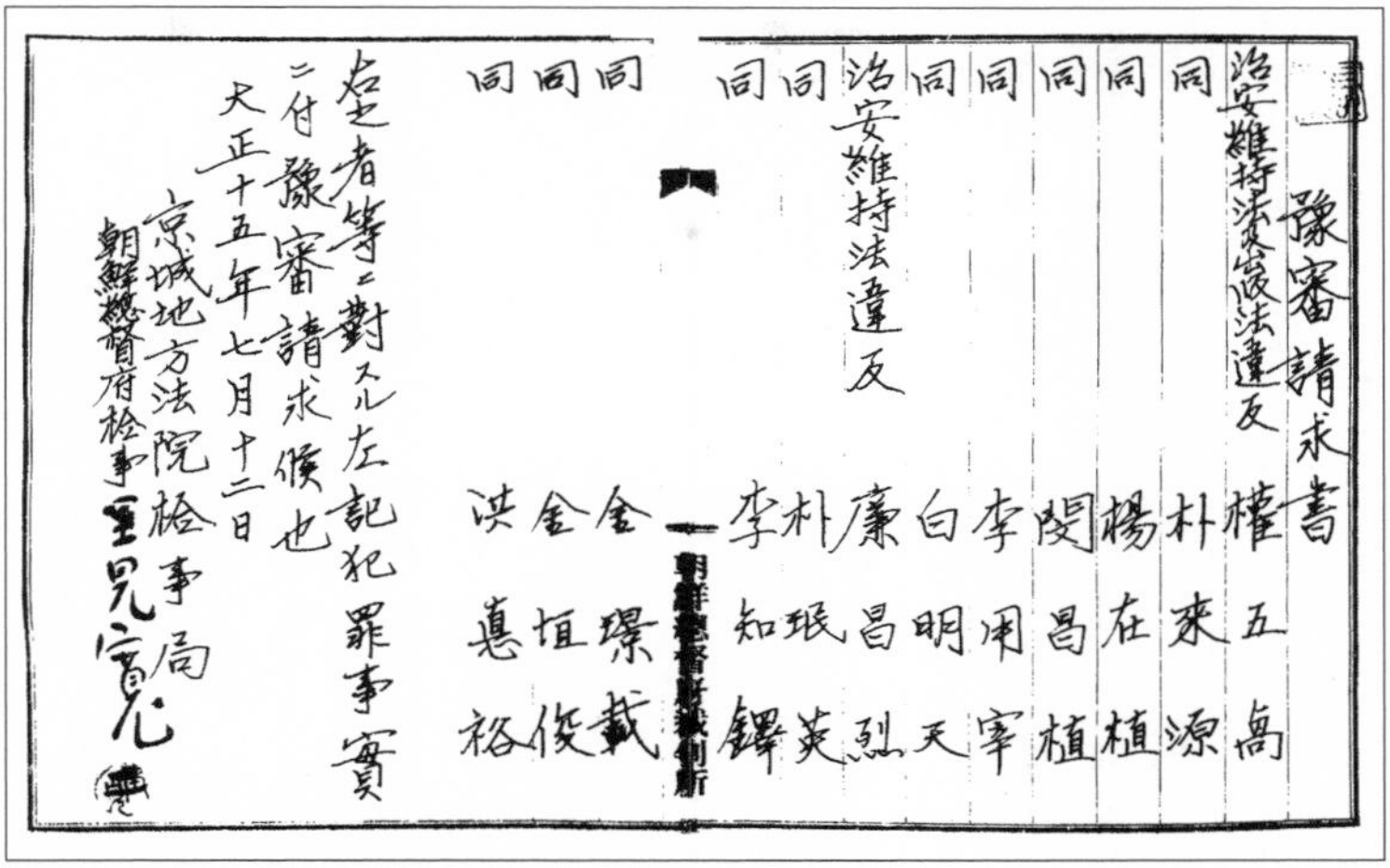
予審請求書

治安維持法違反　権五卨
同　朴来源
同　楊在植
同　閔昌植
同　李用宰
同　白明天
同　廉昌烈
同　朴珉英
治安維持法違反　李知鐸
同　金環載
同　金恒俊
同　洪悳裕

右之者等ニ對スル左記犯罪事實ニ付豫審請求候也
大正十五年七月十二日
京城地方法院検事局
朝鮮総督府検事　里見寛二

「予審請求書」権五卨ほか　里見寛二検事
「訊問調書（権五卨外十一名、治安維持法違反）」韓国・国会図書館

の事実を簡単に記している（『韓国共産主義運動史』資料編Ⅰ）。

ここで「共産主義」を「社会凡面の資本生産を社会共有と為し、之が分配を平等ならしめ、貧富の階級を打破し、各個人をして自由平等ならしむる」と独自に定義していることが注目される。しかも「我帝国の国体」について「資本主義に基くもの」とすることは、その後の「国体」理解——朝鮮においては民族独立と直結、日本国内においては神聖不可侵とされる天皇制と直結——と大きく異なるが、それは新義州警察署・検事局での各訊問での供述に沿ったものだった。

二六年七月一二日、権五卨らに関する京城地方法院検事局里見寛二検事の京城地方法院予審係宛の「予審請求」では「我帝国の国体を変革し、私有財産制度を否認することを目的として高麗共産青年会なる秘密結社を組織し、共産主義の宣伝と同志の糾合に努め、尚将来の運動戦線に立つべき闘士を養成せんがため」としたうえで、各人の「犯罪事実」をあげていく。権五卨の場合、朝鮮共産党加入のほか、「朝鮮赤化の目的を達成するがためには先づ其階梯として帝国の羈絆より朝鮮を独立せしむるの必要あるものとし」、李王国葬時に頒布する檄文を作成したことなどとされる。

また、九月九日の京城地方法院検事局の中野俊助による権栄奎・韓廷植・呉淇燮《オギソプ》に対する「予審請求」では「何れも咸鏡南道洪原《ホンウォン》郡に根拠を有する洪原青年会左進会其他の思想団体に加入し、同地方に於て社会運動に奔走し居りたるもの」とし、「我帝国の国体を変革し、私有財産制度を否認することを目的とせる」朝鮮共産党・高麗共産青年会に加入したとされる（「権栄奎外二名（治安維持法違反）」、国史編纂委員会所蔵）。

新義州地方法院検事局の「予審請求」と異なり、京城地方法院検事局の朝鮮共産党などに対する定義は定型化しつつある。「帝国の羈絆より朝鮮を独立せしむる」という、のちの「朝鮮を帝国の羈絆より離脱せしめん」という常套句に近い表現もされている。そして、もっとも取り扱う件数・人員の多い京城地方法院検事局の「予審請求」が朝鮮全体の基準となっていく。次章でみるように、京城地方法院の五井節蔵予審判事によって朝鮮共産党・高麗共産青年会の定義が確立すると、「予審請求」の定型化はさらに進んでいった。

なお、警察「意見書」が最後を「厳重処分相成度」などと結ぶのに対して、「予審請求」も「公判請求」も「犯罪事実」を並べるだけにとどまる。起訴処分という「厳重処分」がなされたためであり、大部分は有罪となることが想定されているからだろう。

朝鮮学生科学研究会事件の「予審請求」では、やや異なったかたちとなった。二八年九月二四日に京城西大門警察署から送致された李鉉相・姜炳度《カンビョンド》・李哲夏《リチョルハ》・安三遠《アンサムウォン》に対する京城地方法院検事局の森浦藤郎検事の取調を受け、李ら四人が一〇月四日に「予審請求」された。高麗共産青年会への加入とその活動として組織した「学生ヤチェーカ」による「共産主義の宣伝」をおこなったという第一の治安維持法に該当する「犯罪事実」は警察「意見書」と同じだったが、第二の「犯罪事実」としたのは文書頒布による治安の妨害――「京城女子商業学校の罷校に対し満天下兄弟に檄す」「槿友会《クンウフェ》全国大会禁止と朝鮮日報停刊処分に対し、全朝鮮被圧迫青年大衆諸君に檄す」などの撒布——であった。警察段階では頻発する学生ストライキの背後にある煽動団体に焦点があたっていたが、検察では保安法違反として処断が確実にできる治安妨害の不穏文書の頒布を選択したと思われる。

一二月になって、一七日に韓炳宣《ハンビョンソン》・宋炳寀《ソンビョンチェ》ら九人が「予審請求」された。「犯罪事実」は「全鮮の中学学校生徒を網羅し、朝鮮をして帝国の羈絆より離脱せしめ、且つ朝鮮に於て私有財産制度を否認し、共産制度の実現せしむることを目的とせる秘密結社を組織し」、名称を「キヨク党（ㄱ《きょく》党）」とし、「学校間に於ける細胞組織に関し協議を凝《こら》し、前記結社の目的遂行の為め種々画策し来りたる」とされた。同日に安三遠は「キヨク党」加入により、一九日に李哲夏は「キヨク党」組織により「追予審請求」され、これらは一括して併合審理されることになった（『日帝下治安維持法違反公判記録資料集』第三巻）。

二九年七月二六日、京城地方法院検事局の思想検事森浦藤郎が洪承裕《ホンスンユ》・崔徳俊《チェドクチュン》らに関しておこなった「予審請求」では、「朝鮮をして帝国の羈絆より離脱せしめ、且朝鮮に於て私有財産制度を否認し、共産制度を実現せしむる目的を以て組織せられたる」高麗共産青年会に加入し、と定型化が確立している。具体的な行動は「京城府内の各中等学校学生をして読書会を組織せしめ……共産主義的教養を施し、以て共産青年会員の養成に努めたるもの」などとされた。

三一年一二月四日、京城地方法院検事森浦から「予審請求」された金鉄煥《キムチョルファン》は「帝国の朝鮮統治を極度に嫌忌し、朝鮮を独立せしめ、共産主義社会を建設せんことを希望し居り」とされ、朝鮮共産党の再建をめざして朝鮮共産党再建設同盟を組織したとされた（以上、「訊問調書（車今奉《チャクムボン》、安相勲、金鉄煥外八名、治安維持法違反）」韓国・国会図書館所蔵）。

## 第二条「協議」想定の「予審請求」

朝鮮共産党の再建ではない共産主義運動関係の「予審請求」をみよう。車載貞《チャジェジョン》・沈遠燮《シムウォンソプ》・黄大用《ファンデヨン》らの朝鮮学生前衛同盟・朝鮮共産青年会について、一九三〇年二月八日の京城地方法院検事局の森浦藤郎の「予審請求」では「朝鮮をして帝国の主権より離脱せしめ、且朝鮮に於て私有財産制度を否認し、共産制度を実現せしむる目的」で組織されたとする（『韓民族独立運動史資料集』五〇、「同盟休校事件　裁判記録2」）。治安維持法第一条の適用が想定されており、前述の定型化がそのまま応用された。

一般的に治安維持法違反事件については検挙の時点から新聞記事の掲載禁止となり、「予審終結決定」時に当局の発表とともに記事解禁となってセンセーショナルに報じられるが、この朝鮮学生前衛同盟事件は「予審請求」時に公表された。二月九日の『大阪朝日新聞付録　朝鮮朝日』は「第一次学生騒擾事件の黒幕となって繰《あやつ》った　高麗共産青年会、学生前衛同盟の一味卅《さんじゅう》五名起訴ときまる」「共産主義学生を学校に配属せしめ　極力学生の赤化に努む　恐るべき学生前衛同盟の画策」と報じている。

第一条の適用には至らないケースとして、三四年の赤色労働組合・農民組合事件の「予審請求」がある。八月六日、京城地方法院検事局の佐々木日出男検事の「予審請求」では、安炳春《アンビョンチュン》の「犯罪事実」の第一として「永登浦を中心とし、労働者に対して共産主義的意識を注入し、彼等を煽動し、経済闘争及政治闘争を為さしめ、依て朝鮮に共産制度を実施することを目的とする結社産業別労働組合を組織せんことを協議」したことをあげる。女子高等普通学校在学中から「左翼文献を耽読し」、実兄より「共産主義的教養を受け、該主義に共鳴するに至りたる」とされた李順今《リスンクム》は、安らと協議するほか、「読書会の組織其他の方法に依り女学校及女工に対して共産主義的意識を注入し、彼等を煽動して共産主義の実行を為さんことを協議」したことが「犯罪事実」

とされた。

八月一〇日の佐々木検事による卞洪大《ピョンホンデ》ら六人の「予審請求」では、赤色農民組合の組織化の協議について先の赤色労働組合の論理をそのまま応用していた。

関連して一二月一三日に京城地方法院検事局の村田左文検事から「予審請求」された許均についてみると、三三年一月に治安維持法違反事件で起訴猶予になったにもかかわらず「更に改悛の情なく、巧《たくみ》に在城主義者と交遊し、執拗なる地下運動を為し来りたる」として、次のような「犯罪事実」があげられた。

　昭和八年七月中旬……共産主義者卞洪大（目下予審中）と会合し、将来朝鮮の共産化を目的とする結社赤色労働組合を組織せざるべからざる旨、並之が準備工作として当時被告人が勤務し居たる前記ソウルゴム工場の職工を共産主義的に指導教養して優秀分子を獲得し工場グループを結成したる上、同盟罷業等実践闘争を経て之を拡大強化せざるべからざる旨協定し

さらに別の「犯罪事実」をあげたうえで、「以て朝鮮の共産化を目的として其の目的たる事項の実行に関し協議し」とする（以上、「治安維持法違反（権栄台外三十三名訊問調書）」、韓国・国会図書館所蔵）。以上の事例では治安維持法第二条の「協議」が想定されている。労働組合・農民組合を組織すれば第一条となる。

治安維持法違反事件の司法処分が渋滞した三三年一〇月、検事局監督官会議で玉名友彦高等法院検事は希望事項として、その対策として併合起訴を避けることに加えて、起訴状の書き方について「客観的情勢及闘争経歴の記載は之を簡略にし、其の起訴事実も主要なる行為を摘出し、明瞭簡潔に記載するに止めたし」と言及した。さらに三五年四月の司法官会議でも玉名検事は同趣旨を繰りかえした（『日帝下支配政策資料集』第八巻）。

## 民族独立運動事件の「予審請求」

次に民族独立運動事件の「予審請求書」をみよう。民族独立運動の過半は検事局段階で「犯罪事実」を肯定し、予審を経ずに公判へと直接進む事例が多いが、「犯罪事実」を否認して争う場合は「予審請求」となった。三〇年八月一五日、京城地方法院検事局の森浦検事によって「予審請求」された李愚民《リウミン》を例にとると、まず奉天での事業に失敗後、「自暴自棄となり、当時支那各地に於て朝鮮の独立運動を企図するものありしにより、之に参加せんことを決意し」としたうえで、いずれも「朝鮮の独立を図ることを目的」とする結社に加入し、活動したとされた。大韓独立臨時政府では「宣伝部員となり、爾来約二年間湖南、湖北、広東、広西各省を徘徊して独立宣言書二千数百部を各地に配布し、以て其目的の達成に努め」、タムール団では資金獲得のために朝鮮潜入を計画する団員に拳銃を買い与え、「朝鮮潜入経路に付き協議し、且旅費として金五十円」を交付したとされた（『韓民族独立運動史資料集』三〇、「義烈闘争3」）。

一九三三年の十字架党事件は、牟谷《ムコク》学校長の南宮檍《ナムグンオク》らの保安法事件と同校教師劉子勳《リュジャフン》（劉福錫《リュボクソク》）らの治安維持法事件から成るが、一二月二六日の京城地方法院検事局の佐々木日出男検事による「予審請求」はやや異例である。前述したように警察「意見書」と比べて、検事局「予審請求書」は「犯罪事実」を簡略化している。この十字架党事件では南宮檍については朝鮮独立を煽動する『朝鮮歴史』の編纂、生徒に対する朝鮮語による「朝鮮歴史」の教授、民族意識を高揚する唱歌の教授という「犯罪事実」をあげる一方で、劉子勳の「犯罪事実」については「孰《いず》れも強烈なる民族的意識を有するものなる」李胤錫《リユンソク》・南飄祐《ナムチョンウ》・金福童《キムボクドン》・李起燮《リキソブ》と会合し、「基督教の伝道に名を藉り、朝鮮人に対し民族的意識を注入し、彼等を煽動して朝鮮の独立を図ることを目的として其実行に関し協議を為し」とするだけである。ここには十字架党の結成がでてこない（『韓民族独立運動史資

料集』四八、「十字架党事件　裁判記録２」）。

この事件の「意見書」送付は一二月一四日で、「予審請求」は二六日なので、やはり短期間で起訴処分をおこなっていた。佐々木検事は第二回と第三回の取調で十字架党結成や目的について訊問しているが、あまり深くは追及していない。劉子勳についても十分に起訴に値するものとみなし、十字架党をめぐる具体的な取調は予審判事に委ねたと考えるのが、この簡略化された「予審請求」の記載の理由であろう。検事局に送付された一八人のうち、「予審請求」となったのは六人だった。

三四年九月一七日、義烈団《ウィリョルダン》および南京軍官学校関係者の徐万誠《ソマンソン》ら六人が関東庁地方法院検察官により「予審請求」された。義烈団の経営する南京軍官学校は「昭和七年以来、有能なる鮮人青年を募集し、其学生は必ず義烈団に入団せしめ革命工作に必要なる教育訓練を施し、朝鮮独立運動に従事すべき闘士の養成に努め居るもの」で、いずれも「朝鮮を独立せしめ、我帝国の統治権の内容を実質的に縮少《ママ》侵害して我国体を変革せんとする秘密結社なるところ」としている（司法省刑事局『思想月報』第五号、一九三四年一一月）。三六年一月三一日、予審判事小田基衛により「予審終結決定」となる（同第二二号、三六年四月）。

三六年七月二七日、京城地方法院検事局の香川愿《すなお》検事は安在鴻《アンジェホ》らについて「予審請求」した。安は警察「意見書」では治安維持法違反も問われていたが、この「予審請求」では保安法違反のみとなった。鄭必成《チョンピルソン》と金徳元《キムドクウォン》は保安法と治安維持法違反を問われた。

安について「日韓併合当時より引続き朝鮮独立を夢想し、主義の為には一身を犠牲とすべき決心を以て講演、座談会及新聞記事等に依り執拗に朝鮮民族独立の必然性を鼓吹し来りし者なる」としたうえで、京城普成《プソン》専門学校での「自己の観たる民族主義」と題する講演で、「英国のアイルランドが今尚おイングランドに対して反旗を翻し、又印度が独立運動を継続せる事実より見るも、一つの民族は永遠に他の民族と融和するものにあらず、従て朝鮮民族も永遠に日本と融合するものにあらざるを以て、仮令《たとえ》民族主義を非難するものありとするも、之に屈せず活動すべきなり」と述べたことが、「政治に関し不穏の言論を為して治安を妨害し」たとされた（『韓民族独立運動史資料集』四五、「中国地域独立運動　裁判記録3」）。

このように民族独立運動の「予審請求」では「犯罪事実」がかなり具体的に記されることが多い。

## 「予審終結決定」に対する「意見書」

「予審請求」によって検事局は一段落する。その後、「予審終結決定」を経て公判が始まると、検事の役割はその立会と論告・求刑となる。それらについては後述するとして、「予審終結決定」時にもう一つの関わりがあった。予審判事から「予審終結処分に付、意見書」を求められるのである。検事から、いわば丸投げされたともいえる被告人の「犯罪事実」を具体的に詳細に肉付けする取調の作業を予審判事はつづけ、「予審終結決定」をおこなうが、その直前に「終結決定」案を検事に示して「意見」を求めた。

朝鮮学生科学研究会事件では、三〇年一月二四日、京城地方法院の予審判事五井節蔵から地方法院検事局の森浦藤郎検事に「予審終結に付」、「意見書」が求められた。翌二五日、森浦検事から五井予審判事に四人については「公判に付するに足るべき犯罪の嫌疑なきも、其余の被告は何れも公判に付するに足るべき犯罪の嫌疑ありと思料す」という「意見書」が送付された（『日帝下治安維持法違反公判記録資料集』第八巻）。一七人中四人を「免訴」とし、一三人を公判に付すことを検事は了解したことになる。

朝鮮学生前衛同盟とされる事件では、三〇年九月一二日、京城地方法院の脇鉄一予審判事が検事局の森浦検事に「意見」を求めた。森浦検事は一三日、被告韓慶錫・鄭種根《チョンジョングン》ら一二人については「公判に付するに足るべき犯罪の嫌疑あるも、其他は右嫌疑なきものと思料す」という「意見書」を返した。「予審請求」で起訴処分としたものは三〇人であったが、予審の取調を通じて絞られた一二人に検事側も同意したことになる（『韓民族独立運動史資料集』五〇、「同盟休校事件　裁判記録2」）。残りの被告は「嫌疑なきもの」として免訴となった。

具体的に確認はできないが、予審の過程で取調の進捗状況について検事と予審判事の間で進行状況に応じて協議がなされていたと推測される。実態としては、予審判事が検事に指導をあおぐというかたちに近いだろう。被告人の病気保釈の申請があった場合などは、その可否について予審判事は検事に「意見」を求めている。「予審終結」時に、上記のような形式的な文書の往復という最終的な確認をおこなったことになる。

## 「予審終結決定」に対する検察の抗告

「予審請求」された被告人の大多数は「予審終結決定」で「公判に付す」こととなったが、一部が免訴となった。まれにその判断に不服があると、検察は覆審法院に抗告した。

一九三六年三月三一日、京城覆審法院は三五年一二月二六日付の咸興地方法院「予審終結決定」に対してなされた咸興地方法院検事局の抗告を棄却した。被告人朴正殷《パクジョンウン》ら六人は三一年一〇月、新里面《シンニミョン》社会運動協議会の拡大強化を図り、「江原道東海岸の左翼運動線の開拓統括の為、強力なる中央指導機関の組織を企て」、「朝鮮の独立及共産化の目的を有する」社会運動中央協議会を組織したという「犯罪事実」だったが、覆審法院では「之を公判に付するに足る犯罪の嫌疑なき」として免訴を「決定」した。「原予審終結決定は相当にして、本件抗告は理由なきもの」とされた（「独立運動判決文」）。なぜこの事件が「犯罪の嫌疑なき」とされたのか、理由は付されていない。

おそらくこの抗告棄却の影響もあってだろう、保護観察制度の実施にあたって京城地方法院長は「検事の予審請求と免訴の予審終結決定に関する点」について、検事が「治安維持法違反事件の予審を請求するに際《あた》りては犯罪の嫌疑十分なるや否やに付《つき》特に慎重なる考慮を廻《めぐ》らし、苟も公判に付するに足るべき嫌疑なきの理由に因る免訴の予審終結決定なかるべきの確信あることを要し、若《も》し万一斯る免訴の予審終結決定ありたるときは当然即時抗告を為し、可及的事件公判に付せらるべき手続を尽すを相当とす」と述べている（朝鮮総督府法務局「裁判所及検事局監督官会議諮問事項答申書」、一九三七年度、「諸会議綴」（警務）、国家記録院所蔵）。予審判事と検事の良好な関係を保つためにだろう、地方法院長の立場から検事に対して犯罪の嫌疑十分な「予審請求」と免訴になった際の「即時抗告」を求めた。

こうした要請が功を奏したといえるかもしれないが、朝鮮語学会事件の被告人とされた李允宰《リユンジュ》は京城地方法院予審で免訴となったものの、検事の抗告によって原決定が取消され、京城地方法院の公判に付されることになった。三九年一月一二日の京城覆審法院の「決定」では「民族主義思想を信奉し、朝鮮の独立を希望し」、修養同盟会に加入し、朝鮮語辞典編纂会編纂員などの活動をしたことを「犯罪事実」として認め、治安維持法第一条第一項により処断すべきものとした（「独立運動判決文」）。李允宰はその後、獄中死する。

## 戦時下に増えた「公判請求」

検事局の取調で被疑者がある程度「犯罪事実」を肯定し、早期の司法処分を望むと、検事は地方法院に「公判請求」という起訴処分をおこない、すぐに公判の段階に進んだ。民族独立運動の事件では多く選択される傾向があり、戦時下においては司法処分を急ぐ検察当局の意向もあって「公判請求」の割合が高まった。また、全般的に「予審請求」が簡略なものとなっていることと比べると、「公判請求」は「犯罪事実」を具体的に記すことが多い。

一九二九年五月二〇日、京城地方法院検事局の中野俊助検事による「公判請求」では、被告人崔養玉《チェヤンオク》・金正《キムジョン》連《ヨン》らが「予て排日思想を懐《いだ》き朝鮮民族の独立を希望せる者なる処、昭和三年陰九月中、支那河北省石家荘に於て安革命なる者の勧誘に依り朝鮮を日本帝国の羈絆より離脱せしむる目的を以て組織せられ、上海仏国租界三馬路に本拠を有する秘密結社共鳴団《コンミョンダン》に該結社の目的を知りながら之に加入し」としたうえで、独立軍資金獲得のための平安北道《ピョンアンプクド》龍川郡での強盗事件や郵便自動車襲撃事件などの具体的な「犯罪事実」をあげる（『韓民族独立運動史資料集』四一、「独立軍資金募集10」）。

三四年一二月二六日、京城地方法院検事局の村田左文検事による被告人洪加勒《ホンカルク》についての「公判請求」では、まず「予て抱懐する民族的意識と相俟《あいま》って被告人をして現代社会を呪詛するに至らしめ、遂に朝鮮の独立並に共産化なる革命思想を抱くに至りたるもの」とする。「犯罪事実」として「朝鮮の独立並其の共産化を目的として組織せられたる」義烈団に加入し、さらに朝鮮革命幹部学校に学んだこと、「時機の到来を待て日本帝国の政治経済及軍事の各主要なる機関を破壊し、日本帝国主義の打倒に邁進」する目的で戦進隊《チョンジンテ》を結成したこと、平壌に潜入し「工場に労働者として入り込み、労働大衆層に同志を獲得」するために奔走したことなどをあげた（『韓民族独立運動史資料集』三二、「義烈闘争4」）。

四一年七月一二日、京城地方法院検事局の菊池慎吾検事は京畿公立中学校四年生の被告人姜祥奎について「公判請求」をおこなった。「小学校在学当時より濃厚なる民族意識を有し、朝鮮独立を希望し居り」、中学校入学後「其の思想益々濃厚を加え来りたる者」としたうえで、姜の「犯罪事実」を列挙していく。その第一は、帰省中に「朝鮮民族は日韓併合に因り祖国を失い、日本の圧政に苦しみ、殊に農村は疲弊の極《きわみ》に達し居るを以て、朝鮮人たる者は悉《ことごと》く朝鮮独立の実現に付努力せざるべからず。殊に目下支那事変の最中に当り事変の長期化と共に必然的に日本の国力消耗を来すべきにより、此の機を逸せず、全朝鮮人一致団結し、以て所期の目的実現に邁進せざるべからざる旨を説き、以て国体の変革を目的として其の目的たる事項の実行を煽動し」たこ

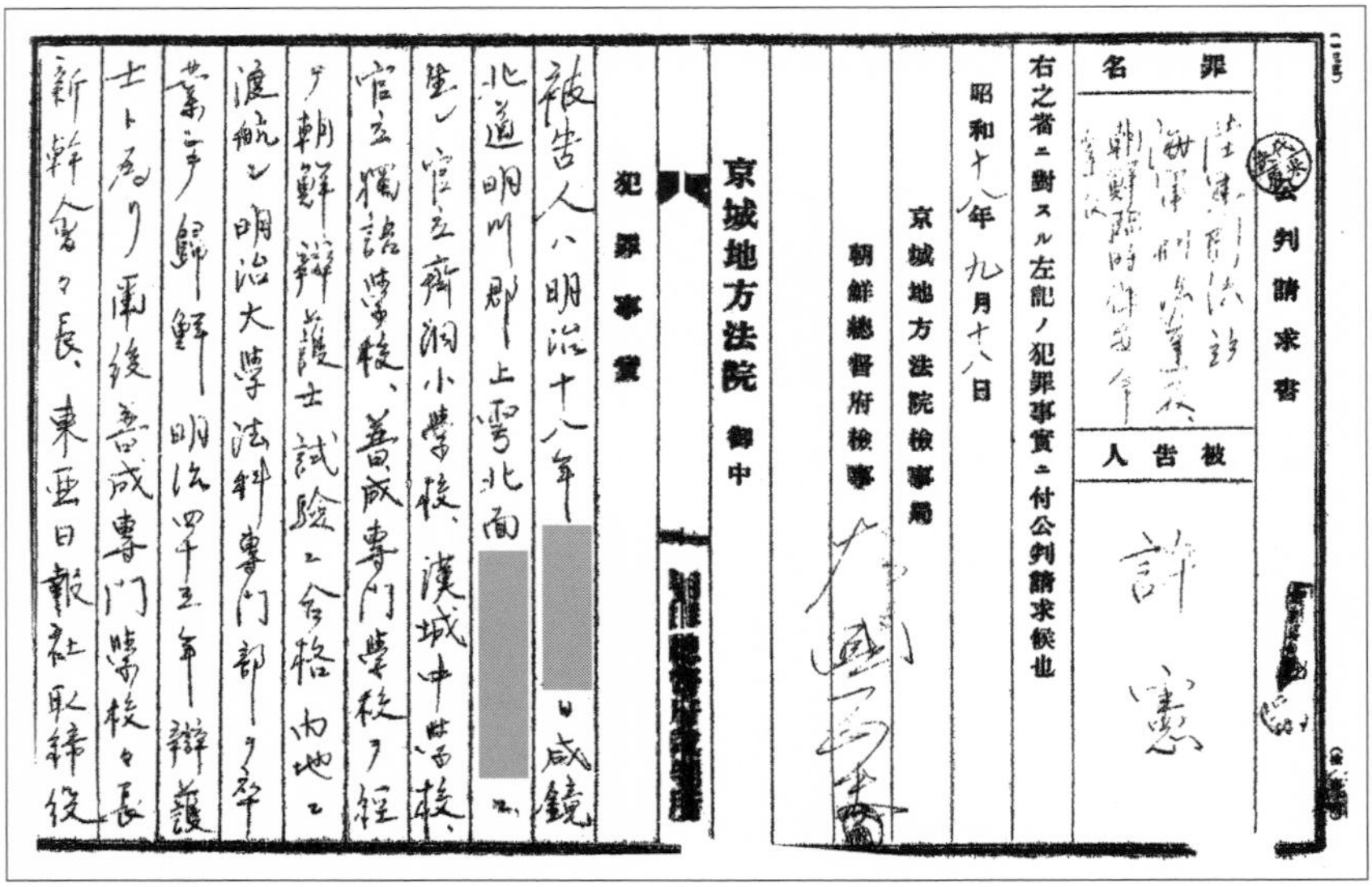
公判請求書

罪名
治安維持法違反
陸軍刑法違反
朝鮮臨時保安令違反

被告人
許憲

右之者ニ對スル左記ノ犯罪事實ニ付公判請求候也

昭和十八年九月十八日

京城地方法院檢事局
朝鮮總督府檢事

京城地方法院 御中

犯罪事實

被告人ハ明治十八年　日咸鏡北道明川郡上雩北面　ニ生レ官立齋洞小學校、漢城中學校、官立獨語學校、普成專門學校ヲ經テ朝鮮辯護士試驗ニ合格内地ニ渡航シ明治大學法科專門部ヲ卒業シテ歸鮮明治四十五年辯護士トナリ爾後普成專門學校々長、新幹會々長、東亜日報社取締役

「公判請求書」許憲　大国正夫検事
「治安維持法違反訊問調書」韓国・国会図書館

とである（『韓民族独立運動史資料集』六七、「戦時期　反日言動事件Ⅱ」）。

四二年七月二二日、京城地方法院検事局の藤木龍郎検事は私立松都中学校の英語教員金炯敏について「公判請求」をおこなった。ハワイ在住時に種々の朝鮮独立の策動を知り、「帰鮮後も其の動向に深く関心を有し居りたる」金は、対米英開戦時、生徒にハワイ在住の朝鮮人は「本日日米戦端を開くに至り、彼等は欣喜雀躍《きんきじゃくやく》米国軍に参加すべく」などと話し、「暗に朝鮮人たる右生徒等に対し帝国が苦境に陥り、朝鮮独立の機会あるべきを教示して其決意を促し、右生徒等の民族意識の啓発高揚を図り、以て朝鮮独立の目的を以て其の目的たる事項の実行に関し煽動を為したるもの」とした（『韓民族独立運動史資料集』六八、「戦時期　反日言動事件Ⅲ」）。

諺文研究会事件をみよう。四二年一二月一五日、藤木達郎検事は被告人鄭周泳《チョンチュヨン》・関丙駿ら五人を京城地方法院に「公判請求」した。「被告人等は何れも交友の感化及社会科学に関する書籍の耽読により朝鮮を帝国の羈絆より離脱独立せしめんことを熱望し居りたるものなる」と定型パターンを用いたうえで、具体的な「犯罪事実」を列挙していく。その第二では、諺文研究会の「(イ)互に朝鮮人たる意識を忘れざること、(ロ)互に秘密を守ること」などの綱領を協議決定し、「以て国体を変革することを目的として結社を組織し」たとする(『韓民族独立運動史資料集』六九、「戦時期　反日言動事件Ⅳ」)。

四三年九月一八日、被告人許憲《ホホン》(弁護士)について陸海軍刑法・朝鮮臨時保安令違反で京城地方法院検事局の大国正夫検事は「公判請求」をおこなった。五月、京畿道警察部留置場で「現在朝鮮民衆は子供から年寄に至る迄全部日本に反対の心を持って居るが、今若し米英の飛行機が何十台か京城の上空に来襲し、爆弾を投下する様なことでもあれば、必ず朝鮮の民衆は老若男女を問わず、武器がなければ棍棒でも持って蜂起し、米英側に味方をすると謂う気持を一人残らず持って居る」と語ったことなどが、「戦時に際し時局に関し造言飛語を為したるもの」とされた。

この公判は一〇月二五日に第一回目の公判があり、立会検事は「公判請求書記載の通り公訴事実の陳述」をおこなった。一一月一日の判決では懲役一年を科された(「訊問調書(許憲、陸軍刑法、海軍刑法、朝鮮臨時保安令違反)」、韓国・国会図書館所蔵)。

## 不起訴の理由

前掲の**表5**でみたように、起訴処分(「予審請求」と「公判請求」)は検事局受理数の約三割程度であり、七割前後は不起訴処分となった。厳密にいえば、不起訴は「起訴猶予」と「不起訴」、そして逃亡・所在不明を理由とした「起訴中止」がある。史料として残されたものは少ないが、検事局は「不起訴理由書」を作成している。

一九三四年の京城地方法院検事局による赤色労働組合・農民組合事件の「不起訴理由書」をみると、八月六日の決定では「本件は（イ）は訴追の要なきに付、（ロ）は犯罪の嫌疑なきに付、（ハ）は所在不明に付……起訴の手続を中止す」とある。具体的には（イ）に相当する「被疑者李仁行《リインヘン》及仝李錫冕《リソクミョン》は共犯者安炳春等の犯罪事実記載の如き犯罪を為したるものなるも、犯情軽微なるのみならず、改悛の情顕著なるを以て、強《しい》て訴追するの要なきにより起訴の手続を猶予すべく」とある。

（ロ）に相当するのは被疑者辛海甲《シンヘカプ》・金良仙《キムリャンソン》・権赫度《クォンヒュクド》ら京城公立農学校卒業生・在学生で、「校内に於て共産主義の研究を為し、進んで其実践運動を為すことを目的とする読書会なる結社を組織したりと云うにあり」という「犯罪事実」を示したうえで、被疑者らが「読書会を組織したる事実は之を認むるに足るも、同読書会が前記の如き目的を有することは仝被疑者の否認する処にして、他に之を認むべき適切なる証憑なきにより犯罪の嫌疑なく」とされた。

八月一〇日決定の金声大《キムソンデ》の場合は「被告卞洪大に対し共産主義運動の資金として金十二、三円を供与したるものなるも、犯情軽微なるのみならず、共産主義に対する意識の程度も極めて低く、且改悛の情顕著なるを以て強《しい》て訴追するの要なきにより起訴の手続を猶予すべく」とされた。なお、七月三一日の京畿道警察部の「意見書」では金声大は「情状酌量の余地あるを以て起訴猶予処分」とすべきとされていた（以上、「訊問調書（権栄台外三十三名治安維持法違反）十三」、韓国・国会図書館所蔵）。検事の「決定」はこの「意見書」の判断に沿ったものとなっている。

三四年九月二七日の京城本町警察署の「意見書」で「朝鮮に於ける帝国の統治権を排斥して、朝鮮の独立を企図する目的を以て組織したる義烈団の活動隊、即ち国民政府軍事委員会幹部訓練班第六隊の目的遂行の為め、情を知り隊員の加入勧誘を為したる」とされた被疑者崔福同《チェポクドン》は、京城地方法院検事局の佐々木日出男検事の取調で上記の「犯罪事実」を強く否認した。その結果、一〇月五日、佐々木検事は崔を「犯罪の嫌疑なき」として不起訴処分とした。「不起訴理由書」はまず「犯罪事実」を記載したのち、「仍《よっ》て捜査を為すに、被疑者が右三名を勧誘して上海に赴かしめたる事実は之を認むるに足るも、同人等を右結社に加入せしむる目的を以て之を勧誘したりとの点は同被疑者の極力否認する処にして、他に之を認むべき適切なる証憑なきにより」と記している（以上、『韓民族独立運動史資料集』四三、「中国地域独立運動　裁判記録1」）。

ハワイから帰国する途中の神戸で検挙され、移送された被疑者朴智和《パクジファ》（六二歳）は、ハワイ在住時、朝鮮の独立を目的とした大韓国民会に加入し、維持資金を提供するほか、毎年の朝鮮独立万歳騒擾記念式における世話役の活動が「犯罪事実」とされたが、三五年七月一八日の京城地方法院検事局の決定では「叙上の事実は其の嫌疑十分なるも、被疑者の其の周囲の事情止むなく之を敢行するに至りたるものと認められ、情状憫諒《びんりょう》すべき点あるのみならず、相当老齢にして且今や全く其の前非を悔い改悛の情顕著なるものあるを以て、強て訴追の要なしと認む」とされた（『韓民族独立運動史資料集』四二、「独立軍資金募集11」）。

三九年の春川《チュンチョン》中学の常緑会《サンノクスフェ》事件の不起訴処分をみよう。五月一八日、二三人が起訴猶予、三人が不起訴となった（「公判請求」は一二人）。この処分内容は春川警察署から送付された「意見書」の処分希望そのままだった。

被疑者成綏慶《ソンスキョン》の場合は「常緑会結成の協議に参加し、同項記載の如く朝鮮をして日本国の羈絆より離脱独立せしむることを目的とする常緑会なる結社を組織したるも、同年四月頃より、一身の危険を感じ、常緑会員と努めて疎隔し、自然に脱会し」とされた。被疑者朴珪源《パクギュオン》は「読書会結成の協議に参加し、同項記載の如く朝鮮をして日本帝国の羈絆より離脱独立せしむることを目的とする読書会なる結社を組織し」、月例会に出席、「会の活動方針等に付き協議し、以て前記結社の目的遂行の為めにする行為を為し」たことが「犯罪事実」とされた。こうして順次二三人の「犯罪事実」が記される。

ついで、被疑者李鍾奎《リジョンギュ》・李光雨《リガンウ》・李仁教《リインキョ》の三人は泉田敬老会の組織に関わり、「民族主義思想を注入し、以て常緑会の目的遂行の為めにする行為を為したるもの」とされた。

「不起訴事件記録」は成綏慶・朴珪源ら二三人の被疑者についての「犯罪事実は何れも其の嫌疑十分なれども、同被疑者等は何れも初犯にして、若年未だ思慮定まらざる期に於て先輩同僚の勧誘により好奇的に常緑会組織に加入し、或は知情加入したるも、何れも民族主義思想強固ならず、常緑会内に於ける行動も消極的にして、犯情軽微なるのみならず、本件検挙により其の主義思想の誤謬なりしを痛感し、深く前非を悔い、改悛の情顕著なるを以て強いて訴追の要なきものと認め」た。これら二三人には起訴猶予処分として放免するにあたり、「厳戒」を加えた。

被疑者李鍾奎・李光雨・李仁教については「敬老会が常緑会の目的遂行の手段として会員に民族主義思想を注入せんが為め組織せられたるものなる情を知り居たるものと認むるに足る証拠なく、犯罪の嫌疑なき」として不起訴処分となった（以上、『韓民族独立運動史資料集』五八、「常緑会事件　訊問調書・公判調書」）。

このように不起訴処分の具体的な内容をみてくると、素朴な疑問がわく。「不起訴処分」とする際に「被疑者の極力否認する処」をその理由とするが、少なからぬ治安維持法違反事件の被疑者は当初被疑事実を「極力否認」したにもかかわらず、ときには拷問による強制的な自白により「犯罪事実」を認め、起訴処分となっていく事例が多々あったことは疑いない。同じように「極力否認」したにもかかわらず、起訴と不起訴に処分が分かれていく基準は中心的な人物と周辺的な人物などという判断とは別に、どこにあったのだろうか。

検事局受理の被疑者の約七割が不起訴処分となっていく要因の一つに、検事局においてその後の予審・公判・行刑という司法処分を円滑に進めていくために物理的に人員を絞っていくということがあったと思われるが、それ以上に警察から送致される被疑者がそもそも過大であったことが大きく起因しているというべきだろう。検事局で「犯罪の嫌疑なき」とされた者は、そもそも警察の捜査と検挙自体が誤りであったことを示そう。しかも、検事局に送致する被疑者は検挙者の三割から四割程度であり、半数以上はすでに警察段階で「犯罪の嫌疑なき」と認定されたことになる。このようにみると、あらためて警察が治安維持法を行政警察的に最大限に運用して、共産主義・民族独立運動の抑圧取締に躍起となっていたことがわかる。

「不起訴」となった時点で、被疑者は放免されるが、とくに起訴猶予とされた者には検事の厳重な訓戒があった。

「犯罪の嫌疑なき」とされた者が出獄していく様子を、高等警察がいまいましく描写した史料がある。京畿道警察部の警務局長ら宛の報告「間島共産党員出獄に関する件」には、二八年一〇月に「間島総領事館より移送せられ、爾来京城地方法院検事局に於て取調中なりし第二次間島共産党事件被疑者左記十五名は不起訴処分に付せられ、十二月一日……西大門刑務所を釈放せられ……数名にて「西大門刑務所、サヨーナラ」等の捨台詞を残し、毫も謹慎の情なき状況」とある（一九二八年一二月六日、『朝鮮共産党関係雑件』2）。こうした「不起訴処分」者は高等警察の要視察人として動静が監視された。さらに、思想犯保護観察法施行後は「起訴猶予」者も「保護観察」の対象者となっていく。

# III

# 予審法院 I

昭和二年豫第一號
昭和三年豫第二號
豫審終結決定
本籍並住居
全羅南道高興郡豆原面[redacted]
番地　無職
金　正　桓
當二十五年
本籍　同面[redacted]
住居　京城府[redacted]番地宋[redacted]仲
方　職工
宋　照　鍾
當十九年
本籍　黄海道平山郡安城面[redacted]
[redacted]番地
住居　京城府[redacted]番地金[redacted]
萬方
天道教聯合會幹事
積小事
崔　命　植
當三十六年
本籍並住居

金正桓ら「予審終結決定書」1928年5月14日
光州地方法院順天支庁「独立運動判決文」

# 一　思想係予審判事

## 予審判事の役割

一九二九年九月の朝鮮総督府裁判所職員定員令中改正による予審判事を中心とする増員の説明のなかで、次のように予審の目的や予審判事の役割が言及されている（「公文類聚」第五三編・一九二九年・第九巻）。

予審の目的たるや、判決裁判所に於て審理を開始すべきや否やを決する為必要なる資料を蒐集するに在りて、予審判事は検事の公訴に因り審理を開始するや、犯罪の具体的事実を明瞭ならしむる為、公訴維持の資料たると被告の利益となるべき資料たるとを問わず証拠の保全上必要なる事項の詳細、並に公判に於て取調べ難しと思料する事項の取調べ（刑訴第二九五条参照）のみならず……其の職務範囲相当広汎にして手続上重要なる地位と価値を保有し、其の審理の鄭重煩雑たると共に一面事件処理の常態に覈《かんが》え敏速を旨とし、且統一的に取調を為すの職責あるものとす

予審判事の実態としては検事局から丸投げされたかたちの「犯罪の具体的事実」を明瞭にすることを任務とした。事件の骨格や方向性はすでに検事の手によって固められており、その骨格に沿った肉付けにあたった。先の説明についで「被告人及関係人の供述等は他日公判審理に際《あた》り、司法警察官又は検事の取調に対する被疑者或は関係人の供述等に比し、断罪の資料として最も価値ある」とあるように、予審「訊問調書」は証拠とし

てもっとも重要な位置を占めた。日本国内と異なり朝鮮においては警察や検事の「訊問調書」も証拠能力を有してはいたものの、判決の証拠調べにおいて依拠するのは主に予審「訊問調書」だった。

この説明では「被告の利益となるべき資料」も含めて審理するとなっているが、一般的にはそのような配慮はされず、常に断罪の姿勢で臨んでいたといってよい。

予審判事は予審廷での被告への訊問や資料の収集、証人訊問、そして最終的に「公判に付す」か「免訴」かの「予審終結決定」をおこなうが、関連する業務も多かった。三〇年二月一五日の日本語新聞『京城日報』は「水原《スウォン》高農の秘密結社事件　五井《ごい》判事の出張審理で　予審終結決定近し」と報じている。水原に出張して「同学生の家族、関係者および学校当局の聴取」をおこなう予定という。

被告人の「勾留」更新にあたっては「罪証湮滅《いんめつ》並に逃亡の虞《おそれ》あり、特に勾留継続の必要あるに因る」などという理由で、予審判事名による「決定」がなされた。また、被告人の保釈については検事の意見を聞いた上で判断をおこなった。学生ストライキ事件のある被告について弁護士から「被告人は年少にして意思鞏固《きょうこ》ならざる為、刑罰権に触るるの行為に出でたれども、入監以来悔ゆる事切《せつ》にして今に保釈の儀御許可被下候とも決して逃亡、証拠湮滅等苟《いやしく》も不謹慎なる所為を致させ間敷《まじく》、尚被告人の実父は余日少き老年にして、唯一人の息子の将来に汚点を止めてはと心配し居り」と「保釈許可申請」が予審判事に提出されるような場合でも、「継続して拘留《ママ》の必要あるに依る」として認めないことが多かった（一九二九年二月二日、『韓民族独立運動史資料集』四九、「同盟休校事件　裁判記録1」）。

予審判事には「転向」の「上申書」も届いた。三三年九月七日の『京城日報』には「「桃色の夢」醒めて若き学徒鉄窓から純心に転向　脇予審判事へ上申書」とある。

## 二人の思想係予審判事――五井節蔵と脇鉄一

第一次朝鮮共産党事件では新義州《シンウィジュ》地方法院の越尾《こしお》鎮男判事が予審を担当し、これが京城地方法院に移管されて第二次朝鮮共産党事件と併合されると、五井節蔵判事が予審を担当する。五井は京城地方法院における治安維持法違反事件の予審を一手に担った。京城地方法院の予審は三部から成り、第一部が思想事件専門となり、五井が担当した。

一九二七年四月三日の『朝鮮新聞』は第一次・第二次朝鮮共産党事件の「予審終結決定」(三月三一日)を受けて、五井予審判事の談話を載せる。二六年一〇月九日の京城地方法院検事局からの「予審請求」後、五井は西大門《ソデムン》刑務所に出張し、その会議室を臨時予審廷として取調をおこなった。

本事件は私が健康を害するまでの複雑な事件であって、私一代のみならず朝鮮として未曾有なもので、今後とも先づ斯《か》くの如き事件は発生すまいと思う。……兎に角私としては飽くまでも物的証拠を根拠として取調べた結果、ここに百五名中九十九名を有罪として公判に廻付し、免訴とした五名は何れも的確なる証拠を握ることが出来ず、朴純秉《パクスンヒョン》は盲腸炎の為め死亡して公訴権の自然消滅となった次第であるが、最初の模様では一名の免訴者を出さない決心であったが、証拠のないものまでも起訴する事が出来なかった次第である

公判開始となった九月一三日の『京城新聞』の五井の談話によれば「共産党だけの訊問は僅《わずか》まる三ヶ月位であろう、その日は毎日自動車で午前八時から合財袋《がっさい》一ぱいに詰めた調書を積んで西大門刑務所に出掛、午後十一時頃までも訊問を続けた。多い日で一日被告二十五名も訊問した日もあったが、事件が事件だからね、幾回も幾回も同一被告について訊問を行ったものも大分ある」という。

五井節蔵　『京城日報』1929年12月11日

こうして五井は実質的に思想係予審判事の先駆となった。その後に担当した呂運亨《ヨウニョン》の予審が終結したときには、「彼れを取調べた結果、朝鮮の思想運動や最近朝鮮歴史について知らなかったことを知ったことも少くはない。人物は常にもの事を世界的に観察しておっただけ、其の考えも独特的な所がある」（『中外日報』三〇年三月一二日、『朝鮮通信』による）と語っている。二九年一二月一一日の『京城日報』には「剣道四段の荒武者　京城予審掛の上席で　時代性濃厚な五井判事」という見出しで紹介された。「第一次共産党事件から、ついさき頃解禁をみた第三次共産党事件、又はその他のちっぽけな思想犯に至るまで、五井判事は例の一本調子で六年間一日の如く巧に取さばいて来た」という。

五井の経歴をみよう。一八八九年に山形県酒田町に生まれ、一九一六年七月に京都帝国大学法学部を卒業するとすぐに朝鮮総督府司法官試補となり、釜山《プサン》地方裁判所に配置された。二一年七月に光州《カンジュ》地方法院全州《チョンジュ》支庁判事、二五年九月に京城地方法院判事となり、予審担当となった。三〇年七月に高等法院判事となるが、この人事について七月一九日の『京城日報』は「五井さんのハイ・ジャンプ」と報じ、「今日の栄転は当然すぎる栄転であろう」とした。予審での治安維持法違反事件担当が評価されたはずである。一九四〇年に検事に転官し、大邱《テグ》地方法院検事正を経て、四四年八月には大邱覆審法院検事長に就く。

敗戦後の四五年一一月二四日、「匪賊《ひぞく》的日官吏処断」として大邱覆審法院検事長だった五井と大邱地方法院検事正の江上緑輔らが大邱地方検事局により検挙された（『嶺南日報』、一一月二五日）。翌四六年一月二六日、五井・江上らは公金横領の容疑で特別検事庁に押送された（同、四六年一月三一日）が、五井は三月一五日に釈放されている（江上は懲役八月）。帰国して弁護士となり、一九五三年には衆議院総選挙で神奈川県第二区に自由党から立候補し、落選している。

二八年一二月四日の『朝鮮新聞』は「最近思想事件の増加に伴って京城地方法院では従来予審における思想係は主として五井節蔵判事が担当し、大馬力で第一間島共産党事件等の予審に着手していたが、今回更に第二間島《カンド》共産党の起訴さるるに及び手不足を感じて来たので、従来刑事部の陪審判事として令名あった思想通の脇鉄一判事が予審係となり、ここに五井、脇両判事が思想方面を担当し、一方森浦検事が思想検事として活動を続けている」と報じている。ちょうど一年後の一二月四日の同紙には思想犯激増で「予審判事又増員」として「第一予審係（思想専門）五井予審判事　第三予審係（思想兼務）脇予審判事」とあるので、この前後、脇は思想事件に補助的に関与していたと思われる。

脇の経歴をみよう。一八九六年に大分県に生まれ、一九二二年三月に東京帝国大学法学部を卒業、司法官試補として浦和地方裁判所検事局検事代理となるが、二四年五月、朝鮮に渡り、京城地方法院判事となった。前述のように二九年頃から思想事件も担当し、五井の転出後は京城地方法院の予審で治安維持法違反事件を担った。

脇鉄一　『京城日報』1929年12月8日

二九年一二月八日の『京城日報』は「白面《しらふ》小兵《こひょう》の酒豪　将棋は二段の脇判事」と紹介する。予審判事という存在について「警察官や検事の取調べと違って「検挙」ではなく「裁き」への下ごしらえの地位にあるのだから、従って、被告の不利益の点のみのせん索はせぬ。被告の利益の証拠も余蘊《ようん》なく蒐集してはじめて、有罪か、予審免訴かを量定する」と語る。

三〇年八月一日の『京城日報』は「新幹会本部と支部を　脇判事が家宅捜査　有力な証拠を押収して引揚ぐ　許憲《ホホン》一般に絡《まつわ》る事件」と報じた。三三年六月には、司法省の全国判検事実務打合会議に出席し、朝鮮の情勢を報告している（『朝鮮新聞』、一九三三年六月一三日）。

三三年一一月には高等法院判事（民事）となる。一一月二九日の『毎日申報《メイイルシルボ》』は「奇才脇判事　高等法院栄転」と報じた。三六年八月、高等法院判事を退職して弁護士事務所を開業、治安維持法違反事件の弁護にもあたるほか、京城保護観察所の嘱託保護司となる。戦後は郷里に戻り、四六年一一月、別府市長となった（三期）。

日本国内においては予審の思想事件担当はやや敬遠され、予審判事自体が公判の判事に比して軽んじられる傾向があった。朝鮮においては五井や脇の場合のみの判明にとどまるが、高等法院判事への「栄転」という事例は日本国内の事情と異なるところがあった。

## 思想係予審判事の設置と拡充

一九二九年九月の朝鮮総督府裁判所職員定員令中改正により、思想係予審判事が正式に設置された。予審審理が渋滞し、勾留が長期にわたることへの社会的な批判の高まりが背景にある。判事七人と書記九人分の予算は成立済だったものの、財政緊縮方針で判事・書記各四人（思想係予審判事と書記は各三人）に減縮された。この増員の実現は、次のような現状への対応にあった。

> 特に近時世態の推移は社会思潮に至大の影響を及ぼし、詭激《きげき》思想に基く犯罪の頻出を招来し、右事犯の発生頗《すこぶ》る増加の傾向にあり、而して斯《こ》の種犯罪の多くは被疑者及関係人数多数にして、其の地域亦《また》広汎且《かつ》事件の内容複雑多岐に亘るを以て、勢い予審を求むるの已《や》むなき事情に在り……事件の激増に反し職員の能率伴わざるが為、審理の延滞を免れず、延《ひ》いて被告人の滞獄日数の延長を如何とも為し能《あた》わざるの状態に

在り

思想係予審判事は京城地方法院に二人、大邱地方法院に一人が配置された（書記も同一、「公文類聚」第五三編・一九二九年・第九巻）。三〇年一月五日の『東亜日報《トンアイルボ》』には「脇判事を主任に思想予審係増設、新年から事務を扱う、事件遅延を緩和」とあるので、ここで脇鉄一が正式に思想係予審判事となったと思われる。もう一人は五井節蔵が正式に就任したということだろう。

さらに三〇年八月の朝鮮総督府裁判所職員定員令中改正でも、「思想事犯の適切なる処理に備えんが為」の増員として、判事と書記各五人が京城・平壌《ピョンヤン》・新義州・大邱・釜山の各地方法院に配置された（「公文類聚」第五四編・一九三〇年・第七巻）。

先のことになるが、三二年四月一二日の『毎日申報』（『朝鮮通信』による）によれば、京城地方法院では第四予審係も思想事件をあつかうことになったという。間島五・三〇事件を担当した。これは人員のやり繰りで実現させたが、官制上の正式の増員は三三年六月の朝鮮総督府裁判所職員定員令中改正による。「在間島帝国総領事館の管轄に属する刑事々件処理の為の増員」とされて、京城地方法院に判事・書記・通訳生各一人が配置された。間島からの移送は「近時異常の激増を来し、今後間島地方に於ける主義運動の終熄せざる限り、斯の種事件は益《ますます》増加すべきものと認めらる」とするほか、「法域を異にせる為、法令上本府検事又は同予審判事が直接犯罪地に付捜査又は証拠の蒐集を為し能わざるは勿論、犯罪地司法警察官に対する捜査指揮権をも有せざる結果、証拠の蒐集等に多大の日子《にっし》と労力を要するのみならず、時に国際問題に関聯して捜査及審理に著しく困難を極め」ているという現状の問題点にも言及し、予審判事らの増員は必須であるとした（「公文類聚」第五七編・一九三三年・第七巻）。

その後、三五年三月一九日の『東亜日報』は「思想判事増員も大蔵省で削減　思想部は京城と咸興《ハムフン》のみ」と報じ、三九年一一月一七日の同紙には「予審判事大不足に事実審理遅遅不進　京城地方法院予審係に未決書類が山積　鉄窓未決囚の苦痛も不少《すくなからず》　間接的人権蹂躪　判事増員が必要」という弁護士李弘鍾《リホンジョン》の談話が載る。しかし、官制上の拡充はなされなかった。

## 予審判事不足と勾留の長期化

治安維持法違反事件の場合、一般的に警察における勾留が長期にわたるのに対して、検察における勾留は短かった。予審において勾留は長期におよぶことが多かった。ここでは予審の勾留の長期化に対する社会的な批判をみよう。

おそらくそうした批判を意識して、当局では「治安維持法違反勾留日数調（検挙者の分）」と「治安維持法違反勾留日数調（第一回公判開廷迄の分）」を作成している（いずれも一九二五年から三三年まで）。前者は警察での検挙から検事局送致までの日数と思われる。全体で五三九六人のうち六月以内が二二〇一人、一年以内が一一五二人、二年以内が一四七二人、三年未満が五一〇人、三年以上が六一人となっている。後者は検事局から「公判請求」された被告および予審で「公判に付す」とされた被告が、第一回公判を受けるまでの日数と思われる。全体で三三一四人のうち六月以内が九九七人、一年以内が九三七人、二年以内が九四一人、三年未満が三八三人、三年以上が五六人となっている（拓務省管理局「朝鮮に於ける思想犯罪調査資料」『治安維持法関係資料集』第二巻）。「公判請求」および「公判に付す」となった場合、多くは一、二カ月以内で公判が開始されるため、後者の勾留日数の大半は予審段階が占めたといえる。

二九年六月一四日の『朝鮮日報』は予審中の思想犯が三一九人におよび、その大部分は共産主義的結社事件と報じる。八月一四日の『東亜日報』は「予審の手不足で　三百余名未決に呻吟　刑政と人道上の大問題」として、次のように報じた（『朝鮮思想通信』による）。

> 現在第一予審（五井予審判事兼任）、第三予審（脇予審判事担任）にかかっておる事件だけでも既着手と未着手の分を合せて三十余件の二百八十余名に達し、中には予審に廻されてから一年を経るも未だ一度の取調も受けず、未決の儘《まま》獄窓に泣く被告が多いので、裁判所当局に於ても司法行政上、又は人道上速かに解決せねばならぬ問題なりとし、従来から非常に頭を悩ましたるも、目下の地方法院刑事部の状態としては人員の不足により到底現在以上の事件審理はなし難く、従って増員の実現を待つの外《ほか》道なきもののようである。

八月一六日の同紙は社説「予審の遷延」で「刑法上の予審制度はその目的が被告の利益の為めにあり、決して懲戒するが為めにあるものでないことは、今更ら贅言を要する所ではない。然るに今日の事実は之と相反し、被告を懲戒するが為めに施行するものの如き感を与える」としたうえで、「人道の為めに、彼等に安心観念を与える為めに、現下の問題たる予審官の増員を断行せよ」（『朝鮮思想通信』による）と論じた。一二月六日の同紙にも「京城地方法院所属予審被告四百名　思想関係被告が三百余名」で「病監呻吟少なからず」として、「遷延理由は設備の不足」という五井予審判事談を載せる。さらに一一日には平壌地方法院の予審は一人で二二件を担当しているため、審理が遅延しているという記事もある。

三〇年三月二八日の『朝鮮日報』社説「再び文川《ムンチョン》事件に就いて」では「警察の検挙濫行」を批判するなかで、予審の長期化についても次のように言及している（『朝鮮通信』による）。

> 合法青年運動について罪となり、三年の間未決監禁を強制せる後、一審にて三年乃至六年の宣告を受けたものが覆審に於て無罪となった所謂《いわゆる》新義州青年連盟事件なるものがその一であり、「地方熱撲滅、大衆教養前衛分子養成、吉州《キルジュ》公普校長排斥」に対する演説煽動迄を大罪に偽り誣《あざむ》いて、久しい間予審に繋《つな》ぎ、遂

に半数以上免訴せしめた咸北道連《ハムブクドレン》事件なるものがその二であり、農科学生として一の理想団体たる開拓社を法に違反するとて三年間も未決監で呻吟せしめた後、公判の際、被告十一名中九人までが無罪となり、二名のみ保安法違反で執行猶予の処分を受けたという水原高農事件がその三である。

三二年五月一一日に間島総領事が外相宛に稟申《りんしん》した「左傾鮮人被告人の在朝鮮監獄に移送方に関する件」にも、間島から京城地方法院に移送された治安維持法違反事件被疑者の司法処分に追われる検事や予審判事の実情が具体的に述べられている。すでに二七年以来、朝鮮共産党員三二七人、中国共産党員三九九人の合計七二五人《ママ》が移送されるなかで、予審判事の「手持人員数」は二九九人に達しているとする。「同法院予審判事は専ら記録に存する調書及被告人の供述のみによりて事件を処理するものと推知せらるるに付、被告人員の多きと証拠方法の少きと、且共産党員が内地の如く所謂確信犯人に非ざるを以て自白せざるもの多かる可きとにより、予審判事の辛労並に公判々事の苦心洵《まこと》に想像するに余りあり」とし、「激務に疲れ、怨嗟の声を挙ぐる」ほどとする（「鮮人犯罪被疑者の収容審理其他を在間島総領事館より朝鮮総督府に移管関係雑件」、外交史料館所蔵）。

こうした予審進捗の渋滞を幾分かでも緩和するために、前述のように思想係予審判事の配置と拡充がおこなわれた。

## 二　取調

### 第一次朝鮮共産党事件の新義州地方法院予審

治安維持法違反事件の予審での訊問はどのようにおこなわれたのだろうか。まず第一次朝鮮共産党事件について、新義州地方法院の予審からみよう。

一九二五年一二月二二日、この事件は新義州地方法院検事局から「予審請求」され、越尾鎮男予審判事が担当することになった。翌二六年一月二〇日、朴憲永《パクホンヨン》への訊問からはじまり、高麗共産青年会の組織や目的、朝鮮共産党との関係などが問われた。目的について、朴は「共産主義者を教養するのが目的」と答えている。二一日の訊問で林亨寛《リムヒョングン》は高麗共産青年会の目的について「最後の目的としては共産主義の社会実現にありますが、差当り私等の会としては共産主義の研究、会員の教養、宣伝等にあります」と供述している。二月一二日の訊問で「朝鮮共産党を組織した目的は共産主義を鮮内に宣伝する為か」という問いに、金在鳳《キムジェボン》は「左様であります」と答えている。一月二〇日の被告林元根《リムオングン》の訊問では、次のようなやりとりがなされていた。

問　高麗共産青年会の主張せる共産主義と云うのは如何なる内容のものか。

答　一口に云えば、現在資本主義的経済組織を変更して総《すべて》の生産機関を社会の共有に移して生産分配を平等にすることを目的とするのであります。

問　其の平等の社会を実現する方法。

答　社会一般の人の頭に其思想を吹き込めば、自然共有の社会が実現すると私は考えて居ります。

つづく訊問では共産主義の内容が焦点となっていった。林亨寛は一月二一日の第一回訊問で「一口に言えば、現在の資本主義、軍国主義の社会を破壊して私有財産制度を否認し、生産分配を社会の共有にすると謂うのであります」と、二二日の第一回訊問で曺利煥《チョリファン》は「現代社会の私有財産制度を否認するものでありまして、資本家階級を無くし、資本は総て社会の共有として生産を平等に分配すると云うのです」と答えている。

また、二月一九日、第二回訊問での「共有制度の国家では統治権は何処に在るのか」に対する「国民全体に在る事と為る」という林元根の答えに、越尾判事は「国を統治する最高の権力は国民全体に在る訳か」と問うた。林は「左様です、新しい社会、即共産主義社会を実現するに関《かかわ》った国民に在るのです、即国民全体に在るのです」と答えているが、そこから「国体」変革へとは進まなかった。

総じて新義州地方法院予審では警察や検察の取調と同一の基調で訊問がなされた。朝鮮共産党の目的が「宣伝」にあり、高麗共産青年会の目的が「教養」にあったとされるように、強引に予審判事の意図する方向に供述をもっていくような被告の供述を強要した形跡はみられない。予審は二六年七月一日までつづき、京城地方法院に移管された（以上、『韓国共産主義運動史』資料編Ⅰ）。

## 第一次・第二次朝鮮共産党事件の京城地方法院予審

第二次朝鮮共産党事件に対する京城地方法院の予審は様相を異にする。一九二六年七月一二日の「予審請求」（里見寛二検事）を受けて、予審判事五井節蔵が担当し、一〇月七日の権五卨《クオンオソル》の訊問からはじまった。権は「帝国の国体を変革し、私有財産制度を否認することを目的として秘密結社を組織し、之れを高麗《コリョ》共産青年会」と命名したと供述する。一〇月八日の第二回訊問でも五井の「被告は帝国の国体を変革し、私有財産制度を否認する目的を以て組織された秘密結社なる朝鮮共産党に其情を知って加盟した由、相違ないか」という質問に、権は「左様相違ありませぬ」と答えた。

さらに一〇月一一日の第三回訊問では不穏文書の作成撒布《さっぷ》の意図を権五高は「朝鮮が独立すれば日本の帝国主義は其の領域から駆逐せられたことにもなり、従って私等共産主義者の希望の一端も達成せられることになり、且又共産主義を宣伝するにも易々《やすやす》たることは推測せられる故、朝鮮の独立を切望することは一般鮮人に秋《しゅう》毫《ごう》も劣りませぬ、依って斯《か》く民衆の動揺して居る此の機を利用し、不穏文書を印刷撒布して一般鮮人の独立思想を高潮させ、独立運動を惹起《じゃっき》せしめ様と計画を樹《た》て」たと供述している。

一〇月一二日の訊問で廉昌烈《ヨムチャンヨル》も五井から「帝国の国体を変革し、私有財産制度を否認する目的を以て組織された秘密結社の高麗共産青年会に其情を知って加盟した由、相違ないか」と問われて、「左様相違ありませぬ」と答えるように、第二次朝鮮共産党事件の被告は同趣旨の供述をおこなっている。それらは明らかに新義州地方法院予審における供述とはちがっていた（以上、「訊問調書（権五高外十一名治安維持法違反）」、韓国・国会図書館所蔵）。

次に新義州地方法院から移管された第一次朝鮮共産党事件被告に対する五井予審判事の訊問をみよう。第二次朝鮮共産党事件被告の党の定義についての供述が一律であったのに対して、第一次事件の被告の供述はまちまちである。二七年二月一七日からはじまった訊問で金在鳳は五井から「朝鮮共産党は我帝国の国体を変革し、私有財産制度を否認する目的をもって組織したものの由ではないか」と問われて、「左様相違ありませぬ」と答えた。新義州地方法院予審で朝鮮共産党の目的を「宣伝」と述べていたことから変わった。

これに対して金科全《キムカチョン》（二月二一日）は「左様ではありませぬ、無産階級者の利益擁護の目的をもって組織し

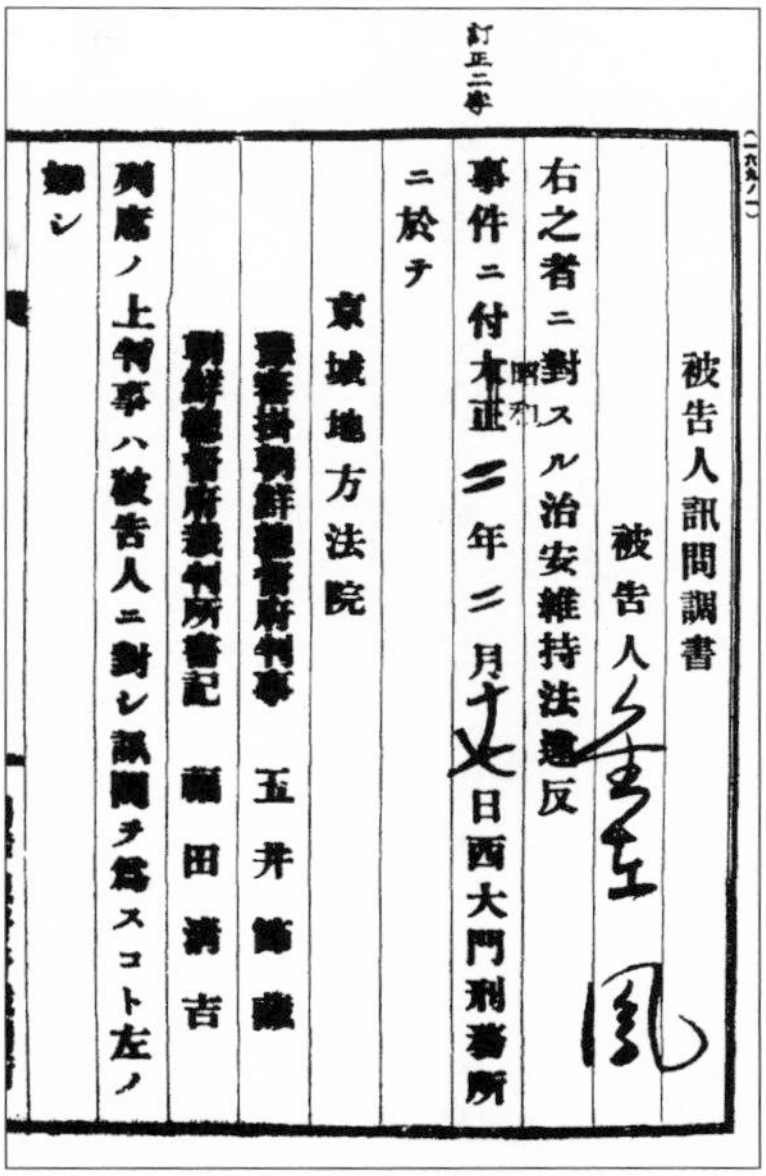
訂正二字
（一六九ノ一）
被告人訊問調書
被告人 金在鳳
右之者ニ對スル治安維持法違反
事件ニ付大正（昭和）二年二月十七日西大門刑務所
ニ於テ
京城地方法院
豫審掛朝鮮總督府判事 五井節蔵
朝鮮總督府裁判所書記 [illegible]田清吉
列席ノ上判事ハ被告人ニ對シ訊問ヲ為スコト左ノ
如シ

「予審訊問調書」金在鳳　五井節蔵予審判事　1927年2月17日
「治安維持法違反傷害及暴行（金在鳳外十九名訊問調書Ⅲ）」韓国・国会図書館

たものであります」と、金鎮煕《キムジンヒ》（同日）も「左様なことはありませぬ、朝鮮無産階級のものを一団として、其れに教育を施し彼等の蒙昧《もうまい》を啓発することを目的として組織されたものであります」とする。

二月二八日の訊問では「高麗共産青年会は我帝国の国体を変革し、私有財産制度を否認する目的で組織したものの由ではないか」という問いに、朴憲永は「其の目的に付いては何等協議して居りませぬ、然し参加者は何れも共産主義者であり、名称も高麗共産青年会とつけたのだから一同は朝鮮に共産制度の実現を期し、其主義の宣伝を以て組織したものであろうとは思いますが、国体の変革までも目的としたか否や判《わか》りませぬ」と供述している。また、金尚珠《キムサンジュ》は二月二六日の訊問で「其等の目的に付いては前記何れの会合でも協議しなかったので、果してそうとは断言出来ませぬ」「我帝国の国体の変革を目的としたものではありませぬ」と供述した（『韓国共産主義運動史』資料編Ⅰ）。

さて、ここで金在鳳の供述が新義州地方法院と京城地方法院では異なっていること、京城地方法院予審での第二次朝鮮共産党事件被告の朝鮮共産党についての定義が一律になっていることの意味を考えねばならない。端的にいって、それらは予審判事五井節蔵による実質的な強制の産物であった。多くの被告は虚偽の供述を強いられた。

そう断言する手がかりとなるのは、二七年一〇月の京城地方法院公判での権五卨の陳述である。一八日の第一五回公判で、裁判長から「被告は当院予審判事に対しては金燦《キムチャン》が同志を糾合して帝国の国体を変革し、私有財産制度を否認する目的を以て朝鮮共産党なる秘密結社を組織したから君も夫れに入党せよと勧めたと申立て居れるが如何」と問われて、「金燦は左様には申しませぬでしたが、予審廷でも私は只今申立てた通り事実を申立てしも予審判事は私の申立てを聞入れず、新義州で検挙された同志は只今申聞けになった様に申立てて居ると云うので、仕方なく問わるる儘《まま》に答えたのであります」と供述する。さらに「何故問われる儘に答えたか」に対しては、「尚検事及予審判事に対しては警察で申立てた通り申立てぬと審理も長引き、且警察よりも酷《ひど》い目に逢うかも知れぬと思ったので、問われる儘に答えたのであります」と答えている。

二〇日の第一六回公判でも、権五卨は「警察署に於ても予審に於ても虚偽の申立てをすれば喜ばれ、真実の供述をすれば嘘を言うなと申されましたので、出鱈目《でたらめ》ばかり申しました」と述べている。また、九月一五日の第二回公判で朝鮮共産党の綱領規約の制定を予審で述べていることについて、金在鳳は「拷問を受けたので、出鱈目を申したのであります」と答えていた（以上、「高允相外百名（治安維持法違反等）」、国史編纂委員会所蔵）。五井予審判事による拷問については後述する。

第二次朝鮮共産党事件の被告らは五井予審判事の拷問も辞さない強硬な姿勢に諦観し、「帝国の国体を変革し、私有財産制度を否認する目的を以て組織された秘密結社」と提示された定義を「仕方なく」受け入れ、「出鱈目」な供述をせざるをえなかった。第一次事件の被告の対応はわかれた。拷問による「出鱈目」な供述に甘んじる被告の一方、新義州地方法院予審における供述の根本を崩さず、訊問に抵抗する被告も多かった。

## 予審「訊問調書」の捏造

警察での「訊問調書」は往々にして拷問による強要があり、検事の「訊問調書」にも往々にして捏造があったが、予審における「訊問調書」はどうであったろうか。やはりそこにも「訊問調書」の捏造があったことを、朝鮮共産党再建京城地方協議会事件を事例に、判決で「犯罪事実」とされたことと、それに関する公判での陳述および予審での供述を比較して検討しよう。

『思想彙報《いほう》』第一六号（一九三八年九月）に収録された朝鮮共産党再建京城地方協議会事件の概要は「昭和七年十二月以降、京城に於て朝鮮の独立並其の共産化を目的とし、之が実践運動に狂奔し、同十年一月以降は分散せる全鮮の共産主義運動の統一に専念し、種々暗躍した」というものである。検事局の受理は二七人で一九三七年五月一〇日に七人が「予審請求」された。小林長蔵予審判事による「予審終結決定」は三八年二月一七日で、全員が公判に付された。七月一二日の京城地方法院判決では李載裕《リジェユ》が懲役六年を科されるほか、他の五人も有罪となった。なお、李載裕については金炅一《キムギョンイル》『李載裕とその時代――一九三〇年代ソウルの革命的労働運動』（原書は『李載裕研究』、一九九三年〔改訂版二〇〇六年〕）が詳しい。

まず判決文の、李載裕が三三年六月頃、京城帝国大学法文学部裏山で「鄭七星《チョンチルソン》と会合し、同人に対し相提携して共産主義運動を行うべく、同人は先《まず》朝鮮日報社内に於て実践を通じ同志を獲得すべき旨慫慂《しょうよう》し、其の承諾を得」たという箇所である。この鄭七星との会合事実について公判で李が「鄭七星と会った事はなく、従って顔も知りませぬ」と述べると、荒巻昌之裁判長は「本件記録」（予審調書）を読み上げ、「然《しか》も其の点は予審判事に対しては斯様に云うて居るではないか」と迫る。李は「其様な内容の事は供述した事はありませぬ」と否定する。さらに会合の内容についても、李は「前述の通り会った事はありませぬから、其様な事を云う筈はありませぬ」と答えている。

これに該当するのは三七年一一月一七日の第一回の予審訊問である。渡辺隆治予審判事と李載裕の間で、次のようなやりとりがなされた。

問　鄭七星は承知か。

答　左様承知して居ります。

問　昭和八年六月頃京城帝国大学法文学部裏山に於て鄭七星と会って相提携して共産運動をやろうと勧誘し、君は工場に入り実践を通して同志を獲得せよとすすめた事があるか。

答　左様な事がありますが、工場に入れとは申しませぬ、朝鮮日報の中にて活動せよと申しました。

予審「訊問調書」では李載裕は「犯罪事実」を認めたことになっているが、公判の陳述ではそれを否定した。李の陳述に信を置けば、「訊問調書」が捏造されたことになる。

次に、三三年九月上旬頃から一〇月中旬頃までの間に李載裕は京城帝国大学医学部裏などで李鉉相《リヒョンサン》としばしば会合し、「同人に対し当時自己の指導下に在りたる朝鮮絹織会社工場の女工李品淑」らを紹介し、「工場方面の共産主義運動を指導すべき旨慫慂して、其の承諾を得」という判決文の真否である。裁判長が「本件記録を読み上げたうえで「然も予審判事に対しては斯様に云うて居るではないか」と迫ると、李載裕は「予審では其様に申しました、然し之は前同様予審判事が大した事ではないではないかと云われたので、何うでも良いと思って、其様に申しました」と陳述した。予審でこれに該当するのは一一月一七日の第一回である。李鉉相と会って共産主義運動の実践を相談したことについて、李載裕は「大体其様です」と答えている。

また、判決文で「辺雨植《ピョンウシク》と会合し、同被告人に対し学生方面に於て同志を獲得し、相提携して共産主義運動を為すべき旨慫慂して其の承諾を得」たとされることに、李載裕は公判で「其様なことはありませぬ、之も予審判事から大した事ではないから何うで《ど》も良いではないかと云われ、左様ですと申したのに過ぎませぬ」と陳述している。これに対応する予審の供述は、辺雨植が「共産主義に関する書籍を読むには何んな本が良いかときますから、本を読むより学校内で読書会を作り研究する様主張したのであります」という箇所である。

「訊問調書」に記載されたのは事実にもとづかない予審判事の作文＝捏造で、それは「予審終結決定」（三八年二月一七日）に明記されていった。たとえば、前述の第一の「犯罪事実」は「鄭七星と会合し、同人に対し相提携して共産主義運動を行うべく、同人は先《まず》朝鮮日報社内に於て実践を通じ同志を獲得すべき旨慫慂して其の承諾を得」となっている。しかも、これは七月一二日の京城地方法院の判決文にそのまま使われた（以上、「治安維持法違反：李載裕外六名訊問調書」、韓国・国会図書館所蔵）。

## 警察「訊問調書」にそって

膨大で広範囲にわたる警察の「訊問調書」をもとに、検察は公判の審理に堪えうる骨格に絞った「訊問調書」を作成する。予審ではその骨格にそって、時間をかけて「犯罪事実」を具体的に肉付けしていく。予審判事自身が事件に関連した地方出張や新たな捜査をおこなうこともあるが、基本的には警察「訊問調書」をもとに訊問を進めた。

第二次朝鮮共産党事件の韓廷植《ハンジェシク》に対する一九二六年一二月二二日の予審で、五井節蔵予審判事は「被告は警察（第一回調書）では大正十五年三月中旬頃、権栄奎《クォンヨンギュ》、呉淇燮《オギソプ》、其方が権栄奎の事で《ママ》蔡奎恒《チェギュハン》に勧められ、朝鮮共産党に入党して其洪原《ホンウォン》郡ヤチェーカを組織し、権栄奎を責任幹部に挙げ、爾来屢々《しばしば》会合して左進会、洪原郡青年連盟等の表面運動団体に加入指導して主義の宣伝等其他経費、候補党員等の件に付種々協議を遂げたものの如く申立て居る、如何」と迫った。韓は「警察では其様に陳述しましたが、其れは拷問せられ苦痛であったからで、全く虚偽の申立であります」と供述する。

二七年三月一九日の権栄奎に対する第二回訊問でも五井は「被告も警察では蔡奎恒の勧誘に依って呉淇燮、韓廷植等と共に同共産党に加盟しているものの如く申立て居るが、如何」などと警察での訊問をもとに追及するが、権は「警察では拷問された為、斯く不実な申立を為しました」と答えた。最後に五井は「被告の警察での各供述に徴すれば、被告が本件治安維持法違反の罪を犯した嫌疑十分と思うが、之に対し改めて弁明すべき点はないか」とするが、拷問による自白強制の訴えを繰りかえし無視された権は「何もありませぬ」というほかなかった（以上、「権栄奎外二名（治安維持法違反）」、国史編纂委員会所蔵）。

脇鉄一予審判事も同様に警察での取調をもとに予審を進めている。学生ストライキ事件の被告鄭種根《チョンジョングン》に対する三〇年六月二七日の第三回訊問で「被告は警察に於ては、以上当方より訊ねた通り勧誘を受け加入し、後《のち》改称（高麗学生革命党を朝鮮学生前衛同盟に改称――引用者注）された旨申立て居るではないか」とつめ寄る。鄭は「警察では人間と堪《ママ》えられない拷問を受けました。何と云ったか記憶されませぬ。全く非道《ひど》い事であります。左様な事は全然ありませぬ」と答えるが、これを無視した脇予審判事は、さらに「被告は朝鮮の独立又は共産制度実現を目的とする結社を組織又は加入した事があるのではないか」と追及を止めなかった（『韓民族独立運動史資料集』五〇、「同盟休校事件　裁判記録2」）。

上海臨時仮政府や義烈団《ウィリョルダン》加入という容疑で京城西大門警察に検挙された被疑者李愚民《リウミン》に対する京城地方法院の三一年二月一二日の第一回予審で、村田左文予審判事が「警察に於て共産主義は世界の革命を目的とし居れるものなれば、日本帝国国体の変革は当然それに包含せらるるにより、被告の主義と合致するを以て之れに共鳴し入党したる旨、供述（一一四頁裏乃至一一八頁）し居るが、如何」と問うたところ、李は「警察に於て左様な供述はして居りませぬ」と答えている（『韓民族独立運動史資料集』三〇、「義烈闘争3」）。

十字架《シプジャカ》党事件の南宮檍《ナムグンオク》に対して、三四年一月一五日、京城地方法院の増村文雄予審判事は「其の方は警察に於ては遠からず東洋全体が共産主義実施せらるるものと思うと、暗に共産主義に共鳴して居るものの如く供述して居るが如何」と質問する。南宮は「私は警察では左様な趣旨で申上たのではありません……私は思想が影響を与え得るには力、才能、知識が必要であるが、近頃の所謂共産主義思想は右の三つのものが欠けて居るから、東洋に波及してもすぐに滅びて終まうであろうから心配することはないと云ったことがありますが、警察でも左様な趣旨で申上たのであります」と答えた（『韓民族独立運動史資料集』四八、「十字架党事件　裁判記録２」）。

このように多くは被疑者の意志に反して仕立て上げられた警察の「訊問調書」にそって、その内容を再確認するかたちで予審は進行した。警察での供述が拷問によるものであったり、勝手な作文であると訴えても、予審判事は聞く耳をもたなかった。

前述した朝鮮共産党再建京城地方協議会事件で懲役六年の刑を科された李載裕は判決の直前の三八年七月八日、京城地方法院の裁判長に「被告人の最終陳述の極《きわめ》て一部を陳《の》べる時閉廷されたるに依って……最終陳述の機会を与えて賚《もら》い度き旨」の「請願書」を提出する。その理由として「警察の調書は拷問の偽造が多いし、検事の調書は検事が警察署に出張して警官と協同して拷問しながら作ったものである」ことに加えて、「予審調書は渡辺判事の時に警察調書を其儘朗読だけ、被告人の陳述なく、小林判事に廻されて殆んど其儘終結されること」をあげた。

「予審調書は渡辺判事の時に警察調書を其儘朗読だけ」という点は、次のように確認できる。たとえば三七年一一月二六日の第二回をみると、渡辺隆治予審判事が「三月十一日及四月十五日の逃走の際の模様の詳細は此通《とおり》相違ないか」として警察の訊問調書を読み上げ、李が「左様其の通相違ありませぬ」と答えている。警察「訊問調書」にそってその確認がなされるという繰りかえしで、予審は進められた（「治安維持法違反：李載裕外六名訊問調書七」、韓国・国会図書館所蔵）。

## 予断にもとづく「犯罪事実」の強要

予審は本来、刑事訴訟法に「被告事件を公判に付すべきか否かを決する為、必要なる事項を取調うる」(第二九五条)と規定されているように、被告に有利な証拠にも目を向けて「犯罪事実」を客観的に検討し、公判に付すかどうかを判断することにあった。しかし、実際には日本国内においても朝鮮においても警察や検察による「犯罪事実」をうのみにすることに終始し、検察の示す骨格に有罪として確実に処断できるような肉付けをすることが予審の役割となった。それは予断にもとづいた「犯罪事実」を被告に強要するかたちであらわれる。

その最たる事例が五井節蔵の予審だろう。すでにみたように、朝鮮共産党・高麗共産青年会について「朝鮮を我帝国の羈絆《きはん》より離脱せしめ、且朝鮮に於て私有財産制度を否認し共産制度を実現せしむる目的」の秘密結社という定義を定着させ、それはその後の治安維持法運用の拡大への道筋をつけたといってよい。

五井予審判事の予断が顕著なかたちであらわれたものが、「共産制度」とは如何なるものかという問いに対する第一次・第二次朝鮮共産党事件の被告の供述である。「該制度は天然物、資本、生産物等は総て個人の私有を認めず、社会の共有に為し、社会が生産物を各員に平等に分配する制度に外なりませぬ」(林元根、二七年三月三日)、「同制度は換言すれば、生産物は勿論、天然物も総て社会の共有にして、個人の私有を認めず、社会が生産物を各員に平等に分配する制度に過ぎませぬ」(林亨寛、同日)などと、一律な供述となっている(『韓民族共産主義運動史』資料編I)。

このような一律の供述となったことについて、一〇月一八日の京城地方法院の第一五回公判で権五卨が「最初予審判事は私を訊問する時は共産主義等に付ては深く研究して居らぬ様で、一体治安維持法の根本精神は何かなと独語して側に在りし書物を開いて見て居りました、其の書物の中に天然物、生産機関、生産物等の文句の書いてあるのを私は見たことがあります」と陳述していることが手がかりとなる。すでに一〇月四日の第九回公判では、裁判長と被告洪悳裕《ホンドクユ》との間に次のようなやりとりもなされていた。

問　被告は予審判事に対しては天然物、生産機関、生産物等は総て社会の共有にし、生産物は社会が平等に分配する主義であると申立てて居るが、左様の主義ではないか。

答　夫れに付ては予審判事から訊問される際、長い間議論しました。私は予審廷にも只今申立てた様に申立てましたら予審判事は私の申立てを聞入れず、只今御申聞けになったような主義だろう、御前丈ではない、他の者も左様に申立て居るとて強要するので、私は若し朝鮮へ共産制度が実施されたら左様になるかも知れぬと申立てたことはありますが、左様に申立てたことはありませぬ。

一〇月一五日の第一四回公判で被告全政琯《チョンジョンカン》も「御訊ねの共産制度の意義は予審判事が其の様に紙に書いて来て問われました丈で、私が申述べた訳ではありませぬ」と供述している（以上、「高允相外百名（治安維持法違反等）」、国史編纂委員会所蔵）。五井は手元の参考文献から「共産制度」の説明を見つけ、それを一律に被告に強要し、認めさせた。これにより被告らは「共産主義者」と認定された。

ここから新たな予断が作り出される。二七年三月一七日の第二回訊問で、五井は辛命俊《シンミョンヂュン》に対して「朝鮮共産党は被告共鮮人の手で朝鮮を共産制度の国家に建設し統治せんことを目的として組織したものの由ではないか」と迫る。辛が「私は只朝鮮で私有財産制度を否認し、共産制度を実現せしめんことを目的とするものと思惟して居りましたが、朝鮮の統治権を吾吾《われわれ》鮮人の手に帰せしめ、之を統治せんとするが如きことも目的とするものとは思い至りませんでした」と供述すると、さらに五井は「然し朝鮮が我帝国の植民地である限り、我帝国が朝鮮に共産制度を実現せしむることは絶対に許さぬのは自明の理で、従って其れを達成せしめんとすれば、勢い我帝国の支配を脱せしむるの必要なるは当然であって、其れに気が付かぬ筈はなかろうと思うが如何」とつめ寄る。辛は「左様にも思われますが、私は全く其処《そこ》までは気付きませんでした」と答える。五井の予断で設定した土俵に引きずり込まれた。

二七年一〇月一〇日の第一一回公判で、被告姜達永《カンダルヨン》が「予審判事より共産主義に共鳴して居るやと訊問されましたので、共鳴して居ると申したら、今度は御前は朝鮮の独立を希望するかと訊問するので、勿論独立は希望するが現在の資本主義的制度が崩壊しなければ独立は実現せぬ、夫れ位のことは主義者は誰でも知って居ると申しました」と陳述している（「高允相外百名（治安維持法違反等）」）。これも五井の土俵に引きずり込まれた例で、朝鮮独立を目的としていたと認定された。

権五卨も一〇月二〇日の第一六回公判で、「予審判事の訊問中、今日の社会は資本主義の社会かと問われ、左様だと答え、夫れは封建時代から生れて来たもので今後も其の歩みを続けて行くもので、其の結果如何なる社会が現われて来るかと言うと、夫れは貧富の差別なき社会であると確信すると申したる処、予審判事は左様な社会は朝鮮丈で出現するのかと問われ、私は日本も同様になると申したるに、夫れでは国体の変革にはなるねーと申されました」と陳述している。共産制度の国家樹立を目的としたことをもって、それを「国体」変革に結びつけようとしている五井の意図は明瞭である。

脇鉄一の予審でも予断に満ちた訊問がおこなわれた。たとえば、学生ストライキ事件の鄭種根に対する三〇年六月二七日の第三回訊問でなされた、次のようなやりとりである（『韓民族独立運動史資料集』五〇、「同盟休校事件 裁判記録2」）。

問　読書会は学友会の事業を監督する為の会ではないか。
答　左様ではありませぬ。
問　読書会は社会主義運動に対する知識を教養する事を目的とするものではないか。

答　左様ではありませぬ。
問　被告が前回取調の如く檄文を撒布し、同盟休校等を致したのは右読書会が指導したのではないか。
答　左様な事はありませぬ。読書会が指導すると云う様な事の出来る筈のものではありませぬ。

読書会に固執し、学生ストライキなどを画策した秘密結社とみなす予断を前提として、これらの訊問がおこなわれている。

十字架党事件の予審でも劉福錫《リュボクソク》に対する増村文雄の訊問は、十字架党を民族独立の秘密結社とする予断からなされている。三四年六月五日の第三回訊問で、増村は「其の方は朝鮮独立の為には支那に頼ると考えて居ったが支那は頼むに足らず、又国際連盟に頼らんとしたが之亦《また》頼むに足らず、欧米の諸国に頼ろうと思ったが之亦頼むに足らない、日本勿論《もちろん》頼むに足らぬから朝鮮民族はキリスト教を指南針として一致団結して独立国家を作らねばならぬと云う様に考えて居ったのではないか」「其の方は朝鮮民族は独立の国家を建設せねばならぬと云う様に考え、其の目的の為にキリスト教の振興統一を表看板にした十字架党を組織したのではないか」と責め立てた（以上、『韓民族独立運動史資料集』四八、「十字架党事件　裁判記録２」）。

## 「独立」の認識の追及

朝鮮における治安維持法運用で「国体」変革＝独立運動という公式が定着すると、被告の「独立」についての認識が予審訊問の焦点となった。

第一次・第二次朝鮮共産党事件のそれぞれの予審では最後の方で「被告は朝鮮の独立を希望せぬか」と問われ、肯定と否定の供述がなされたものの、それ以上の追及はなされなかった。

一九三〇年四月に検挙され、五月二八日に「予審請求」されていた韓斌《ハンビン》に対する京城地方法院の脇鉄一予審

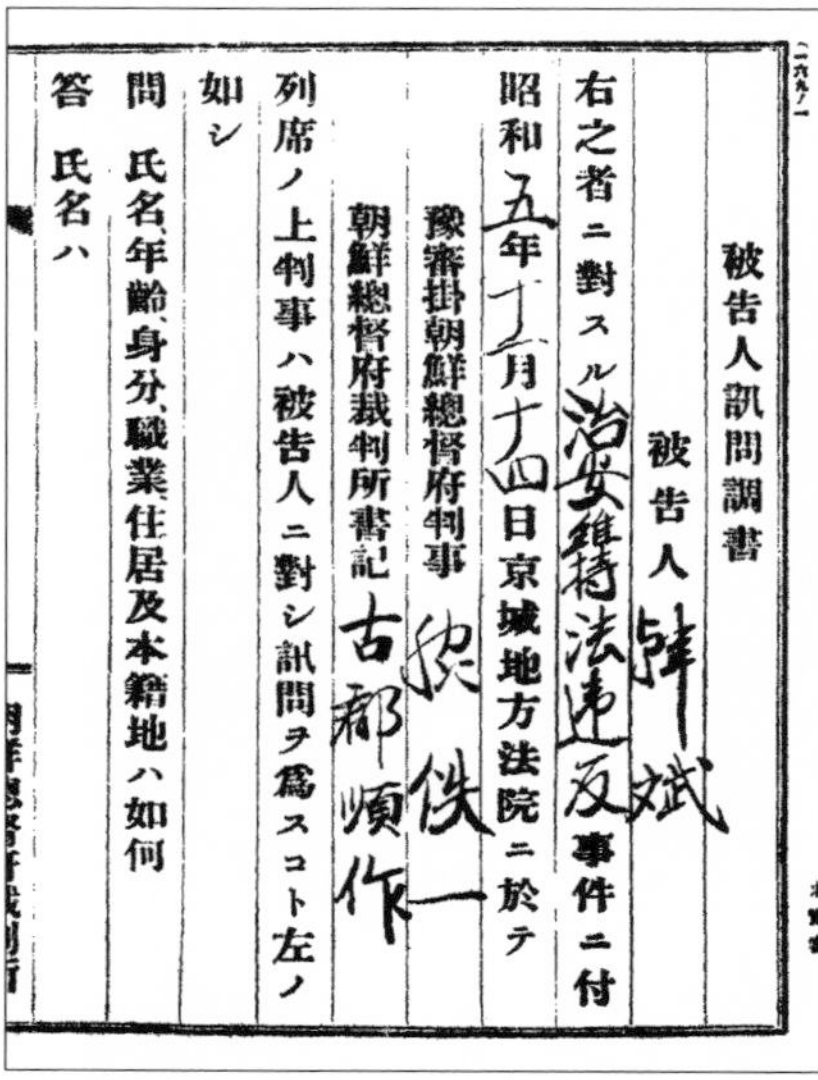

被告人訊問調書

被告人 韓斌

右之者ニ對スル治安維持法違反事件ニ付
昭和五年十二月十四日京城地方法院ニ於テ
豫審掛朝鮮總督府判事 脇鉄一
朝鮮總督府裁判所書記 古郡順作
列席ノ上判事ハ被告人ニ對シ訊問ヲ為スコト左ノ
如シ
問 氏名、年齢、身分、職業、住居及本籍地ハ如何
答 氏名ハ

予審「訊問調書」韓斌　脇鉄一予審判事
1930年12月14日
「治安維持法違反：韓斌訊問調書」韓国・国会図書館

判事による訊問をみよう。一一月一四日、人定訊問後、すぐに脇が「被告は朝鮮の独立を希望して居るか」と問うと、韓は次のように供述する。

第一、経済的方面から見ますれば朝鮮の現在の状況は総て日本の産業に付属して居る為め、経済的利益は総て日本に吸収され、朝鮮の経済が日々衰えて行くのでありますから、産業の発達を期する上に産業の独立、即経済の独立を希望するのであります。又経済が独立しなければ朝鮮人の栄養は之又衰弱して肉体的に破滅するのでありまして、現在の朝鮮人は肉体的に破滅しつつあるのであります。

第二、政治方面から見ますれば朝鮮人は非常に圧迫せられて少しの人権をも持って居ないのであります

さらに「私は共産主義者でありますから、朝鮮を共産社会にする上に於ても朝鮮の独立を希望します」と答えている。その希望をいつから持つようになったかと問われて「海外に居る朝鮮人は皆朝鮮の独立を希望して居りますので、私も幼少の頃から希望して居りますが、共産主義に共鳴する様になってから益々《ますます》希望する様になりました」と供述する。

訊問の最後で「被告は今後も朝鮮の独立運動及共産主義に携わる考えを有《も》って居るか」と問われて、韓斌は「勿論有って居ります。世界を挙げて赤化さす自信を持って居ればこそ、この様な苦労迄して働いて居るので

あります」と答えている（以上、「治安維持法違反：韓斌訊問調書」、韓国・国会図書館所蔵）。

いうまでもなく民族独立運動に関連する事件では「独立」の認識が追及される。上海臨時仮政府や義烈団加入という「犯罪事実」を問われた李愚民は、三一年二月一二日の第一回予審訊問で村田左文判事から「之迄朝鮮人に対し朝鮮独立思想を鼓吹し来たりたるにあらずや」と問われて、「現在に於ても朝鮮独立の希望は有して居りますが、事実独立など出来るものでないと思いますので、朝鮮人に対し朝鮮独立思想を鼓吹し来たりたる事はありませぬ」と答えている。さらに今後の行動については「朝鮮独立は希望して居りますが、家庭の事情並に被告は身体虚弱なるのみならず、運動を為したるところで朝鮮独立など出来るものではないと思いますので、独立運動を為す考えはありませぬ」と供述する。

こうした「独立」の意志がないとの表明は、「予審終結決定」の判断や判決の量刑などで考慮されただろう。李愚民の場合、「予審終結決定」では治安維持法違反は問われず、朝鮮阿片令違反などで「公判」に付され、四月二八日の判決で懲役六月と罰金が科された（『韓民族独立運動史資料集』三〇、「義烈闘争3」）。

十字架党事件の予審では保安法違反の南宮檍に対する訊問で、その「独立」認識が集中的に追及されている。三四年一月一五日の第一回訊問で、増村文雄予審判事と次のようなやりとりがなされた。

問　其の方は朝鮮の独立に付、如何に考えて居るか。

答　私は光武皇帝時代に官職に就いて居ったので朝鮮の独立と云うことは一日として頭から離れぬから、独立した方がよいと思って居ります。然し独立運動の事に付ては今日の情勢として許さぬから念頭にありませぬ。

問　朝鮮の独立と云うことは一日として頭から離れぬと云うことは如何なる意味か。

答　朝鮮の独立を希望すると云う意味であります。

問　独立運動の事は今日の情勢として許さぬから念頭にないとは如何。

答　私は朝鮮が独立すればよいと思って居ります。然しながら、朝鮮民族の現状では到底独立は出来ないから希望致しませんと云う意味で申上たのであります。

五月三〇日の第三回訊問では、朝鮮統治に対して「私は今の朝鮮総督の政治が善かろうが悪かろうが、私は賛成することは出来ません」という南宮の答をとらえて、増村予審判事は「然らば其の方は、朝鮮は朝鮮民族に依り独立せねばならぬと云うのか」と糺《ただ》した。これに南宮が「勿論左様であります」と答えると、「若し朝鮮が独立したとすれば、如何なる国家を建設せねばならぬと思うのか」とつめ寄った。南宮は「其処迄考えて居りません。私は単に朝鮮が独立することを希望して居ったのであります」という信念を繰りかえした。

劉福錫は警察の取調で十字架党を朝鮮独立の目的で結成したと認めさせられ、検察の「予審請求」では「基督教の伝道に名を藉り朝鮮人に対し民族的意識を注入し、彼等を煽動して朝鮮の独立を図ることを目的として其実行に関し協議を為し」とされていた。三四年一月一六日の第一回訊問で増村予審判事が「其の方は共産主義には共鳴するか」と問うと、劉は「私は共産主義には絶対反対であります」と答えた。すぐ「朝鮮の独立に付ては如何」とつづき、これには「朝鮮の独立と謂うと勢い政治問題になる様な気がしますので、私はそれ等の事に関して今迄考えたことなく、又干渉したことがありません。私の信ずる宗教は一民族の利益ばかり考えることが出来ぬと云う主義でありますから、朝鮮が独立する必要あれば独立するのもよいでしょうし、又独立する必要がなければ独立しなくともよいと思うのであります……朝鮮の独立と云う事に関しては何等関心を持って居りません」と供述している（以上、『韓民族独立運動史資料集』四八、「十字架党事件　裁判記録２」）。

「独立」の意志を劉福錫は否定したが、「予審終結決定」や判決では警察の「訊問調書」の供述をもとに「独立」を目的にしていたと認定した。

## 予審での拷問

第一次・第二次朝鮮共産党事件の公判では前述のように警察取調における苛酷な拷問の実態が暴露されたが、同時に予審廷における五井節蔵判事の拷問の事実も明らかにされた。一九二七年九月二二日の第五回公判で宋《ソン》徳満《ドクマン》が「京城の五井予審判事は取調べに際し拷問しました」と述べると、裁判長から「五井予審判事から何う云う風に拷問せられたか」と問われ、「同判事は取調べに際し長さ五寸位、母指太の錐《きり》で私の頭を数回叩き、突刺さんとするのを私は昂奮し反抗せんとすると、同判事は椅子に腰を卸《おろ》し、上半身を左右に振り廻し、私に頭をもっと前方に出せとて、殴らんとしたりして終始私を脅かしました」と供述する。

一〇月四日の第九回公判では姜達永が五井の予審訊問について、次のように供述している。

予審判事が西大門刑務所へ出張され、私に対し朝鮮共産党を組織したのかと訊問するので、組織したと申しましたら、朝鮮に共産制度の社会を実現せしむる目的で組織したのであろうと申しました。私は左様ではない、国際共産党に加入すれば社会運動の資金を貰えるので、同共産党と連絡を取る方便として朝鮮共産党と命名したのですと申したら、そんなら詐欺ではないか、詐欺になると十年以下の懲役になるとて、同判事は〝ストーブ〟用の十能で私の手を数回殴り付けました。尚看守は正直に申立てぬと身の為めにならぬと申しましたが、私は事実通り正直に申立てても予審判事は夫れを認めて呉れず、警察で申立てた通りであろうと云うので仕方なく事実はないが左様だと申しました。其の翌日、第二回訊問を受けましたが、同判事は〝ノート〟に何か書き、書記は記録を引張り廻し、通訳生は権五卨等の自白せぬ中に早く自白せよとて自白を強いるので、仕方なく警察で申立てたことを問わるる儘に左様だと申しました。けれ共精神も茫然として居ったし、何が何やら薩張《さっぱ》り判らず、要するに第二回以後の申立ては悉《ことごと》く出鱈目で、其の様な事実はないのであります。

これに加えて一〇月一〇日の第一一回公判で、姜達永が予審判事にその口述する内容の訂正を求めたところ、「判事は其の様に異議を云うては困るではないかと申すので、私は然らば自分に付訊問する必要はない、調書は勝手に拵えてもよいではないかと云うたら、同判事は私の頬を殴りました。要するに予審調書は予審判事が勝手に拵えた様なものです」と陳述した。

さらに一〇月一三日、第一三回公判で李準泰《リスンテ》も陳述する。「一体被告は何故予審判事に対し偽りを申立てたか」と問われると、李は「私は予審廷は正当な取調べをするところだと思いの外、予審判事は訊問に際し最初は君とか何とか申して居りましたが、後には手で突いたり、頬を殴ったりし、或時は其れが為め口から出血したこともあります。加うるに当時大変体が弱って精神が茫然として居りましたので、公判で総ての事実を認めて貰う考えで問われる儘に答えた次第であります」と供述している（以上、「高允相外百名（治安維持法違反等）」、国史編纂委員会所蔵）。

あらゆる残虐な方法を駆使した警察の拷問に比べると、五井の拷問は怒りに任せて錐で突こうとしたり、手で殴る程度のものであったが、予審での「正当な取調べ」を期待していた被告らにとっては衝撃であった。しかも書記や通訳までが一体となって責め立ててきたため、抵抗する術をもたなかった。姜達永は第一一回公判で「判事は言う迄もなく、書記、通訳生等から非常に人格を無視されました」という。五井予審判事は自らの予断に沿った供述をしない被告らに暴力的に振る舞い、でたらめな供述をせざるをえないと諦観するところまで追い込んだ。

五井については、二七年一〇月二二日の『東亜日報』が「間島共産党取調の五井予審判事忌避　弁護団から抗議書提出」と報じている。これは検事局の「予審請求」がまもなくなされるという段階の記事で、予審とな

『中外日報』1930年3月14日　「警察、予審〇問を　被告等法廷で声明」

った場合には五井の担当になりそうだとして弁護団が事前に「忌避」しようとしたものと思われる。朝鮮共産党事件の公判が進行中で、前述のような五井の予審における拷問が暴露されていることから、この「忌避」がなされようとしたのだろう。「忌避」は不発に終わり、五井が間島共産党事件を担当した。

今のところ史料的にはこのような暴力的取調をした予審判事は五井以外には見いだせないが、次の新聞記事は予審においても暴力的な取調がおこなわれていたことを推測させる。三〇年三月一四日の『中外日報』には「警察、予審〇《拷》問を　被告等法廷で声明　木浦《モッポ》学生公判続報」という見出しで、「全南《チョンナム》木浦学生事件の公判は十三日光州地方法院にて開廷せし……劈頭被告崔昌浩《チェチャンホ》と木村判事との間には……警察及び予審廷にて〇《拷》〇《問》した結果不自由な供述のありしことにつき長時間に亘り問答あり、被告等は同感々々を連呼した」（『朝鮮通信』による）という記事がある。光州地方法院の予審判事が拷問をともなう取調をおこない、それが公判廷で暴露された。

三〇年一月に民族主義的な不穏文書の撒布で検挙された李昌業《リチャンオプ》は、四月五日に京城地方法院で保安法違反により懲役一年の判決を受けて控訴した。京城覆審法院の公判で裁判長から「被告人は従来何故其時の犯罪事実を自白したのか」と問われると、警察の拷問に加えて、検事局の押送中に巡査から「検事局に行って事実を否認すると予審に廻わされ、予審に廻わると日数が長くなるのみならず、身体を逆《さかさ》に吊るし、鼻から水を入れる等して非常の拷問をもされる」などと威嚇されたためと供述している（『韓民族独立運動史資料集』五三、「抗日万歳示威および排日伝単配布事件　訊問調書・公判調書」）。李は予審に付されることを恐れて検事局でも警察での供述をそのまま認めたのだろう、「公判請求」となった。この巡査が威嚇するように予審においてそこまでの「非常の拷問」が実際にあったかどうかは疑わしいが、少なくとも被疑者に予審に対する拷問を含む恐怖のイメージが植え付けられていたといえるだろう。

第一次・第二次朝鮮共産党事件の公判で陪席判事を務め、三〇年前後には専任の思想係予審判事として多くの思想事件の予審を担当していた脇鉄一は、退官後は弁護士となり、思想事件の弁護にもあたった。その一つが修養同友会《スヤンドンウフェ》事件で、高等法院への上告趣意書のなかで「本件に於ける自白の調書の信ず可からざること已《すで》に明なる」として、予審における詐術の手法を次のように明らかにする。脇自身の予審判事としての経験にもとづき、被告の極限の心理状況を推測した。

　予審廷に於ても尚心にもない供述をして居る被告があるように見受けられますが、是は未決監に一年も拘束せられて一日も早く保釈を許されたい気持から予審判事に迎合した結果であります……実際に八人の被告は否認したがために最後まで保釈を許されなかったのであります……又一部の被告は警察の時から教えられた通り、時局柄既に検挙された以上は抗争しても無駄であるから、例え無実な事柄でも悉く是認して寛大なる処分を乞うた方が得であると諦めて、本意でないことを是認した模様であります

また、弁護人金翼鎮《キムイクジン》の上告趣意にも「予審時代は被告人等は身神共に極度に衰弱し、後日のことはその時のこととし、一日も早く保釈せられんことを念願し、保釈を許さるるが為めには前の自白を否認しては見込なしと思惟せしこと、蓋《けだ》し当然なり」とあった（以上、「独立運動判決文」）。

これらは明らかに精神的拷問といえるものであり、それを十分に認識し、活用して予審判事は訊問を進めた。

## 署名拇印のごまかし

すでに警察の取調による「訊問調書」偽造や検事による「訊問調書」の捏造について触れた。予審の「訊問調書」においても被告の供述を受け入れず、事実にもとづかない予審判事の作文＝捏造があったことは前述した。ここでは「予審調書」偽造の手法というべき署名拇印のごまかしについてみよう。日本国内での予審でもみられたが、朝鮮でも用いられたと推測される。史料的に確認できるのは、ここでも第一次・第二次朝鮮共産党事件における五井節蔵予審判事の事例である。

前述のように五井予審判事は暴力の威嚇を振りまきながら取調を進めた。「要するに予審調書は予審判事が勝手に拵えた様なものです」とする姜達永は、一九二七年一〇月一〇日の第一一回公判で「予審判事は公判でも予審で申立てた通り申立てねば罪が重くなる、予審では成る可く軽くなる様にして遣《や》る」と述べたと陳述する。警察が検察に送致する際にも同様なことを言い含めようとしたことが想起される。

姜達永は「同判事は勝手に調書を作らせたが、夫れは自分は好いにしても他人に迷惑を掛けては気毒《きのどく》として訂正を申し出るが、五井予審判事は頑として受け付けず、「僅かの訂正も出来」なかったため、苦しみ抜いた末に獄中で精神に異常をきたすほどになった。

一〇月一一日の第一二回公判で、姜は次のように陳述する。

古屋弁護人の求めに依り、裁判長は被告姜達永に対し

問　予審調書は一回も被告に示され、又は読聞けられたることなかりしや。

答　一回もありませんでした。

問　予審に於ては調書末尾用紙に其の都度拇印せしや。

答　予審に於ては取調べられた最初は昨年十一月六日か七日頃の土曜日で、次週の土曜日迄訊問を受けましたが、最初の調べから二、三日目に四枚の用紙に拇印し、其の後暗号の訊問に付ての調書の末尾用紙だと言って書記が三枚持って来て拇印させられました。其後本年三月に至り、三回訊問を受けましたが、其の際は別に拇印したことはありませぬ。

一〇月四日の第九回公判で洪憙裕は裁判長から「被告は予審判事の訊問調書に任意拇印したか」と問われて、「左様拇印しましたが、其の拇印は実際訊問する前に印刷した調書の末尾用紙を出し、之れに署名拇印せよと云うので署名拇印しました。すると予審判事は先づ私を訊問して置いて自ら口述して書記に調書を書かせるので、私は違ったところがあるので異議を申しますと、其の時調書を訂正して呉れた部分もありますが、まあまあ次回に訂正すれば良いではないかと申しますので其の儘になりし部分もありました。其の部分に付、次回で訂正する積りであったけれ共、遂《つ》い失念して仕舞ったのです」と陳述する。

本来なら、当日の訊問の最後で「本訊問は朝鮮総督府裁判所通訳生……の通訳に依り之を行い、右調書を同通訳生をして供述者に読聞かさしめたるに相違なき旨申立て、署名拇印したり」という手続きがなされることになっていた。しかし、五井予審判事は訊問がはじまる前に署名と拇印を押させておき、訊問の途中での調書の訂正を渋り、さらに最後には「読聞」をおこなわなかったことになる。

一〇月四日の第一三回公判で、李準泰は裁判長の「予審廷に於て被告に対する訊問調書を見せられたことも、又読聞かせられたることもないか」と問われて、「何れもありませぬ」とし、調書の末尾用紙に署名拇印したとする。

さらに一〇月二二日の第一七回公判で、権五卨は「予審判事の訊問調書には任意署名拇印したるや」という裁判長の問いに、次のように陳述した。

予審判事は私を少し訊問してから調書に署名拇印をさせ、再び訊問を始め、紙にペンで書いて夫れを書記に書かせるので、其の中に間違ったところがあるので訂正して貰い度《た》いと申しますと、判事は立腹し、強いて訂正して貰うとすると判事は一々訂正すると五年も十年も予審に掛ると云うので仕方なく問われる儘に答えました。

判事が紙に書いたのを示されたり、読聞けて呉れたことはあります。本当の調書を示して呉れたり、読聞けて呉れたことは一回もありませぬ、本年になってから予審判事に間違いがあるから訂正して貰い度いと申出でましたら、同判事は今更左様のことを申すと恩赦に掛かるのも掛からぬ様になると云うて聞入れて呉れませぬので、総てを公判で申立てる考えであります。

このような複数の被告の陳述をみると、少なくとも五井予審判事が「訊問調書」の末尾用紙に事前に署名拇印をさせておき、「予審判事が勝手に拵えた」(姜達永)調書の最後に挿入して、調書の体裁を整えることは常套手段であったといってよいだろう。それだけでなく、公判廷において予審で供述した内容と異なることを話せば「罪が重くなる」とか、予審での供述をやり直せば恩赦にかからぬようになるというような、被告の法律的知識の乏しさにつけ込んだ手法も駆使している。

先にみた朝鮮共産党再建京城地方協議会事件の予審でも被告の供述を無視したり、「大した事ではないから何うでも良いではないか」という術策を弄してごまかしていた。「要するに予審調書は予審判事が勝手に拵えた様なもの」だった。それをもとに「予審終結決定」がなされ、公判が進行し、有罪の判決となった。

# 三　予審終結決定

## 「公判に付す」か「免訴す」か

検事局からの「予審請求」を受けて予審での取調がはじまるが、「犯罪事実」を肉付けするためにかなりの時間を費やしたのちに「予審終結決定」に至る。大半は「公判に付す」となるが、一部に「免訴」の言い渡しがあった。その場合には被告は釈放された。

「予審終結決定」の書式からみよう。まず被告の名前があり、「右者等に対する治安維持法違反被告事件に付、予審を遂げ終結決定すること左の如し」として「公判に付す」、あるいは「免訴す」という「主文」となる。ついで「理由」として「犯罪事実」が列挙され、該当する条文・条項を示して「公判に付するに足るべき嫌疑ある」とされた。

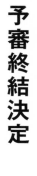

一九二七年三月三一日、京城地方法院予審判事の五井節蔵によってなされた第一次・第二次朝鮮共産党事件の「予審終結決定」をみよう。「予審請求」されていた一〇四人のうち朴憲永・権五卨ら九九人が「公判」に付され、五人が「免訴」となった（記事の解禁は四月六日）。この「予審終結決定書」は墨書され、人数に比して七四丁とそれほど多量ではない。四月一日、謄本が西大門刑務所在所中の各被告に送達された。

「理由」の第一の（一）として、金在鳳らが「朝鮮を我帝国の羈絆より離脱せしめ、且朝鮮に於て私有財産制度を否認し共産制度を実現せしむる目的を以て朝鮮共産党と称する秘密結社を組織し」たこと、「官憲が之を探知し続続《ぞくぞく》党員を検挙したるを以て同共産党は将《まさ》に瓦解の悲境に逢着せし」が、党勢を立て直すと「京城府内に九個の「ヤチェーカ」（細胞団体）、五個の「ブラクチ」（政策的集会）、東京に日本部、上海に上海部、満洲に満洲部、露国浦塩に沿海州部を組織し」、さらに「全羅南道《チョルラナムド》並慶尚南道《キョンサンナムド》の道幹部を選定し、専ら朝鮮共産党の発展に奔騰し、以て其目的の実行に関し策動したり」とする。「理由」の第二は高麗共産青年会の結成と活動である。最後に、これら「被告等の所為は公判に付するに足るべき犯罪の嫌疑十分」として、「秘密結社組織の所為は治安維持法第一条第一項、目的の実行に関したる所為は同法第二条」などに該当し、「京城地方法院の公判に付すべき」とされた。

「免訴」となった金景瑞《キムギョンタン》・張東根《チャンドングン》の理由をみよう。彼らの「犯罪事実」は高麗共産青年会に入会し、「新義州或は安東《アンドン》県に居を構え、該共産青年会本部と国外派遣の同共産青年会員曺奉岩《チョボンアム》に於ける文書其他の連絡を取りたる」というものだったが、これは「公判に付するに足るべき嫌疑なき」とされた（以上、「治安維持法違反訊問調書：金在鳳外十九名」、韓国・国会図書館所蔵）。

「予審終結決定」では若干の「免訴」はあるものの、**表6**のように大部分は「公判」に進み、さらに「公判」では例外的に「無罪」となることもあるが、ほとんどが「有罪」となった。

定平《ジンピョン》農民組合事件の「免訴」も多いが、表にはない間島五・三〇事件の「免訴」は極端に多かった。京城地方法院検事局の受理数五〇三人のうち「予審請求」となったのは四〇五人、そこから「公判に付す」となったのは二七二人であり、約三分の一が「免訴」となった。それは、予審を担当した脇鉄一が「現に京城地方法院予審に繋属する間島事件の被告人員数は約四百名なるが、其半数は公判に付する証拠十分ならず、即約二百名は農民協会に加入したるにより治安維持法に該当するものなりとして起訴せられたるも、農民協会の本体明か

**表6　治安維持法違反事件の「求予審」と「付公判」人数**

| 司法処分／事件 | 検事局 | | 予審 | |
|---|---|---|---|---|
| | 受理 | 求予審 | 公判に付す | 免訴ほか |
| 定平農民組合事件 | 169 | 73 | 59 | 14 |
| 赤色北青農民組合徳城支部再建協議会事件 | 93 | 21 | 21 | 0 |
| 元山赤色労働組合組織運動事件 | 20 | 7 | 7 | 0 |
| 麗水社会科学研究会ほか事件 | 34 | 13 | 13 | 0 |
| 産業別赤色労働組合、店員労働組合組織協議会事件 | 50 | 18 | 12 | 6 |
| 朝鮮共産党再建京城地方協議会事件 | 27 | 7 | 7 | 0 |
| 黄極教事件 | 89 | 10 | 10 | 0 |
| 朝鮮民族解放統一戦線結成並支那事変後方攪乱運動事件 | 75 | 48 | 44 | 4 |

『思想月報』・『思想彙報』による

ならず、即同法に該当すとの証拠十分ならざるを以て、此部分は或は免訴の決定を与えらるるやも知らず」（「鮮人犯罪被疑者の収容審理其他を在間島総領事館より朝鮮総督府に移管関係雑件」、外交史料館所蔵）と指摘するように、間島総領事館警察のずさんな捜査に起因していた。

一九三七年度の裁判所及検事局監督官会議で、法務局からの「思想犯保護観察制度の実施に伴い、検察並に裁判上考慮すべき点如何」という諮問に、京城地方法院長は「予審判事の心証問題と免訴の予審終結決定に関する点」を答申した。そこでは「予審判事、治安維持法違反事件の取調を為したる上、心証の実際上或は犯罪の嫌疑なきが如く、或は犯罪の嫌疑あるが如く、其の間微妙なる問題存するときは、成るべく免訴の予審終結決定を為さずして事件を公判に付する予審終結決定を為すを相当とす」としている（朝鮮総督府法務局「裁判所及検事局監督官会議諮問事項答申書」、「諸会議綴」〈警務　一九三七年〉、国家記録院所蔵）。予審判事は「犯罪事実」の確証があいまいな場合には「免訴」とはせず、とりあえず「公判」に回してその判断を待つべきとする見解で、おそらく京城地方法院で実際にそうした指導や干渉がなされていたと推測される。

## 公判「判決」に転用

ここで治安維持法違反事件の「予審終結決定」と公判の判決を比較してみよう。

朝鮮赤色労働組合
李載祐ら公判へ
一味の豫審終結決定

「李載裕ら公判へ　一味の予審終結決定」『朝鮮新聞』1938年2月18日
国史編纂委員会所蔵切抜

朝鮮共産党・高麗共産青年会の再建運動の一つで、李雲赫《リウンヒョク》・宋道浩《ソンドホ》ら一一人に対する京城地方法院の予審は脇鉄一が担当し、一九三二年七月七日に「予審終結決定」がなされ、全員を「公判」に付した。公判は李と宋ら一〇人の分離公判となり、九月一九日にそれぞれ山下秀樹裁判長による判決が言い渡された。

李雲赫についての「予審終結決定」をみると、新聞記者で農業・養蚕業を営みつつ、咸鏡北道《ハムギョンブクド》において「鏡城《キョンソン》青年会、前進会等の団体に加入し、陰に朝鮮の独立を翹望《ぎょうぼう》し……朝鮮に於て私有財産制度を否認し共産制度を実現せんことを冀求《ききゅう》するに至りたる」としたうえで、高麗共産青年会に加入し、鏡城郡で「青年運動、労働運動、婦人運動等を積極的に展開せしむべき旨を協議する等、右高麗共産青年同盟《ママ》の目的に向って策動し」など、四つの「犯罪事実」をあげている。

李に対する判決文では「予審終結決定」をそのまま利用しつつ、若干の追加がなされている。たとえば、前述の第一の「犯罪事実」の「目的に向って策動し」に、「来たりしが、同結社の後記朝鮮共産党が国際共産党より正式に承認せられたる大正十五年頃より自然解体し」の部分が加わった。さらに新たに「犯罪事実」の第五として、京城においてコミンテルンの朝鮮問題に対する「テーゼ」にしたがって「労働者を中心とする運動を展開せしめざるべからる旨」を協議するなど、「数次朝鮮の独立及朝鮮に於て共産制度を実現することを目的として、其の目的たる事項の実行に関し協議したるものなり」が追加されている。これは宋道浩の「予審終結決定」にあった「犯罪事実」の第二を転用したものだった。

このようにみると、この李・宋らの朝鮮共産党再建事件の各判決は実質的に「予審終結決定」をほぼそのまま転用しているといってよい。李は懲役六年、宋は懲役三年を科せられた（全員有罪、以上、『韓国共産主義運動史』資料編Ⅱ）。

次に前述の「朝鮮共産党再建京城地方協議会事件」である。三八年二月一七日の京城地方法院「予審終結決定」（小林長蔵予審判事、「治安維持法違反：李載裕外六名訊問調書七」、韓国・国会図書館所蔵）は全員を「公判に付す」とし、七月一二日に京城地方法院の判決（裁判長荒巻昌之、『思想彙報』第一六号所載）があった。

「予審終結決定」では李載裕の経歴について「最初京城に来りたる当時より学校当局は内鮮人を差別待遇するものなりと曲解し、此の差別待遇を除去するには朝鮮をして日本帝国より独立せしむるに在りとの思想を抱き」とあるが、判決文でも同文である。三三年六月頃に京城帝国大学法文学部裏山で「鄭七星と会合し、同人に対し相提携して共産主義運動を行うべく、同人は先朝鮮日報社内に於て実践を通じ同志を獲得すべき旨慫慂し、其の承諾を得」という箇所など二〇項目が李の「犯罪事実」として列挙されるが、これらもすべて同文である。前述のように公判では予審判事との間にそうしたやりとりがなかったことを李は陳述していたが、荒巻裁判長は耳を傾けることなく、「予審終結決定」をコピーして判決文に仕立て上げたことになる。いうまでもなく適用条文は治安維持法第二条＝「協議」で、李は懲役六年を科せられた。

この事件と同じ小林予審判事と荒巻裁判長のコンビは、ほぼ近い時期の「コム」グループ事件でも同じことを繰りかえしている。五月二一日、京城地方法院の小林予審判事は二月に「コム」グループ事件として一斉検挙されていた金熙星《キムヒソン》・朴仁善《パクインソン》ら一一人について「予審終結決定」をおこない、一〇人を「公判に付」し、一人を「免訴」とした。

金熙星について「朝鮮内に於て私有財産制度を否認する目的を以て」、三六年三月下旬から六月にかけてしばしば朴仁善らと会合し、「(イ)相提携して共産主義運動を為すべきこと(ロ)各工場内に一人のオルグを獲得し、之を中心にサークルを作りたる上、漸次左翼的に指導して赤色労働組合を結成すべきこと」などの一一項目をあげて、「以て何れも其の目的たる事項の実行に関し協議を為し」とされた。また、朴については三四年一二月、安昌大《アンチャンテ》から「朝鮮革命者同盟事件は其の運動方法拙劣なりし為検挙せられたるものなれば、今後は同志及紹介者の氏名を相互に秘し、相提携して共産主義運動を為すべき旨慫慂せられて之を承諾し」たなど、一一項目が列挙された。このように各被告の「犯罪事実」をあげたうえで、「以上、各所為は何れも治安維持法第二条」に該当し、「公判に付するに足るべき犯罪の嫌疑ある」とされた。

理由は不明ながら公判は遅れ、京城地方法院の判決が出たのは三九年四月一四日となった。荒巻昌之裁判長は朴仁善に懲役三年、金熙星に懲役二年を科し、全員を有罪とした。「犯罪事実」とされたものは、ほとんど「予審終結決定」と変わらなかった。最後に「法律に照すに」として、治安維持法第二条に該当するとされた(以上、「独立運動判決文」)。

もう一つは「灯台社事件」である。京城地方法院の小田倉勝衛予審判事による「予審終結決定」は四一年八月三〇日で、二六人を「公判」に付し、三人を「免訴」とした。灯台社については「「ハルマゲドン」により我が国の国体変革を始め、其の他世界各国の統治組織を変革し、神権政治下の「地上神の国」の建設を窮極の目的とする結社」としたうえで、各被告の「犯罪事実」があげられる。判決文の残る金秉鎮《キムビョンチン》（玄沢太郎）を例にとると、（三）として三八年七月、平安北道《ピョンアンプクド》で『黄金時代』などの冊子行商中、渭原警察署に連行され、「翌七月七日は支那事変一週年《ママ》記念日に付、同邑《ゆう》民と共に同邑八幡神社に集合して神社参拝を為すべき旨慫慂せらるるや、之に対し被告人姜《カン》（神農）周煥《チュファン》と共に交々《こもごも》「自分等は神「エホバ」の証者にして、「エホバ」の神以外の何者をも崇拝することを能わざるを以て、神社参拝も出来ぬ」などと語ったことなどが「犯罪事実」とされた。新治安維持法第一条第一項後段に該当し、「公判に付するに足るべき犯罪の証拠十分なる」とされた（以上、「独立運動判決文」）。

京城地方法院の判決は四二年七月一四日で、新治安維持法第一条第一項を適用して釜屋英介裁判長は全員を有罪とし、金秉鎮には懲役三年を科した。「犯罪事実」は「予審終結決定」とほぼ同文であった。

これら四つの事件については「予審終結決定」と公判「判決」を比較できたため、両者の「犯罪事実」について同一と断定できた。このことが治安維持法違反事件の司法処分の全般について言えることかどうかは断定できないが、少なくとも「予審終結決定」が公判「判決」の原型となっていたことは、次のような事例からも確実であろう。

前述した韓斌に対する脇鉄一予審判事の「予審終結決定」（三〇年一二月一三日）では冒頭の経歴を述べるなかで、「朝鮮に於て私有財産制度を排斥して共産主義制度の実施せられんことを熱望するに至ると同時に、此の実行の方法として愈々《いよいよ》朝鮮の独立を慫求するに至り」とする。「犯罪事実」とされたのは、吉林省寧《キルリムソンヨン》古塔《コタプ》で朝鮮共産青年会を組織したこと、コミンテルン大会で朝鮮共産党について報告したこと、京城で朝鮮共産党再組織の協議をしたことで、「改正治安維持法第一条第一項前段の一罪たるべきものにして、之を公判に付するに足る可き犯罪の嫌疑ある」とされた。三一年二月一六日の京城地方法院の判決で懲役五年という重い刑が科されたことは、「予審終結決定」の「犯罪事実」が認定された結果と推測される。

治安維持法違反事件公判で一部に「無罪」の言い渡しがありつつも、大部分の判決が「有罪」となるのは、「予審終結決定」および「公判請求」における「犯罪事実」が認められたということである。その意味でも「予審終結決定」が公判「判決」の原型になったといってよい。

一方で、次章で検討するように「無罪」判決が出されることは治安維持法運用の初期と終盤に比較的多くみられるが、それらは「予審終結決定」、もしくは「公判請求」の「犯罪事実」が否定されたことを意味する。そして、「有罪」判決となった場合にも「予審終結決定」や「公判請求」の「犯罪事実」の一部が認定されていないということがある。

四四年九月二七日の京城地方法院の塩田宇三郎裁判長による万《マン》（万田）容模《ヨンモ》・沈載鳳《シムジェボン》（松本吉平）ら一五人に対する判決は万容模の懲役二年（執行猶予四年）をはじめ七人が「有罪」となり、沈載鳳ら八人が「無罪」となった。京城高等工業学校在学中の万については、四一年七月、知人に「独ソ戦はソ連の勝利に帰する旨を語りたる後、我々自然科学を専門に勉強する者は社会の常識を広めるべく社会科学を研究せざるべからざるべく、之が為には同志を獲得すべき旨申向け」たことなどの「犯罪事実」を六件あげて、「以て私有財産制度否認の目的たる事項の実行に関し協議を為したるもの」として、新治安維持法第一一条を適用した。

この判決では半数以上の「予審終結決定」の示す「犯罪事実」を否定した。沈載鳳については「『資本主義のからくり』等の左翼書籍を閲覧し、延喜専門入学後は河上肇『唯物史観講話』等を耽読し、共産主義に共鳴し、朝鮮の独立及共産化を希望するに至り、右目的を以て、李種甲《リジョンカプ》より社会科学研究方《かた》慫慂せられて之を承諾し、同人と爾後《じご》定期的に連絡すべき旨協議」したことなど五件をあげて、「以て国体変革及私有財産制度否認の目的を以て其の目標たる事項の実行に関し協議し」という「予審終結決定」の「犯罪事実」は「認め得ざる」としたのである。また、万容模についての「犯罪事実」でも「肯認せざる」ものがあった（以上、「独立運動判決文」）。

なぜこのような判決になったのか。推測の域を出ないが、裁判長は「予審終結決定」をうのみにせず、予審「訊問調書」を検討し、さらに公判における被告らの陳述に耳を傾けたからだろう。

## 共産主義運動関係の「予審終結決定」

一九二九年七月に「予審請求」された洪承裕《ホンスンユ》・崔徳俊《チェドクチュン》・印貞植《インジョンシク》らの高麗共産青年会に対する予審は京城地方法院の五井節蔵予審判事が担当し、三〇年七月五日に「予審終結決定」となり、一二人全員を「公判に付す」ことになった。冒頭で「被告等は私有財産制度は百弊を醸成する因をなし、現代社会を荼毒《と》するものと妄想し、之を呪咀するの余り朝鮮を日本帝国より独立せしめたる上、朝鮮に於て私有財産制度を撤廃し共産制度を実施せんことを企図し」としたうえで、各被告の「犯罪事実」をあげていく。崔徳俊を例にとると、高麗共産青年会に加入後の活動として、「印貞植を東京に派し、臨時宣伝部長朴文秉と戮力《りくりょく》して高麗共産青年会の支部たる日本部の衰勢の興起に当らしめ」るなどの「犯罪事実」をあげ、改正治安維持法第一条に該当するとした。

三一年三月九日の京城地方法院の判決（裁判長金川《かながわ》広吉）で、「国体」変革結社の役員となったとして印貞植とともに崔徳俊には懲役六年が科せられた。判決文において「犯罪事実」とされたところはほぼ「予審終結決定」そのままである。

三一年八月八日、新興教育研究所事件に対して京城地方法院の脇鉄一予審判事は「予審終結決定」をおこない、五人全員を「公判に付す」とした。山下徳治については、まず次のような思想状況が記される（『思想月報』第六号、一九三一年九月）。

予てより現時の社会制度組織に不満を懐《いだ》き、其の私有財産制度の上に立つ資本主義的生産方法の自己矛盾、同経済組織の非合理性、同政治機構の非社会性、同文化の非科学性を主張し、斯の如き社会は唯物的弁証法の理論に依り必然的に没落するものなれ共、吾人は唯物的弁証法の理論に依りて共産主義社会の建設を期せざる可からず、而して其の為には教育の分野に於て広く右の理論を教示し、社会主義的、階級的、労働的、反宗教的教育を研究建設宣伝し、又一面革新的教育労働組合の結成を促進し、以てプロレタリヤ革命を実現せしむべしと為し居たる

ついで具体的な「犯罪事実」として新興教育研究所の創設や雑誌『新興教育』の刊行をあげ、「屢々矯激なる論調を以て一般読者に自己の思想を伝えて共産主義意識の涵養に努め」たとする。上甲《じょうこう》米太郎については「現時の私有財産制度は不合理なれば革命に依りて之を破壊し、プロレタリヤ独裁の社会を建設すべく、現在の教育は資本主義的教育なるが故に之を排して共産主義理論に立つプロレタリヤ教育を施すべしと為し」とする。五人全員の所為は治安維持法第二条に該当するとされた。

三三年一一月一八日、光州地方法院の荒巻昌之予審判事は金載棟《キムジェドン》ら二七人を「公判」に付す「予審終結決定」をおこなった（一人は予審中に死去のため「公訴棄却」）。筆頭の金載棟は光州学生事件で予審「免訴」となっていたが、三〇年一一月、「当時共産主義実践運動の為め光州に潜入し居りたる姜甲永《カンカプヨン》と相識り、爾来同人より共産主義運動に関し現時の国際並朝鮮両情勢よりして全鮮的に労働者及貧農を糾合して革命的労働農民層組合を組織し、階級的団結力により共産革命を決行すべきことを勧説教養せられ居りし」とされる。八つの「犯罪事実」が列挙されるが、「社会運動研究会」や「赤色労働組合準備委員会」「全南農民組合」の組織はいずれも「朝

鮮をして日本帝国の羈絆より離脱独立せしむると共に、朝鮮内に於て私有財産制度を否認する共産主義制度の社会を実現せしむる目的」だったとされる。治安維持法第一条第一項・第二項に該当するとされた（以上、「独立運動判決文」）。

「昭和九年六月以降、清津《チョンジン》に於て朝鮮の独立及共産化を目的とし、朝鮮共産主義者同盟なる秘密結社を組織し、更に其の下部組織として清津、鏡城、雄基《ウンギ》、羅津《ラジン》、会寧《フェリョン》に地方委員なる支部を結成し、種々活躍した」とされる「朝鮮共産主義者同盟組織事件」について、清津地方法院予審（古口文平予審判事）は三七人全員を「公判」に付す「予審終結決定」をおこなった（一九三六年五月二五日）。

中心人物とみなされた玄春逢《ヒョンチュンボン》について、治安維持法違反で懲役四年となり出獄後も「容易に思想を転向せず」、各地を「転々労働に従事する中、帝国の国際環境乃至咸鏡北道の現状よりして朝鮮の共産主義運動は将来必須的に咸鏡北道を中心として展開するを要し、而して来るべき日満併合に伴う満洲国内の動揺又は之に関する世界列強の帝国に対する重圧、或は日蘇開戦等の非常危局に当り一斉罷業の挙に出て、運輸、交通、通信機関其の他各種工場の爆破等を敢行し、一気に朝鮮の独立及共産革命を実現せしめざるべからずとの持論を抱懐するに至」ったとする。この「理論に基き労働者農民間に鞏固なる前衛組織を結成し、先づ以て咸鏡北道内に於ける共産主義運動の統一を図らんことを企て」、実行したことが治安維持法第一条第一項前段・第二項に該当するとされた（以上、『思想彙報』第七号、一九三六年六月）。

前述した万容模・沈載鳳らに対する四三年一〇月二五日の京城地方法院「予審終結決定」（田中寿夫予審判事）をみよう。冒頭では次のような朝鮮共産主義運動の認識が示される（「独立運動判決文」）。

> 朝鮮に於ける過去の共産主義運動は欧州に於けるが如きプロレタリア階級を先駆とするものに非ずして、民族主義運動の転化したるものなりしを以て非プロレタリア的運動となり、然も運動は小ブルジョアイン

テリを中心として発展せられ派閥抗争を繰返したる為、其の発展を妨害せられ、遂に西暦一九二八年（昭和三年）六月、コミンテルン第六回大会に於て朝鮮共産党のコミンテルン支部たるの承認を取消さるるに至り……支那事変以来、漸次国際情勢の逼迫するに伴い第二次世界大戦不可避の状態となり、朝鮮内に於ける共産主義者は朝鮮の赤化革命に挺身すべき絶好の機会と為し、各地に共産主義運動展開せらるるの情勢にありたる所……朝鮮を日本帝国の羈絆より離脱せしめ、労働者農民のソヴィエート政権を樹立し、更に進んで共産主義社会の実現を目的とする朝鮮共産党再建の為の無名結社を組織し、□□〔判読不能〕漸次同志を獲得し、昭和十五年三月頃火曜派の主鎮たる朴憲永を右結社の最高指導者として迎え、茲に右結社を京城コムグループと呼称するに至り、其の運動は益々活発に展開せらるるに至りたる

中心とみなされた金東喆《キムドンチョル》（徳山仁義）の「犯罪事実」はソ連共産党入党、東方勤労者共産大学入学のほか、「京城コムグループ」に加入し、その拡大強化のために活動したことである。新治安維持法第一条後段により「処断すべく」とされた（以上、「独立運動判決文」）。

## 無政府主義・民族主義運動関係の「予審終結決定」

無政府主義運動処断の「予審終結決定」をみよう。一九三四年二月二七日、大邱地方法院の有沢作治予審判事によるもので、三人全員を「公判」に付した。公立普通学校訓導時代から金章臣《キムジャンシン》は「無政府主義の書籍を耽読し、其結果遂に該主義を信奉し」とされる。三二年一一月、「国体を変革すると共に私有財産制度を否認する、絶対に自由平等なる新社会の建設を目的とせる黒色青年自由連合と称する秘密結社を組織し」、しばしば被告三人で会合して「無政府主義の研究討議を為し、同志の獲得を図る等目的の達成に努力し」たことなどが「犯罪事実」とされ、治安維持法第一条第一項を「適用処断すべき」とされた（「独立運動判決文」）。

大多数の民族独立運動関係の事件は検事局段階で「公判請求」となるが、予審に回ったものもあり、次のような「予審終結決定」を見いだせる。四一年六月二七日、京城地方法院の中野帀雄予審判事により慶《キョン》（上原）川重《チョンジュン》ら四人（いずれも朝鮮総督府の総督専用エレベーターの運転手）が公判に付された事例である。「民族主義的色彩濃厚なるもの、或は之を諷刺せる小説類を耽読し、日韓併合に不満の念を抱き、強烈なる民族主義思想を抱懐し、朝鮮独立を熱望するに至り」とされた慶川重について、「国体変革の目的を以て」する言動が「犯罪事実」とされた。その一つが三九年五月の次のような言動である。

> 本府三階広間横休憩所に於て被告人山本命根《ミョングン》の……所説に答え、「今次事変に於て日本が敗北するは勿論にして、朝鮮独立団体なる上海仮政府員等は支那事変後、鎮江付近にありて蒋介石政府より相当援助を受け、又米国在留朝鮮同胞より運動資金の補助を仰ぎ排日運動に奔走中にして、其の活躍は勇敢にして大に崇拝すべきものあり、我々も何等かの挙に出て此の一翼を補助すべき」旨、根拠なき風説に自己の想像を交えて語り、今次事変に際し軍事に関し流言飛語を為すと共に、朝鮮独立運動の実行方を提議して同被告人の賛同を得

これは新治安維持法第五条の「朝鮮独立実行協議」とされた（以上、「独立運動判決文」）。

## 宗教関係の「予審終結決定」

一九三〇年代後半になると、宗教関係の治安維持法違反事件が増加する。それらの「予審終結決定」をみよう。

一九三八年九月三〇日、京城地方法院の小林長蔵予審判事は仙道教《ソンドキョ》事件の「予審終結決定」をおこない、金《キム》重燮《ジュンソブ》ら一〇人を「公判」に付し、八人を「免訴」とした。教主金重燮は普天教《プチョンキョ》にあきたらず、二九年四月、「表

面は修行により不食長生神仙と化し得べき旨を説き、以て教徒を獲得し、将来日本帝国の危機に瀕する時に於て一挙に革命を遂行せんこと」を目的とする「道（後世人之を仙道教と称す）と称する宗教類似の結社」を組織したことが、治安維持法第一条第一項に該当するとされた（「独立運動判決文」）。三九年八月八日の京城地方法院公判で金重燮が懲役五年となるほか、全員が有罪となった。

四三年八月一四日、京城地方法院の三幣直次予審判事は無極大道事件の「予審終結決定」をおこない、教主金瓚鎬《キムチャンホ》ら一〇人を「公判」に付し、一五人を「免訴」とした。金瓚鎬が天道教、水雲教を経て三九年一二月に創唱した無極大道《ムグクテド》教の教旨は「世界には近く悪疫凶作兵乱等の三災が到来し、当時の支那事変を始めとして昭和十七年頃迄には世界大戦乱に移行し、人類の死滅、国家の滅亡等が相続くに至るものなるが、此の時に於ては玉皇上帝より善者と判定さるる者のみが死滅を免る」というもので、「我国の国体を否定し、且皇室の尊厳を冒瀆すべき事項を流布することを目的として教徒を結合して創設せる類似宗教」とみなした（「独立運動判決文」）。これは新治安維持法第八条前段に該当するとされた。

### 「予審終結決定」に検事が抗告するケース

日本国内の治安維持法違反事件において予審判事は検事の下請け的存在に甘んじ、検事による骨格にそって「犯罪事実」に肉付けをした「予審終結決定」の作成がその役割となっていた。「予審終結決定」をおこなう際には検事に「意見」を求めるという仕上げの手続きがあった。実際には予審審理の過程で検事と協議をして、骨格から外れないように指導を受けていたと推測される。したがって、管見の限り「予審終結決定」に対して検事が異議を唱えた事例は見当たらない。

それに対して朝鮮においても検事と予審判事の関係は同様ながら、「予審終結決定」に対して検事が抗告する事例が散見する。

治安維持法運用の初動期にあたる一九二六年の真友連盟《ジンウヨンミョン》事件では三月七日の大邱地方法院予審（沢木国衛予審判事）で、栗原一男（東京・自我人社）・椋本運雄（東京・黒化社）・金正根《キムジョングン》は免訴となった。「無政府主義実現の為には直接行動によらざる可からず」という被告らの言動を「何れも単に自己の意現《ママ》を同志間に伝えたるものと見る可くして、之を煽動と認るに足らず」などと判断した。これを不服として検事側は大邱覆審法院に抗告した。五月一二日の「決定」（裁判長深沢新一郎）では、被告三人を公判に付すとした。黒色青年連盟を結成し、その中心となり、「騒擾暴行其の他、生命身体又は財産に危害を加うべき犯罪を暗示せる、所謂破壊的直接行動に依るの外なき旨を以て、内地並に朝鮮に於ける同志を激励煽動し居りたるもの」とされた。

大邱地方法院の公判（裁判長金川広吉、立会検事山沢佐一郎）では栗原は懲役一〇年の求刑を受け、判決では治安維持法第一条と第四条の適用を受け、懲役三年を科された。沢木予審判事は左遷させられたという（以上、布施辰治「或る被告の手紙」『解放』第六巻第一七号、一九二七年一〇月）。

三〇年四月一〇日の『朝鮮新聞』は「治安法免訴に対し　突如検事の抗告　呂運亨第一回公判」と報じた。そこには「それは何かの間違いではありませんか、事件に関与せる検事が抗告する場合は決定前において予審判事はその意見を求める事になっているので、その時機会もある訳で、今更公判廷で抗告されるのは変です、それは何か事由が違っているのではありませんか」という五井節蔵予審判事の談話がある。

この間の経緯をみよう。警察の呂運亨についての「意見書」（二九年七月二九日）では制令第七号と治安維持法違反に該当するとされた。検察（中野俊助検事）の「予審請求書」（八月八日）でも同様で、「犯罪事実」の八として朝鮮共産党をコミンテルンに承認してもらうために曺奉岩の渡航援助をしたことを「朝鮮共産党組織の幇《ほう》助《じょ》を為し、其目的遂行に付策動した」とする。この予審を五井が担当した。三〇年三月一一日の「予審終結決定」では最後に「治維法関係」を「免訴」とする理由が述べられている。「第三国際共産党の承認を得る行為は、朝鮮共産党の組織行為その《ママ》自体と解釈するよりは、寧ろ朝鮮共産党の目的遂行の為めに為したる一行為と看做すを妥当なり」としながらも、旧治安維持法には「如斯《かくのごと》き行為に対し科すべき罰条無き」として、呂運亨が「同行為を幇助したりと雖も罪を構成すべきものにあらざる」という理由である（『朝鮮通信』、三〇年三月一七日）。

三月七日、五井予審判事はこの内容で京城地方法院検事局の伊藤憲郎検事に「意見」を求めた。三月一〇日に伊藤は「公判に付すべき嫌疑十分なり」と返答したが、新聞報道によれば、治安維持法について「免訴」としていることにすでに不服もあったようである。

京城地方法院の公判は「制令第七号違反被告事件」として四月九日に開廷した。ここで伊藤検事は公訴事実の陳述のなかで「予審終結決定書及予審請求書第八記載の犯罪事実の通り」と述べた。「予審終結決定」に含まれなかった治安維持法違反の「予審請求書第八記載の犯罪事実」が追加された。論告求刑でも「大正八年制令第七号第二条第一項及治安維持法第一条を適用し、被告人を懲役五年に処するを相当と思料す」と述べた（以上、『韓国共産主義運動史』資料編Ⅰ）。先の新聞報道によれば、伊藤は「被告の予審終結決定書に依ると、治安維持法は免訴となっているが、是れは不当であると認め、茲に抗告する」と述べたという。伊藤が「予審終結決定」を一度は了解しながらも、公判にあたってなぜそれを翻したのか、事情は不明である。

第一審の判決は呂運亨を保安法違反で懲役三年としたが、治安維持法違反については認めなかった。判決文の最後では、曺奉岩の渡航の援助が朝鮮共産党の幇助と目的遂行にあたるという検事の追起訴について「該公訴事実は前叙判示被告の犯罪事実と併合罪の関係ありと認むる」としながらも、この起訴自体は棄却した（『朝鮮通信』、三〇年五月七日）。

この判決を不服として、検事局が抗告した。六月二日の京城覆審法院の公判で柳原茂検事は「韓国労兵会」

の組織が旧治安維持法第一条に該当するなどとするように、第一審の追起訴の「犯罪事実」とは別のものを持ち出した。六月九日の判決では呂運亨の「国体変革（朝鮮独立）の目的を以てする結社加入」などを認め、治安維持法第一条後段に該当するなどとしつつ、量刑においては保安法第一条を適用し、第一審と同じく懲役三年を科した（『韓国共産主義運動史』資料編Ⅰ）。

この一件のみで判断するのは危険ながら、日本国内の予審判事と検事の関係とはやや異なるものが朝鮮においてはあった。その理由の一つとして、予審判事が思想事件専任の五井節蔵であったことが想定される。五井は治安維持法違反事件に専門的にかかわったキャリアを自負するゆえに、呂運亨事件では治安維持法違反について「免訴」を判断したはずである。五井の場合、思想判事としての自負を有し、思想検事との間に対等に近い関係ができていたといえる。

思想係予審判事としての自負ということでいえば、脇鉄一の場合にもあてはまる。それは、三二年一〇月、間島からの治安維持法違反事件被疑者の移送をめぐる問題で間島の庄司勇司法領事と京城地方法院関係者が打合せをした際、脇が「司法警察官が千枚以上の調書を一日、又は二日にて作成せる形式あるものの如きは措信し得可き調書と云い難く、又拷問の形跡身体に存するもの、例令《たとえば》焼火箸を身体に当てたりとの供述あり、医師の鑑定之に対応する如き、之を公判に付するも公判々事の心証を克《か》ち難く」などとして、間島側の捜査や取調にきびしい注文を付けたことにうかがえる（「鮮人犯罪被疑者の収容審理其他を在間島総領事館より朝鮮総督府に移管関係雑件」）。

三五年一二月二六日、咸興地方法院予審判事は朴正殷《パクジョンウン》らに対する「予審終結決定」で、「江原道《カンウォンド》東海岸の左翼運動線の開拓統括の為、強力なる中央指導機関の組織を企て」、「朝鮮の独立及共産化の目的を有する社会運動中央協議会なる秘密結社を組織」したという「犯罪事実」については十分な嫌疑なしとして「免訴」とした。

これに対して咸興地方法院検事局は抗告したが、三六年三月三一日、京城覆審法院は「原予審終結決定は相当にして、本件抗告は理由なきもの」と棄却を「決定」した（「独立運動判決文」）。

三〇年八月一四日の『東亜日報』には「予審判事決定に検事抗告す　光州学生事件関係四人被告　免訴言渡に対して」と報じる。また、三五年六月四日の同紙には「予審免訴された白衣政府　検事抗告で有罪決定　義烈団と連絡し画策」とある。いずれも具体的なことはわからない。

これらは全体としては少数であったとはいえ、治安維持法の運用についての予審判事と検事の判断が異なることがあったことを意味する。日本国内に比して、朝鮮においては専任の思想係予審判事が一九二九年から配置されていたことが（日本国内では一九三八年に初めて配置）、検事の指導に全面的に追従しない、ある程度の主体性、つまり思想判事としての矜持を把持させたといえる。

## 予審終結イコール「有罪」決定

「予審終結決定」とともに事件の報道が解禁された。注目すべきは、その時点で被告は「有罪」とみなされたことである。実際にはその後の公判でわずかながら「無罪」が言い渡されることはあるが、「予審終結決定」時に「有罪」が決定したとみなすことが慣例になっていた。

「学生共産党事件　十三名有罪と決定　一昨年御大典当時のできごと　廿五日予審終結」

（『大阪毎日新聞』「朝鮮版」、一九三〇年一月二六日）

「鮮満支を股に　共産党を組織　朝鮮共産党の大立者　金燦結審有罪公判へ」

（『大阪朝日新聞付録　朝鮮朝日』、一九三〇年五月六日）

「許憲等事件予審終結、六人全部有罪決定、罪名は保安法違反　民衆大会計画中未然に発覚」

安昌浩의豫審終結
有罪로決定、公判에
◇被檢護送以來五個月
罪名은治維法違反

假政府組織
聯通制創定

李甲、柳東說等提携
新民會組織活動
己酉年에朝鮮脫出

米國서興士團組織
上海遠東部設置
李承晩、鄭翰卿同行

實力養成코저
開拓地物色
中國各地遍踏活動

『東亜日報』1932年10月26日　「安昌浩の予審終結」

（『東亜日報』、一九三〇年九月七日）

「朝鮮共産党の巨魁　金燦の予審終結　有罪の決定与えらる　転々として主義を鼓吹す」

（『朝鮮新聞』、一九三二年五月七日）

「安昌浩《アンチャンホ》の予審終結　有罪に決定　公判に　被検護送以来五個月　罪名は治維法違反」

（『東亜日報』、一九三二年一〇月二六日）

「反帝同盟予審終結　六人は有罪！　きょう公判へ廻さる　一人だけは免訴となる」

（『京城日報』、一九三四年三月三〇日）

記事の本文でも「公判に付す」＝「有罪」という扱いである。「学生秘密結社事件」では「三十名のうち二十九名は有罪となって公判に付せられ、一名は予審免訴となり」（『朝鮮民報』、一九二九年八月八日）、十字架党事件では南宮檍・劉福錫ら四人が「有罪の決定を与えられ」（『朝鮮新聞』、一九三四年八月四日）となっている。

解禁された新聞報道は「予審終結決定」を基調にするものの、それに輪をかけたセンセーショナルな見出しや内容となっている。日本語新聞のいくつか見出しをあげてみよう。

「赤色共産テロの大陰謀事件　九百数十の強爆薬を搬入し　大爆破を企て北鮮に入る　将《まさ》に実行に取りかからんとする計画中　清津署の手に全部捕縛さる」
（『北鮮日報』、一九三二年六月二日）

「神の蔭に隠れて　赤化を説く大立者　中等学生を混えた「赤」の一味ことごとく大邱署に検挙　各部門を設けて巧みに　学校方面にも喰い入る」
（『釜山日報』、一九三三年四月六日）

「社会の毒ガス的存在　共産党再建運動全貌　警察検事局法院年余の苦心　酬いられ予審終結明春公判」
（『群山日報』、一九三三年一二月一二日）

「教員赤化事件の全貌　神聖な教壇を　冒瀆した赤色魔　現職訓導や学生・保母等　約八十名を検挙　朝鮮共産党を再建　全南同盟の密書　あぶり出しの指令書も発見　事件発覚の端緒」
（『大阪毎日新聞　朝鮮版』、一九三四年二月一五日）

このように日本語新聞では煽情的な見出しがつけられ、主に読者である在朝日本人に治安維持法違反事件の悪逆な犯罪性がとくに強調され、朝鮮における共産主義運動や民族独立運動が如何に恐ろしい陰謀であるかを深く植え付けることになった。

本文の記事も同様である。たとえば、三〇年六月一八日の『京城日報』は「花の如き美人交る　間島共産党事件」という見出しにつづけて、「間島一といわれる花も羨むような青淑貞《チョンクジョン》（二一）をもこの運動に捲き込み……これを手先に運動をすすめ、北満の間島に運動は激しくかもしだされていた、殊にこの運動の特質ともみるべきは学校に根拠をおき、ある時は文盲退治と称し夜学校の美名をかって宣伝をなし、又農村青年の教養を開発するとて政治講習会の名を藉って共産主義の宣伝をなしたので、党の中心教員と青年のみをもってつくられるに至った、殊に指導者は青年であるため、直接行動派であり、寝る際もピストルを枕の下に敷いておくというが如き有様」と脚色過多に報じた。女性の被告をことさらに取り上げることは、日本国内の報道でも同様であった。

こうした解禁時の報道で、予審判事の談話が載ることがあった。三一年六月二七日の『京城日報』は「間島一体に亘る　未曾有《みぞう》の暴動事件　一挙極端なテロ化へ　微温的な運動に業を煮やし　忽《たちま》ち下準備に成功す」という見出しの記事のなかで、「百十余日にわたりこの憎むべき一党の審理に没頭した」村田左文予審判事（京城地方法院）の「大体今回の党員の素質は幹部でも中等学校を修めた程度のもので、比較的人物としてはしっかりしたものが多いけれど教養が足らず、愚かしい夢想にふけってこの治世に直接行動の甚だしい騒ぎを起したことは全く言語道断である。彼等小児病者をなおす薬について一般でも大いに考えて頂《いただ》きたいと思っている」という談話を載せた。

三三年六月二日の『鴨江日報』の「全鮮赤化を企てた　共産党再建運動　漸く予審終結決定」という見出しの記事のなかで、新義州地方法院の小田倉勝衛予審判事が「被告一味は悉く頭脳明晰で共産主義に対しては今も絶対的に信奉している、事件が他の治安維持法事件と異るは民族運動が明瞭に織込まれているところである、随って治安維持法違反第二項に更に第一項も適用される」（『日帝下朝鮮関係新聞資料集成』3）と語っている。三四年二月二〇日の『北鮮日報』には「赤色テロ事件」という記事に、清津地方法院の大野憲光予審判事の「思想は単純　行為に統一なし」という談話が載る。いずれも思想断罪の意図が強く満ちている。

## ハングル新聞の報道

このような日本語新聞の過熱した報道ぶりは日本国内の新聞でも同様であったが、ハングル新聞と比べると明らかな違いがある。『朝鮮日報』や『東亜日報』では「予審終結決定」の事実関係を中心として報じ、「予審終結決定書」を全文収録することもあった。

「朝鮮農民社に加入　夜学で思想鼓吹　水原高等農林学校生徒　金燦道等予審決定書」

（『朝鮮日報』、一九三〇年三月六日）

「朝鮮共産運動の巨頭金燦今日予審終結、第一次党組織の重要幹部　海内外活動十余年　崔元沢を吉林に派遣　満洲総局を組織、民族主義転換に党籍除名　正義府にも加担活動　哈爾浜潜入七年で被逮、領事館警官に逮捕され、予審呻吟満一個年」

（『東亜日報』、一九三二年五月七日）

「朝鮮共産党工作委員会予審終結　被告百三名獄死五名未決呻吟三個星霜　半個年、八道に亘った大検挙　関係者総数五六百名　第一次共党以後最大事件　百三名中七十八名を公判に　今日京城地方法院公判に廻附」

（『東亜日報』、一九三三年四月二八日）

「元山《ウォンサン》左翼赤労事件　南仲軍《ナムジュングン》等予審終結　最初に五十余名検挙取調　咸興法院公判に回附（咸興）　製材ゴム工場赤化の地下工作　元山咸興興南《ハムフンフンナム》を舞台に朝共金必寿《キムピルス》とも握手　出版部置いて機関紙発行　発覚端緒は檄

東亞日報

朝鮮共產黨工作委員會豫審終結

被告百三名□獄死五名□未決呻吟三個星霜

半個年、八道에亘한大檢擧

關係者總數五六百名

第一次共黨以後最大事件

百三名中七十八名만公判에

◇今日京城地方法院公判에廻附

共產黨再建委員會

共青滿洲部組織

職工과農民을單位

系統的組織計劃

各鐵道沿線을區分

細胞團體를組織

今回事件重要人物

各道責任者

師範校出身

女訓導로奉職

沿江少年會解消와

事件의發覺과檢擧

南北에檢擧網

潛入直時로

工場과鑛山에

『東亜日報』1933年4月28日　「朝鮮共産党工作委員会予審終結」

（『東亜日報』一九三六年二月一〇日）

文」

ハングル各紙では一九三〇年代前半の社会面の多くは、治安維持法違反事件の検挙・検事局送致・「予審請求」・「予審終結決定」、そして公判と判決の記事で占められている。そこでは社説として「予審の遷延」が取り上げられ、「人を罰せず罪を罰すべきであるという法治国の人権を重んじる立場として、単に予算関係による人員不足の理由で予審が遷延し数百の被告を予審の全期間を通して獄中に苦しめることは、法理上はもちろん人道上あまりにも無慈悲ではないだろうか」（『東亜日報』、一九二九年八月一六日）と論じられるほか、「激増する思想犯　根本対策はいかに」として「とくに朝鮮の民族のように政治・経済において萎縮と制限が強いられるところでは、なおさら思想的原因と社会的欠陥を真剣に研究し、現実的な対策を講じなければならない」（同、一九三二年二月二〇日）と提言されていた。

# Ⅳ

# 公判——法院Ⅱ

主な朝鮮思想司法関係者
上段左から：伊藤憲郎、佐々木日出男、五井節蔵
下段左から：脇鉄一、末広清吉、山下秀樹、洪仁錫
『朝鮮司法大観』

## 一 公判の訊問と陳述

### 朝鮮での思想判事

日本国内では一九三九年八月に四人、四一年一一月に一八人の思想判事が配置された。前者では予審に振り向けられ、後者では東京刑事地方裁判所と大阪地方裁判所に「思想特別公判部」（各三人）を新設するとともに、地方裁判所の予審部に増員した。これに対して朝鮮では前述のように日本国内よりも早く一九二九年九月と三〇年八月、さらに三三年六月に思想係予審判事が配置されているが、公判部の判事に公式の思想係判事がおかれたのは四二年三月の一人にとどまる。これは新治安維持法と国防保安法運用に関する増員（朝鮮総督府裁判所職員定員令中改正、「公文類聚」第六六編・一九四二年・第四〇巻）として、京城《キョンソン》地方法院へ増員された。

とはいえ、治安維持法違反事件の公判では実質的に専任の思想判事が担当していたといってよい。とりわけもっとも思想事件の多い京城地方法院ではその傾向が強かった。

治安維持法違反事件の公判は原則的に合議制をとることになっており、地方法院と覆審法院では裁判長と二人の陪席判事があたる。京城地方法院の第一次・第二次朝鮮共産党事件の公判の場合、裁判長は矢本正平で、陪席判事は脇鉄一と中島仁である。三〇年三月の人事異動で京城地方法院の「刑事合議部」は金川《かながわ》広吉を部長に、小野勝太郎と小林長蔵で構成された（『朝鮮新聞』、一九三〇年三月一九日）。京城覆審法院の呂運亨《ヨウニョン》事件公判

矢本正平
『朝鮮司法大観』

は末広清吉が裁判長で、山下秀樹と池田良之助が陪席となる。地方法院の支庁では判事は一人であるため、合議制をとらない場合もあった。三審にあたる高等法院は五人による合議制である。

一九三五年三月の雑誌『三千里』（第七巻第三号）で弁護士金炳魯《キムビョンノ》が「半島の思想判検事陣」として朝鮮司法陣営の「思想判検事」を概観するように、官制上に規定された思想検事と思想係予審判事とともに、公判判事の思想専門化が実質化していた。三四年段階でみると、この文章で取り上げられているのは、高等法院が五井節蔵判事、京城覆審法院が末広清吉判事、京城地方法院が山下秀樹判事、予審が増村文雄判事、平壌《ピョンヤン》覆審法院は矢本正平判事、大邱《テグ》覆審法院が本多公男判事である。

京城地方法院でみると、上記の矢本のほか、一九三〇年の呂運亨の公判は金川広吉が、一九三〇年代を通じて京城帝国大学反帝同盟事件、十字架《シプジャカ》党事件、間島《カンド》五・三〇事件などの多数の公判を山下秀樹が、水原《スウォン》高等農林学校事件や諺文《おんもん》研究会事件などの一九四〇年前後の公判を釜屋英介が担当した。京城覆審法院では末広が呂運亨事件公判のほか学生ストライキ事件公判などを担当している。

これらの裁判長の経歴をみると、前述の思想検事や思想係予審判事でも同様だが、東京帝国大学ないし京都帝国大学の卒業生で、高等試験司法科に合格するとすぐに朝鮮総督府の司法官試補となり、朝鮮司法界のなかでキャリアを積んでいった。いわば生え抜きの司法官という特徴があり、朝鮮の司法体制は基本的に朝鮮内で完結していたといってよい。

矢本正平は一九一三年九月に司法官試補となり、海州《ヘジュ》地方法院判事を皮切りに地方法院・覆審法院を回り、京城覆審法院民事部部長から朝鮮共産党事件公判の担当に抜擢された。その後、高等法院判事に栄転し、四一年には平壌覆審法院長になっている。末広清吉は大学卒業後、日本国内で司法官となったが、一三年四月に朝鮮に移り、大邱・平壌の各覆審法院判事を経て、二九年一二月に京城覆審法院判事となる。三八年三月に平壌地方法院長で退職している。山下秀樹は二二年五月に朝鮮総督府の司法官試補となり、釜山《プサン》・全州《チョンジュ》地方法院判事、京城覆審法院判事を経て、三〇年一二月に京城地方法院判事となった。四一年に光州《カンジュ》地方法院長、四五年に新義州《シンウィジュ》地方法院長となるが、敗戦後、その経歴により検挙され、収容所で死去した。

上記の判事は敗戦までのキャリアをほぼ現職で終えているが、後述するように多くの判事および検事は途中で退職して弁護士に転じ、治安維持法違反事件公判の弁護にもあたっている。

## 開廷の状況

「公判調書」は法院が作成するもので（裁判長が署名）、公判の進行状況がわかる。裁判長の訊問と被告の陳述は一問一答式で記載されるものの、検事の論告・求刑や弁護人と被告の弁論については簡略化されている。判決の内容についての記載はない。日本国内でも当然作成されたはずだが、治安維持法違反事件について見いだすことができない。朝鮮においては、『韓民族独立運動史資料集』などに収録されている。

民族独立運動の義烈団《ウイリョルダン》事件の徐応浩《ソウンホ》に対する治安維持法違反事件公判の開廷状況を例にとろう。一九二九年一一月二九日、京城地方法院で開廷する。被告は徐応浩ら三人、裁判長は末広清吉、陪席は小野勝太郎と渡辺隆治判事で、立会検事は森浦藤郎、弁護人は浜田虎熊と片岡介三郎が出廷した。裁判長は人定訊問後、治安維持法違反事件について審理することを告げる。検事は「公判請求書記載の通り公訴事実」を陳述する。ここでは検事による「公判請求」だったが、予審に回った場合は「予審終結決定」が公訴事実となる。この公判は例外的に公開のまま進行するが、ほとんどの場合、裁判長が「本件公判は安寧秩序を害す虞《おそれ》あるものと認め、公開を停止す」と宣言し、傍聴者は退廷となる。

裁判長が被告に「此の事件に付て陳述すべきことはないか」と問うと、「御訊ねに依って申述べます」と答え、ここから具体的な訊問がはじまる。被告の学歴・経歴などからはじまり、徐応浩の場合は上海への渡航の経緯や目的が問われた。その後、「義烈団は朝鮮をして帝国の羈絆《きはん》より離脱せしむる事を目的として組織せられたる結社であると云う事を承知して加入したのか」「当時被告は如何《どう》にかして朝鮮を日本より独立させたいと考えて居たのか」などと「公判請求書」の「犯罪事実」にそって訊問していく。徐は「左様であります」と答えることが多い。裁判長の訊問は三〇問程度で、徐は独立運動にもう関わらないとも答えているため、おそらく一時間もかからないでおわったと思われる。ついで、他の二人の被告への訊問も同様におこなわれた。

これらが済むと、裁判長は「証拠調べ」をおこなうと告知し、「司法警察官の被疑者訊問調書」と「検事の被疑者訊問調書」を「採読し、其の都度意見、弁解、反証有無を問う」。被告らは「意見、弁解、反証無し」と答えた。ここで弁護人が被告の「帰鮮後の動静」について二人の証人喚問を申請するが、検事の「其の必要無しとの意見」を受けて、裁判長は申請を認めなかった。一般的に公判で証人喚問が認められることは少なかった。

次に検事が「本件犯罪の証明十分なるを以て治安維持法第一条を適用し、被告人徐応浩を懲役五年、同尹忠《ユンチュン》植《シク》、金哲鎬《キムチョルホ》を懲役二年に処するを相当と思料す」と論告求刑する。弁護人は「被告利益の弁論を為したり」というが、独立運動からの離脱の意志を強調して情状酌量による執行猶予付の寛大な判決を求めたと推測される。最後に被告人の最終の供述となるが、徐らは「供述すべき事無し」と述べた。これで結審となった。被告が弁論を最後の機会として「転向」を確約し、寛大な判決を懇願することもあった。

第二回公判は一二月六日で、裁判長は判決の主文を朗読し、口頭でその「理由の要領」を告げる。最後に「此判決に対し上訴を申立てんとする者は控訴にありては七日内に」申立てをするよう述べて、公判はおわる（判決文不明）。徐応浩らは上訴権を放棄したため、判決が確定した（以上、『韓民族独立運動史資料集』三〇、「義烈闘争3」）。多くは控訴・上告を断念するが、公判廷でその意志を明らかにして服罪する場合のほか、拘置所に戻って熟慮し、期限内に上訴権を行使ないし放棄する場合があった。

一般的に治安維持法違反事件公判は、地方法院・覆審法院ともに二回程度、一〇日間前後でおわる。二回目は判決の言い渡しのみとなるため、実質的な審理は一回だけのことが多かった。「公判請求」の場合は、検事局送致から判決確定までの期間は短かった。

後述する第一次・第二次朝鮮共産党事件公判の弁護にあたった自由法曹団の古屋貞雄は、日本国内の公判と比較して朝鮮の公判で「一番違いがあるのは、法廷に入れる人数の制限で、家族よりほかには入れなかった事です。一般的にいえることは被告や傍聴人が、一言でも半言でも法廷で言葉を交したら退廷を命じる。もう一つ違うことは、廷丁が囲《まわ》りをぐるりと取りまき、威圧するように、数が多い。左翼運動者は国賊ということですね。彼らの態度は傲慢《ごうまん》でしたよ」と証言している（「暗黒下の日朝人民の連帯――昭和初期日本人先覚者の体験を聞く」『朝鮮研究』五三号、一九六六年八月）。

高等法院検事局『思想月報』第二巻第七号（一九三二年一〇月）にある京城地方法院検事正からの報告抜粋「李《リ》雲赫《ウンヒョク》等の法廷に於ける審理状況」をもとに、もう一つの公判開廷状況をみよう。これは後述する裁判闘争の一つだったため、その参考事例として報告・掲載された。

一九三一年六月二五日、京城西大門《ソデムン》警察署で朝鮮共産党並高麗《コリョ》共産青年会準備会事件として、李雲赫らが検挙された。そのうち一八人が九月一日、京城地方法院検事局に送致され、三二年七月七日、脇鉄一予審判事による「予審終結決定」を経て一二人が「公判」に付された。七月八日の『朝鮮新聞』は「朝鮮共産党再建一味

十二名の予審終結　全部有罪の決定を与えらる　労働者と学生の間に　猛烈な赤化の魔手　女委員も各所に潜入」と報じる。

公判は八月二二日から始まった。裁判長は山下秀樹で、陪席は具滋観《グチャガン》と北条新次郎だったが、二回目からは柳原幸雄が具に代わった。立会検事は佐々木日出男で、藤田為与・金炳魯ら弁護人三人（二回目からは四人）が出廷する。裁判長が審理の開始を告げ、一二人の人定訊問後、検事が公訴事実を述べただけで第一回公判はおわった。

九月九日の第二回公判では李雲赫が審理に先立って、次のように発言した。

吾等は久しく勾留せられ、其の間絶《たえ》て同志と会見するの機会なかりしを以て、此処に於て互に握手することを許されたし、又審理は最後迄公開せられたし、尚本件の取調を為すに当り、吾等に対し苛酷なる待遇を為したる警察官在廷するは吾等の自由なる陳述を妨ぐるものなるを以て、同人等に対し退廷を命ぜられたし、裁判長より之に対する返答を聴かざる間は訊問に応ぜず

他の被告も同様に発言した。山下裁判長は裁判の非公開を宣言し、李らの申し出は「許容し難き」としたため、被告らは訊問に応じないとした。弁護人の金炳魯が「被告人等に対し訊問に応ずる様勧告」するとしたが、裁判長は「被告人等をして反省せしむる為」、閉廷した。二〇分ほどだった。

九月一二日の公判は訊問に応じるとした李雲赫と、訊問に応じないとした一一人の被告を分離して進められた。一一人については「被告人等の陳述を聴かざる儘審理を遂げ、検事の論告及弁護人の弁論」があった。ついで、李雲赫も陳述に応じないとしたため、訊問がなされないまま検事の論告求刑があった。

九月一九日、李雲赫を懲役六年（求刑通り）とするほか、他の被告全員が懲役三年から一年六月を科された。未決勾留通算はあるものの、いずれも求刑に近い量刑となった。執行猶予が一人のみだったことも判決のきび

『朝鮮新聞』1933年9月26日　間島五・三〇事件公判

しさを物語る。公判拒否の姿勢も反映しているだろう。二人が控訴するが、残る一〇人の被告はその場で上訴権を放棄し、刑が確定した。

間島五・三〇事件の公判は三三年九月二五日、京城地方法院で始まった。被告は二六四人にのぼったため、この公判のために大法廷が新築された。裁判長は山下秀樹、立会検事は佐々木日出男で、官選弁護人八四人と私選弁護人三人が出廷した。二六日の『朝鮮新聞』に「間島暴動事件公判開廷　被告二百六十余名の戦慄すべき罪名　愈々《いよいよ》断罪の日来り　恐ろしい迄の緊張裡に開廷さる　「職は階級闘争」です　裁判長の審問に対し　答える被告朴文益《パクムンイク》ら」と報じている。

各公判の冒頭と判決言い渡しは公開されたが、それ以外は安寧秩序を害するという理由で非公開となった。公開時には「毎回数十名の傍聴者在廷した」が、「何等動揺の態度なし」だった。

## 波乱の法廷――第一次・第二次朝鮮共産党事件公判

一九二七年三月三一日、第一次・第二次朝鮮共産党事件は五井節蔵判事によって「予審終結決定」がなされ、朴憲永《パクホンヨン》・権五卨《クオンオソル》ら一〇一人が公判に付されることになった。五月五日の『京城日報』は「共産党事件の一件書類愈々《いよいよ》完成　印刷費二千円で六尺の高さ　公判は七月頃開廷か」と報じた。「一件書類」とは警察・検察・予審の各「訊問調書」を中心とした記録で、「一万五千枚」になるという。開廷は七月頃と観測されたが、実際の開廷は遅れた。その理由の一つは、予定していた裁判長が病気となり、急遽、京城覆審法院民事部判事の矢本正平が担当することになったためである。八月上旬、法院と弁護団の協議で開廷が九月一三日と決まった。八月下旬には京城市内で公判に向けた警戒がはじまった。

九月一三日の公判開始は翌一四日の『朝鮮新聞』の見出しによれば、「日本思想史上の一大事　きょう裁きの第一日　大陰謀に連なる者実に百一名　朝鮮共産党事件公判　この日午前二時　雨の中に傍聴券公布　騎馬警官の馬蹄の響　厳重な警戒を物語る　人眼を惹く断髪美人　傷ましい家族達の眼　重苦しい空気漂い　午前十時いよいよ開く　特別傍聴人の顔触れ　奇声を発し叱られる被告」というものだった。

一四日の『京城日報』は「そぼ降る小雨にあけはなたれた朝、雨をものともせぬ人の群が鐘路《ジョンロ》交叉点から西に立並んでいる、佩剣《はいけん》がカチャカチャと鳴る、舗石を踏む靴の音、数多き警官の右往左往するのが鐘路一帯の空気を緊張せしめる、人の群がどよめく、警官が声をからして制止している、こうした朝あけの空気のうちに、雨にぬかる道にタイヤを食いこませて二台の囚人自動車が京城地方法院の正門内に入りこんだ、また群がって居る

『京城日報』1927年9月14日　朝鮮共産党事件公判

黒山の人が動揺をおこした、警官が□〔判読不能〕たして、これを整理する、雑音、あわただしき気分、そのうちにも緊張せる空気が重々しくみちて居る」と報じた。

また、一四日の『東京朝日新聞』には「この公判を目あてに策動する主義者の活動目覚ましきものありとのうわさに全市の警官一千名は数日来大警戒につとめ、十二日には旅館、思想団本部その他要所の一せい臨検を行い、法院構内には数ヶ所に鉄条網を張り、水ももらさぬ警戒振を示した」とある。

公判の裁判長は矢本正平、陪席判事は脇鉄一と中島仁、立会検事は中野俊助で、被告は九四人が出廷した（六人が病気で欠席、保釈中の一人は無届欠席）。弁護人は在京城の日本人弁護士と朝鮮人弁護士一九人のほか、東京から自由法曹団の古屋貞雄が出廷した（布施辰治の参加は遅れる）。結審までの公判は四八回におよび、第一回から判決言い渡しまで五カ月を要したが、この間にさまざまな波乱が生じた。

まず、第一回公判で金泰栄《キムテヨン》弁護人らは司法手続きの不備を指摘した。それは九月一五日に矢本裁判長宛に提出された被告朴憲永ら二〇人による「抗弁書」（「高允相《コユンサン》外百名（治安維持法違反等）」、国史編纂委員会所蔵）で詳細に論じられている。斎藤実朝鮮総督が新義州地方法院予審に繋続中の第一次朝鮮共産党事件被告を京城地方法院予審に移送させた命令は「新義州地方法院長、同検事正たる行政官宛にて発したるものにして、独立官庁たる新義州地方法院を代表する予審判事に命じたるものにあらざる」ため、刑事訴訟法上の手続きに違反すると主張して公訴棄却を求めた。裁判長は弁護団との協議で意見は聞いておくとしただけで、公判は進められた。

第一回公判で中野検事は公判の公開禁止を求め、弁護団はそれに抗議したが、一五日の第二回公判以降、非公開となった。

九月二七日の第七回公判では弁護人が出廷しない事態となり、被告も訊問に応じないとしたのですぐに閉廷した。二八日の『朝鮮日報』には「弁護士が裁判廷に立会しなかった理由は、第一、筆記して居った金警部補は共産党、即ち現在の被告等を直接取調べた警官である。幾ら私服であっても法廷に来て筆記をすれば被告等は供述上自由を拘束される恐れがあるから、自由供述を基調として本事件を裁判しようと云う意味の下に警官の退廷を要求した」とある。裁判長が応じなかったため、これに抗議して一〇人以上の弁護人が「辞任届」を提出した。「金警部補」とは京城鐘路警察署の金晃圭《キムファンギュ》だろう。裁判長は弁護団の主張を認め、「傍聴禁止の公判廷内外には、被告人の自由供述の妨げとなるものは、警察官は勿論何人《なんぴと》も入廷を禁ずる事とした」（石橋省吾「朝鮮共産党事件公判に於ける弁護人総辞任問題に就て」『台湾警察協会雑誌』第一二六号、一九二七年一二月）ため、弁護人は再び「弁護届」を提出し、一〇月四日の第九回公判から出廷している。

弁護人の一人李仁《リイン》は、九月二二日、東京の布施辰治に次のように公判の様子を伝えている（布施「東京と京城の間」『解放』第六巻第一二号、一九二七年一二月）。

此事件は誠に言語道断で、全朝鮮にある主義及び思想団体と称せらるるものを全部一網打尽的に（罪の有無に拘らず、平素懇意なものをも）無訳に検挙し、態々《わざわざ》事件を拵上《こしらえ》げ、警察及予審に於て事件を大成せしむる後は、公判廷に於ても拷問等をなした司法警察官自身、裁判官背後に傲然《ごうぜん》構え居り、一面警部等を法廷に忍込ませ、公判を筆記せしむる等、厚顔無恥、横暴肆虐《しぎゃく》、筆舌に尽し難い程であります

このころ、弁護人は病気の被告の保釈に奔走していた。そのうちの一人朴憲永は九月二二日の第五回公判には出廷できなかった。同日、収容されている西大門刑務所長から、朴が「裁判所も刑務所も汝等も共謀の上に我我を殺人的の取扱いをなす、何の食物も毒を入れ我を殺す積りなれば、之より絶対食を採らず」などの「常態と認め難」い状態との報告がなされた。一〇月、弁護人は「身体極度に衰弱のみならず、全く精神に異状を起し、心神喪失の人事不省に陥り回復の見込みなきに付、若し以上在監せしむる場合は生命に危険を来たす慮《ママ》れある」と保釈を求めたが、検事の反対により保釈は認められなかった（以上、「高允相外百名（治安維持法違反

동아일보

停頓된朝鮮共産黨事件公判

裁判長忌避申請理由는今日中書面으로提出

재판소는판사세사람을지명하야 기피에대한가부를먼저판결뎡

公判續行은빨리도四個月後?

「證人全部却下는偏頗한裁判이確實」

재판당기피신청리유에대하야 辯護側代表某氏談

公判停頓! 변호사단(上) 피고(下)의퇴뎡

「心證만어드면證人은何用」

忌避申請과某判事談

九州學友會

島民六名又復獄行

數年來宿案中이든

延崇兩專校競技

明春부터實現하기로略定

『東亜日報』1927年11月19日　裁判長忌避

等)」)。その後、一一月二二日になってようやく保釈が認められた。朴の裁判は他の保釈された被告とともに分離公判になった。なお、朴は二八年一一月、朝鮮からソ連に脱出するが、三三年八月に上海で検挙された。三四年一二月、京城地方法院の公判で山下秀樹裁判長から懲役六年を言い渡された。

二八年一月一六日の『朝鮮日報』は「共産党事件の結審を見て」(『朝鮮思想通信』による)と題する社説で、「法廷内の重大なる波紋は拷問警察官告訴が其れであり、今一つは被告人の利益の為めに弁護人の申請に依る証人棄却され、遂に裁判長忌避問題を提出し、公判は一時中断するの已むなきに至った」と公判の経過を振り返り、「斯くの如く朝鮮の司法機関が警察行政の掣肘《せいちゅう》を受けることとなり、最後迄暗黒裁判は一貫して継続した」と論じた。

## 拷問の暴露と裁判長忌避

すでに警察の「拷問」のところでみたように、一九二七年九月一五日の第二回公判で金在鳳《キムジェポン》が警察の「訊問調書」が拷問によるものであることを供述したのを手始めに、二二日の第五回公判で宋徳満《ソンドクマン》は新義州警察署での拷問の実態を詳細に暴露した。その後も各被告は拷問の実態を陳述し、ついに拷問警察官の告発におよんだ。また、五井節蔵予審判事による暴力的で威嚇的な予審廷での取調についても、被告らは具体的に陳述していた。

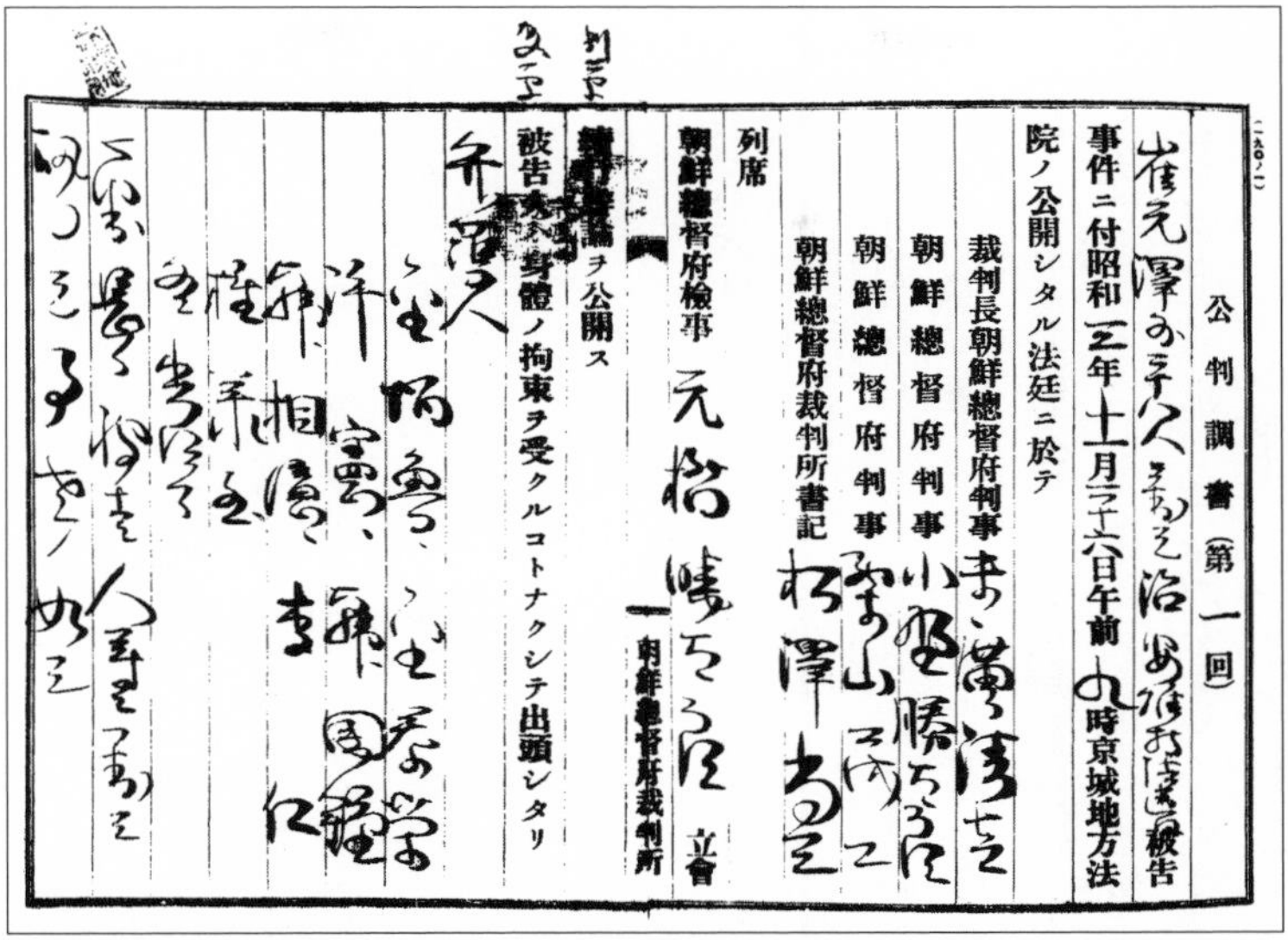
公判調書（第一回）
事件ニ付昭和三年十一月二十六日午前九時京城地方法院ノ公開シタル法廷ニ於テ
裁判長朝鮮総督府判事
朝鮮総督府判事
朝鮮総督府判事
朝鮮総督府裁判所書記
列席
朝鮮総督府検事
被告ハ身体ノ拘束ヲ受クルコトナクシテ出頭シタリ

「公判調書」1928年11月26日　京城地方法院　末広清吉裁判長
「治安維持法違反訊問調書：崔元沢外二八名」、韓国・国会図書館所蔵

『朝鮮日報』社説が「朝鮮の司法機関が警察行政の掣肘を受けることとなり」としたのは、こうした「拷問」警察官を不問に付す背後に「警察行政」の圧力があるとみているからだろう。

「裁判長忌避問題」をみよう。一一月一二日の第二六回公判で九五人の被告の訊問が終了すると、一五日の公判で弁護団は裁判長に四八人の証人申請をおこなった。そのなかには京城鐘路警察署の高等主任三輪和三郎警部、吉野藤蔵・金晃圭警部補、新義州警察署の茅根龍夫警部補、五井節蔵予審判事らの「拷問」の加害者が含まれていた。河上肇も含まれていた（『京城日報』、一一月一七日）。矢本裁判長がこの申請をすべて却下したため、弁護団は「偏頗《へんぱ》な裁判を受ける恐れあり」という理由で、裁判長と脇・中島陪席判事に対する忌避を京城地方法院長に申請するに至った。このために公判は一時中断となった。

別の裁判長による書面審理の結果、この忌避は「理由なし」と却下された。一二月一五日、第二八回公判が再開された。一五日の『京城日報』は「事実審理は全部済んでいるので、被告から申出事項のない限りは公判は進行して、直に検事の論告に入る模様である」と報じている。

二八年一月一二日の『京城日報』は「朝鮮共産党事件　近く結審の運び　公判を重ぬる事四十四回」と報じ、「随分骨の折れた大公判であったが、漸く公判が進捗して今週の土曜日までにはすっかり結審出来るようだ」という矢本裁判長の談話を載せた。

## 「案外軽い」判決

一九二八年二月一三日、判決が下った。治安維持法第一条第一項に該当するとして、金在鳳と姜達永《カンダルヨン》が懲役六年となるほか、八〇人が懲役五年から八月の有罪となり、一三人が無罪となった（判決の内容については前著『朝鮮の治安維持法』参照）。

一四日の『京城日報』は「朝鮮共産党一味に断罪の日来る　六ヶ月間に四十八回の難公判　九十五名に判決下る」と大きく報じた。同日の『朝鮮新聞』によれば、判決主文を言い渡す前に矢本裁判長は「社会運動の研究をなすならば社会全般を縦横に見て精密なる研究を重ねてもらいたい、今後は決して時代的な思想に捉われて軽挙妄動をさけ、正当なる研究をなし、将来は常に第三者の地位にあって慎重なる態度を持せられたい」と訓戒した。なお、『京城日報』によれば、この訓戒は「被告等の抱く思想主義は果して正当なものであるか否かは被告自身としては判らぬが、第三者の位置から観察すれば明かなものである。将来一層考慮せねばならぬ」というものだったという。

ここで『朝鮮新聞』が「案外軽く判決降る」としていることが注目される。そこでは無罪の多さと未決勾留通算がなされていることをあげるほか、量刑に不満気味の中野俊助検事の控訴の意向も観測している（実際には検事控訴はなされなかった）。日本国内の日本共産党中央部統一公判において、三・一五事件で検挙された徳田球一や福本和夫・志賀義雄らが当初の治安維持法第一条を適用されて規定の最高刑である懲役一〇年を科されたことと比較すると、第一次・第二次朝鮮共産党事件の最高刑が懲役六年（二人）であったことは、やや軽い判決だったといえる。一二月二七日に判決となる第一次間島共産党事件公判でも最高刑は懲役六年（一人）であった。

朝鮮における治安維持法の苛酷な運用という全体的な評価からみるとやや奇異に思えるが、本格的な運用に入ったとはいえ、第一次・第二次朝鮮共産党事件の公判はまだ初期の段階であった。運用の苛酷さは二八年の治安維持法「改正」後に発揮されていく。

## 「治安維持法は古今稀な悪法」――権五卨の陳述

第一次・第二次朝鮮共産党事件の京城地方法院における「公判調書」は全四八回のうち、一一月一日の第二一回公判までの被告への訊問と陳述が残されている（「高允相外百名（治安維持法違反等）」、国史編纂委員会所蔵）。後半の検事の論告求刑や弁護人および被告の弁論の内容を知ることはできない。

すでに「拷問」の暴露や検事・予審各「訊問調書」の詐術についてみるなかで「公判調書」での訊問と陳述のやりとりについては触れたので、ここでは概略にとどめたうえで、権五卨の陳述に注目してみる。

第二回公判の金在鳳に対する被告訊問を皮切りに、朝鮮共産党・高麗共産青年会の組織、指導にあたったとみなされた被告は一回の公判で二、三人ずつ、党・会への加入者には一回の公判で一〇人前後の訊問をおこなった。矢本裁判長は主に予審「訊問調書」にそって、また警察・検事の「訊問調書」を補完的に用いて、訊問を進めていく。その際に各被告に対して共通して訊問するのは、「被告等が朝鮮共産党を組織せし動機は如何」「被告等が朝鮮共産党を組織せしは我帝国の国体を変革し、私有財産制度を否認する目的ではあらざりしや」「被告は朝鮮の独立を希望せるや」などであった。

朝鮮共産党や高麗共産青年会が「国体」変革や「私有財産制度」否認を目的とはしていないと被告が陳述すると、裁判長は「被告は当院予審に於て朝鮮共産党は我帝国の国体を変革し、私有財産制度を否認する目的を以て組織せられたものと申述べて居るが如何」「併し被告は予審第三回訊問の際、朝鮮共産党は其の共産制度の実現を期するばかりでなく、朝鮮を我帝国の羈絆より離脱せしむることをも其の目的として居た様に申述べて居るが如何」などと追及する。これに対して、被告は「拷問」による供述の強要や作成者の虚偽であると訴えるが、裁判長は聞入れなかった。

そうした裁判長と被告のやりとりのなかで、自らの思想を積極的に展開して異彩を放ったのが中心人物の一人とみなされて懲役五年を科せられた権五卨である。一〇月一五日の第一五回公判は他の被告と同様な訊問と陳述だったが、二〇日の第一六回公判で権は「前回の供述にして其のたらざる点を補充致したし」と申立てた。補充されたのは高麗共産青年会への入会についてであったが、そこから大きく展開して二二日の第一七回公判も含めると、実質的に三回分の公判が権五卨一人にあてられたことになる。

権は第一六回で「現代社会制度の欠陥」を痛感したことが「共産主義に共鳴」する要因と述べたうえで、「朝鮮共産党と高麗共産青年会とを組織せし動機如何」という裁判長の問いに、次のような陳述を展開する。

凡そ如何なる国を問わず、国民は其の国家の政治に依りて生かされて行くものであり、其の善悪に依って国民生活の安定か否やを決せらるべきものであります。

私等朝鮮人が朝鮮総督府統治の下に於て生活の安定を得られぬと言う事は現時の朝鮮の社会状態を見て何人も察知し得らるる処であり、如此《かくのごとき》生活の不安定は現総督政治の欠陥に原因するものでなくて何でありましょう。

寺内、長谷川総督は軍閥政治を行い、夫れに代った現斎藤総督も又海軍の軍人でありますが、文化政治とか何とか申し、背広姿で居られ、如此総督によりて統治せらるることを大きな幸福な様に言う者もありますが、併し夫れは果して間違なき処でありましょうか、前の二総督は武断政治と申して居りましたから其の出所は明かですが、斎藤総督は羽織袴で多数の密行巡査を引連れ歩《あ》るかれますので、来たのか行ったのか。而して警察方面に付て見るに各地方に必要以上の多数の警察官を駐在せしめ、此の警察官包囲の内に於て如何に言論、集会等の自由が圧迫されて居るか

さらに具体的な事例をあげて「朝鮮に於ける言論、集会、出版等の自由は極端に制限され、宗教又は総督政治謳歌の演説会の外は殆んど全く禁止さるるの実情」「朝鮮全道を警察官を以て包囲せしめ、恰《あたか》も朝鮮は一大牢獄の観を呈して居」る状態を指摘する。

さらに「産業上より見たる朝鮮人の破産」を多方面から解き明かした。農業・農村についてみると、「当局は朝鮮の産業は発展し、禿山が青くなり、田畑が多くなったと高唱しますが、夫等の土地は朝鮮人の手に置かれず、東洋拓殖会社又は日本人高利貸の手に渡り、会社は更に之れを日本人の移民に払下げ、以て朝鮮人の食料を得るの資を失わしめて仕舞いました」と陳述する。実際の例として黄海道《ファンへド》載寧《チェリョン》平野をあげて「此の平野は「余り地」と謂われ、其の地方の住民は其の平野より喰いて余り、着て余ると言う処から左様に申されて居たのですが、一旦之れが東拓（東洋拓殖会社――引用者注）の手に入ると共に日本人部落は続々出来まして、朝鮮人は住み馴れた土地を追われて他へ移住せねばならぬ様な悲惨な状態になった」と述べた。

教育方面の「奴隷」養成の状況も詳述する。総督統治に対する糾弾の言葉ははげしく、それらの欠陥が朝鮮人に「生きる事の困難なるの余り、我等をして生かしめよと叫ばざるを得」なくさせ、朝鮮共産党を生み出したとする。

二二日の第一七回公判で、さらに権は「補充することあり」として陳述した。「要するに朝鮮共産党の復活は現下の総督政治の幾多の欠陥を少くし、且将来共産なる政治結社（政党）を組織する準備として姜達永、李《リ》準泰《スンテ》、洪南杓《ホンナムピョ》、全政琯《チョンジョンカン》、金綴洙《キムチョルス》等と事を一緒に遣ったわけであります」とした。ついで「法律は社会の進化に先《さきだ》って進化するものではなくて、社会の進化に伴うて進化するものであると思う。故に吾々社会運動者を極端に圧迫することは、即ち社会進化の促進を阻害することになる、夫れを取締まる治安維持法は古今稀《まれ》な悪法であると思う。吾々は如斯《かくのごとき》悪法の一日も早く撤廃されんことを希望します」とも陳述している。治安維持法が本質的に悪法であると言い切った。

権五卨がその後の公判で、とくに検事の論告求刑後の弁論でどのような陳述をおこなったのか注目されるところだが、その記録は残されていない。

## 総督政治への理解と同意を求める裁判長――民族独立運動事件公判

民族独立運動事件の大半は「犯罪事実」を認め、予審を経ずに直接「公判請求」された。そのため公判でも「犯罪事実」を争うことは少なく、スムーズに進行し、二回程度でおわることが多かった。

共鳴団《コンミョンダン》への加入や独立軍資金獲得のための強盗・郵便自動車襲撃を問われた崔養玉《チェヤンオク》・金正連《キムジョンリョン》ら三人に対する京城地方法院公判（裁判長末広清吉、立会検事中野俊助、弁護人李仁ら）は、一九二九年一二月六日に開かれた。

裁判長の「犯罪事実」にそった訊問に、崔養玉はほとんど「左様であります」とのみ答えた。最後に「被告は只今でも其の加入した共鳴団の目的趣旨の如く朝鮮の独立を希望して居るのか」と問われると、「団長の命を聴いて軽挙盲動した事を恥しく思って居ります。夫れは犯罪当時一時の心の迷いでありまして、刑務所に入って能く考えて見ますと恥しくあります」と陳述する。金正連もほぼ「左様であります」という陳述に終始する。検事は「本件犯罪の証明十分なる」として治安維持法第一条と刑法などを適用して崔養玉に懲役一〇年を、金正連に懲役八年を求刑した。弁護人は「被告人等利益の弁論」をおこない、被告らの最終弁論もなかった(以上、『韓民族独立運動史資料集』四一、「独立軍資金募集10」)。一二月一三日の判決は求刑通りとなり、被告らは上訴権を放棄した。

ハワイからの帰国中、神戸水上警察署で検挙され、朝鮮に移送された趙鏞夏《チョヨンハ》に対する京城地方法院の公判(裁判長山下秀樹、立会検事佐々木日出男、弁護人金炳魯・李仁)は三三年三月三一日に開かれた。「犯罪事実」とされたことについての訊問には「左様であります」と答えているが、最後には次のようなやりとりがあった。

問　被告は此度可なり永く刑務所等に拘束されて居たのであるが、其の間種々考えた事であろうと思うが、其の間何か心境の変化でもなかったか。

答　過去並現在に於ける朝鮮の独立と云う事は駄目だと考えて居りますが、独立と云う事は人の力と神の力とが結合し、神の命に依り独立を許される時に独立ができるものであると考えて居ります。而して鮮人の実力を充実させた暁に於ては、左様な時が必ず来ると信じて居りますので、鮮人の真面目な努力を期待し乍《なが》ら独立の希望は捨てる訳には行きませぬ。

問　然し日韓併合以来、日本帝国は鮮人大衆と云う事を常に念頭に起き鮮人文化の向上と云う事に心を致し、種種の施設を為し、朝鮮民族の幸福と云う事に付いて専心努力して居るのであるが、日本帝国の政治に満足する事は出来ないか。

答　日本の政治に付いては多少感謝して居りますが、それのみを以て満足する事は出来ないのであります。

朝鮮独立が現実的に展望できないとしつつ、なお「独立の希望」を持ちつづける趙鏞夏に、山下裁判長は「朝鮮民族の幸福と云う事に付いて専心努力して居る」日本の統治に満足すべきではないかと迫るが、「多少感謝」する程度で独立への意志を放棄することはなかった。検事の求刑通りに判決が懲役二年六月となるのは、この独立思想の堅持も理由の一つであろう。なお、弁護人李仁が「本件は何れも犯罪を構成せず」として無罪を求めたのに対して、金炳魯は「執行猶予の御恩典に浴《よく》し度《た》き旨利益の弁論」をおこなった。判決の言い渡しは同日の午後になされている（以上、『韓民族独立運動史資料集』四二、「独立軍資金募集11」）。

義烈団に加入後、朝鮮革命幹部学校に学び、平壌潜入後は労働運動に奔走したことで検挙・起訴された洪加《ホンカ》勒《ルク》については前述した。その洪加勒ら三人に対する公判は三五年二月八日、京城地方法院で開かれた（裁判長山下秀樹、立会検事村田左文）。なお、「公判調書」には弁護人出廷の記載はなく、弁護人抜きでおこなわれた可能性が高い。

山下裁判長が「公訴事実」を告げると、「被告人は公訴事実は総て相違なき旨」申立てた。裁判長は「被告人は朝鮮が其以前、支那若しくは露西亜《ロシア》に侵略せられ居ったる時代と我帝国と同一政治圏内に在る現状とを比較して、其の何れが朝鮮の一般大衆が幸福なる生活を営み居るやに付て研究して見たことがあるか」「現在に於ても為政者当局は誠意を以て困憊《こんぱい》せる農山漁村の救済に全幅の努力を払い、着着《ちゃくちゃく》其の成果を挙げ居る様なるが、被告人は此の事実を如何に観るか」などと迫った。

こうした総督政治への同意と肯定を求める訊問に、洪加勒は「左様な政策を行って居る事は争いませぬが、夫れは要するに欺瞞政策以外の何物でもなく、現在の如き制度の下に於ては「プロレタリア」は働けば働く程搾取せられるのでありますから、如何にしても先づ斯かる階級制度を打破しなければならぬと思います」と真っ向から反駁した。ついで裁判長から「然らば被告人は今後も斯様な運動を継続してやる積りか」と問われると、洪加勒は「現在では斯様な運動をしても失敗に帰する様では何等活動しないのも同様でありますから、只今は同じ失敗するなら親・兄弟の為に働こうと思って居るのであります」と独立運動からの離脱を陳述した。

洪加勒は証拠調べにも、最終の弁論でも何もないとした。検事は治安維持法第一条第一項を適用して懲役二年六月を求刑した。二月一三日の判決言い渡しでは求刑を上回る懲役三年という量刑となった。運動からの離脱表明にもかかわらず、総督政治を全面的に否定したことが山下裁判長を硬化させただろう。洪は二月一五日、上訴権を放棄し服罪した（以上、『韓民族独立運動史資料集』三一、「義烈闘争４」）。

その後も山下が裁判長となる公判では、被告が「犯罪事実」を認めた場合には訊問の重点は総督政治への理解や同意を求めることに置かれた。三五年二月二六日の韓国独立党関連の李圭彩《リギュチェ》に対する京城地方法院公判（立会検事村田左文、弁護人李仁）では、総督政治への強い不満をもつ被告に対して、山下裁判長は「朝鮮に於ける一般大衆も為政当局の適切なる政策の遂行により漸次精神的、物質的に更生され、漸次其生活は向上の一途を辿りつつあれば敢て独立せず共差支ないのではないか」と問いただす。これに対して、李圭彩は「左様な事情も知らぬではありませぬが、根本的に観念が違うのでありますから致方ありませぬ」と突っぱねた。

山下はこれであきらめず、「満洲事変」以降、在満の「数百万の鮮農」の生活が安定してきたことへの見解を問い、李から「満洲出兵、満洲国出現に依り満洲在住朝鮮人の生活が非常に安定した事は事実でありますから、私は之に対しては十分好意を以て迎えて居り、殊に日本の満洲出兵は天意に基くものに外ならずと考え、謝意を表して居る次第であります」という陳述を得る。そこからこじ開けようとする裁判長と、それを拒絶する李圭彩とのやりとりは次のように展開された。

問　左様に日本の立場並に施政が理解せられ居るならば、現に加山《カサン》面長として総督政治の中核機関として活躍し居る兄弟と提携して民衆生活の向上に努力して、誤れる独立思想の如きを抛棄《ほうき》し、被告人自ら亦更生の途に進む様しては如何。

答　私が日本の施政に好意を以て居る事と朝鮮の独立を熱望して居ると云う事とは全く別問題でありまして、兄が如何なる立場に在り、又如何なる事を致して居りましょうと私の信念を曲げて之と同化する事は全然出来ない事であります。

「誤れる独立思想」の矯正をめざしてあの手この手の手法を用いるが、李の「朝鮮の独立」熱望の強い意志をくじくことはできなかった。検事は論告で「被告人は熾烈なる民族主義者にして今日に至るも之を改めざるものなれば、之に対しては相当厳罰に付するの要あり」と述べて、治安維持法第一条を適用して懲役一〇年を求刑した。弁護人は「犯罪の証明なき」として無罪を主張した。最終弁論で李は「無之旨《これなきむね》」答えた。三月五日の第二回公判で、求刑通り懲役一〇年が科された。李は上訴権を放棄して刑が確定した（以上、『韓民族独立運動史資料集』四三、「中国地域独立運動　裁判記録1」）。

管見に入ったのは京城地方法院の山下秀樹が裁判長となる公判に限られるが、民族独立運動関係の治安維持法違反事件の全般的な公判においては、とりわけ一九三〇年代以降、「誤れる独立思想」を矯正し、総督政治への同意・肯定を引き出すことに注力がなされたのではないかと推測される。

## 十字架党事件公判における訊問と陳述

一九三五年一月一八日、京城地方法院で十字架党事件の公判が開かれた。裁判長は山下秀樹、立会検事が村田左文で、弁護人として李仁が出廷した。まず、保安法違反とされた南宮檍《ナムグンオク》への訊問をみよう。南宮が「予審終結決定」の公訴事実について「相違なき旨」として争わないとしつつ、独立への希望を強く把持していることを確認すると、ここでも山下裁判長は総督政治への同意と肯定を求める訊問を連発した。「朝鮮は其以前には支那及露西亜より常に侵略せられ、為に民は塗炭の苦を受け居たる為、東洋永遠の平和と一視同仁の精神により日韓併合が行われたるものなるが、被告人は左様に考えぬか」「それでは被告人は旧李朝時代と併合後に於ける朝鮮一般民衆の生活が何れか幸福なるかに対して研究して見た事があるか」「併合後の今日では朝鮮の一般民衆は働きさえすれば旧李朝時代に比し、より幸福なる生活を営む事が出来る状態になって居るのではないか」などと責め立てる。

これに対して南宮檍は「只今では年を取りましたので、左様な問題に対しては何も考えて居りませぬ」「二、三日前の事を直ぐ忘れる様な今日となっては左様な問題に付て研究する事は出来ませぬので、私は左様な問題に付ては何も考えず、極めて平静な生活を送って居るのであります」とはぐらかしたり、「左様にも考えて居りませぬ」と不同意の姿勢を崩さない。

人格者・教育者として崇敬を集める南宮檍の独立の意志を裁判を通じてくじくことが社会的にも影響をおよぼすと考えてだろう、「結局被告人は日韓併合が果して朝鮮民族に対し幸福を齎《もたら》し居るや、又は不利なる結果を招来し居るやに付ては何等検討する事なく、只《ただ》感情的に日韓併合に対して之を快々《おうおう》思い居る訳か」と裁判長は追及を止めないが、南宮は「左様であります」と開き直っている。そこで、裁判長は真正面から総督政治への同意を求めることはあきらめ、部分的には良いところもあると認めさせることに転換する。次のような訊問と陳述のやりとりとなる。

問　然らば被告人は真に一般大衆が経済的に救済され、精神的に慰安を求め得べき政治が行われるとせば、総督政治に対しても反対はないか。

答　以前は民族的感情より凡《すべ》ての事に対して不平不満を持って居りましたが、只今では真に御訊《おたずね》の如き政策が実行せらるれば感謝する所で、元より総督政治に対して異論はありませぬ。

問　現在当局が実行しつつある政策が、即ち只今述べたる如き精神より出でたるものなるが、被告人は左様に思わなかったか。

答　左様な事は気付きませぬでした。

問　其の為、洪川等に於ても郡庁其他の官公署の職員が懸命の努力を為し居る筈なるが、被告人はそれを知らぬか。

答　御訊の如き目的からか怎《ど》うかは存じませぬが、私が本件にて検挙せられた約一年前より居面にも農村振興会なるものが出来て色々仕事をやって居りますが、それは只今御訊の如く総督政治の発露であれば、今迄行われた何れの施政よりも一番良いと思って居るのであります。

問　斯様にして為政者は民衆の生活を向上せしめんと努力し居るものなれば、被告人としても時代の進運を知らず、徒らに何時迄も日韓併合に反対するの必要なかるべしと思料せらるるが如何。

答　元より左様であります。左様な趣旨で総督政治が行われて居るのであれば、私はそれに大賛成であります。

問　それでは今後は再び斯様な事はしないか。

答　良く御話が判りましたし、自らも知って居りますので、今後はやれと云われても致しませぬ。

ここでも南宮檍の「誤れる独立思想」の矯正に躍起となっており、「時代の進運」によって「民衆の生活」向上が図られつつあることに目を向けさせ、同意を取りつけようとした。一見、山下裁判長が総督政治を認めさせるところまで南宮を追い込んだかにみえるが、それが「民衆の生活」向上の施策とかけ離れたものになれば、南宮の独立への信念は復活するはずである。しかも「今後はやれと云われても致しませぬ」との陳述は、南宮はいたって真面目ながら、裁判長をからかっているようでもある。

治安維持法違反とされた劉福錫《リュボクソク》は公訴事実の認否を問われて、十字架党の組織を認める一方で、朝鮮の独立を目的としていなかったと主張する。個別の差別待遇に不平はあるが、「日本の統治策全般に対しては不満はない」こと、警察で日本帝国主義に反対するなどと供述したことは拷問による強制であること、朝鮮の独立も希望していないという陳述を繰りかえした。共産主義についても「独特の唯物思想に偏寄」するものゆえ、「斯様な思想は極力排撃しなければならぬ」とも述べる。

「被告人等は十字架党を組織して同志を獲得し、其の運動を拡大せしめんとし居りし事は相違ないか」という裁判長の最後の訊問にも「それは相違ありませぬ。元来十字架党は宗教的に全世界を統一して地上に真の楽土、即ち天国を建設せんとする運動でありますので、広く同志を獲得して其所期の目的の為に運動する筈であったのでありますが、未だ運動の実績が挙らざる内、斯様な事になったもので、心外に堪えないのであります」と陳述している。

検事は南宮檍に懲役一〇月を、劉福錫には懲役一年六月を求刑する。被告の最終弁論で劉福錫は「十字架党は屢述《るじゅつ》せる如く、宗教が共産主義により侵略されんとするに際し、之を擁護せんとして組織したるものにして、其加入の条件の如きも洗礼を受けたる教徒ならざるべからざる事となり居るのみならず、修道院を起して運動せんとしたるものにして、毫《ごう》も政治的意味を含めるものに非ざるに不拘《かかわらず》、自分が朝鮮人なるが故を以て其純真な宗教運動を目するに共産主義運動を以てせられたる事は遺憾に堪えざる」という陳述をおこなった。南宮檍は「別に無之旨」答えた（以上、『韓民族独立運動史資料集』四八、「十字架党事件　裁判記録２」）。

一月三一日の二回目の公判で、南宮檍にあっては総督政治を認める地点まで後退したにもかかわらず保安法違反で懲役一〇月（執行猶予三年）、また劉福錫にあっては懸命に十字架党の目的が独立と無関係であることを弁明したにもかかわらず治安維持法違反で懲役一年六月という、いずれも求刑通りの判決が言い渡された。同日、劉は上訴権を放棄し、判決が確定した。

## 日中戦争全面化と寛大な処分の消滅

思想検察の起訴処分を論じた際に、一九三七年度の司法官会議に答申された「思想犯保護観察制度の実施に伴い、検察並に裁判上考慮すべき点如何」について、従来通りの厳重処分をつづける見解と治安維持法違反事件が収束しつつある状況に応じて寛大な処分を求める見解の対立があったことを指摘した。起訴猶予や執行猶予の活用如何が論点となったが、それは裁判所の立場でも同様で、予審や公判を担当する地方法院長や覆審法院長の見解も二つに分かれた。

京城覆審法院長は予審での免訴や公判での無罪となる可能性がある場合には「須《すべか》らく慎重捜査を続行して、全然釈放するか若くは起訴猶予処分を為すを相当とすべし」とする。平壌覆審法院長や公州《コンジュ》・新義州・海州・光州の各法院長も起訴猶予の拡大派である。

一方で、大邱覆審法院長は「保護観察制度新設の為に検察裁判上の処分を寛大ならしむるが如きは断じて不可」として、次のように論じている。

多事多難なる我国刻下の情勢に於て苟《いやし》くも国体の変革又は私有財産制度の否認を目的とする如き思想運動は断乎として之を弾圧し、之を根絶せしめざるべからず……其の根絶を見るに至りたるまでは、寸毫《すんごう》も仮借する所あるべからざるを要す

（略）

殊に朝鮮に於ける思想犯は内地の夫れと異なり、大部分単に共産主義者に非ずして同時に偏狭なる民族

主義を把持《はじ》し居り、執拗を極むるは此の種犯罪者にして、刑の執行を終りたる者の中、再検挙者の数の比率、内地の夫れに数倍するに徴し明白なり、斯の如き情勢の下に於て保護観察制度の開始せられたるの故を以て検察並に裁判上斯《こ》の種《しゅ》所犯に対する処遇を緩和するを相当なりとし、一般的に思想犯人に対し成るべく起訴猶予の処分を為す方針を以て臨むべしと謂うが如きは、容易に賛意を表する能《あた》わざる所なり……保護観察制度の実施後と雖《いえど》も、思想犯人に対する検察並に裁判上の処遇につき何等既往の方針を変更するの要あるを見ず

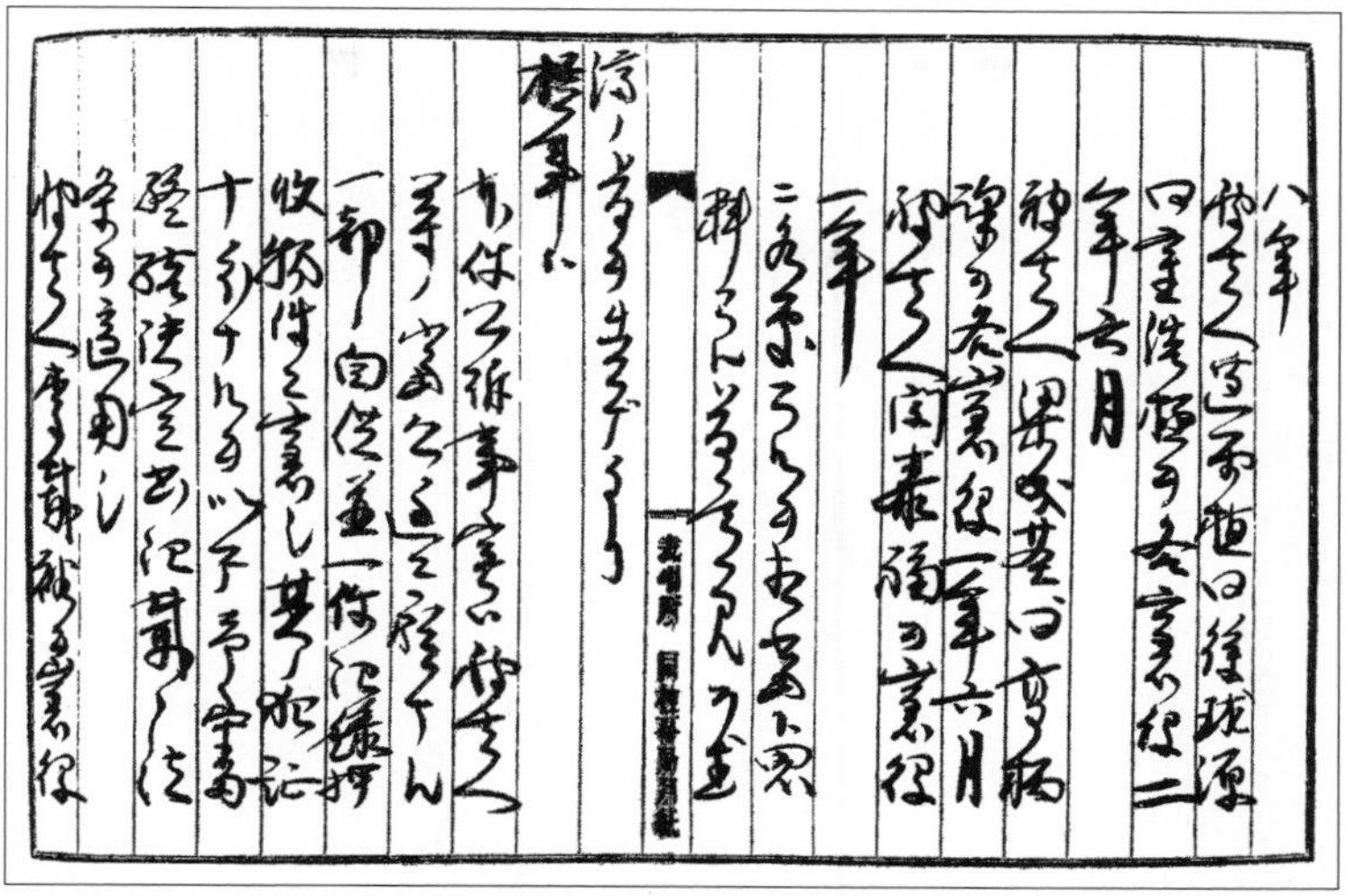

「公判調書」1938年7月5日、朝鮮共産党再建京城地方協議会事件、京城地方法院　裁判長荒巻昌之　長崎祐三検事の求刑（韓国・国会図書館）

「多事多難なる我国刻下の情勢」という治安当局の常套的な現状認識に立って、思想犯罪の再犯者の多さを警戒する観点から起訴猶予処分などの処遇の「緩和」に強く反対している（以上、「諸会議綴」〔警務、一九三七年〕、国家記録院所蔵）。

こうした起訴猶予や執行猶予についての各法院の考え方は、それぞれの予審終結決定や判決という司法処分に反映されているはずだが、具体的に検証することはできない。思想犯保護観察制度実施にあたり、それぞれの対応の違いが鮮明となったが、その後の展開と

しては、三七年の日中戦争全面化にともなう治安確保の絶対的な要請のまえに寛大な処分を求める声は消えていった。

朝鮮共産党再建京城地方協議会事件とされた李載裕《リジェユ》ら六人に対する京城地方法院の公判は、一九三八年六月二四日に開かれた（裁判長荒巻昌之、立会検事長崎祐三、弁護人金炳魯ら）。七月五日の最終弁論で李載裕は「今回の日支事変の間、日本農民の中堅は殆ど全部召集せられたる為、今後農村に大混乱を生ずべきことは断言する処である、事変の間、日本帝国は凡《あら》ゆる産業部門を統制し、大事業は国家の直営するところとなり、漸次共産主義社会へと進展しつつあり、将来は土地も国有となるべく、又斯くなるのが自然であるべき」などと陳述した。九日、李が提出した荒巻裁判長に対する「忌避申立書」ではその理由として四点をあげた。その第一は次のようである。

裁判長が被告人の事実審問をせるに具体的審問を廻避し、計画的に抽象化することに依って被告人を不利に落し入れるのみならず、被告人の具体的意見の陳述を一々抑圧中止したる事実、それに対する被告人の直接的質問に裁判長は傍聴人が居るから許さんと答えたし、被告人に為《ママ》めには傍聴禁止でも好いと申しますと、裁判長は「裁判長の問うところにハイ、否を以て答えるだけで好い」と答えながら、一切を中止したる事実

さらに「裁判長が被告人事件の取調拷問主任警察官（京畿道《キョンギド》警察部査察係高村〔正彦──引用者注〕主任）を特別席に着席せしめ、被告人の審問に立会させることに依って被告人を威脅《いきょう》し、且つ被告人の供述を不利ならしむること……其の退廷を請願したるも、連日立会させて被告人の不利を計って、行政権の司法権への侵入を公然と認めたる事実」などもあげている。

九月一二日の第三回公判の冒頭で、荒巻裁判長はこの忌避申立について「刑事訴訟法第二十六条の規定に違

反し、且つ訴訟を遅延せしむる目的のみを以て為したること明白なり」として却下した後、李載裕に懲役六年を言い渡した（求刑は懲役八年）。李は一九日に控訴したが、二〇日にこれを取り下げ、刑が確定した（「治安維持法：李載裕外六名訊問調書七」、韓国・国会図書館所蔵）。

## 「牛刀をもって鶏を割く」厳罰

韓国独立党員とされた朴景淳《パクギョンスン》に対する京城地方法院の公判（裁判長釜屋英介、立会検事坂本一郎、弁護人李宗聖《リジョンソン》）は、一九三九年七月一四日に開かれた。朴は「犯罪事実」を認め、裁判長の訊問にはほぼ「左様であります」と答えた。最後に「現在も朝鮮の独立を希望して居るか」という問いに、「人情として何人も祖国を愛して居ります」と答える。さらに「今回の支那事変の為、上海在住の朝鮮人民族主義者中たくさんの転向者を出した事は知って居るか」という問いには「知りませぬ」とし、「今後も今迄同様革命運動をする心組か」と問われても「やると言明も出来ませぬが、其の希望は持って居ります」と陳述した。この「転向」を拒否し独立思想を放棄しない姿勢に、検事は懲役五年を求刑し、七月二五日の判決でも求刑通りとなった（『韓民族独立運動史資料集』四六、「中国地域独立運動　裁判記録4」）。

京畿公立中学校四年生の姜祥奎《カンサンギュ》（大山隆実）の反日言動に対する京城地方法院の公判（裁判長藤間忠顕、立会検事菊池慎吾）は、四一年一〇月二四日に開かれた。公訴事実を認めた被告に対して、裁判長はその濃厚な民族意識の原点にさかのぼって追及した。「被告人が朝鮮独立をせねばならぬと思った主たる理由は何か」という問いに、姜が「朝鮮に於て自分が思う儘に政治をして見たいと思ったのと、又朝鮮人は不幸な生活をして居りますから、幸福な生活の出来るようにしてやりたいと思うのが理由であります」と答えると、「朝鮮人が不幸な生活をして居ると云うのは如何なる事か」「日本の圧政と云うのは如何なる点か」などと畳みかける。

姜は「朝鮮独立と云う点から見れば内鮮一体はあり得ない事だと思って居ました」と陳述するが、最後には「拘束されてから冷静に考えて見ますと、私の行為が間違って居た事に気付きました」として、「朝鮮人を幸福にするには内鮮一体によらなければならない事が判りました」と「転向」を表明する。それでも検事は「被告人の抱ける民族意識は深刻なるものにして、到底一朝一夕にして之を清算し得らるるものに非らざる」として「厳重処分」を求め、懲役三年を求刑した。姜は最終の弁論で「将来は心を入れ替え、忠良なる国民として奉公する考えで居りますから、今回に限り寛大なる御処分を願います」と陳述した。この恭順な態度への転換もあってだろう、一一月一二日の判決は懲役二年となった。なお、この公判は弁護人抜きでおこなわれた（以上、『韓民族独立運動史資料集』六七、「戦時期　反日言動事件Ⅱ」）。

開城《ケソン》の私立松都《ソンド》中学校の英語教員金《キム》（金川）炯敏《ヒョンミン》の「不穏言動」に対する京城地方法院の公判（裁判長釜屋英介、立会検事藤木龍郎、弁護人徐《ソ》（大山）光卨《カンソル》）は、四二年九月一七日に開かれた。金炯敏は冒頭で、公訴事実について「お告げの通りの事実はありますが、お告げの様な趣旨で話したものではありませぬ」と陳述し、朝鮮独立の意図を有する「不穏言動」であったとみなす公訴事実に反論した。

これに対して裁判長は教室で金の「不穏言動」を聴いた生徒の証言をもとに、「和泉と云う生徒は日本人は一致団結せなければならぬ時に、日本に対し刃向う者の話をするのは不穏当だと思ったと供述し、又新井と云う生徒は先生が話した様な話は悪い影響を与える様に思ったと供述して居るが如何」と責め立てた。金は「私の話が或は不穏当であったかも知れぬと今は後悔して居ります」という陳述を余儀なくされる。

証拠調の段階で、金炯敏と弁護人は「思想が不逞なものではないことを証する」ために同僚教師二人を証人として申請する。また、弁護人は二月二七日の警察取調自体が虚構であること（前述）を立証するために「開《ケ》城《ソン》警察署の留置場の勤務日誌の検証」を求めた。検事の「何れもその必要なきものと思料する旨」の意見を聞いたうえで裁判長は、これらの申請を却下した。

検事は治安維持法第五条を適用して、金炯敏に懲役二年を求刑した。金は「私の不注意から生徒に対し穏当でない話をしましたが、私自身は不穏な思想を持って居るものではありませぬ」と最後の弁明をおこなった。九月三〇日の第二回公判の判決で、釜屋裁判長は治安維持法の適用ではなく、陸海軍刑法違反として禁錮一年を言い渡した（以上、『韓民族独立運動史資料集』六八、「戦時期　反日言動事件Ⅲ」）。この程度の「不穏言動」を治安維持法で裁くことに、「牛刀をもって鶏を割く」過重さを考慮したのかもしれない。

## 諺文研究会事件公判における訊問と陳述

鄭周泳《チョンチュヨン》（松島健）ら五人の水原高等農林学校の諺文研究会事件に対する京城地方法院の公判（裁判長釜屋英介、立会検事藤木龍郎、弁護人中本弘鍾・丸山敬次郎・徐光高《ソガンソル》）は一九四三年二月一七日に開かれた。

五人の被告に裁判長はまず「朝鮮の独立を何時頃、如何なる動機から希望する様になったか」を訊問する。被告らはいずれも独立の希望をもっていないと答えた。ついで「日韓併合に対しては如何に考えて居たか」「朝鮮統治の現状に対しては満足に思って居るか」という問いに対しても、いずれも不満はもっていないとする。具体的な「創氏制度、朝鮮語科目廃止に対しては如何なる考えで居たか」についての訊問に、鄭周泳は「内鮮一体を実現する為に当然なすことであると思い、何等不満は持って居りませぬでした」と陳述する。他の被告も「松島と同様に考えて居ります」と答えている。

こうした独立の意志を否定し、「朝鮮統治の現状」に満足しているという陳述は、かつて一九三〇年代の南宮檍や趙鏞夏、洪加勒らの独立運動への関わりが朝鮮植民地化や「朝鮮統治の現状」についての強い不満と変革への意欲から導かれていたことと比べると異なる。公判での寛大な判決を期待しての方便と考えることもできるが、併合の一〇年前後してから生まれた世代にとっては、朝鮮独立への意識は希薄になっていたといえよう。

公判では五人に対する訊問が一巡したのち、諺文研究会の目的に焦点を絞っていった。「将来の為に」という講演が「暗に朝鮮独立運動の実行を煽動したものと思われるが、如何《ど》うか」と問われた鄭周泳はそれを否定した。さらに「警察及検事廷に於ては朝鮮文化の保存と朝鮮の独立の為に利用する為に諺文研究会を作ったと述べて居るが、如何うか」という問いにも、鄭は「警察では拷問を受けたので、刑事に強いられる儘に供述したのでありますが、検事に対しては否定したのであります」と陳述する。「(イ)互に朝鮮人たる意識を忘れざること (ロ)互に秘密を守ること」などの申合せについても、「それ等は取調の警察官が勝手に作ったもの」と否定する。

検事は鄭周泳ら三人に懲役五年、朴道秉《パクドビョン》ら二人に懲役三年という求刑をおこなった。被告らは最終弁論で何もなしとした。三月三日の第二回公判では、金象泰《キムサンテ》(青山秀章)が懲役二年六月、鄭周泳が懲役二年、閔丙駿《ミンビョンジュン》と他の被告が懲役一年六月となった。金象泰は上告したが、他の四人は上訴権を放棄し、刑が確定した(以上、『韓民族独立運動史資料集』六九、「戦時期　反日言動事件Ⅳ」)。

## 控訴審――第一審と同等の量刑

第一審の判決に不服の場合には控訴、さらに上告の申立てをする。全体として控訴や上告の割合がどの程度の割合であったのかは不明である。高等法院検事局思想部『朝鮮治安維持法違反調査(二)』(一九二八年三月から三〇年五月迄の確定判決、『思想月報』第三号、三一年六月)によれば、京城・平壌・大邱各覆審法院の合計は一二四人で、各地方法院の合計は四四六人である。つまり、第一審で判決があった人数を仮に五七〇人とすると、その二割強が控訴したことになる。

朝鮮総督府法務局編纂『朝鮮総督府司法統計年報』（一九四一年版）によれば、治安維持法違反事件の第一審の裁判人員は二八〇人（検事局受理一四二二人、起訴三一三人、死刑五人、無期懲役四人、有期懲役二五六人、無罪四人、公訴棄却一〇人）であったが、第二審の裁判人員は一四人（有期懲役四人、有期禁錮四人、無罪六人）、第三審の裁判人員は三八人（有期懲役二人、無罪三六人、この無罪は修養同友会事件。第三審が第二審より多いのは新治安維持法施行により控訴審が飛ばされるため）となった。同四二年版では、第一審の裁判人員は三五六人（検事局受理一五二二人、起訴四四四人、有期懲役三二七人、有期禁錮二人、罰金一八人、無罪一人、公訴棄却八人）であったが、第二審（高等法院）の裁判人員は三人（有期懲役二人、無罪一人）となった。一九四一年度の場合、第一審判決の二割弱というかなり高い割合で控訴・上告している。戦時下においてより運用が苛酷になって控訴や上告を断念する傾向が増えたと推測される一方で、修養同友会《スヤンドンウフェ》事件公判の上告が数字を押し上げた。なお、四二年第一審の有期禁錮と罰金についてはその内容はわからない。

国家記録院所蔵のほとんどの「独立運動判決文」には「検事及被告人上訴権抛棄」や「上訴期間経過」（一週間）のスタンプ印が押されている。主に被告側では控訴審判決当日ないし上告期間中に上告を断念するのは、控訴審判決において減刑にならない事例が多かったためだろう。

一般的に多くの治安維持法違反事件被告は第一審の判決が不服であっても、第二審以降で量刑が緩和される可能性の低さを考えて上訴権を放棄し、服罪する道を選んだと思われる。

いくつか具体的な控訴審公判をみよう。まず、韓国革命軍を組織し、ハルビン市内で強奪事件をおこしたとして在満領事館警察に検挙後、清州《チョンジュ》地方法院に移送され、二七年九月一二日に同法院で懲役五年を科された朴《パク》炳斗《ピョント》・沈錫浩《シムソクホ》・崔春蘭《チェチュンラン》の控訴である。京城覆審法院の公判（裁判長伊藤憲郎、立会検事河村静水）は一〇月二六日に開かれ、一一月二日、被告三人に第一審と同じく懲役五年を言い渡した。「名を朝鮮の独立に藉《か》り、他より金員を強収せんとし」、実行したことが強盗罪に問われた。韓国革命軍を組織したという証拠は十分ではないとして治安維持法違反は認めなかったため、「被告人等の控訴は理由あり」とされた（以上、「独立運動判決文」、国家記録院所蔵）。

朝鮮学生前衛同盟事件とされた韓《ハン》慶錫《チョンソク》・金淳熙《キムスンヒ》・李学鍾《リハクジョン》は、三一年四月七日の京城地方法院の判決を不服として京城覆審法院に控訴した。五月四日に開かれた公判（裁判長末広清吉、立会検事酒見緻次）で朝鮮学生革命党加入を各被告が否定すると、裁判長は警察や検察の取調や証人の申立てを根拠に訊問をおこなった。韓慶錫を例にとると、「併《しか》し、被告人は警察の取調に対して前叙の如く加入したる旨の自白をして居るではないか」「併し、丁寛鎮《チョンカンジン》は昭和二年十月頃苦学堂内に於て被告人に対し該革命党に加入すべき旨を申付け、左様に加入したに相違なき旨申立て居るが如何」という具合で、被告の陳述に「併し」を連発して問い詰

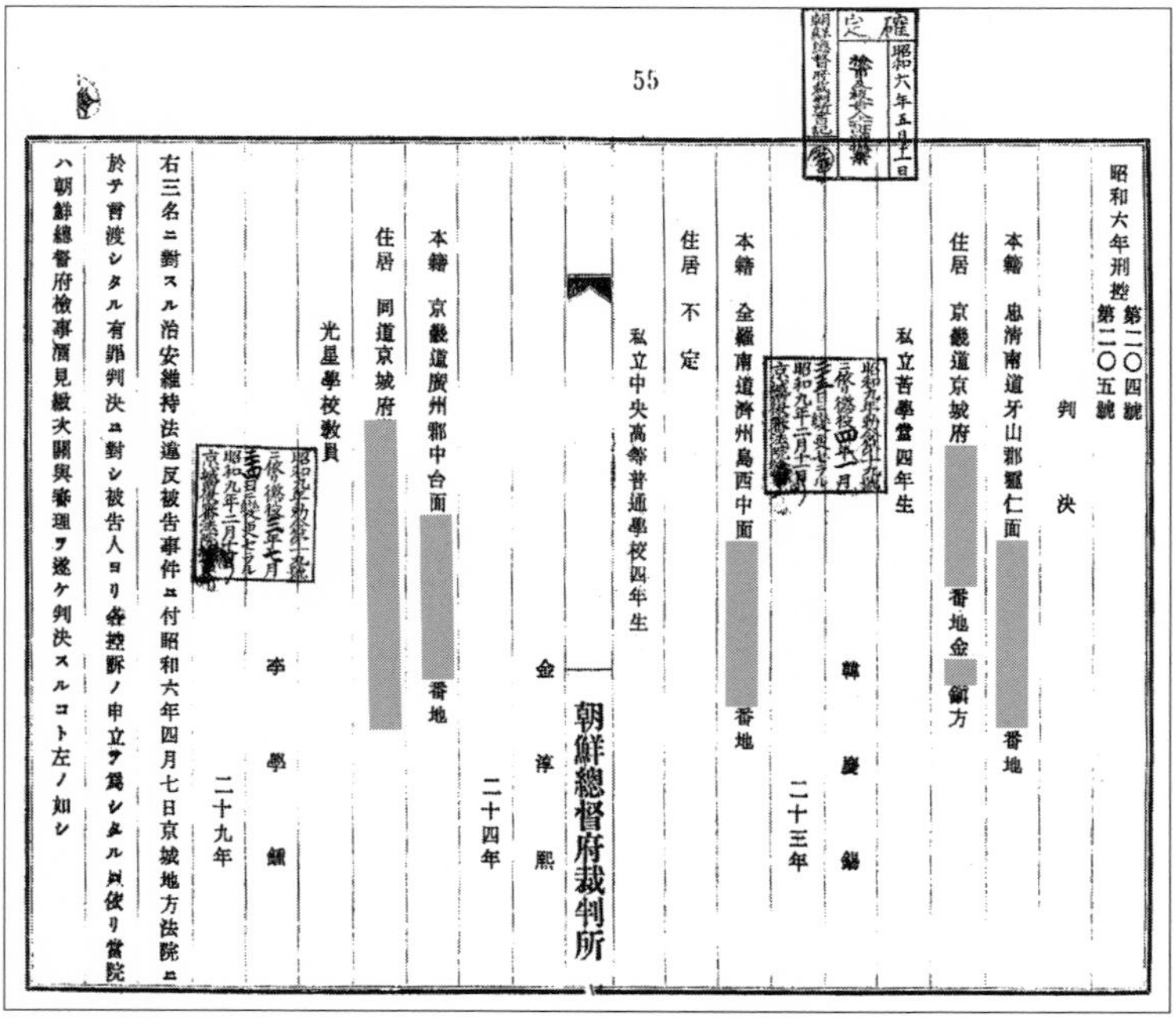
55

確定 昭和六年五月十一日

昭和六年刑控第二〇四號
第二〇五號

判決

本籍 忠清南道牙山郡靈仁面　番地
住居 京畿道京城府　番地金　舘方
私立苦學堂四年生
韓慶錫
二十三年

本籍 全羅南道濟州島西中面　番地
住居 不定
私立中央高等普通學校四年生
金淳熙
二十四年

本籍 京畿道廣州郡中台面　番地
住居 同道京城府
光星學校教員
李學鍾
二十九年

右三名ニ對スル治安維持法違反被告事件ニ付昭和六年四月七日京城地方法院ニ於テ言渡シタル有罪判決ニ對シ被告人ヨリ各控訴ノ申立ヲ爲シタルニ依リ當院ハ朝鮮總督府檢事酒見緻次關與審理ヲ遂ケ判決スルコト左ノ如シ

朝鮮總督府裁判所

京城覆審法院判決　1931年5月11日　末広清吉裁判長　韓慶錫ら
「独立運動判決文」

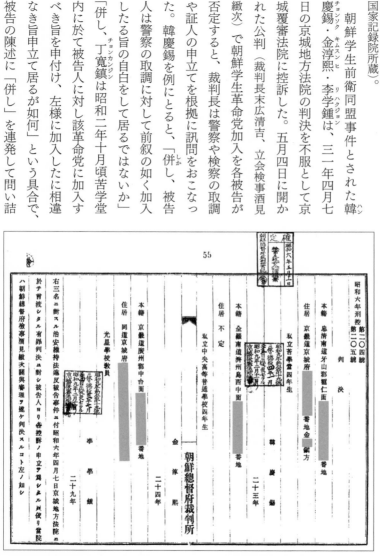

めている。ついで、次のようなやりとりがなされた。

問　すると被告人は如何なる理由で右前衛同盟に加入したか、又同盟の目的は如何であったか。

答　私は前陳の如く金泰来《キムテネ》より勧められて加入したのでありまして、又同盟は労働者、農民等の所謂無産階級の者の文化発展を起《ママ》する目的の為め組織せられたものであります。

問　左様では無くして前叙の如く朝鮮を日本帝国の羈絆《きはん》より離脱せしめて独立し、且朝鮮に於て私有財産制度を否認して共産制度を実現せしむる目的であったのではないか。

答　左様なことはありませぬ。

問　併し、丁寛鎮は該革命党も又改称したる該前衛同盟も共に右の如き目的の為に組織せられたるものであると申立て居るが如何。

答　それは全く事実に反する申立であります。

検事は第一審の量刑と同じく韓と金に各懲役五年を、李に懲役四年を求刑した。弁護人は「御寛大なる御判決ありたりし」と弁論した。被告の最終陳述はなかった（以上、『韓民族独立運動史資料集』五〇、「同盟休校事件裁判記録2」）。五月一一日の判決文では朝鮮学生革命党加入について警察や検察の「訊問調書」、証人の予審「訊問調書」を証拠として採用し、求刑通りの量刑を言い渡した。「被告人三名の控訴は各其理由なし」とされた。同日、被告らは上訴権を放棄し、刑が確定する（「独立運動判決文」）。

三七年一二月三日の京城地方法院公判で懲役四年の判決を受けた鄭喜童《チョンヒドン》は、同日、「該判決全部に対し不服に候条」として控訴した。三八年三月八日の京城覆審法院の第一回公判（裁判長矢本正平、立会検事依田克巳、弁護人李仁）で、鄭が上海で独立団に加入したことを認める一方で「其の外の事実は相違して居ります」と陳述すると、以後の訊問で裁判長は「然《しか》し、被告人は……前訊目的を以て上海に赴いたと言う事は検事の取調に於ても申立てて居る事であるが、如何」のように、「然し」を連発して訊問を繰りかえした。

鄭は警察での拷問を訴えるほか、「検事の取調の時は警察で違った事実を申した関係上、同様に言わねば都合が悪いと思いまして、警察同様に申したのでありましたが、之《これ》全く事実無根の事」と述べる。朝鮮独立についての希望を捨てた理由について問われると、「最初は人から聞いて左様な事も実現出来るかとも思って居りましたが、其後には朝鮮独立は実現出来ないと悟ったのであります」と陳述する。

弁護人は被告が上海総領事館警察に自首した当時の状況の照会や証人喚問を求めたが、裁判長は却下した。検事は懲役四年を求刑した。弁護人は治安維持法違反について自首した事情を「御斟酌の上」、執行猶予付の判決を求めた。三月一五日の第二回公判で、第一審と同じく懲役四年の判決が下された。鄭喜童は一七日、上訴権を放棄し、服罪した（以上、『韓民族独立運動史資料集』四五、「中国地域独立運動　裁判記録3」）。

## 控訴審——減刑されるケース

これらの控訴審では第一審と量刑は同じだったが、控訴審で減刑される事例もあった。「昭和五年十二月一日、咸南永興《ハムナムヨンフン》郡仁興《インフン》面に於て秘密結社「永興農民組合」を組織し、郡内各所に於て放火、殺人等暴虐を恣《ほしいまま》にす」として検挙され、検事局受理二一七人、起訴人員七八人という規模になった「赤色永興農民組合暴動事件」である。七三人が咸興《ハムフン》地方法院の公判に付され、一九三三年五月二九日に全員が有罪となった。無期懲役を科された蔡洙轍《チェスチョル》ら二〇人が最終的に控訴し、異例だが一年以上が経った三四年七月一二日に京城覆審法院で全員有罪の判決が下った（『思想月報』第四巻第五号、一九三四年八月）。蔡洙轍は懲役二〇年に減刑された。永興農民組合を「合法的仮面団体とし、其の裏面に前叙の如く国体を変革し、私有財産制度を否認して共産主義社会の実現を目的とする秘密結社の組織を遂げ」たことが治安維持法第一条第一項・第二項に該当し、さらに「放火罪」

を併合したうえでの量刑であった（「独立運動判決文」）。

「犯罪事実」の認定について、控訴審判決は第一審判決のそれをほぼそのまま踏襲する。量刑が無期懲役から懲役二〇年に減刑となった理由は判決文からはうかがえないが、三四年七月一三日の『大阪朝日新聞付録　朝鮮朝日』が「転向者は――何れも減刑　首魁蔡は無期から二十年に　永興農組事件の判決」と報じるように、覆審法廷における「転向」表明が考慮されたと推測される。ほかに四人が減刑になっているが、それらも「転向」表明がなされたからであろう。残りの被告は「非転向」だったために、量刑は変わらなかった。

### 控訴審――検事からの控訴ケース

以上の控訴は判決を不服とする被告側からのものだったが、わずかながら検事側からの控訴もあった。

一九三〇年四月二六日の京城地方法院の呂運亨に対する判決（懲役三年）で呂が朝鮮共産党をコミンテルンに媒介したことを認めなかった点を不服として、検事側が控訴した。京城覆審法院（裁判長末広清吉、立会検事柳原義）の判決は六月九日に言い渡され、呂を懲役三年とすることでは変わらなかったが、「犯罪事実」の第一として朝鮮共産党を第三インターに媒介したことを認定した。「検事の控訴理由あり」となった（『韓国共産主義運動史』資料編Ⅰ）。

三一年九月七日、京城覆審法院は朝鮮共産党の再建を図ったとして安相勲《アンサンフン》を懲役五年に科した（裁判長末広清吉、立会検事柳原義）。これは六月三日の京城地方法院の判決（裁判長金川広吉、立会検事森浦藤郎）で安が懲役四年とされたことに、検事側が量刑を不服として控訴したものだった。第一審では、二九年三月頃、吉林省敦化県で朝鮮共産党の再建を協議し、安が朝鮮に入って京城で再組織を協議したことなどに治安維持法第二条の「協議」罪を適用していた。この「犯罪事実」を控訴審では「国体の変革を目的として結社を組織せんとして遂げざりし」として第一条の「結社」の未遂罪の適用に変更することにより、刑期を五年と重くした。「検事の控訴は理由あり」となった（以上、『思想月報』第七号、一九三二年一〇月）。

上甲米太郎・山下徳治らの新興教育研究所事件の司法処分の過程が、上甲と山下の控訴や検事の上告もあって錯綜したことは前著『朝鮮の治安維持法――運用の通史』で検討した。

三五年一二月九日の新建設社事件に対する全州地方法院の判決では朴英熙《パクヨンヒ》・尹基鼎《ユンキチョン》・李箕永《リキヨン》ら七人に懲役二年から一年を科しつつも執行猶予を付したのに対して、朴完植《パクワンシク》にだけは懲役一年とするものの、執行猶予を付さなかった。検察は執行猶予が付されたことを不服として七人を大邱覆審法院に控訴した（朴完植も控訴）。三六年二月一九日、大邱覆審法院は第一審と同じ量刑の判決を下し（裁判長増村文雄、立会検事江上緑輔）、検察の控訴を「理由なし」とした。判決文では執行猶予を付した理由について、「孰れも犯罪後の転向誓約」があったためとしている（「独立運動判決文」）。七人は第一審時点ですでに「転向」を表明していた（なお、控訴を棄却された「非転向」の朴完植は後述のように上告する）。

三六年五月五日、清津地方法院は許允變《ホユンビョン》に無期懲役の判決を科したが、検事はこの量刑を不服として控訴した。六月二六日、京城覆審法院は検事の控訴を理由ありとして、許に死刑判決を下した。三二年五月、「中国共産党が支那及満洲国に於ける私有財産制度を否認し、共産主義制度の社会の実現を主たる目的とし、兼て朝鮮をして日本帝国よりの羈絆を脱せしめ、且《かつ》前同様朝鮮に於ける私有財産制度を否認し、共産主義制度の社会の実現をも目的とする秘密結社なることを知り乍ら之に加入し」、そのための活動のなかで殺人や強盗を犯したという「犯罪事実」が治安維持法第一条第一項後段・第二項と「殺人罪」などに該当するとされた（「独立運動判決文」）。量刑において第一審判決と異なる判断をおこなった理由は記されていない。

## 上告審――木で鼻を括ったような棄却

控訴審判決に不服な場合は高等法院に上告した。一九四一年五月の新治安維持法施行後には控訴審が省略されたため、第一審後はすぐに上告となる。高等法院は判事五人による合議となる。

そもそも上告自体が少なかったと思われる。高等法院検事局思想部『朝鮮治安維持法違反調査（二）』（一九二八年三月から三〇年五月迄の確定判決）によれば、高等法院において治安維持法違反事件で判決が確定したのは一九三〇年の二件九人が最初である。一九三六年から四〇年までの治安維持法上告事件は三三件七六人であった（朝鮮総督府裁判所職員定員令中改正中の資料、「公文類聚」第六六編・一九四二年・第四〇巻）。第一審・控訴審の件数・人員との比較は困難だが、おそらく第一審の数パーセント以下だろう。

三六年九月二五日、平壌覆審法院は光復団《カンボクダン》員の被告朴棕植《パクジョンシク》に治安維持法違反・殺人未遂などで無期懲役を言い渡した。これに対して、被告側・検事側がともに上告した。三七年二月八日の高等法院判決に引用された被告の上告趣意によれば、三四年六月、上海で検挙後、移送された平壌警察署で「五個月間に亘り峻烈なる取調を受くるに際《あた》り、到底健全なる身体を以て社会に出づることは絶望と思惟せられたるを以て、法廷に於て正直に供述せば適正なる処分あるべしとの観念より警察官の取調に対しては自己の実行したると否とを問わず、見聞したる事は総て其の訊問の儘に自己の犯行として是認したり」とした。拷問による強制された自白が証拠として採用されており、そのために量刑が不当に重くなっていると「寛大なる処分」を求めた。

これに対して高等法院判決（裁判長鬼頭兵一、立会検事村田左文）は「被告人の警察に於ける供述が所論の如く虚偽なることは之を是認するに足る証迹《しょうせき》なし」として上告を棄却した。

一方、平壌覆審法院検事長水野重功の上告趣意は「犯罪事実」の認定や法律の適用について不服はないが、

「犯罪の情状」をより重くみて重罪を科すべきとして、平壌警察署庁舎爆破事件や新義州停車場の爆破事件などへの関与をあげて次のように述べる。

広汎なる兇暴行為により全鮮的に治安を攪乱し、人心を聳動《しょうどう》戦慄せしめたること甚大にして……被告人は判決書第三以下の事実に於て重要なる地位に在りて執拗に独立運動に終始したるものにして、斯の如き犯情を有する被告人に対しては一般予防並に特別予防の何れの方面より観察するも死刑に処するを以て相当と思料せらるるに、当法院が無期懲役を言渡したるは刑の量定甚しく不当なりと思料すべき顕著なる事由あるものと認むる

あくまでも厳重処罰として検察は死刑を求めた。「一般予防」とは朝鮮社会全般への警鐘が、「特別予防」とは民族独立運動関係者への威嚇と警告という意味が含まれているだろう。

高等法院の判断は「記録を精査し、所論各事情並其の他一切の情状を斟酌するに原審が原判示犯罪に付被告人を無期懲役に処したるは相当にして、該量刑甚しく不当なりと思料すべき顕著なる事由なき」というもので、ともに上告を棄却した（「独立運動判決文」）。朴棕植への科刑は無期懲役が確定した。

諺文研究会事件に対する四三年三月三日の京城地方法院の判決で五人の被告のうち、もっとも重い懲役二年六月を科された金象泰は、同日に高等法院に上告した。五月一日に提出された弁護人丸山敬次郎の「上告趣意書」の結論は、次のようなものであった。

朝鮮を日本帝国の羈絆より離脱独立せしむる目的の如きは被告人の夢想だに為さざりし所にして、原審は此の点に関する証拠を検事の第二回訊問調書に求められたるも、この調書は警察に於ける訊問の後を受け、且つ被告人等がその供述を否定し居る所にして、事実の真相は原審公判廷に於ける被告人の供述の如きものなることを肯認し得るものにして、既に朝鮮独立の目的なき以上は其の目的たる事項の実行に付協議し

たることも否定せらるべきは当然なり。要之《これをようするに》原審判決は重大なる事実の認定を誤りたるものにして、被告人が治安維持法第五条の罪を犯したるものに非ざることを疑うに足るべき顕著なる事由あるものと思料す。

高等法院の第一回公判は五月一七日に開かれた（裁判長斎藤栄治、立会検事杉本覚一、弁護人丸山敬次郎）。被告の金象泰は出廷していない。弁護人が上告理由を述べた後、検事が「上告は理由なき」として棄却を求め、これだけで閉廷する。二四日の第二回公判（裁判長は藤本香藤に交代）で「本件上告は棄却す」という判決が言い渡された。

判決文をみると上告趣意書をそのまま引用した後、「と謂うにあれども」とつづけ、第一審公判における陳述や検事「訊問調書」で被告は朝鮮独立の目的をもって協議したことを認めているとして、「之に依り該事実を認定したる原判決には毫も違法な」しとする。さらに「警察に於ける被告人の供述が強制に基く虚偽のものなることは記録上之を推認せしむるに足る資料無く、

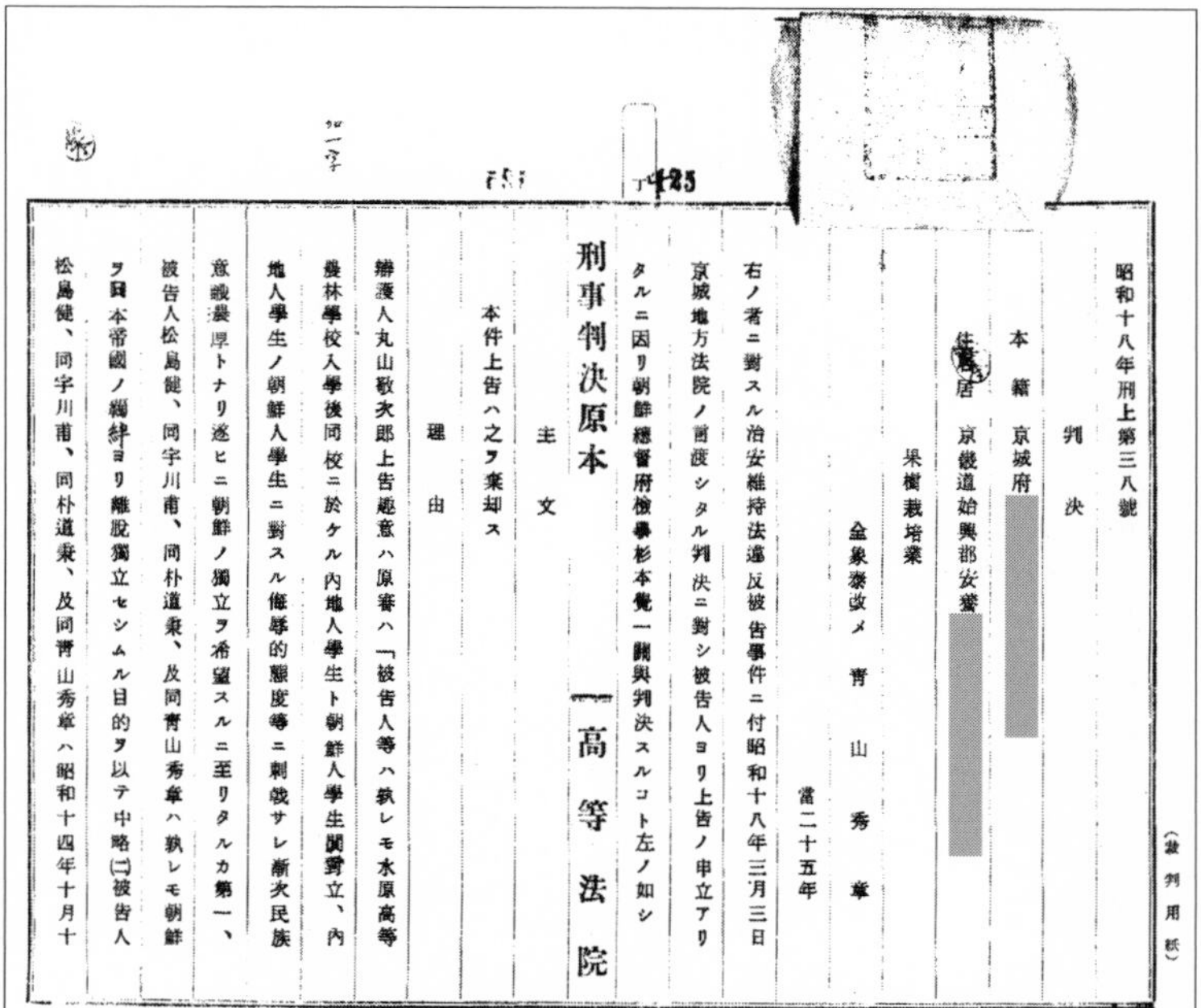

（裁判用紙）
昭和十八年刑上第三八號
判決
本籍 京城府
住居 京畿道始興郡安養
果樹栽培業
金象泰改メ 青山秀章
當二十五年
右ノ者ニ對スル治安維持法違反被告事件ニ付昭和十八年三月三日
京城地方法院ノ言渡シタル判決ニ對シ被告人ヨリ上告ノ申立アリ
タルニ因リ朝鮮總督府檢事杉本覺一關與判決スルコト左ノ如シ
刑事判決原本 高等法院
主文
本件上告ハ之ヲ棄却ス
理由
辯護人丸山敬次郎上告趣意ハ原審ハ「被告人等ハ孰レモ水原高等
農林學校入學後同校ニ於ケル内地人學生ト朝鮮人學生間對立、内
地人學生ノ朝鮮人學生ニ對スル侮辱的態度等ニ刺戟サレ漸次民族
意識濃厚トナリ遂ヒニ朝鮮ノ獨立ヲ希望スルニ至リタルカ第一、
被告人松島健、同宇川甫、同朴道秉、及同青山秀章ハ孰レモ朝鮮
ヲ日本帝國ノ羈絆ヨリ離脱獨立セシムル目的ヲ以テ中略(二)被告人
松島健、同宇川甫、同朴道秉、及同青山秀章ハ昭和十四年十月十

高等法院判決　1943年5月24日　藤本香藤裁判長　金象泰「独立運動判決文」

其の他記録を精査するも原審の認定に重大なる過誤あることを疑わしむべき顕著なる事由な」しとする。

一般的に高等法院の判決は、まず上告理由を詳しく記載したうえで、「と謂うにあれども」とした後、木で鼻を括ったように棄却の結論に至る。上告理由で訴えたことには「毫も違法なし」「重大なる過誤なし」とするにとどまり、そうした判断となった理由は記されていない。

前述の大邱覆審法院の懲役一年の判決（三六年二月一九日）を不服として、新建設社事件の朴完植は上告した。弁護人姜世馨《カンセヒョン》の上告趣意は第二審判決で七人の被告に執行猶予が付されたにもかかわらず、朴のみ執行猶予とならなかったことを違法とするものだったが、三六年四月三〇日の高等法院判決（裁判長鬼頭兵一、立会検事村田左文）は「論旨は理由なし」と切り捨てる。被告本人の長文の上告趣意についても、「然れども所論訊問調書が被告人の供述せざる所を録取したる虚構のものなることの証左あることなく、原判決挙示の証拠を綜合するに因りて被告人の犯行極めて明瞭にして、原判決に重大なる事実の誤認あることを疑うに足るべき顕著なる事由存せざるが故に、本論旨亦理由なし」と断じて、上告を棄却した（「独立運動判決文」）。

## 上告審——検事の上告も棄却

なお、検事の上告に対しても、この木で鼻を括った対応は変わらない。一九四三年五月一九日の光州地方法院の金《キム》（金海）健鎬《コンホ》に対する判決に執行猶予が付されたことに不服な検事は高等法院に上告した。八月一二日の高等法院判決（裁判長斎藤栄治、立会検事杉本覚一）に引用された光州地方検事正の上告趣意は次のようなものであった。

被告人が執拗にして根強き朝鮮独立の不逞思想を抱蔵し、之を随時、若くは白昼公然放言して憚《はばか》らず、而かも決戦下一億国民堅き団結の下に米英撃滅に猛進しつつある秋《とき》、被告人の如き専門学校教育を受け、所謂知識人階級として自□〔判読不能〕垂範すべき責任あるものなるにも拘らず、飽くまで反国家的思想を放棄せず、却て前記の如き悪逆不逞なる言辞を弄して多数のものを煽動したることこそ罪正《まさ》に万死《ばんし》に値すべく、断じて許すべからざるもののみならず、かくの如き者に対して徒《いたずら》に寛大なる処分を為すに於ては自戒の目的を達すること能わざるは勿論、一般を警戒し、以て治安確保の万全を期し難きに至るや必せり、加之《しかのみならず》近時半島の思想情勢寔《まこと》に憂慮すべきものあり、殊に青少年の思想頓《とみ》に悪化し、各地に於て学生、若《も》しくは中等学校卒業生の思想犯罪頻発する傾向あり、素《もと》よりかかる事犯の悪質重大にしてその影響するところ極めて大なること言を俟たざる処□□〔判読不能〕断じて之を根絶せざるべからず

さらに「断乎厳罰に処し、以て一罰百戒の実《じつ》を挙《あげ》て銃後治安の万全を期せざるべからず」として、執行猶予を付すことは「寔に失当にして、刑の量定甚しく不当なり」というものであった。検察側の治安確保に対する厳重な姿勢がよくわかる。これに対して判決は最後で「と謂うに在れども、記録を精査し、犯情其の他一切の情状を斟酌するも、原審の刑の量定甚しく不当なりと思料すべき顕著なる事由なし」として、検事の上告を棄却した（以上、「独立運動判決文」）。

四五年一月一六日の朝鮮語学会事件の咸興地方法院判決に対しては、被告側・検事側ともに上告した。咸興地方法院検事正代理の坂本一郎は上告趣意の第一に、被告四人に「犯情憫諒《びんりょう》すべきものありと為し、何れも酌量減刑を為したる」ことを「刑の量定甚しく不当」とする。「被告人四名は現在本件犯行に付、何等恐縮の意を表せず、毫も改悛の情なきもの」と憤懣をもらしている。第二は無罪となった張鉉植《チャンヒョンシク》（松山武雄）について、「自己の犯罪を免れん為の単なる弁解に過ぎざる」として「事実の誤認」とする。

これに対して、八月一三日の高等法院判決は「記録を精査検討するも、原審の事実認定に重大なる誤謬あることを□□□〔判読不能〕足る顕著なる事由あるを認めず、論旨理由なし」として検事上告を棄却した（以上、「独立運動判

決文」)。

被告・弁護人の上告も検事の上告も棄却する高等法院は、ごくわずかの例外を除いて、第一審・第二審の判決そのものに誤謬があることをかたくなに認めようとしなかった。

## 朝鮮人判事の関与

治安維持法によって処断されるのはわずかに日本人を含みつつも、圧倒的多数は朝鮮人だった。一方で処断する側は圧倒的に日本人の警察官・司法官であったが、すでにみたように警察官のなかには朝鮮人もおり、第一次・第二次朝鮮共産党事件では拷問により告発される事例もあった。治安維持法の司法処分にかかわる司法官として検事と予審判事のなかには朝鮮人はいなかったが、公判には朝鮮人判事がかかわっていた。

朝鮮人判事の割合は水野直樹「植民地期朝鮮の思想検事」(『日本の朝鮮・台湾支配と植民地官僚』、二〇〇八年)によれば、一九二七年には一八六人中三一人だったが、三七年には二二四人中四五人となっている。全体の二割近くを占めており、治安維持法違反事件の公判が輻輳する一九三〇年代前半において、朝鮮人判事を担当から除外することは現実的に困難だったと思われる。

一九二七年六月、全鮮弁護士大会でなされた決議のなかには「三人以上の判事を以って組織したる部に於て会《ママ》議を以て為す裁判には、可成《なるべく》朝鮮人たる判事を関与せしむる事」があり、当局に具申されていた。裁判所や検事局において、朝鮮人職員の差別をしないことという決議もあった(『京城日報』、一九二七年六月二八日)。

運用の前半期の判決文を任意に一瞥してみても、崔浩善《チェホソン》(大邱覆審法院判決、一九二六年五月二〇日)、呉完洙《オワンス》(釜山地方法院統営支庁判決、二七年三月二〇日)、白允和《ペクユンファ》(京城地方法院判決、二七年八月三一日、二八年一月二一日)、金《キム》世玩《セワン》(京城地方法院判決、二九年二月二二日、二月二七日)、李愚軾《リウシク》(京城地方法院判決、二九年四月一日、四月五日、四

月二二日、五月八日、六月七日、全州地方法院判決、二九年七月七日)、朴承俊《パクスンヂュン》(京城地方法院判決、二九年六月二四日、七月一五日)、張基相《チャンキサン》(大邱覆審法院判決、二九年二月二二日、一一月一六日)、具滋観・元鐘億《ウォンジョンオク》(京城地方法院判決、二九年八月九日)、金準枰《キムスンピョン》(全州地方法院判決、三〇年二月二六日、三月一二日、三一年一月二八日、七月二二日)、洪仁《ホンイン》錫《ソク》(光州地方法院判決、三〇年一二月八日、三一年九月四日)、姜哲模《カンチョルモ》(全州地方法院判決、三二年三月一六日、一〇月二八日、一二月二日、三三年一〇月四日、一〇月六日、三四年一月三一日、七月三一日)らを見いだすことができる(「独立運動判決文」・「仮出獄」)。もちろん、これらは人的にも公判においても網羅的なものではない。

地方法院と覆審法院の合議制の公判では例外なく裁判長は日本人であり、朝鮮人判事は陪席となる。一件のみ陪席二人がともに朝鮮人である事例が確認できる。覆審法院公判も事情は同じであるが、高等法院は裁判長を含め五人全員が日本人判事である。

確認できたのは一件のみであるが、林禹沢《リムウテク》ら三人に対する光州地方法院の治安維持法違反事件公判は合議制ではなく、裁判長洪仁錫のみとなっている(判決は三五年一月一六日)。林禹沢は「資本主義社会は既に第三期に達し、将来は必然的に共産主義社会が実現せらるべきものなれば、其の実現を促進する為め我々は一致団結して資本家及地主に対抗し、階級闘争を敢行せざるべからず、就《つい》ては先づ自ら闘士となり、又は闘士を教養し得る資格を得んが為め主義に関する書籍の研究を為すべき旨提議し、他の者等は之に賛同し、斯くて私有財産制度を否認する目的を以て其の目的たる事項の実行に関し協議を為し」たとされ、治安維持法第二条を適用し、懲役一年(執行猶予四年)が科された。判決文そのものはこの時期の判決文と異同はなく、朝鮮人判事が裁判長であることをうかがわせるものはない。

治安維持法運用の後半一〇年において、明らかに朝鮮人判事のかかわり方が減っている。戦時体制の進行とともに、朝鮮人判事は関与しないという不文律が生まれてきたといえるかもしれない。戦時下末期において裁

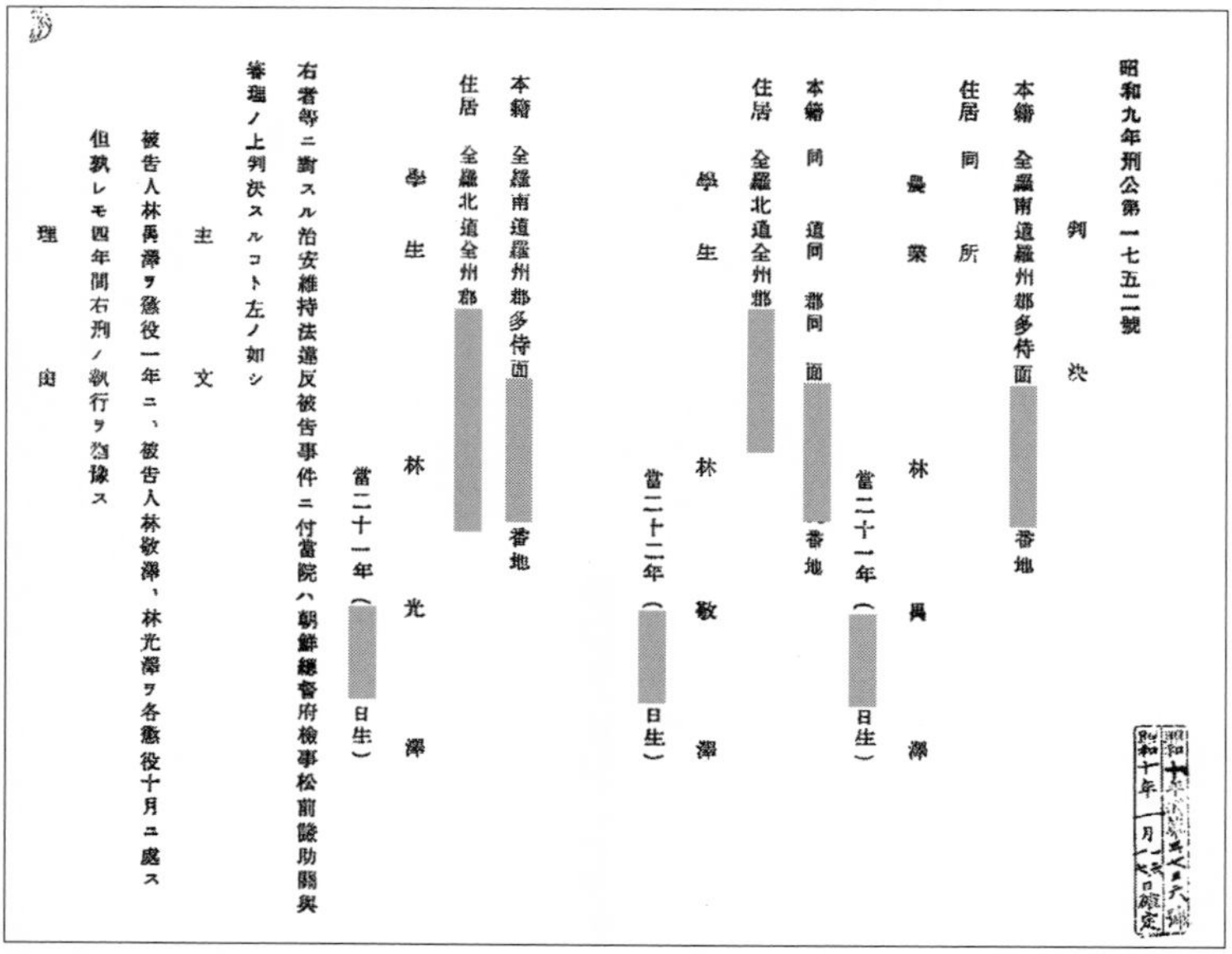

昭和九年刑公第一七五二號

判　決

本籍　全羅南道羅州郡多侍面[redacted]番地
住居　同　所
農業　林　禹　澤
當二十一年（[redacted]日生）

本籍　同　道同　郡同　面[redacted]番地
住居　全羅北道全州郡[redacted]
學生　林　敬　澤
當二十二年（[redacted]日生）

本籍　全羅南道羅州郡多侍面[redacted]番地
住居　全羅北道全州郡[redacted]
學生　林　光　澤
當二十一年（[redacted]日生）

右者等ニ對スル治安維持法違反被告事件ニ付當院ハ朝鮮總督府檢事松前隆助關與審理ノ上判決スルコト左ノ如シ

主　文

被告人林禹澤ヲ懲役一年ニ、被告人林敬澤、林光澤ヲ各懲役十月ニ處ス
但執レモ四年間右刑ノ執行ヲ猶豫ス

理　由

光州地方法院判決　1935年1月16日　洪仁錫裁判長　林禹沢ら「独立運動判決文」

判所の人員も払底してきたことが要因だろう、裁判長単独（日本人判事）の公判が散見するようになる。

治安維持法施行前、保安法違反や制令第七号違反で民族独立運動や共産主義運動に対する公判の多くは裁判長単独（日本人判事）でなされていた。朝鮮総督府法務局『朝鮮重大事件判決集』をみると、被告が四八人におよぶ「独立騒擾事件（その一）」の京城覆審法院判決（保安法違反など、一九二〇年一〇月三〇日）は塚原友太郎を裁判長とする日本人判事三人の合議制だったが、被告五人の「独立騒擾事件（その二）」の京城地方法院判決（保安法違反、一九一九年七月一一日）は田中芳春判事単独である。朝鮮独立の目的の言動が治安を妨害したとして制令第七号違反を問われた「怡隆洋行事件」に対する二二年一一月二九日の新義州地方法院の判決（金《キム》文奎《ムンギュ》に懲役二年）は合議制で、陪席の一人は朝鮮人判事（蔡奎明《チエギユミヨン》）だった。

なお、治安維持法違反事件の検察の司法処分に朝鮮人検事がかかわることはないが（朝鮮人検事は「思想事件

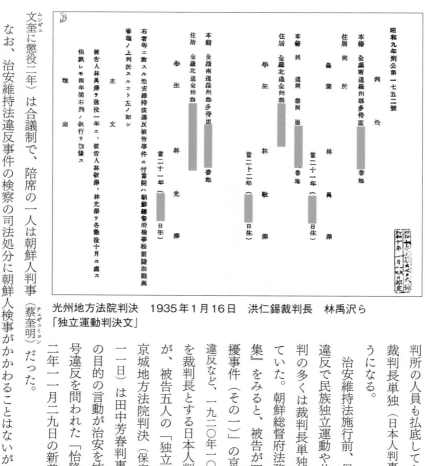

を担当しないのが「不文律」となっていたようである」と水野直樹は前掲論文で指摘している）、三九年七月の治安維持法違反事件の公判に、新義州地方法院検事局の羅在昇《ラジェスン》が立ち合っている（本書一〇二頁参照）。また、三・一独立運動関係で一九年四月二九日の李士元《リサウォン》ら五人に対する京城地方法院検事局の保安法違反の「公判請求書」は、崔浩善検事によってなされた事例がある。取調も崔が担当していた。崔は二一年五月に判事に転じ、二六年五月には大邱覆審法院判事として治安維持法事件公判の陪席を務める。

## 朝鮮人判事の来歴

崔浩善を含めて、前述の治安維持法公判にかかわった朝鮮人判事の履歴に注目してみよう。朝鮮人が判事および検事となる道は二つ開かれていた。

一つは高等試験司法科に合格し、司法官試補に採用された後、判事や検事に任官するルートである。京城法学専門学校を卒業した李愚軾は一九二七年一月の高等試験に合格し、六月に朝鮮総督府司法官試補となり、平壌地方法院検事局で修習する。二七年一月一八日の『朝鮮新聞』は「帝大に伍し　天晴れ《あっぱ》意気を見せる法専校逐年内容を充実す」という見出しで、二五年度に初めての高等試験司法科の合格者があり、二六年度には李愚軾ら三人が合格したことを報じた。李愚軾は二九年六月に全州地方法院判事となり、三〇年一〇月、京城地方法院仁川《インチョン》支庁判事で退職し、弁護士となる。

一九〇四年四月三日生まれの金準枰は第三高等学校を経て京都帝国大学に進み、二七年に高等試験司法科に合格する。二八年四月、京城地方法院司法官試補となり、二九年一二月、全州地方法院判事となった。三一年一〇月から大邱覆審法院判事、三五年七月から京城覆審法院判事を歴任、四〇年七月、「金光」と「創氏」する（七月一八日の『毎日申報』は「三判事一斉創氏」と報じた。他の二人は京城地方法院判事）。四一年四月、平壌地方法院部長判事となった。法院の席次三位（高等官三等）で、朝鮮人司法官としてはもっとも高い地位に昇進した。四三年に退職し、弁護士となる。

もう一つは法学系の学校を卒業後、普通試験に合格して裁判所書記兼通訳生となり、その実績を積んだ後に判事や検事に採用されるケースである。高等試験司法科合格は難関なため、多くはこの書記兼通訳生を経てのルートをたどった。書記兼通訳生となる前には郡書記などを経由する。

崔浩善の名前は一九一〇年の釜山地方法院書記が初出である。一二年一〇月に判事となり、一三年からは釜山地方法院晋州《チンジュ》支庁検事、京城地方法院検事となり、二一年五月に再び判事となる。公州地方法院清州《チョンジュ》支庁判事から大邱覆審法院判事となり、二七年八月退職し、弁護士となる。

張基相は一二年に京城専修学校卒業後、郡書記を経て通訳生兼書記となり、一七年一月に大邱地方法院尚州支庁判事となる。その後、釜山地方法院晋州支庁・海州地方法院・大邱覆審法院判事を歴任した。三〇年二月に退職し、弁護士となる。

前判事 姜哲模氏
辯護士開業
全州府에서

「全州」全州地方法院判事姜哲模氏는今次判事의職을辭하고全州에서辯護士業을開始하얏는데氏는日本大學法科를首席으로卒業한後即時裁判所에奉職하야開城 仁川支廳 京城全州法院의判事를歷任하얏고司法官生活二十年에朝鮮人法官으로는最高位인高等官三等에까지昇進한法曹界有數人物인만치一般의企待는多大하다한다（寫眞은全州에서開業한姜哲模辯護士）

『毎日申報』1935年11月7日　姜哲模弁護士開業

姜哲模は一五年四月に郡書記、一八年一一月に裁判所書記兼通訳生となり、二〇年一一月、京城地方法院開城支庁判事となった。その後、同法院仁川支庁を経て、三五年一〇月に全州地方法院判事として退職、弁護士となる。三五年一一月七日の『毎日申報《メイイルシンボ》』には朝鮮人法官としては最高位の高等官三等に昇進したとある。朝鮮総督府編『朝鮮総督府及所属官署職員録』（一九三五年七月一日現在）では、院長・部長判事につぐ席次だった。

一八九七年生まれの洪仁錫は一九一九年に官立京城専修学校（のち京城法学専門学校）を卒業後、裁判所書記兼通訳生となり、二五年三月に判事に任ぜられた。釜山地方法院馬山《マサン》支庁・光州地方法院・大邱地方法院尚州支庁・平壌地方法院の各判事を歴任し、四〇年九月には「香川」と「創氏」している。

三七年七月二〇日の『東亜日報《トンアイルボ》』は増永正一法務局長談として「裁判長、検事正等に朝鮮人を登用！ 予審判事、部長、次席検事等に朝鮮人司法官を優待」という記事を載せる。将来的にこうした可能性があることを示唆することで、朝鮮人司法官の忠誠と意欲を引き出そうとしている。高等試験司法科出身者の金準枰の平壌地方法院部長判事への就任はそうした一歩であったが、書記兼通訳生を経て判事となるルートでは昇進の道はきびしく、地方法院支庁判事に止まることが多かった。大半の朝鮮人司法官が中途で退職し、弁護士に転じる最大の要因は、日本人司法官に比べて昇進や勤務地などにおいて冷遇されていたからではないかと推測される。

朝鮮共産党関係の公判に深くかかわった脇鉄一が判事退職後、弁護士として治安維持法違反事件の弁護にあたっていくように、上述の朝鮮人弁護士も治安維持法違反事件の公判にかかわった事例がみられる。李愚軾は三五年一一月の全州地方法院におけるプロレタリア文化運動の「新建設社事件」の弁護にあたり、具滋観は同年一二月の間島五・三〇事件の控訴審公判で五人の被告の私選弁護士となっている。

これらの人々は判事から弁護士に転じた後も、多くは戦争遂行体制の構築に協力的であったと思われる。姜哲模は退職官吏の恩給を国防献金に募る呼びかけ人の一人となっている（『毎日申報』、一九三八年八月二日）。また、金準枰は四四年一二月の戦意昂揚大講演会で講演をおこなっている。

朝鮮人司法官は日本の統治機構のなかに組み込まれており、「親日派官僚」の範疇に入る。判事の場合には治安維持法違反事件の公判に陪席判事として臨み、判決文作成の合議をおこなって署名をするという点で、治安維持法運用の一翼を担っていたことは確かである。ただし、拷問による取調を実行した朝鮮人警察官と同列に論じることはできないだろう。途中退職して弁護士の道に進むのは、待遇面の不満とともに、朝鮮人被告を裁くことに何らかの躊躇や逡巡があったことも考えられる。

# 二 判決全般の特性

## 平均刑期

前著『朝鮮の治安維持法』で通史的な概観をおこなうなかで、各段階の治安維持法違反事件の処断の特徴について述べた。ここでは全般的な視野に立って、日本国内の治安維持法違反事件の処断状況と比較しつつ、判決を通していくつかの論点を提示してみよう。

朝鮮総督府高等法院検事局『朝鮮治安維持法違反調査（一）』（一九二八年、『治安維持法関係資料集』第一巻）は、一九二五年五月の治安維持法施行以来、二八年二月までの確定判決五一件一一一人について各方面から調査をおこなっている。刑期では無期懲役一人（併合罪）、懲役一〇年以下二年六月以上が二三人、二年以下が八七人（そのうち執行猶予が三四人）となっており、第一次・第二次朝鮮共産党事件の判決が出る前、治安維持法の運用はすでに本格化していることを示している。それでもその後のフル運用に比較すればまだ初動期で、後述するようないくつかの指標に照らせば慎重さがあったこともうかがえる。その指標の一つが、この調査で導かれた懲役二年という平均刑期である。

続編となる『朝鮮治安維持法違反調査（二）』は高等法院検事局思想部『思想月報』第三号（三一年六月、『治安維持法関係資料集』第一巻）に掲載された。二八年三月から三〇年一二月までの確定判決五七九人の調査で、死刑六人と無期懲役二人（いずれも併合罪）を含む。平均刑期は二年七月となっている。第一次・第二次朝鮮共産党事件を含み、過半は死刑まで刑期を引き上げられた改正治安維持法の運用となる。平均刑期が七月間増えたことは、この改正治安維持法に起因するほか、運用の積極化を反映しているはずである。

法務府行刑課による三五年二月末時点の治安維持法受刑者七二六人の刑期調（『思想彙報』第三号、一九三五年六月）では懲役三年以下が四一八人、五年以下が二三四人、一〇年以下が六一人、一五年未満九人、一五年以上四人となっている。これは行刑中の受刑者で、治安維持法の運用がピークを迎える一九三一年から三四年の厳罰化の傾向がうかがえる。

次にわかるのは三八年六月から四〇年六月までの判決刑期調で、一六六人のうち、三年以下が七二%、三年六月以上が一八%となっている。懲役一年から二年六月が全体の三分の二を占めているので、平均刑期は二年以下になると推測される（『治安維持法関係資料集』第二巻）。ついで四〇年七月から四三年六月までの刑期調では、四六八人のうち、懲役三年以下が七九%、三年六月以上が二一%となる。懲役一年六月が一一三人ともっとも多い。この期間も平均刑期は二年以下であろう（『治安維持法関係資料集』第四巻）。

大雑把にいえば、治安維持法の平均刑期はやはり一九三〇年代前半が重く懲役三年以上で、運用の初動期と戦時下においては懲役二年程度と思われる。いうまでもなく、その「犯罪事実」の内容については大きな違いがあり、戦時下においては軽微な事例でも懲役二年となるようなことは珍しくなかった。

## 日本国内との量刑の比較

日本国内の治安維持法運用の状況と比較してみよう。その手がかりの一つとなるのが、高麗共産青年会日本総局関西部事件の鄭輝世《チョンフィセ》に対する一九三一年五月一五日の京都地方裁判所の判決を『思想月報』第三号に掲載する際に付したコメントである。同判決では鄭が京都朝鮮労働組合執行委員長や新幹会京都支会幹事などを務める一方で、高麗共産青年会に加入し、「京都朝鮮労働組合内に青年部を設置せんが為……京都市内に於て其の創立大会を開催して高麗共産青年会の為、其の組織拡大に努力し、以て同会の目的遂行の為にする行為をなし」たとして、治安維持法第一条第二項を適用し、懲役三年を科した。この判決について「刑の量定に於ては彼我《ひが》殆ど同一程度なる」としたことが注目される（ただし、「法の適用に於て京城は第一条第一項及び第二項を適用するに、京都に於ては第一条第二項のみを適用せり」として、京都地裁判決が「国体」変革を該当させないことに疑問を呈し、「研究問題たるべし」とした）。

東京地裁検事局の思想検事戸沢重雄は三三年一〇月の思想実務家会同の講演で「刑の量定」の基準について触れ、「日本共産党の場合でありますと、日本共産党に加入しただけで五年、色々活動すればそれに応じて加重することは勿論であります。党の目的遂行に付ては三年、それから共産主義青年同盟に完全加入した者に付ては四年、色々活動あればそれに応じて加重する、それから同盟の目的遂行は大抵三年或は二年、兎に角二、三年の処で求刑するということになって居ります」（司法省『思想研究資料特輯』一二）と述べている。実際の国内の判決はこの求刑の基準を二割程度軽くしたものとなる。

朝鮮共産党は三二年四月の第六次再建の弾圧までで組織的活動を封じられた。その後は直接的には党とつながらない再建運動を「秘密結社」として、「国体」変革と「私有財産制度」否認の治安維持法第一条が適用された。これらはいずれも萌芽的な組織・活動であったため、判決としての処断も相対的に軽かった。

それでも朝鮮における治安維持法違反事件は暴動・騒擾《そうじょう》や資金獲得のための強奪などをともなったために、殺人・放火・強盗などとの併合罪が加わり、刑期は重くなった。この点が日本国内の運用との大きな違いの一つである。その典型的な事例が間島五・三〇事件公判であった。三三年一二月二〇日の京城地方法院公判の判決は死刑二二人、無期懲役五人を含む二四五人が有罪となった（無罪一六人）。懲役三年以下は三八％にとどまる（『思想月報』第三巻第一〇号、一九三四年一月）。

角本佐一は「間島共産党事件官選弁護受任に就て」（『東亜法政新聞』第二七一号、一九三三年七月二〇日）と題する文章のなかで「刑事政策の現況は、全然厳罰主義、応報主義にして、或は全く教育なき文盲者、又は学窓にある未成年者、共産主義社会主義の何物たるやを弁ぜざるものに対し全部、殆ど稀に二年、普通三年四年、甚だしきに至りては五年六年の実刑を以て臨み、其資料に提供せられたる記録の如きは、全く専門家ならでは羅列し得ざる言辞を以て飾り、美化されてある事は、一度此種《このしゅ》事件を取扱いたる吾曹《ごそう》人士は、等しく其刑罰の過重と資料の美化に驚かぬものはなかろう」と記している。これは一九三三年時点での治安維持法違反事件公判の「刑罰の過重と資料の美化」傾向の批判的な観測である。

しだいに運動の中心が京城から朝鮮北部に移りつつあるなかで、咸興地方法院長の長谷部光雄が「北鮮思想運動の特殊性」として「思想事件によって前途を棒にふることは本人の為め遺憾であるが、国家よりすれば寔に厄介物だ、わいて来る斯うしたバクテリアを外科手術によってせん除しなかったら、国家の健全な発達、進展を望むことは不可能である」（『東亜法政新聞』第二五三号、一九三二年一〇月五日）と述べた。このことも角本のいう「全然厳罰主義、応報主義」の「刑事政策の現況」を端的に示している。

吉田肇（東京刑事地方裁判所判事）の報告書「朝鮮に於ける思想犯の科刑並累犯状況」（『思想研究資料特輯』第六

一号、一九三九年五月）は、「求刑と科刑」について三つの興味深い指摘をしている。第一は「検事の求刑と判決の結果との間に余り差異がなく、其の大部分が一致して居る点」である。調査した京城地方法院の判決一九七人中一一四人が一致しており、日本国内の「求刑と判決における量刑との間に多大の開きがあるのとは好対象《ママ》を為」し、「朝鮮の方が寧ろ理想的」とする。

第二は「検事の求刑が内地よりも軽く、懲役三年以下のものが大部分であり、又二年以下の実刑言渡が非常に多い」ことである。

第三は科刑がしだいに軽くなってきているとする点である。「昭和八年、思想転向時代に入りてより之に順応して次第に軽くなり、満洲事変を経て支那事変の発生を見たる後の現在に於ては其の傾向は益々《ますます》濃厚となって居る様である」という。さらに思想犯保護観察制度の順調な実施状況が「裁判所をして安んじて思想犯の科刑を軽くし、執行猶予者の数を多からしむるに至った」と観測する。

## 一年未満の量刑

日本国内における治安維持法違反事件の科刑で懲役一年未満となったのは、一九二九年の懲役八月の一人と三〇年の禁錮六月・七月・八月の各二人の合計七人（一九四〇年まで）とみられる。禁錮刑自体が例外的だったが、刑期一年未満となることもわずかだった。これに対して、朝鮮においては刑期一年未満の科刑となる事例がかなり存在する。

前掲『朝鮮治安維持法違反調査（一）』では刑期一年未満が一一一人中三五人（執行猶予一九人）を占める。「朝鮮治安維持法違反調査（二）」では五七九人中三一人（執行猶予二三人）となっている。一九三八年六月から四〇年六月までは一六六人中一一人（執行猶予八人）で、四〇年七月から四三年六月までは四六八人中一七人（執行猶予四人）となっている。戦時下の進行につれて、割合は減少している。

いくつか具体的な判決例をみよう。

二六年六月二一日、京城地方法院は金翊煥《キムイクファン》に対して懲役八月を言い渡した（裁判長小野勝太郎、立会検事里見寛二）。金は東京在学中、李王《リワン》国民葬に際して知人に独立を私信で煽動したとして警視庁で検挙、京城に押送された。「犯罪事実」は「宣伝容易なる此機会を利用し、二重三重の異族の専制的圧迫政治より脱し独立運動を為すべし、李王の薨去《こうきょ》は吾等白衣民族に活路を与えられたるものなりとの趣旨の書面を郵送し、以て同人等に対し朝鮮独立運動の実行を煽動したるものなり」とされて、検事の求刑通り懲役八月を科せられた。治安維持法第三条の「煽動」の適用である（「独立運動判決文」）。

九月一〇日の京城覆審法院は、六月二八日の咸興地方法院の懲役八月の判決を不服として控訴した洪性煥《ホンソンファン》に対して、同じく懲役八月を言い渡した（裁判長末広清吉、立会検事河村静水）。二五年一一月、「京城青年会に入会し、同志と共に社会問題並に思想問題に付討議を為し居る中、自然社会主義に感染し、現今の社会に於て貧富の懸隔は著しく、富の分配公平を欠くは現在社会制度の欠陥なるを以て、之が変革を図るには私有財産制度を撤廃せしめ、共産制度を現出するにありとし」た洪が、二六年一月、「郷里に共産主義を普及する目的を以て自覚団《ジャガクダン》と称する結社を組織」し不穏文書を頒布したとして、治安維持法第一条第一項を適用し、懲役一〇月を科した（『日帝下社会運動史資料叢書』第八巻）。

二七年三月三〇日、釜山地方法院統営支庁は金載学《キムチェハク》に懲役一〇月を、方正杓《パンジョンピョ》に懲役八月を言い渡した。「私有財産制度を否認する目的」で「正火会《ジョンファフェ》」を組織したとして治安維持法第一条第一項を適用した。被告の控訴により、五月一四日の大邱覆審法院（裁判長高木安太郎、立会検事玉名友彦）は、「正火会」の目的が「私有財産制度の否定それ自身の実行にありと認むるは穏当にあらず」として二人に無罪を言い渡した（「独立運動判決文」）。

七月一日、京城覆審法院は金在水《キムジェス》らに治安維持法第一条第一項を適用して懲役八月を科した。「被告人等は予てより現社会経済組織に対し不満の念を抱懐し居るものなる処」、「現下露西亜の国体に倣い、私有財産制度を否認する共産主義を実現する為め、太陽会《テヤンフェ》なる結社を組織」したとされた。

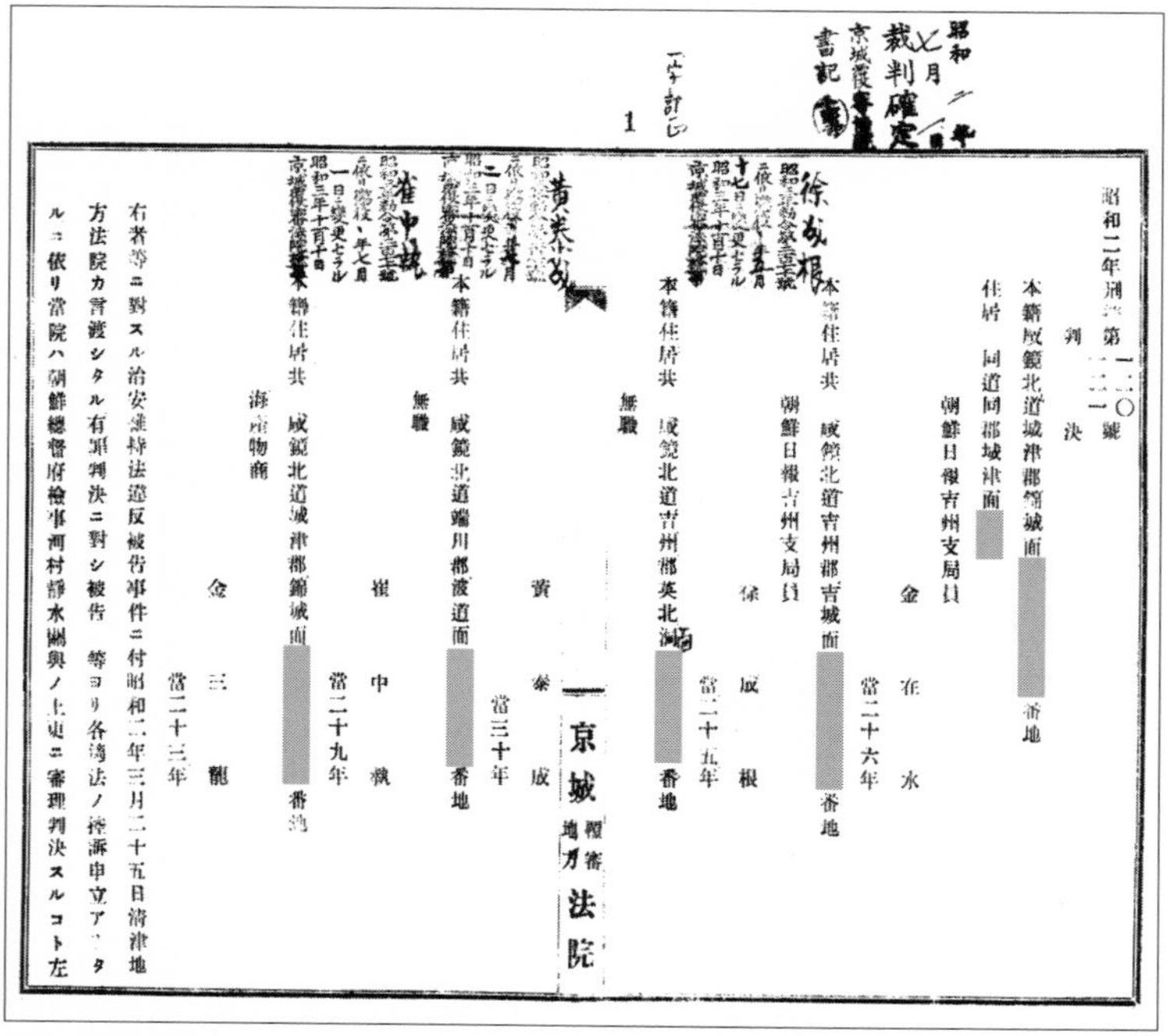
昭和二年七月一日裁判確定
京城覆審法院書記

昭和二年刑控第一二二〇號

判決

本籍 咸鏡北道城津郡鶴城面 番地
住居 同道同郡城津面
朝鮮日報吉州支局員
金在水
當二十六年

本籍住居共 咸鏡北道吉州郡吉城面 番地
朝鮮日報吉州支局員
徐成根
當二十五年

本籍住居共 咸鏡北道吉州郡英北面 番地
無職
黄泰成
當三十年

本籍住居共 咸鏡北道端川郡波道面 番地
無職
崔中稙
當二十九年

本籍住居共 咸鏡北道城津郡鶴城面 番地
海産物商
金三龍
當二十三年

右者等ニ對スル治安維持法違反被告事件ニ付昭和二年三月二十五日清津地方法院カ言渡シタル有罪判決ニ對シ被告等ヨリ各適法ノ控訴申立アリタルニ依リ當院ハ朝鮮總督府檢事河村靜水關與ノ上更ニ審理判決スルコト左

京城覆審法院

京城覆審法院判決　1927年7月1日　末広清吉裁判長　金在水ら
「独立運動判決文」

「自覚団」や「太陽会」は共産主義を志向する小結社であるが、一九三〇年代にあって「読書会」などが秘密結社として最低でも二年以上の懲役刑を科せられるのに対して、二〇年代後半にあっては一年未満の刑期にとどまる。治安維持法の切れ味を試すのは積極的だったが、まだその加減が明確でなく、慎重な適用の結果であった。

　治安維持法の適用が厳重化する一九三〇年代にあっても、科刑が懲役一年未満となる事例がある。その一つは秘密結社組織処断の治安維持法第一条の適用ながらも、具体的な活動が見られなかったとする場合である。三三年三月二三日、大邱覆審法院（裁判長松下直英、立会検事板野孝二）は釜山地方法院晋州支庁判決（二月三一日）に控訴した鄭漢永《チョンハンヨン》について一審と同じく懲役八月を科し、もう一人の裵章栄《ペジャンヨン》については同じく懲役一年だが、執行猶予三年を付した。鄭と裵は「共産主義研究の徹底」を期し、既存の読書会を基礎に「私有財産制度を否認し、共産制社会を実現せしむることを目的とする無名結社」を組織したが、「責任者各自に未だ熱意足らざりし為め、組織後二三ケ月を出でずして自然解消に帰したる」と認定された（『日帝下社会運動史資料集』第一〇巻）。

もう一つは治安維持法の第二条や第三条を適用する判決である。三五年四月一五日の光州地方法院長興支庁（裁判長湊信三、立会検事大場正次郎）は金鉉直《キムヒョンジク》に懲役一〇月を科した。三・一記念日に「朝鮮無産大衆よ、醒めよ、春夢を、非常時を利用して資本主義社会を破滅させて最大公平な共産国を建設せよ、祖国露西亜死守、赤色主義勝利」などの「不穏文書」一五二枚を各部落路上に撒布したことが、第三条の「煽動」とされた（「独立運動判決文」）。

三五年一二月二八日の京城地方法院春川《チュンチョン》支庁の判決で趙暻九《チョンギョング》に執行猶予三年（懲役八月）が付されると、検事側が控訴した。三六年二月二一日、京城覆審法院（裁判長池田良之助、立会検事依田克巳）は控訴を棄却した。「犯罪事実」は趙が夜学会の教師として青少年に対して「私有財産制度」否認の目的実行のために協議したこと、「普通学の科目を教授する傍ら、数十回に亘り横暴なる現代の資本主義社会は早晩崩壊し、我々無産者に幸福を与うる共産主義社会を実現すべきこと必定なるも、我々無産者は夜学会に於て熱心に勉学を為し、固く団結して一日も早く共産主義社会の実現するよう、其の目的達成に進まざるべからざる旨説述」したことなどが、治安維持法第二条・第三条に該当するとされた（「独立運動判決文」）。

戦時下の治安維持が厳重化されるなか、軽微な事案でも治安維持法で処断し、その結果として一年未満の刑期となることがあった。四〇年八月九日、京城地方法院（裁判長釜屋英介、立会検事伊藤清）は治安維持法違反前歴者（起訴猶予処分）の李斗鐘《リドジョン》に懲役一〇月を科した。保護観察中の李は「郷人座」という「劇団を結成し、之を通じて団員に共産主義思想を注入し、以て同志として獲得し、其の演劇を通じ一般大衆にも同思想を普及徹底せしめんことを期し」、三九年八月に団員として五人を募集したものの、「忽《たちま》ち資金難に陥りたる」ため実際的な活動はなしえなかった。これに治安維持法第二条の「協議」を適用した。未決勾留日数一二〇日を算入したものの、執行猶予は付さなかった（「独立運動判決文」）。

四一年五月二八日、京城地方法院は石《ソク》（石川）昌瑞《チャンタン》と車柱彬《チャチエビン》（安田弓弘）という二人の中学生（未成年）に懲役八月、六月という判決を言い渡した。友人に対して「本拠を満洲国又は露国に置き、満洲移住に仮装して同地に移り、同地を根拠として朝鮮民族の武力、科学力、経済力並団結力を養成し、然る後、第三国の援助を得て朝鮮独立を断行せざるべからざる旨」を説き、「国体」変革を煽動したとして、新治安維持法第五条を適用した。未決勾留日数三〇日を算入したものの、執行猶予は付さなかった（「独立運動判決文」）。

これら二つの判決は前述の四〇年七月から四三年六月までの一七人に含まれるが、懲役一年まで含めると、当該時期の治安維持法有罪確定者の約二割に相当する。戦時体制の遂行に障害があるとみなした朝鮮人民衆の軽微な「不穏言動」に対しても、治安維持法は容赦なく襲いかかった。

## 無罪判決——「公訴事実」の証明不十分

日本国内の治安維持法違反事件で無罪判決が出ることはわずかである。一九二八年から三九年までの「治安維持法違反事件科刑表」によれば、四四七一人のうち無罪となったのは二五人、〇・六%であった。しかも二八年に一三人、二九年に一一人、三三年に一人というように運用の初動期に集中しており（『治安維持法関係資料集』第二巻）、まだその司法処断が安定していないことを示している。戦時下にあっては、四二年七月三一日の大阪控訴院（裁判長高野綱雄）の大本教事件に対する治安維持法違反の無罪判決（出口王仁三郎は不敬罪違反で懲役五年）、四五年六月一二日の無教会キリスト者の浅見仙作に対する大審院（裁判長三宅正太郎）の無罪判決がみられる程度である。

一方、朝鮮における治安維持法事件において無罪判決の割合は日本国内の二、三倍にのぼると推測される。前述した『朝鮮治安維持法違反調査（一）』では一九二七年に八人が無罪となったことがわかる。ただし「朝鮮治安維持法違反調査（二）」や三八年六月から四三年六月までの刑期調では、その間に無罪判決があったことは後述するような実際の判決によって明らかであるが、無罪判決は統計にとられていない。また、『朝鮮総督府司法統計年報』一九四一年版では第一審の裁判人員二八〇人のうち四人が無罪、第二審では一四人のうち六人が無罪、第三審では三八人のうち三六人が無罪となっている（修養同友会事件）。同四二年版では第一審の裁判人員三五六人のうち一人が無罪、第二審（高等法院）では三人のうち一人が無罪となっている。

この無罪判決が出るケースは二つある。まず、警察・検察の取調の不十分さや杜撰さが公判で露呈した場合である。日本国内と同じく、治安維持法運用にまだ習熟していない初動期に多くみられる。

二六年三月三一日、大邱地方法院は慶北《キョンブク》軍資金募集事件の徐東日《ソドンイル》に懲役三年を言い渡す一方、尹炳采《ユンビョンチェ》・崔聖《チェソン》熙《ヒ》・尹瑛燮《ユンヨンビョン》は無罪とした。判決文では尹炳采と崔聖熙について「朝鮮独立の軍資金を募集し、或は其情を知りて被告徐東日の行動を容易ならしめたりとの公訴事実」については「徐東日より脅迫せられたる為め、已むなく」おこなったもので、「同人等が被告徐東日と共謀し、李同心より金円を恐喝したるものに非ざること明白なる」とする。尹瑛燮については「犯罪の証明十分ならざる」とする。尹炳采・崔聖熙について検事側が控訴したが、五月二〇日の大邱覆審法院は二人が「政治変革に賛同し、帝国の治安を妨害したりとの公訴事実は其証明なき」として、やはり無罪を言い渡した（以上、「独立運動判決文」）。

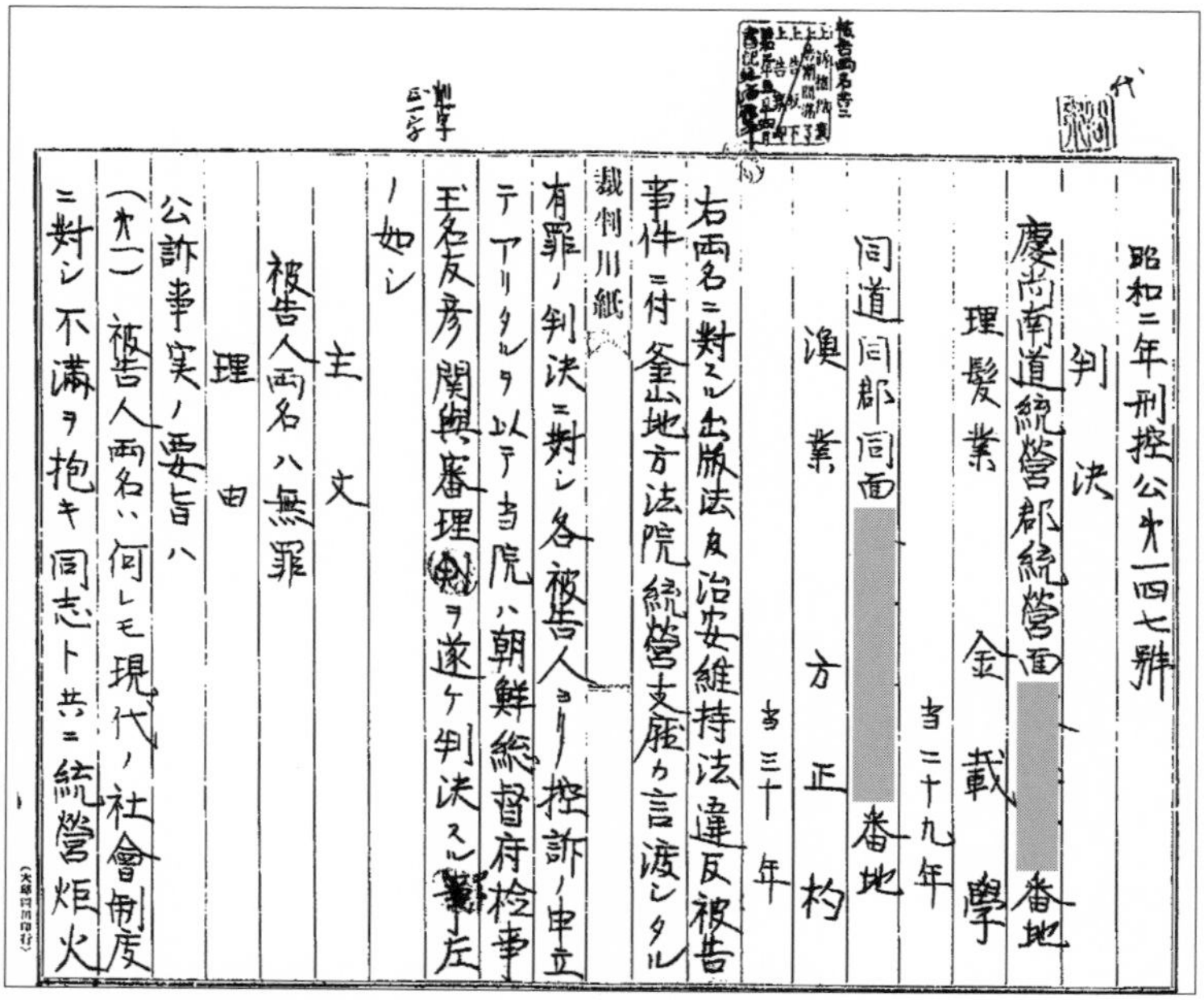
昭和二年刑控公第一四七號

判決

慶尚南道統營郡統營面　番地
理髪業　金載學
当二十九年

同道同郡同面　番地
漁業　方正杓
当三十年

右両名ニ對スル出版法及治安維持法違反被告事件ニ付釜山地方法院統營支廳カ言渡シタル有罪ノ判決ニ對シ各被告人ヨリ控訴ノ申立テアリタルヲ以テ当院ハ朝鮮総督府検事玉名友彦関與審理ヲ遂ケ判決スル事左ノ如シ

主文

被告人両名ハ無罪

理由

公訴事実ノ要旨ハ
（第一）被告人両名ハ何レモ現代ノ社會制度ニ對シ不満ヲ抱キ同志ト共ニ統營炬火

大邱覆審法院判決　1927年5月14日　高木安太郎裁判長　金載学ら「独立運動判決文」

二七年五月一四日、大邱覆審法院（裁判長高木安太郎、立会検事玉名友彦）は出版法・治安維持法違反とされた金載学・方正杓に無罪を言い渡した。三月三〇日の釜山地方法院統営支庁の有罪判決（裁判長呉完洙〈単独〉）に控訴したもので、被告らは「何れも現代の社会制度に対し不満を抱き」、「私有財産制度」否認の目的で「正火会」を組織したという「公訴事実」に対して、「被疑者金尚昊《キムサンテ》の検事訊問調書に於ける供述記載に徴すれば、恰《あたか》も被告人等に於て公訴事実摘示の如き結社を組織したるが如き観なきにあらざるも、該供述は遽《にわか》に信を措き難く」とするほか、他の被疑者や証人の供述を総合すれば「正火会なるものは会員たる青年相互の親睦を目的とするものなる事を推知しうる」とした。この覆審法院公判でなされた二人の証人の供述もそれを裏づけるとして、正火会を「私有財産制度」否認の目的の結社と認めることは「穏当にあらず」とし、第一審の有罪判決を「失当」と断じた（以上、「独立運動判決文」）。

二八年三月一五日、公州地方法院が永同《ヨンドン》青年連盟事件の李官植《リカンシク》・張埃《チャンエ》ら七人に無罪を言い渡すと、検事側が控訴した。六月二〇日の京城覆審法院（裁判長戸田常次、立会検事渡辺純）の判決も全員無罪だった。「現時の資本主義社会を変じて共産主義社会の実現を其の理想と為し、先づ其の階梯として無産階級の団結に拠りて権力を同階級に帰せしめ、経済上資本家の財産私有を否認することを目的として」各青年会を統率する強力な団体の組織を企図し、永同青年連盟を組織したという「公訴事実」に対して、「該結社を組織したりと認むべき証拠十分ならず」とした（「独立運動判決文」）。

これらの判決では秘密結社の組織という「公訴事実」の証明が十分ではないとした。警察・検察の「訊問調書」の不出来が推測されるものの、どこが問題であったのかは具体的に示されていない。圧倒的多数を占める有罪判決では「公訴事実」の証明が十分と判断されるわけだが、その差異がどこにあるのかは不明である。こうした「公訴事実」の証明不十分を理由とする無罪判決は一九三〇年代にも散見する。

三二年三月二五日、京城地方法院は朝鮮共産党再建協議事件公判（裁判長山下秀樹、立会検事佐々木日出男）で鄭遇尚《チョンウサン》に懲役二年を科するほか四人を有罪としたが、崔正烈《チェジョンヨル》については無罪とした。崔が三〇年一二月、金炳《キムビョン》璹《ス》と「将来朝鮮に於ける共産主義運動は……労働者農民を中心として為さざるべからず、之に付ては労働者農民を共産主義的に指導教養するを急務とするを以て互に協力して之に当り、以て共産主義革命の完成に努力すべき旨協議したり」という「公訴事実」について、判決は次のような理由で認めなかった（『日帝下社会運動史資料集』第六巻）。

> 金炳璹に対する検事訊問調書には同人が上記記載の頃、被告人と会見し、前記決議記載の事実は正しき理論なりとの意見を述べ、且共産主義運動に付被告人に話したる旨記載しあれ共、右事実のみにては未だ以て共産制度実現の目的を以て其の目的たる事項の実現に関し協議したりとの事実は輙《たやす》く肯認し難し、尤も

同人に対する司法警察官事務取扱の訊問調書には同人が被告人に対し前記の如く学業を廃し専心共産主義運動を為すべしと奨められたるに対し、被告人は学業は廃せざるも其の暇々に実際運動を為さんと答えたる旨の供述記載あれ共、当院に於ては右証言を信用せず、而も一件記録中、他に前顕《ぜんけん》公訴事実を認むるに足る適確なる証拠なきを以て、結局右公訴事実は犯罪の証明なきに属するを以て……無罪の言渡を為すべきものとす

ここでは「公訴事実」証明の決め手となる金炳璹に対する警察と検事の各「訊問調書」は信用できないと言い切っている。一方で有罪となった鄭遇尚らに対する証拠調では、金炳璹の警察・検察・予審の各「訊問調書」供述も含めて「公訴事実」証明に足るとしている。

## 無罪判決――「訊問調書」の偽造

無罪判決の出る二つ目のケースは、警察の拷問による自白の強制や「訊問調書」の偽造などが公判の過程で露呈する場合である。

一九三四年一〇月二六日、大邱地方法院（裁判長江藤逸夫、立会検事松崎三男）は赤色読書会を組織したとして治安維持法第一条第一項・第二項を適用し、呉麒洙《オギス》に懲役五年、呉丙洙《オビョンス》と金圭福《キムギュボク》に懲役二年六月を科した。被告が控訴した。大邱覆審法院は三四年一二月に開廷する予定だったが、全員無罪の判決が下されたのは三五年七月二〇日となった（裁判長鏡一以、立会検事板野孝二）。判決文は第一審に比べ簡単で、赤色読書会を組織して「共産主義の研究を為し、露西亜革命記念日、朝鮮独立記念日、五月一日の紀念祝賀の催を為し、同志の獲得に努めたるもの」という「公訴事実」を「之を認むるに足る確証なき」とするだけとなっている（以上、「独立運動判決文」）。

三三年の検事局送致時、「赤色読書会を中心に労働層、農民層、体育界等その他各方面に同志を獲得し、巧妙な運動に邁進した義城《ウィソン》の朝鮮共産党再建事件」（『朝鮮新聞』、三三年一二月六日）と報じられたこの事件は、警察の検挙者三七人、検事局への送致八人、予審請求三人となり、その三人が公判に付されていた。第一審では重罪となったが、控訴審で無罪となった結果、事件全体が雲散霧消した。この虚構が警察の拷問によって作り上げられたことは、三五年七月二二日の『東亜日報』が警察署長や刑事の証人尋問の結果、供述が事実無根と判明と報じていることからみて確実であろう。控訴審の場で警察官の証人訊問がなされ、拷問による供述の強制が決定的となったために、無罪判決を出さざるをえなくなったと推測される。新聞報道によれば、第一審の懲役五年から無罪となったことに高等法院検事局は「警告」（『毎日申報』、一九三五年八月二一日）を発したが、そのまま無罪が確定した。

次に衡平社《ピョンピョンサ》事件の無罪判決をみよう。三六年三月二一日、光州地方法院は李鐘律《リジョンリュル》の「共産主義者同盟」加入に治安維持法第一条第一項・第二項を適用して懲役二年六月を科したが、衡平社にかかわるとされた李同安《リドンアン》・徐光勲《ソガンフン》ら一三人は全員無罪となった。その理由は、次のような警察「訊問調書」における大きなミスである。

> 司法警察官又は同職務取扱の本件被告人及其の他の被疑者等に対する各訊問調書は当裁判所の審理の結果に依れば、是等の者に対する取調は昭和八年一月以来、約半ヶ年の永きに亘り、一人に対する取調回数のおおきは凡《およそ》十回乃至二十回に及ぶものありしに拘らず、其の取調日及調書作成日が何れも昭和八年七月二十六日と記載せられありて、四十余名に対する取調四千枚に近き厖大《ぼうだい》なる調書の作成及其の読聞けが共に一日の内に行われたるが如くなり居る結果、事実上に於ける取調の前後順序は勿論の事、何時取調を為し、何時調書を作成したるや全く之を知るに由なく

被告申点石に対する各訊問を担当して「調書」に署名捺印した巡査が当日出張中で不在だった事実も指摘す

る。「該取調が果して記録記載の如く真実に司法警察官吏立会の下に為されたるや否やに付、右記載を確信する能わざるのみならず、其の内容に於ても各訊問調書を通し被疑者の供述として録取せられたるものは、取調前四、五年以前の事実に関するものなるに供述余りに詳細を極め、不自然に渉る点多く、事実を誇張又は付加したるが如き嫌すらあり」として、警察「訊問調書」および被告の「手記」は「信用し難く」と言い切った（『日帝下社会運動史資料叢書』補完編）。警察「訊問調書」のでたらめさが無罪判決の最大の決め手となった。

検事側が控訴した一一月二一日の大邱覆審法院の判決も第一審同様だった。そこでも「司法警察官又は同職務取扱の右等被告人及其の他の被疑者に対する昭和八年七月二十六日付各訊問調書並検事の被告人に対する第一、二回訊問調書の内容は其の添付手記及若くは誓約書の内容と共に当院の輙《たやす》く信用し難きところ」として、「右公訴事実に指示せるが如き犯罪ありたることを認むるに足る証拠なし」とした（「独立運動判決文」）。警察「訊問調書」だけでなく、検事「訊問調書」の虚偽性も問題視された。この判決の衝撃は大きく、三六年一〇月の検事局監督官会議で山沢佐一郎高等法院検事が「訊問調書」の作成に注意喚起するに至ったことは前述した。

推測を逞《たくま》しゅうすれば、これほどの杜撰な「訊問調書」でも警察は公判において問題になると予想していなかったのではないだろうか。それまではこれに近い「訊問調書」でも有罪の証拠として採用されるのが通例になっていたために、「訊問調書」作成の警察官も高をくくっていたのではないかと思われる。さすがに通常は「訊問調書」の不自然さや誇張にも目をつむる裁判官も、この度を外れた作為には「信用し難き」と突き放すほかなかった。

事件全体が雲散霧消したもう一つは、修養同友会事件である。検事局の受理数でも一八一人に上り、四二人に対する三九年一二月八日の京城地方法院判決では全員が無罪となった。その後、検事控訴による四〇年八月二一日の京城覆審法院判決では治安維持法第一条第一項を適用し、李光洙《リガンス》に懲役五年、金東元《キムドンウォン》に懲役三年を科すなど、四一人全員が懲役二年以上の有罪となった。三六人の被告が上告し、四一年七月二一日、高等法院は「本件に付、事実の審理を為す」ことを「決定」、一一月一七日の判決では原判決を破毀し、全員を無罪・免訴とした。

この錯綜した経緯については前著『朝鮮の治安維持法』でみたので、ここでは無罪判決について一瞥する。第一審判決は不明であるが、高等法院の事実審理をおこなうという「決定」には「記録に就き精細なる検討を遂ぐるに、原判決には重大なる事実の誤認あることを疑うべき顕著なる事由あるものと認むる」とあった。そして原判決を破毀し、無罪を言い渡す高等法院の「判決」には、興士団《フンサダン》の目的について「全資料を仔細に参酌考《こう》覈《かく》するも、右団体を以て朝鮮の独立を図るの目的に在りたるものと認むべき心証を惹起するに足るものなし」とあった。さらに、修養同友会の目的についても、次のような判断をおこなっている（以上、「独立運動判決文」）。

> 関係の公訴事実に付按ずるに、右各団体が朝鮮の独立を図るの目的を以て組織せられたるものなることは全資料に徴するも之を認むべき証左あることなし……検挙せらるるに至る迄、前後十六年間団体としての行動に指弾を受くるものあることなく当局より解散を命ぜらるることなくして経過せる消息は之を了解し得べき処に属す……各団体の規約とする処を見るに著しく民族性なるものを高調し、帝国臣民としての意識の昂揚に聊《いささか》も言及することなきは明なりと雖《いえども》、以上の事態を以てするも未だ公訴事実に付証明するもの

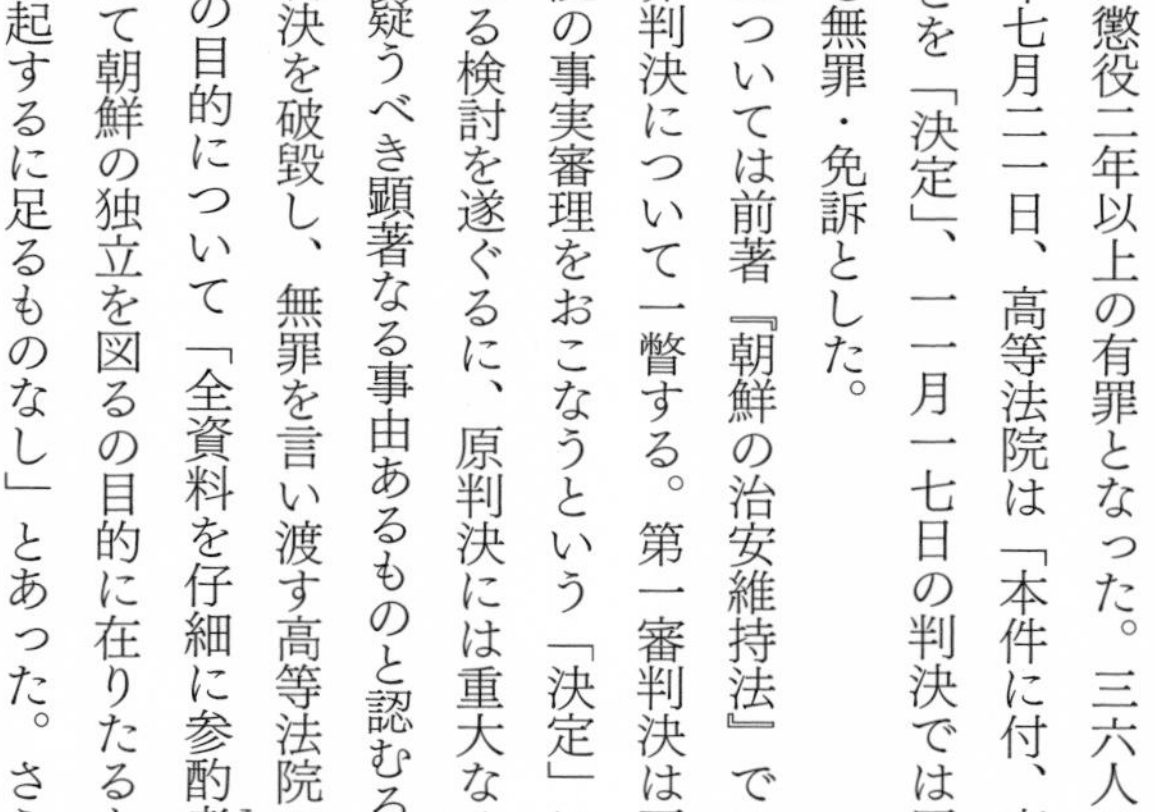
全被告無罪言渡
今日、修養同友會事件終審言渡
被告三名은免訴
仁川造兵廠서
見習職工募集

『毎日申報』1941年11月18日　修養同友会事件　全被告無罪言渡

と為し難し

「公訴事実」の証明が信用できないという裁判官の「心証」を導いたのは、警察の取調の苛酷さと虚構を強く訴える被告・弁護人の上告趣意であり、社会的な関心の高さであっただろう。

ただし、ここでも有罪と無罪の分かれ目はどこにあるのか、という疑問は残ったままである。社会的な知名度の高い被告の多い修養同友会事件においては警察や検察の虚構は最終的には通用しなかったといえるが、同時期の多くの治安維持法違反事件の場合、朝鮮独立の意図を有していたという「公訴事実」は容易に肯定されて処断されていった。

なお、一九三〇年代前半に限られるが、上記のような無罪判決が出ると、それは取締当局の強圧的な姿勢を象徴するものとして新聞は批判の対象とした。新義州青年同盟事件として同盟員四人に新義州地方法院は懲役六年から三年の判決を下したが、平壌覆審法院は三〇年三月一三日の判決で四人全員に無罪を言い渡した（いずれの判決文も不明）。この一転に三月一五日の『東亜日報』は「新義州青盟及咸北道連《ハムブクドレン》事件」と題する社説で「朝鮮警察の神経過敏的検挙方針の一例で、吾人の屢々《るる》指摘する弾圧一貫の真相を繰返して暴露した」ときびしく批判した。さらに「斯《かか》る運動に対し警察は解散、集会禁止、集会制限、演説中止其他種々の行政上処分権力がある」のに加え、「斯る表面運動に対し司法的権力まで使用するということは特に注目すべき現象」と指摘する（『朝鮮通信』による）。

一方、こうした無罪判決が出ると、検察当局は引き締めを図った。前述した三六年一〇月の検事局監督官会議での注意喚起のまえに、三〇年六月の検事局監督官会議では水野重功高等法院検事が希望事項として「思想犯の取締に就て」を取りあげるなかで言及していた。「民族主義並共産主義の研究に興味を有し、三年間露国に滞在したる者が或団体の組織を発起し、宣言綱領等を発表し、其の発会式の際、決議事項中に朝鮮の政治を非難するが如き事項を掲げ、又革命の意味を有する文句を使用せる宣言の下に公開討議したる者に対する被告事件」が無罪となったことについて、「如此《かくのごとき》事件の捜査に当りては単に民族解放なる文句のみを以て直に独立思想の発露なりと安心せず、而も其の真意が那辺にありやに付、供述者の責任回避的弁解に乗ぜられざる様留意せられたし」と述べた（『日帝下支配政策資料集』第八巻）。言及する判決文が不明ながら、そこでも「公訴事実」に対する証明不足が無罪判決の要因になっていたと思われる。

## 軽微な事案にも実刑

朝鮮における治安維持法運用の苛酷さを示す指標の一つが執行猶予の少なさである。

日本国内では一九二八年から三九年までの治安維持法違反事件判決で有罪判決の四四七一人のうち、執行猶予が付されたのは二六九二人の六〇％であった。各年別の割合でみると、二八年は四七％、三三年は六八％、三七年は四五％となっている（『治安維持法関係資料集』第二巻）。これは検挙者の約四％にあたる。

これに対して朝鮮において二五年から二八年二月までの確定判決で執行猶予となったのは一一一人のうち、三四人の三一％であった（『朝鮮治安維持法違反調査（一）』）。二八年から四〇年までの執行猶予者は一三八一人で、有罪判決の二五％程度とみられる（「全鮮治安維持法違反者並に保護観察対象者調」『治安維持法関係資料集』第三巻）。二六年から三四年までの「治安維持法違反事件に付、起訴猶予及執行猶予に為りたる者に関する調査」（『思想彙報《いほう》』第五号、一九三五年一二月）によると、執行猶予は七九三人となっている。これは検挙者の約五％にあたり、日本国内と同程度の数値であるが、朝鮮における起訴割合は日本国内の約三倍となっているため、実際には執行猶予となる割合は日本の半分以下といえる。

三八年六月から四〇年六月までの治安維持法違反事件の有罪一六六人のうち執行猶予となったのは四七人、

二八％であった（『治安維持法関係資料集』第二巻）。四〇年七月から四三年六月までは四六八人のうち八五人、一八％と下がる（治安維持法関係資料集』第四巻）。四一年の有罪確定の二一四人のうち執行猶予は三一人、一四％（『朝鮮総督府司法統計年報』一九四一年版）、四二年は二二九人のうち五五人で、二四％となっている（同、一九四二年版）。

これらのことに加えて、前述したように一年未満の懲役刑が科され、しかも執行猶予が付されないことが半数近くあったことは、軽微な事案でも実刑を科すという治安維持法運用の厳重さを物語る。東京刑事地方裁判所判事の吉田肇の報告書「朝鮮に於ける思想犯の科刑並累犯状況」（『思想研究資料特輯』第六一号、一九三九年五月）には、執行猶予について日本国内と比べて「数及び比率は遥《はるか》に少な」く、三〇年代後半になって「漸増《ぜんぞう》の傾向にありとは云え、現在尚其の比率は内地よりも幾分低いものと見らるる」とする。また、「結社組織罪に問われたものの内、犯情軽微にして被告人も完全に転向して居り、執行猶予の恩典を与えて然るべき事件も、其の処断刑が最低二年六月で二年以下に下らない為、執行猶予の言渡を為すを得ざるものも往々にしてあるとのこと」にも言及している。

## 執行猶予の基準

では、治安維持法違反事件での執行猶予はどのような基準で付されたのだろうか、いくつか具体的な判決を通してみてみよう。

一九二七年一〇月二五日、大邱地方法院（裁判長広川弘吉、立会検事谷田諸十郎）は李万根《リマングン》と李重根《リジュングン》兄弟に治安維持法第一条第一項を適用し懲役一年、「情状に因り」執行猶予四年の判決を下した。「犯罪事実」とされたのは「私有財産制度の否認、共産主義的思想の鼓吹なる其の共同目的の為に結合し、以て私有財産制度を否認することを目的」として「青年会」を組織したことである（「独立運動判決文」）。三〇年代にはこうした結社組織の処断は懲役二年以上になった。それが執行猶予付の懲役一年であったことは、治安維持法運用の初動期にあたり、抑制的な運用の結果を反映していると推測される。

前著『朝鮮の治安維持法』で三二年一一月二四日の京城地方法院（裁判長山下秀樹、立会検事佐々木日出男）の京城帝国大学反帝同盟事件に対する判決に言及した。一九人全員が懲役三年から一年を科されたが、三人を除いて執行猶予三年が付された。

「法律に照すに」として各被告に科する量刑を列挙した後、判決文としては異例ながら「苟も本件の如き国家の基本を破壊し、其の経済組織を根本的に変革せんことを企図するが如き思想的犯罪に対しては国家は其の生存の必要上、之に臨むに厳罰を以て」臨むとしたうえで、植民地化に抵抗する「特殊的変体《ママ》的なる朝鮮の共産運動」に対する厳罰を「痛感」するとする。ここで「然れ共」として「一歩翻って考うるに、此の種反抗に対しては犯人にして真に其の非を悟り、将来再び同種の犯行に出づるの危険なきこと明かなるに至らば、之に臨むに寛容の態度を以てすれば啻《ただ》に犯人個人の為のみならず、国家百年の利益なりと信ず」として、量刑の軽減や執行猶予を付す方針を示した。被告の多くが京城帝国大学などの学生であることが配慮されている。

ついで「本件各被告人の思想の程度及其の転向の有無並情況」の精査がなされる。「其の思想最も幼稚にして、単に下級の左翼文献数冊を読みて漠然共産主義に共鳴したるに過ぎざれば、固より其の理論を正解したるものにもあらず」「李亨遠《リヒョンウォン》、安福山《アンボクサン》両名の魔手に捕われて本件犯行に加担するに至りしものにして、長期の未決勾留期間中に於て……深く反省して過去の行為に対する非を悟り、当公廷に臨むや孰《いず》れも将来断じて斯る軽挙に出でざる旨措信すべき誓言を為し」などという具合である。

在朝日本人の市川朝彦については「西大門刑務所に留置せられ沈思黙考の機を得、思《おもい》一度父母兄弟恩師等愛《いつく》しまれし過去の環境に至るや、一度は其等を一擲《いってき》して主義の為に走りたるものの、其処を断《た》て能わざる肉親愛師弟愛等湧き出で来り……理論の是非は別として一個人としては「マルキシズム」克服の可能なるの断定に到達したりと信ずるに至り、当公廷に於ては将来決して今回の如き挙に出でざるべきを誓い」とされた（以上、『思想月報』第二巻第九号、一九三二年一二月）。

三三年七月三一日の釜山地方法院晋州支庁（裁判長渡辺吉右衛門、立会検事下村三四郎）の朝鮮共産主義者晋州協議会事件に対する判決は一七人全員が有罪で、懲役三年から一年の刑に科せられたが、懲役一年の一一人には執行猶予三年が付された。晋州農業学校内に「読書会なる秘密結社の組織を決議し、会員は社会科学に関する書籍を購入回覧し、意識の向上を図ること、同志獲得に努むること」などの規約を定め、数回会合したことを理由に中尾勝らは懲役一年を科せられたが、「何れも前途有為の青少年にして、本件犯行を為したるは何れも他より誘惑に基きたるのみならず、何れも前科無く且つ思想転向の情顕著なるを以て、今直ちに実刑を科するよりは仮すに相当反省期間を与え、以て改過遷善の実を挙げしむるを至当」とするという判断によって執行猶予が付された（『思想月報』第三巻第七号、一九三三年一〇月）。

もう一つ、懲役二年を科された三四年五月三一日の光州地方法院の孫梁基《ソンヤンギ》に対する判決でも、運動からの離脱と「転向」が認められて執行猶予五年が付された。孫は京都で反帝同盟に、大阪で日本共産党に加入し、全協日化大阪支部の再建に努めたことが治安維持法第一条第一項後段に問われた。執行猶予となったのは「其の当時、被告人が年歯《ねんし》未だ足らずして世事に疎《うと》く、社会一般の事情を洞察するの力なく、遂に若気の一時的感情に動かされ、深く反省するの自制力を欠けるに起因する盲動と認むべき」とされたこと、同志からの排斥を機に「反省の結果、共産主義の矛盾を知り、我が日本帝国に於ては共産主義社会実現の如きは全く不可能なることを悟り」、「帰鮮後も引続き専ら謹慎し居るものにして、改悛の情顕著なる」ことが評価されたからであった

（『思想月報』第四巻第四号、一九三四年七月）。

このように「其の思想最も幼稚にして……漠然共産主義に共鳴したる」という思想運動の初心者や「何れも他より誘惑に基きたる」という事件への受動性、そして「思想転向の情顕著なる」ことがそろった場合に、執行猶予が付されたといえる。それでも治安維持法違反という処断は躊躇なく厳然となされた。

一九三〇年代半ば、朝鮮においても「転向」の流れが高まるのにともない、執行猶予付の判決が増大する傾向がみえてくると、警察当局は懸念を示した。たとえば、三六年六月の道警察部長会議で咸鏡南道《ハムギョンナムド》警察部から「思想事件の厳罰主義に関する件」という希望意見が出されている。思想犯前歴者による思想事件の増加の要因に「其大部分は刑の執行猶予、予審免訴、起訴猶予、不起訴又は刑期の軽微なる懲役等」があるとして、法務当局に「吾国体に背反するが如き左翼運動に対しては一層重刑を以て臨まるる様」折衝されたいとの要望であった。警務局側は「参考とす」とした（「道警察部長会議書類」、国家記録院所蔵）。

## 戦時下の執行猶予の減少

日本国内でも同様であるが、戦時下の進行とともに執行猶予の割合は減少していった。一九四〇年代には有罪判決の一〇％前後に下がったと推測される。しかも従前以上に「軽微」な事案に限られることになった。

四一年二月四日、京城地方法院（裁判長釜屋英介、立会検事杉本覚一）は治安維持法第一条第一項・第二項を適用し、廉《ヨム》（玉川）弘變《ホンビョン》に懲役二年、執行猶予四年を言い渡した（前著『朝鮮の治安維持法』で論述）。三七年一〇月頃、東京でマルクス主義研究を目的とする「グループ」を結成し、コミンテルンや日本共産党の目的を認識しつつ、「在京第一高普（京城第一公立高等普通学校――引用者注）同窓生に共産主義の宣伝啓蒙を為すことに依り右結社の目的達成の為協力せんことを意図し」、三九年二月、同窓生に対して「我等は日本帝国主義の圧迫下に於て朝鮮の独立と共産化を図るべき遠大なる希望を持し邁進すべきものなれば、朝鮮人の悪癖たる派閥抗争を排撃し、一致団結せざるべからず」などと説明して「共産主義意識の昂揚を図り、以て「コミンテルン」及日本共産党の各目的遂行の為にする行為を為したる」ことなどが「犯罪事実」とされた。「其の情状、右刑の執行を猶予するを相当と認むる」とあるが、「情状」については記されていない（「独立運動判決文」）。

四五年四月二六日、京城地方法院（裁判長相原宏〔単独〕、立会検事藤木龍郎）は新治安維持法第五条を適用し、趙愛実に懲役二年、執行猶予四年の刑を言い渡した（前著『朝鮮の治安維持法』で論述）。「予てより朝鮮人の生活が悲惨にして無教育なるは、日本の朝鮮人に対する植民地政策の結果に因るものなりと民族的偏見を抱懐し居たる」ところ、四三年一〇月上旬、知人に「高麗時代忠臣鄭夢周《チョンモンジュ》は其の母に於て細心の注意を払い同人を教育したる結果、母の感化を受け、未曾有の忠臣となりたると述べ、朝鮮の女性たる者、同人の母の如く朝鮮に忠義を尽すべき子供を養育すべきなりと語り」など八件の言動をあげて「民族意識昂揚に努め」、「国体」変革の目的遂行行為をなしたとされた。趙は「検挙拘束せられて静に過去を反省し、其の非を悟り、従来の盲信を捨てて、翻然転向し、将来全く民族運動に関係せず、忠順なる皇国臣民として更生」することを誓ったとして、執行猶予が付された（以上、「独立運動判決文」）。

七月六日、大田《テジョン》地方法院清州支庁（裁判長河合初弥〔単独〕、立会検事中川昇）は新治安維持法第五条を適用して、享漣鎬《ヒャンレンホ》（岩村反影）に懲役一年六月、執行猶予五年を言い渡した。四三年一二月から四四年四月にかけて数回、知人と「今日内鮮人間の差別待遇は我等朝鮮人が祖国なるものを持たざるに由る、内鮮人は祖先を異にせるより一体となることは絶対不可能のことなり、今次大東亜戦争は日本は物量に於て米英より劣るより日本の敗戦は必至にして日本敗戦の暁には朝鮮は独立すべく、其際は必ず偉人が蹶起《けっき》すべきに依り、我等は其の部下として朝鮮独立の為め活動すべく」協議したとされ、それらの言動が「犯罪事実」とされた。執行猶予を付す理由に言及はないが、五年という期間は長く、敗戦直前の治安悪化と関連しているだろう（以上、『日帝下社会運動史資料叢書』第一二巻）。

一九四〇年代の治安維持法違反事件は「分散的個別的運動形体《ママ》」（一九四一年五月二日の検事局監督官会議における増永正一高等法院検事長の訓示の一節。『日帝下支配政策資料集』第八巻）への摘発に比重を移していたが、以上の三つの事例はすべて個人の言動が対象となっていた。

## 目的遂行罪の適用

一九二八年六月の緊急勅令による治安維持法「改正」で導入された「目的遂行の為にする行為を為したる者」＝目的遂行罪（第一条第一項・第二項各後段）は、日本国内では拡張解釈の梃子《てこ》の役割を果たしていった。これに対して朝鮮においてはやや趣を異にする。

一九二五年から三三年までの「治安維持法違反の罪情調」によれば、結社「組織」と「加入」が全体の七三％に達し、「目的遂行」は一七％であった。三八年六月から四〇年六月までの「治安維持法違反罪態別表」によれば、「結社組織」「結社の責任者」「結社加入」が全体の五七％となり、「目的遂行」は一七％である（『治安維持法関係資料集』第二巻）。四〇年七月から四三年六月までは結社「組織」「加入」などが全体の三二％となり、「目的遂行」が二七％と拮抗する（『治安維持法関係資料集』第四巻）。

新治安維持法施行後は結社の目的遂行罪だけでなく、「国体」変革の「協議」や「煽動」の目的遂行罪までの規定を活用してあらゆるものをからめとろうとしたため、目的遂行での処断の割合が増加しているが、それ以前は日本国内と比べてかなり低い。その理由の一つは、「協議」や「煽動」の適用が相当と思われる場合でも第一条の目的遂行罪の適用に集中したという日本国内の運用にある。一方、朝鮮では一定の割合で「協議」

や「煽動」が適用された。もう一つは、日本国内では目的遂行罪として処断される読書会や研究会などが、朝鮮においては第一条の「秘密結社」とされ、「組織」や「加入」としての処断を受けたことである。

咸興地方法院判事の米田太市（その後、大邱覆審法院判事）は「結社の組織又は加入罪に抱括せらるる結社の目的遂行行為の範囲に就て」（『司法協会雑誌』第一四巻第一〇号、一九三五年一〇月）という論文で、「結社の目的実現に出づる直接行動に付ては格別問題なかるべきも、右結社を支持し、之が拡大強化を図る行為に付ては種々疑問がある、即ち間接的のものにても可なるや、又如何に軽微の関係を有するものにても可なるや、或は犯人の主観に於て、即ち犯人が結社の支持拡大強化を図る意思を以て為したるを以て足るか、将《はた》客観的に見て斯る行為と認め得べきものたるを要するや、尚又右客観主観の両者を併有するを要するや等の疑問ある」という立場から、目的遂行罪について考察を加えている。

これまでの運用状況をみて、米田は「大体に於て各裁判所の見解が区々にして、全国的又は全鮮的に解釈の統一なきことが窺われ」るとして、「最高法院の権威ある解釈」が提示されるのが望ましいとする。米田にこの考察に向かわせたのは、日本国内で「間接的なもの」や「軽微の関係を有するもの」にも目的遂行罪を発動していることへの疑問や批判であった。本来的に目的遂行罪は「特に客観的事情に重点を置き、通常結社の目的遂行行為として行わるべき行為なりや否やを参酌して決すべきもの」という観点に立ち、「右結社組織又は加入罪中に包括せしむべき結社の目的遂行行為は寧ろ厳格に解し、成るべく狭き範囲に止むるを可とすべきではあるまいか」という結論を導いた。米田は朝鮮における現状の運用を肯定している。

具体的に目的遂行罪が適用された判決をみてみよう。

三六年六月二九日、光州地方法院は麗水《ヨス》社会科学研究会、麗水赤色労働組合準備会などの組織事件に対して一三人全員に有罪の判決を下した。鄭忠朝《チョンチュンチョ》は「国体」変革・「私有財産制度」否認の結社麗水赤色労働組合準備会を組織し、その責任者となったことから治安維持法第一条第一項前段・同条第二項前段が適用され、懲役五年が科された（出版法違反を含む）。李昌洙《リチャンス》と金龍渙《キムヨンファン》は「同結社の目的遂行の為の行為を為したる」として、李は懲役二年六月、金は懲役六月を科された。鄭が李・金に対して「朝鮮共産党再建運動は非常に経済的困難に遭遇しつつありて、之が組織に付ては精神的に将又経済的に無産大衆の擁護を受けざるべからざる旨力説」したところ、李らはこれに賛同し、労働者や農民から「義務金」の徴収を決定、李は金一円を、金は九円を鄭に交付したことが「犯罪事実」とされた（『思想彙報』第八号、一九三六年九月）。

三八年三月一五日、京城覆審法院（裁判長矢本正平、立会検事依田克巳）は鄭喜童に懲役四年を科した。愛国団に加入し、その幹部安恭根《アンコングン》より日中開戦に備えて軍事情報を収集することや「朝鮮の民衆を煽動し、後方攪乱を計画すべき旨」を説かれると同意して「日支間の開戦」を待機したこと、日本政府スパイの活動状況を探知諜報するために上海に行ったことなどが「犯罪事実」とされた。それらは「協議」や「加入」にも該当したが、量刑としては「最も重き結社の目的遂行の為にする行為を為したる罪」が適用された（「独立運動判決文」）。

四二年一月二九日、京城地方法院（裁判長釜屋英介、立会検事村上三政）は白南淳《ペクナムスン》（泉原英雄）に懲役一年六月を科した（前著『朝鮮の治安維持法』で論述）。「民族主義思想は俄《にわか》に燃上し、朝鮮を日本の羈絆より離脱独立せしめたる上、独逸の如く其の国威を顕揚せんことを希い、且現に其の機会の到来せるものと信じ」、中学校時代の教師に「月の明い夜も過ぎて今は真暗な夜、此の闇夜が何時明けましょう、思う通りになるものならば如何ばかり良いでしょう、此処には熱情も要なく、努力も要なく、闘争も要なく、此は唯夢の国にのみ見ることの出来るものでしょうか」などの手紙を送ったことが、「朝鮮独立の目的」遂行とされた。

これを不服として白は高等法院に上告したが、棄却された（裁判長高橋隆二、立会検事米原先）。弁護人大山光は上告趣意で「所謂《いわゆる》目的遂行の為にする行為とは、目的の実現を可能と思惟し、之を意欲して為す具体的行為を云うものにして、之が実現を到底不能なりと信じて、単なる空想的幻影を夢の国に描き、被告人自ら之を夢の国のみ見ることの出来るものとして其の感想を発表したるに過ぎざるが如きは、行為の危険性なきものにして犯罪を構成することなし」と論じたが、高等法院は次のような判断を下し、「論旨は採用に値せず」とした（以上、「在所者資料」、国家記録院所蔵）。

朝鮮の独立を希望する内容の信書を他人に郵送するは同法第五条後段に所謂国体の変革を目的とし、其の目的遂行の為にする行為に該当すること明なり、論旨は他人に自己が国体の変革を希望する旨の信書を送付するも、何ら国体変革の危険なく、且被告人は本件行為を為すに当り国体変革の不能なることを信じ居たるものなるを以て、犯罪を構成するものにあらずと謂うに帰する処、国体の変革を希望する趣旨の信書を屢々他人に送付し披見せしむるに於ては、他人をして斯る思想を抱懐する者をして積極的行動に出てしむるの虞なしとせざるを以て、国体変革の危険性なしと断ずるを得ず。又犯人が国体変革の可能なることを信ずることは犯意の要件にあらざるを以て、被告人が国体変革の不能なることを信じ居たりとするも、斯る事実は犯意の有無に何等の影響を及すものにあらず

新治安維持法においては「国体」変革結社とその「支援結社」・「準備結社」・「集団」のそれぞれの目的遂行罪を規定するほか、第五条では「集団」をのぞく結社の目的遂行のための「協議」・「煽動」・「宣伝」を処罰することに加えて、「其の他其の目的遂行の為にする行為を為したる者」も処罰する規定となっていた。先の高等法院判決は「単なる空想的幻影」や「行為の危険性なきもの」という上告趣意を真っ向から否定し、わずかでも「国体」に背く兆しがあるとみなすと目的遂行罪を適用して断罪した。それは、米田太市が「目的遂行行為は寧ろ厳格に解し、成るべく狭き範囲に止むるを可とすべき」と論じたことから大きくかけ離れている。

## 謝罪なき刑事補償

一九三二年一月、刑事補償法が施行された。「刑事裁判及検察の事務を処理するに当りては深甚の注意を払い、何等の過誤なきことを期すと雖も、時に無辜《むこ》の良民にして起訴又は刑の執行に因り不測の不名誉と著しき苦痛とを被る者無きに非ざるを以て、国家は之に対し相当なる慰藉の途を講ずるの必要あり」という理由で、無罪や予審で免訴を言い渡された場合に、その勾留による金銭的補償をおこなうことになった（「公文類聚」第五五編・一九三一年・第四一巻）。冤罪についての謝罪の意味はなく、「慰藉」にとどまる。管見の限り、国内における治安維持法違反事件に関する刑事補償の事例はない。

朝鮮ではやや遅れて三三年二月一日から刑事補償法が施行された。施行を前に「内地より広範囲な朝鮮の刑事補償法　統治上実に欣快《きんかい》に堪えぬ次第」という笠井健太郎法務局長の談話が掲載された（『京城日報』、一九三三年一月一八日）。朝鮮の特例として、検事・司法警察官による被疑者の勾留期間についても補償の対象とした。

この刑事補償法による補償請求に関連した記事が『朝鮮日報』に散見する。五月二八日には「治維違反釈放者の補償請求が輻湊　京城法院は嚆矢《こうし》」として、朝鮮共産党工作委員会事件の予審で免訴になった朴大全《パクテジョン》ら五人が京城地方法院に未決勾留七〇〇日などの補償を求めたと報じる。六月一四日には「刑事補償請求　大部分は請求棄却」とある。さらに一一月一九日、「刑事補償請求中　治維法違反関係は全部棄却」として、京城地方法院の場合、請求総数一六件中、補償決定となったのは二件のみとする。

『朝鮮総督府統計年報』の「刑事補償請求事件罪名別処分」によれば、治安維持法についての請求件数は三五年に九件（全体の請求件数は七八件）、三六年に六件（六三件）、三七年に一件（五五件）、四二年に一件（三四件）のみとなっている（三三年と三四年も請求はあったはずであるが、統計上は不明）。そのうち三五年の一件（請求日数

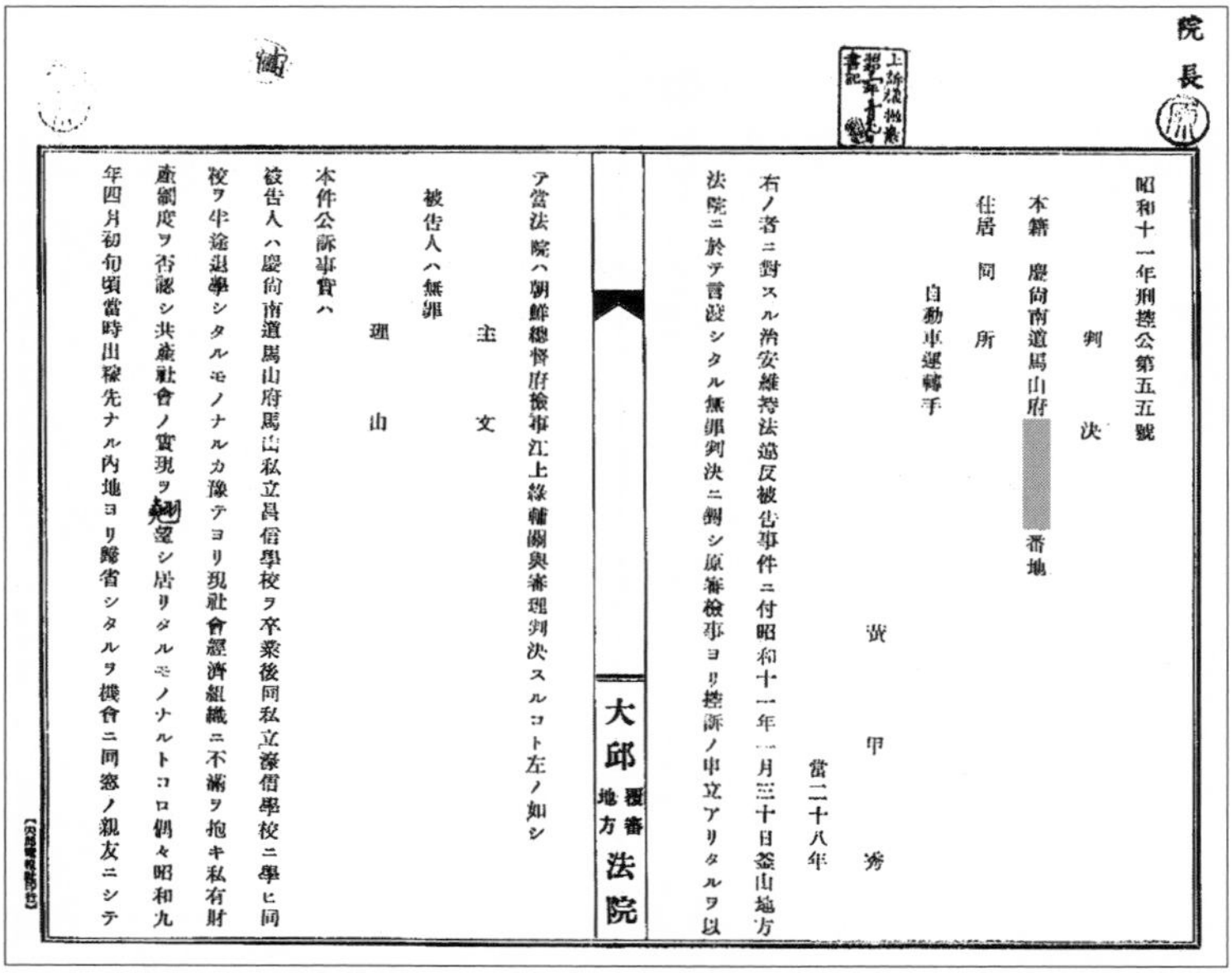

院長

昭和十一年刑控公第五五號

判決

本籍 慶尚南道馬山府[redacted]番地

住居 同所

自動車運轉手

黄甲秀

當二十八年

右ノ者ニ對スル治安維持法違反被告事件ニ付昭和十一年一月三十日釜山地方法院ニ於テ言渡シタル無罪判決ニ對シ原審檢事ヨリ控訴ノ申立アリタルヲ以テ當法院ハ朝鮮總督府檢事江上緑輔關與審理判決スルコト左ノ如シ

主文

被告人ハ無罪

理由

本件公訴事實ハ

被告人ハ慶尚南道馬山府馬山私立昌信學校ヲ卒業後同私立滲信學校ニ學ヒ同校ヲ半途退學シタルモノナルカ豫テヨリ現社會經濟組織ニ不滿ヲ抱キ私有財產制度ヲ否認シ共產社會ノ實現ヲ翹望シ居リタルモノナルトコロ偶々昭和九年四月初旬頃當時出稼先ナル内地ヨリ歸省シタルヲ機會ニ同窓ノ親友ニシテ

大邱覆審地方法院

大邱覆審法院決定　1936年9月17日　松本茂裁判長　黄甲秀刑事補償請求「独立運動判決文」

二六一日、補償金額二六一円）、三六年の三件（請求日数合計一五四〇日、補償金額一三三八円）のみが請求を認められた。これは日本国内との大きな違いであるが、なぜ朝鮮では認められたのかはわからない。四二年の一件は八一三円の補償が請求されたが、これは「取消其の他」という処分となっている。

請求が認められた四件中の一件にあたると思われる具体例が判明する。三六年九月一七日の大邱覆審法院（裁判長松本茂、立会検事江上緑輔）による刑事補償請求事件の「決定」である。同法院（裁判長松本茂、立会検事江上緑輔）は五月二八日の判決で黄甲秀《ファンカプス》に無罪を言い渡した（三六年一月三〇日の釜山地方法院の黄に対する無罪判決に検事側が控訴）。「公訴事実」は黄らが「文芸会」を組織し、「毎月一回各自自作の共産主義的文芸作品を編輯輪読し、相互に共産主義思想の研鑽に資すると共に、他方機に応じ一般無産大衆に共産主義思想の注入鼓吹に努め、漸次同志を獲得せんことを策し、以て私有財産制度否認を目的とする結社を組織したるもの」となっていたが、「之を認むるに足る的確の犯罪の証明なき」とした。検事側は上訴権を放棄し、無罪が確定した。

覆審法院の無罪判決と刑事補償請求の「決定」はともに松本茂を裁判長とする。黄甲秀が馬山警察署に留置された三五年四月二二日から三六年五月二八日の無罪判決を受け、二九日に検事の上訴権放棄となるまでの四〇四日間が未決勾留として刑事補償の対象となった。一日五〇銭の換算で二〇二円が公布された（以上、「独立運動判決文」）。「決定」は事実経過を並べるだけで、「謝罪」はもちろん「慰藉」の言葉もない。

このように朝鮮においてはわずかながら治安維持法の冤罪事件として刑事補償がなされた事例が存在するとはいえ、一六件中一二件は請求が棄却されていた。さらに三八年以降は請求そのものが受理されなかったと思われる。これらの棄却と不受理は、各法院の判断にまかされ、異議や再議をとなえることはできなかった。

## 「訊問調書」の証拠能力

義烈団加入や朝鮮革命幹部学校入学、平壌潜入後の労働運動奔走などを治安維持法違反とされた洪加勒ら三人に対する一九三五年二月八日の京城地方法院公判（裁判長山下秀樹、立会検事村田左文）では被告への訊問が終わると、裁判長は次のように進行した（『韓民族独立運動史資料集』三二、「義烈闘争４」）。

裁判長は証拠調を為すべき旨を告げ
一、道巡査の報告書
一、司法警察官、同事務取扱の被疑者訊問調書・証人訊問調書
一、検事の被疑者訊問調書・証人訊問調書
一、押収物件全部
を読聞け又は指示し、其都度意見弁解の有無を問い、且利益となるべき証拠あらば提出すべき旨を告げた

るに被告人等は何にも無之旨申立たり。

裁判長は事実及証拠の取調終了の旨を告げ

治安維持法違反事件の公判に限らないが、刑事裁判では「証拠調」という手続きを経た。警察や検察の「訊問調書」が採用された点は、新治安維持法施行前は予審の「訊問調書」のみが証拠能力を有した日本国内の場合と大きな違いがあった。このとき、被告や弁護人は拷問による虚偽を訴え、異議を唱えることもあるが、多くは諦観からか「何にも無之」と答えた。そして、判決では採用された各「訊問調書」が活用されて有罪が認定されていく。「犯罪事実」が列挙された後、「証拠を按ずるに」として「犯罪事実」の一つ一つが各「訊問調書」によって確認されていった（戦時下の治安維持法違反事件の判決では、この「証拠を按ずるに」が省略されることが多くなる）。

たとえば、三一年五月一一日の韓慶錫らに対する京城覆審法院判決（裁判長末広清吉、立会検事酒見緻次）の「公判調書」には、「証拠を按ずるに、判示第一の被告人韓慶錫の行為……は司法警察官事務取扱の被告人韓慶錫に対する第一回訊問調書中、私は……ありし旨の記載、検事の被告人金淳熙に対する第二回訊問調書中……たる旨の供述記載、証人丁寛鎮に対する予審訊問調書中……得たる旨の供述記載……されば判示事実は其証明十分なりとす」（「独立運動判決文」）とある。

また、四二年一二月一九日の辛錫昌《シンソクチャン》に対する全州地方法院判決（裁判長三谷武司、立会検事坂本一郎）の「公判調書」には、「被告人に対する検事の被疑者第一回訊問調書中被告人の供述として……旨の記述、並に延安輝一に対する司法警察官事務取扱の被疑者第四回訊問調書中同人の供述として……旨の記載を総合して之を認むべく……然れば判事事実は総て其の証明あるものとす」（「独立運動判決文」）とある。

この検事や警察の「訊問調書」を「犯罪事実」の証拠とすることに、弁護人が真っ向から異論を唱えることがあった。三一年三月一二日、京城覆審法院（裁判長末広清吉、立会検事柳原茂）が治安維持法違反や殺人罪などで李済宇《リジェウ》に死刑を科すと、李は上告した。弁護人楊潤植《ヤンユンシク》は上告趣意書で「原審が李済宇の犯罪事実を認定したる証拠は其の全部が警察署、検事局又は第一審公判に於ける被告人の自白に因るものにして、其の外は他に物的証拠無きは勿論、又は的確なる人証も無し……原審公判廷に於ては被告人の従前に於ける自白は其が警察官の強制によりて為されたりと云い、被告人は其の犯罪事実を否認し居るもの」としたうえで、「其の価値疑わしき被告人の自白に因る書類のみを以て犯罪事実の認定に供したるは之重大なる事実の誤認」と論じた。これに対して、五月一一日の高等法院判決（裁判長増永正一、立会検事伊藤憲郎）は次のように反論して、上告を棄却した。

然れども事実裁判所は其の自由心証に因り証拠を取捨して事実を認定するの職権を有するは勿論、被告人の自白と雖独立して証拠たり得べきが故に、原審が被告人李済宇の所論自白を以て判示犯行を認定したるは洵《まこと》に正当にして、本件記録を精査するも同自白の価値に付、所論の如く爾《しか》く疑義を生ぜしむべき形跡の見るべきもの毫末もなく、又原判決の認定事実に付重大なる誤認あることを疑うに足るべき顕著なる事由存在せざれば、論旨は理由なし

「自白の価値に付、所論の如く爾く疑義を生ぜしむべき形跡の見るべきもの毫末もな」しと断じるのは、朝鮮における刑事裁判において警察・検察の「訊問調書」が証拠能力をもつとされて、以前からそのように通常運用されていたからである。実際の例をみれば、一五年一一月二七日の大邱地方法院安東《アンドン》支庁（裁判長境誠之進、立会検事福田豊喜）は保安法違反で柳鼎熙《ユジョンヒ》に懲役八月を科したが、その証拠調では「検事の被告人第二回訊問調書中……趣旨の供述記載」「司法警察事務取扱巡査柴田乙五郎の柳基植《ユキシク》、柳仁鎬《ユインホ》の各聴取書」などをあげて、「以上、証拠に依り之を認めたり」とした（「独立運動判決文」）。

また、二一年三月二八日の光州地方法院全州支庁（裁判長加藤昇夫、立会検事下村三四郎）は制令第七号違反で辛憲《シンホン》ら三人に懲役一年六月から一年を科した。「地方資産家より運動資金を調達し、之を上海仮政府に旧韓国独立運動軍資金として送付すると同時に、地方青年間に該独立思想を鼓吹せんことを企図し居りたる」などの「犯罪事実」は、「一、司法警察官事務取扱巡査の被告李憲に対する訊問調書中、同被告に対する判示事実と同趣旨の供述記載」「一、光州地方法院群山《ウルサン》支庁検事分局作成に係る被告張起談《チャンキダン》に対する前科調書中、同被告に対する判示前科事項と同断の記載」などを「総合して之を認定す」とされた（「独立運動判決文」）。

こうした運用に対して、二七年六月の全鮮弁護士大会では「検事々務取扱並に司法警察官事務取扱制度を全廃する事」が決議されていた（『京城日報』、一九二七年六月二八日）。刑事事件全般の司法処分にわたる問題点として認識されていたことがわかる。

警察・検察の各「訊問調書」が証拠能力を有する法的根拠は、一九一二年四月一日施行の朝鮮刑事令にあるとされた。氏家仁「朝鮮刑事令の捜査関連規定のあらまし――逐条的解説・検討を中心として」（『比較法雑誌』第四六巻第四号、二〇一三年）によれば、朝鮮刑事令第一四条の規定により「捜査機関が作成した各種調査書は、予審判事の調書と同一の効力を有すること」になった。朝鮮刑事令によって「捜査機関の強制処分権を拡大し、強化させ、検事及び司法警察官は、日常的に被告人（被疑者）訊問調書、証人訊問調書を作成して、公判廷に証拠として提出した」。

併合直後の施行からみて、その措置は植民地化に対する抵抗運動の抑圧取締に資するものとして導入されたといえる。

## 朝鮮少年令の施行による不定期刑の導入

朝鮮における治安維持法の運用で二〇歳以下の割合は、一九二五年から三三年までをみると検挙で全体の二〇％、起訴と受刑では一七％を占める。三八年六月から四〇年六月までの受理者は全体の三三％にあたる（以上、『治安維持法関係資料集』第二巻）。四〇年七月から四三年六月まででみると、二〇歳未満の受理者は一八％となる（『治安維持法関係資料集』第四巻）。四一年の有罪確定裁判人員では二〇歳未満は五％（『朝鮮総督府司法統計年報』一九四一年版）、四二年は一八％で、一六歳未満も二人いる（同、一九四二年版）。

日本国内の場合は、二八年から四〇年四月までの被告人の割合をみると、二〇歳以下は全体の五％であった（宗教関係は除く）。しかも一九三〇年代後半にはわずかである（『治安維持法関係資料集』第二巻）。三九年から四四年九月までの起訴でみると、二〇歳以下は二％となる。

このような比較から、明らかに朝鮮において二〇歳以下の割合が治安維持法の運用の全般を通じて多かったといえる。共産主義思想への志向のなかにも含まれていた民族主義の思想が若者たちを、治安維持法違反として断罪されてしまう言動に強く駆り立てたと考えられる。それはとくに戦時下の朝鮮の治安当局者にとっては憂慮すべき状況であった。

四二年三月二三日の朝鮮少年令の施行による不定期刑の導入は、おそらくこの問題への対応も考慮されていた。制定の理由は少年犯罪の増加傾向に加えて、「殊に朝鮮の現情に鑑み、此等犯罪少年及虞犯《ぐはん》少年を保護、矯正、善導して健全有為の国民と為すは人的資源の増強確保上、又社会防衛上緊要なる」というものであり、刑事手続き・刑事処分に関する特則と保護処分の制度を設けた（『公文類聚』第六六編・一九四二年・第一〇〇巻）。

「少年」とは二〇歳未満を指す。第八条に「少年に対し長期三年以上の有期の懲役又は禁錮を以て処断すべきときは、其の刑の範囲内に於て短期と長期とを定め、之を言渡す」と規定された。ただし、保護処分においては治安維持法違反者などには適用しないとなっている。

二〇歳未満の「少年」に対する治安維持法違反の不定期刑は、施行から四三年六月までの間で五九人に適用された。懲役短期五年長期七年から懲役短期一年長期二年《ママ》におよぶが、懲役短期一年長期三年が二八人とほぼ半分を占めた。これは受刑者全体でみると一三%となる（『治安維持法関係資料集』第四巻）。ただし、すべての「少年」が不定期刑になったわけではない。この不定期刑については前著『朝鮮の治安維持法』でも論及したが、それらとは別の具体事例をみてみよう。

四二年六月三日、京城地方法院（裁判長川崎猛、立会検事菊池慎吾）は九人に新治安維持法第五条などを適用し、全員を有罪とした。そのうち五人が朝鮮少年令による不定期刑となり、懲役短期二年長期四年から懲役短期一年長期三年を科された。もっとも重い刑となった豊原晟煥《ソンファン》の「犯罪事実」は、被告平山用俊《ヨンヂュン》と「日本は支那事変の長期化と共に物心両方面に於て甚しく疲弊したるに拘らず、更に米国と開戦するに於ては日本の敗北に帰すべきは当然なるにより、此の機を逸せず朝鮮独立運動を起し、以て独立を完遂すべし、又朝鮮人の中には自己の国なきに拘らず志願兵に応募する者あるも、斯かる者は朝鮮人として唾棄《だき》すべき者にして、斯かる者の存在こそ朝鮮独立に対する障碍を為し来るものなれば、之が除去に努むることを要すべし」と相互に意見をかわしたことなどであった。

懲役短期一年長期三年となった朴《パク》（大道）誠信《ソンシン》の場合は、被告池谷嘉雄の「朝鮮独立運動の方法を研究すると共に実力養成の為同志を募りて江原道金剛山《カンウォンドクムガンサン》に立籠り、更に実力涵養の上は満洲国に赴きて馬賊団に身を投じ、以て朝鮮独立運動を起さん」という提議に賛同したことなどが「国体」変革のための「協議」とされた。朴は四四年一二月一二日に晋州刑務支庁から仮出獄となった。二年六月余の収容であった。同様に懲役短期一年長期三年を科された具（綾城）謹会《クンフェ》の仮出獄は四四年一〇月二一日で、二年四月余の収容となった。金泉《キムセム》少年刑務所に収容されていた（以上、「仮出獄」）。

四二年一二月二日、京城地方法院（裁判長釜屋英介、立会検事菊池慎吾）は一三人の被告に全員有罪の判決を下した。二〇歳未満は七人であったが、四人のみが朝鮮少年令による不定期刑となった。そのうち懲役短期三年長期五年を科された金《キム》（金永）俊会《チュンフェ》・朴《パク》贊五《チャンオ》（松原博）・林鶴洙《リムハクス》は「朝鮮の独立並其の共産化を計らんが為同志を糾合し、結社を組織せんことを企て」朝鮮人解放闘争同盟を結成したことが新治安維持法第一条前段に該当するとされた。残る二〇歳未満の被告のうち一人は懲役二年、二人は懲役一年六月となった（「独立運動判決文」）。判決文では朝鮮少年令の適用の有無についての説明はない。

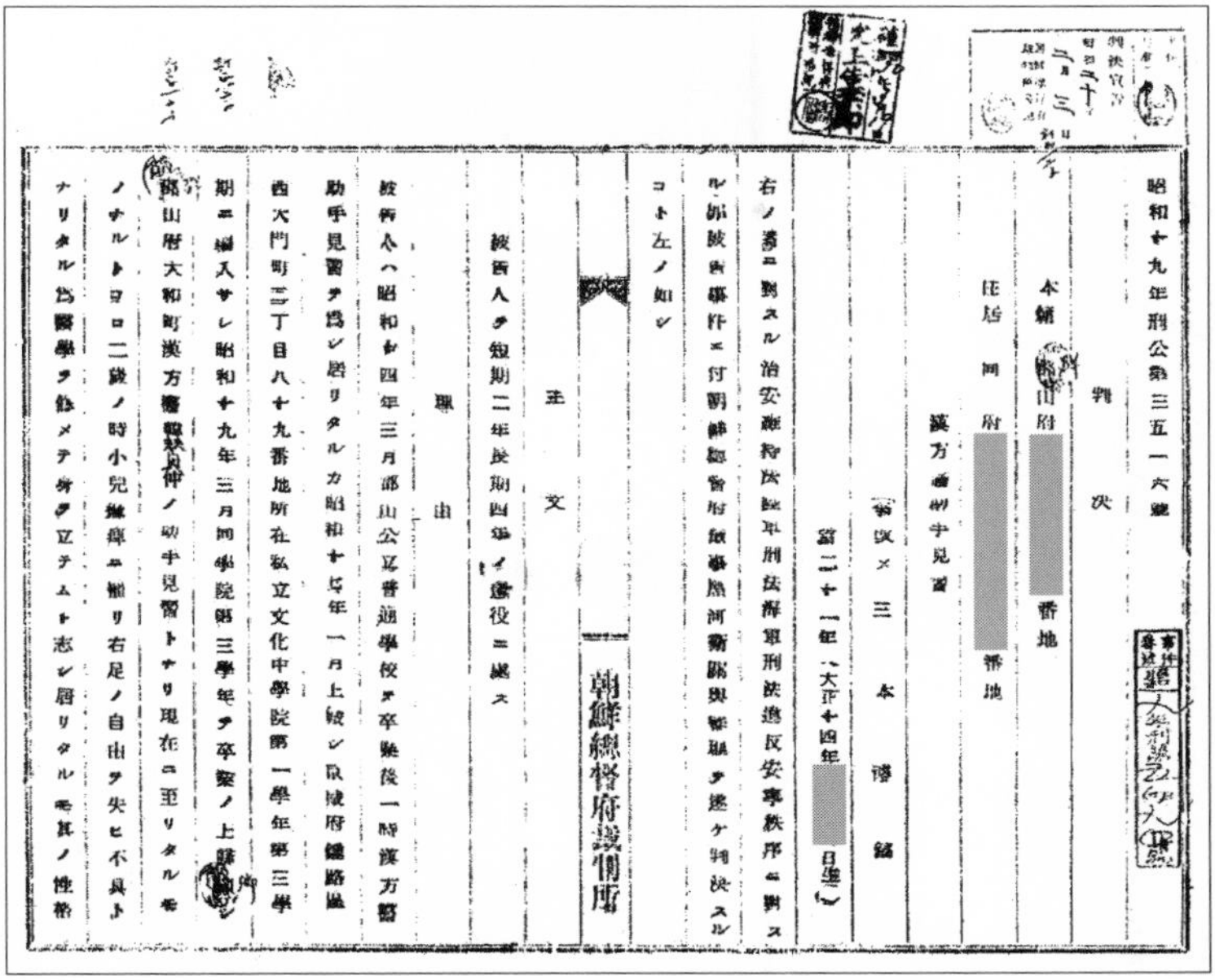

昭和十九年刑公第三五一六號

判決

本籍 [redacted]山府[redacted]番地

住居 同府[redacted]番地

漢方醫術手見習

三本濬縞

當二十一年（大正十四年[redacted]日生）

右ノ者ニ對スル治安維持法違反陸軍刑法海軍刑法違反安寧秩序ニ對スル罪被告事件ニ付朝鮮總督府検事黒河衛關與ノ上審理ヲ遂ケ判決スルコト左ノ如シ

主文

被告人ヲ短期二年長期四年ノ懲役ニ處ス

理由

被告人ハ昭和十四年三月釜山公立普通學校ヲ卒業後一時漢方醫助手見習ヲ為シ居リタルカ昭和十八年一月上京シ京城府鍾路區西大門町三丁目八十九番地所在私立文化中學院第一學年第三學期ニ編入サレ昭和十九年三月同學院第三學年ヲ卒業シ上京後釜山府大和町漢方醫ノ助手見習トナリ現在ニ至リタル者ナルトコロ二歳ノ時小兒麻痺ニ罹リ右足ノ自由ヲ失ヒ不具トナリタル為醫學ヲ修メテ身ヲ立テムト志シ居リタル者其ノ性格

朝鮮總督府裁判所

京城地方法院判決　1945年2月3日　飯島米太郎裁判長　李濬縞　不定期刑
「独立運動判決文」

四五年二月三日の京城地方法院（裁判長飯島米太郎（単独）、立会検事黒河衛）は李《リ》（三本）濬縞《ジュンホ》に懲役短期二年長期四年の判決を下した。文化中学院の同級生に「大東亜戦争に於て日本が負けることは決定的であり、日本が負ければ朝鮮は米英の援助の下に独立出来る」などの話をしたことが「国体」

変革のための「煽動」として、新治安維持法第五条が適用された（「独立運動判決文」）。

不定期刑による行刑中、出獄の時期は実質的には検事の判断によって、その「転向」状況などから判断されたと思われる。前述した朴誠信と具（綾城）謹会の仮出獄の時期をみると、短期と長期の中間より長期に近い段階でなされている。「転向」を強く促進する役割が不定期刑の選択にはあった。

# 三 公判における弁護活動

## 人権弁護士トロイカ

一九二七年九月一四日、『朝鮮日報』は「個人と結社　共産党事件公判開廷に臨んで」という社説において「法廷に立って直接弁護の責任を持つ諸氏に、公正のためにはどこまでも奮闘してくれることを望むものだ。たとえ言論の自由がない朝鮮であっても、法廷で許容される弁論の自由はこのような機会に用いずしていつまで待ち、支配者像の政治的裏側をこのような機会に暴露させずしていつまでさらに待つのか。そんなことはできない。弁護士の諸氏の責任は実に極めて重大なことに感じられ、したがって期待も極めて深い」と論じた。

第一次・第二次朝鮮共産党事件公判では、前述したように被告らの拷問暴露の側面からの支援、拷問警察官の傍聴に抗議しての弁護人の辞任と復帰、証人喚問をめぐる裁判長の忌避などで弁護人の動静は注目された。

一〇月一日の『東亜日報』社説「弁護士と共産党事件」は、公判の公開禁止をめぐって「弁護士諸氏が一定の制限内におりながらも、民衆の意思を体して或る程度までは抗争することの可能なるを表示した」と評価している。

また、二八年一月一六日の『朝鮮日報』社説「共産党事件の結審を見て」では「弁護人の結果的抗争が職業的小ブルヂョアヂーの意識を離れて、公正の為めに何程多き暴露戦を持続して来たか」と肯定的に述べている（『朝鮮思想通信』による）。

一方、二七年一二月六日の『毎日申報』は「今回の共産党公判に対する一部弁護士の態度の如きは被告の利益は度外視し、天下の注目の集中せる機会を利用して裁判当局と論勢を張り、以て自家の名利を博せんとする感なきにあらずである」として、「今回の如く被告等の利益保護に親切性を欠いたる弁護士の態度は前例なき程である」ときびしく糾弾した（『朝鮮思想通信』による）。

金炯斗《キムヒョンド》も布施辰治宛に「朝鮮共産党事件公判は、全朝鮮民衆の緊張した注視の下に進行しつつありますが、朝鮮弁護士連中の弱腰と無定見では全朝鮮民衆の期待と欲求を満足せしむる事が絶対に不可能だと信じて疑わぬ」と批判的に書き送っている（布施「東京と京城の間」『解放』第六巻第一二号、一九二七年一二月）。

これらの批判的な見方からすると、第一次・第二次朝鮮共産党事件公判に弁護人は多くかかわったが、統制はとれず、一枚岩になっていなかったのだろう。

治安維持法違反事件公判が相次ぐなかで、弁護士による事件の真相や本質の究明が十分になされていないという判断に立ってだろう、三一年九月二三日の『朝鮮日報』に「法窓時論」（第三回目）「正義の使徒——弁護士」が掲載された。司法担当記者梁在廈《ヤンジェハ》によるもので、社会の不正不義と戦う天職をもっているはずの朝鮮の弁護士に対して「社会的な何かの役割を担当していることを見ることができなかった」として、「見よ！　外国の

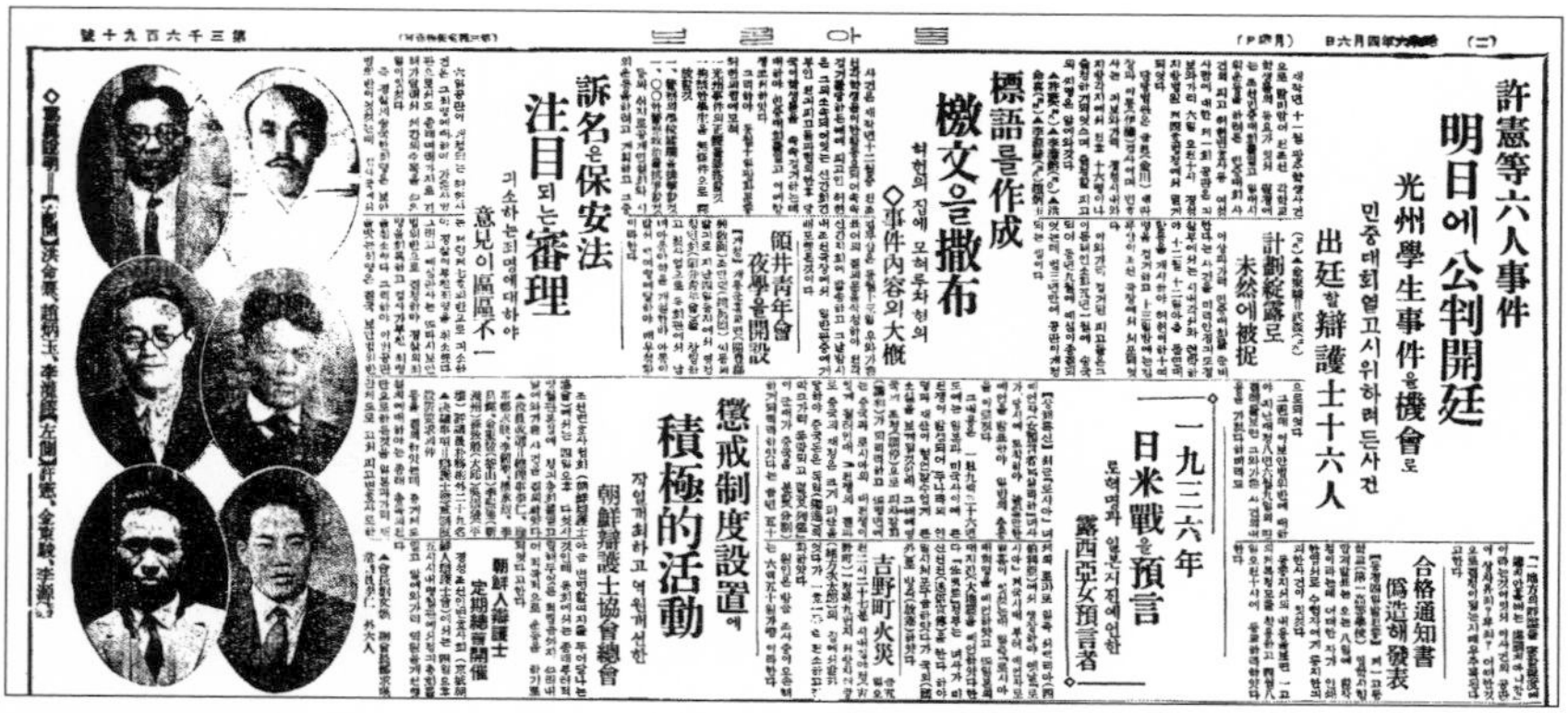
許憲等六人事件
明日에公判開廷
光州學生事件을機會로
出廷할辯護士十六人
標語를作成
檄文을撒布
一九三六年
日米戰을預言
訴名은保安法
注目되는審理
懲戒制度設置에
積極的活動

『東亜日報』1931年4月6日　許憲ら保安法違反事件公判

弁護士たちを！　いや、近しい例として東京弁護士団（自由法曹団等）の勢力と、彼らの活動していることを！　朝鮮の弁護士がいくら半官半民の職業だったとしてもそのように状況の変化に対応できず、注釈法律下の一法術家として、その日その日の事柄にだけ汲々とするのか？」ときびしく注文を付けた。さらに「法律をもう少し研究せよ」「社会正義のために活動せよ」「在野の法曹団としての勢力を立てよ」と叱咤激励をしている。

朝鮮の弁護士は大きく朝鮮人と日本人に分かれる。梁在廈によれば朝鮮人弁護士は三〇〇人余という。その大半が「半官半民の職業」に終始し、「注釈法律下の一法術家」であるとみなす。「半官半民の職業」とは、官選弁護が多く、法院や検事局に従順で、被告の側に立った主体的な弁護活動をしていない、ということであろうか。

その一方で、梁在廈はわずかながら「激増する思想犯と重大事件に献身的に」弁護活動にあたる「思想専門業の弁護士」の存在にも言及している。許憲《ホホン》・金炳魯・李仁が念頭におかれている。この「人権弁護士トロイカ」と称される三人はいずれも明治大学出身で、ともに第一次・第二次朝鮮共産党事件公判の弁護にあたるほか、多くの治安維持法違反事件の公判にかかわった。

布施辰治らがその弁護活動ゆえに自身が治安維持法違反として処

断されたと同じことが、朝鮮でもおこっている。三一年四月二四日、許憲は光州事件に関連した全鮮民衆大会事件で京城地方法院（裁判長金川広吉、立会検事伊藤憲郎）から懲役一年六月を言い渡された。判決では執行委員長を務める新幹会を「その裏面根源にありては現政治に対し熾烈な不満、民族自決の牢固なる思念を蔵し……

중외일보
陰暦庚午年四月(小)初十日（戊午）（二）

思想辯論不穩理由로
李仁辯護士에停職處分
「水原高農學生辯論이不穩」
制令第十二號를適用하여
朝鮮法曹界初有

被告를曲庇
政治上不穩言論
육개월간뎡직처분한리유
◇……停職處分된經路

압흐로는
山中休養
李仁氏談

物産奬勵會
理事會決議

今番問題는
非一個人의問題
金炳魯、權承烈両氏談

法規는一方的

『中外日報』1930年5月8日　李仁弁護士資格停止

民族主義運動者の勢力抬頭し、爾来民族的特殊の立場より政治に関し屢次《るじ》反抗的態度を示し来る」としたうえで、許憲が視察した光州事件の真相を訴え、官憲の措置を「糾弾せんがために演説会の広告に関する檄文を印刷撒布し、聴衆を集合して大道公開演説会を開催し、継続して聴衆を引率して示威運動を行うことを謀議」したことが治安維持法違反とされた（『朝鮮週報』、一九三一年五月二三日、二五日）。

李仁の場合、水原高農事件公判での弁論が不穏とされて、三〇年五月、弁護士資格を六月間停止されるという弾圧にあっている。その後も多くの治安維持法違反事件弁護を担当した。四五年一月一六日には、朝鮮語学会事件に連座して咸興地方法院から懲役二年、執行猶予三年の刑を言い渡されている。

雑誌『東光』第三一号（一九三二年三月）の東虚子「弁護士評判記（一）」によれば、李仁が担当した公判の弁護六〇〇余件のうち八割が思想事件という。また、金炳魯も同様に担当した五、六〇〇件のうち思想事件が七、八割に上るという。金炳魯が弁論を担当した公判については、前述した（本書二四五頁、二五八頁）。

朝鮮人弁護士のなかには、朝鮮人裁判官の履歴をみるなかで指摘したように判事や検事からの中途での退職組がいる。李愚軾、崔浩善、張基相、姜哲模、洪仁錫、金準枰らである。彼らも治安維持法違反事件の弁護を担当した。

京城を中心に日本人弁護士も活動していた。その規模は不明だが、新治安維持法施行にともなって指定弁護士制が始まると、四一年七月三〇日の『朝鮮総督府官報』（第四三五五号）に弁護士会ごとに六八人の日本人弁護士の名前が告示された。ここには永島雄蔵、太宰明《テジェミョン》、北村直甫らの朝鮮総督府元判事・検事の名前がみえる。さらに四三年一一月二五日、二二人が告示された。過半が日本人で、ここには脇鉄一、岩島肇、釜屋英介らの判事・検事の退職組が含まれている。

なお、梁在廈は前述の「正義の使徒」の最後で、三一年一一月に開催予定の第三回全朝鮮弁護士大会で「新聞紙法・保安法など言論・集会・結社の自由についてのさまざまな悪法の撤廃運動」について議論され、積極的運動がなされることに期待を表明していた。全朝鮮弁護士大会は一九二七年から三二年まで開かれており、保安法や制令第七号の廃止が議題に上っていた。治安維持法廃止を掲げることは困難だったようである。

二八年一〇月九日の『朝鮮日報』社説「全朝鮮弁護士大会に対して」（『朝鮮思想通信』による）では「今その議案中の注目される所を窺《うかが》い見るに、言論、集会、著作の自由に関する制限緩和の為めに制令第七号、保安法及集会取締令の廃止、新聞紙法及出版法の改正」などをあげ、「今回弁護士大会の議案も亦今日進歩せる朝鮮の現実が要求するものであり、斯る要求が朝鮮弁護士団を通じて更らに威力を加え、実現を促進せんことを切望する」と論じていた。

## 多数を占めた官選弁護

治安維持法違反事件の公判が開始されると同時に、「思想専門業の弁護士」（梁在廈）が出現した。その一人、李仁は朝鮮日報記者辛日鎔《シンイルヨン》が執筆した社説「朝鮮と露国の政治的関係」が治安維持法違反に問われた最初の事件の弁護にあたる。京城地方法院の公判を前に、辛は「弁護人選定届」を提出する（「辛日鎔外二名（治安維持法違反、新聞紙法違反）」、国史編纂委員会所蔵）。

右自分儀に対する御庁大正十四年刑公第一〇九一号治安維持法違反新聞紙法違反被告事件に付き、弁護士李仁氏を弁護人に選定致候間、此段以連署御届申候也。但李仁氏の都合により其選定したる弁護士を以て本件の弁護人と為すことを承認仕候。

大正十四年十月十二日

右　刑事被告人　辛日鎔
弁護人弁護士　李仁

京城地方法院　刑事部　御中

この公判弁護には李仁のほかに金炳魯、金用茂《キムヨンム》、尹泰栄《ユンテヨン》が加わっている。これらの人々は被告辛日鎔による「私選弁護」となる。

しかし、多くの治安維持法違反事件の公判は各法院が選任する「官選弁護」だったと推測される。間島五・三〇事件の京城地方法院の公判では被告二六四人に対して私選弁護人は三人にとどまり、官選弁護人は八四人であった。李仁も官選弁護を引き受けている。被告は間島地方在住ゆえに官選弁護が大半を占めたといえるが、おそらく朝鮮共産党事件公判の全般的な状況もそうであった。

官選弁護の場合には公判に向けての弁護活動は形式的なものとなり、弁論も情状酌量を求める程度になったはずである。「公判調書」には「弁護人は各被告人等に対し、何れも御寛大なる御判決ありたしとの意見を述べた」(韓慶錫らの三一年五月四日の京城覆審法院公判、『韓民族独立運動史資料集』五〇、「同盟休校事件　裁判記録2」)、被告のため「有利なる弁論を為したり」(諺文研究会事件の四三年二月一七日の京城地方法院公判、同六九、「戦時期　反日言動事件公判Ⅳ」)などと表記される。

官選弁護人のなかにも間島五・三〇事件公判の弁護を務めた角本佐一のように朝鮮における治安維持法運用の実態を知り、「其処罰の余りにも苛酷であり、法の威信をも失墜する程度のものたるに一驚し」、「法の威信をも失墜する程度」ほどの治安維持法の「悪法」性を批判するに至る事例もあった(『法政新聞』第二七一号、三三年九月二〇日)。

官選弁護の手続きは公判前に裁判長が地方法院所属の弁護士に「被告人〇〇〇に対する治安維持法違反被告事件に付、其の弁護人に選任す」と通知し、弁護人が法院宛に「弁護人選任届」を提出するというかたちとなる。

## 日本国内からかけつける――朝鮮共産党事件公判の布施辰治

朝鮮における治安維持法違反事件公判に日本国内から弁護士がかけつけ、公判でも弁論にあたることもあった。

その一人が布施辰治である。布施と朝鮮とのかかわりについては水野直樹「弁護士・布施辰治と朝鮮」(『三千里』第三四号、一九八三年)に詳しい。ここでは第一次・第二次朝鮮共産党事件公判の弁護に絞る(なお、一九二七年の真友連盟事件公判の弁護にもあたろうとしたが、実現しなかった)。

すでに自由法曹団と労働農民党からは古屋貞雄が京城に派遣されていたが、布施は日程の調整がつかず、開

『朝鮮新聞』1927年10月9日　布施辰治入京城

廷後、ほぼ一カ月後の京城到着となった。その到着の際、「駅頭には弁護士団や社会団体の代表者等六十名が出迎えて、凱旋将軍の如き歓迎を受けられた」（『東亜日報』、一九二七年一〇月一〇日、『朝鮮思想通信』による）という。すでに六月下旬には朝鮮の弁護士李仁に法廷に立つ決意を伝え、弁護届を送っていた（被告人の捺印を経て法院提出を依頼）。七月二五日には西大門刑務所の一〇一人の被告に向けて、「面会に代えて」という次のような手紙を送っている。

兄等獄裡の御近状只だ相察の外ありません。今度の共産党事件に就ては、在日朝鮮同胞の依頼もあり、亦先年渡鮮の折りの知人から弁護の懇嘱もあり、実はそうした依頼が無くとも、兄等が何故に今回の共産党事件検挙を受けたのかを考うる時、私は共産党事件の重大意義を摑《つか》むに強きものがあって、どうしても黙って居る事の出来ない私の勇躍があります。

たとえ何んの役に立たなくとも、法廷戦の抗議に協力する私の義務を痛感します。夫れ故私は兄等の公判廷に私の誠意を披瀝する為に立ちます。

この手紙では被告らに「検挙以来に苦《ママ》しめられ、虐げられ、そして事件を捏造せられた不平不満と、事件の真相に関する弁護資料」の作成を求めている。李仁ら京城の弁護団が謄写した「共産党事件記録」七冊を京城地方法院から送付してもらい、読み込んで公判に臨んだ（事件完結次第に返還する条件で貸与）。

布施は九月下旬にも「共産党事件が、全鮮にどんな衝撃を与えて居り、又多数の諸君がどんなに私を待っていてくれるかと云うこともよく知っていますから、是非その期待に添うつもりで居るので、単に弁護にのみ行く気持では居りません」と伝えている（以上、「東京と京城との間」『解放』第六巻第一一号、一九二七年一二月）。

布施は釜山から京城に向かう列車のなかで、『朝鮮民報』の記者に次のように語ったという。一〇月九日に掲載された記事は「治安を妨害するもの」として発売禁止となった（「被処分国文新聞紙記事要旨」、国史編纂委員会所蔵）。

　共産党事件の真相は総督政治の暴圧に対する一種の反抗戦である、故に此の事件は総督政治に威抗する朝鮮同胞全体の事件であって、現に法廷に立って居る被告諸氏だけの事件ではないと思う。私共弁護人の共産党事件に於ける弁護の使命は、所謂弁護するよりは謂わば反抗戦の捕虜となれる闘士奪還を期するにあると謂うべきであろう

李仁・金炳魯らの発起で開かれた歓迎会の席でも「今回の事件は総督政治に対する反抗の為めである」と述べたという（京城鐘路警察署長「弁護士布施辰治の歓迎会に関する件」、一九二七年一〇月一〇日、「思想問題に関する調査書類」3、国史編纂委員会所蔵）。

すでに九月二〇日、布施は矢本正一裁判長宛に「弁論期日指定申請書」を送り、京城滞在中に弁論の機会を与えてほしいと依頼していた。そこでは「本事件を極めて重大視して居る私は朝鮮問題の将来を憂慮し、どんな繰合せを付けても弁護の任務を果したい」と述べていた。一〇月一〇日、京城地方法院に「特別弁護人許可願」を出願した。その日の第一一回から一五日の第一四回公判まで出廷している（「高允相外百名（治安維持法違反等）」、国史編纂委員会所蔵）。

京城に着くと、すぐに布施は李仁らと連名で健康状態の悪化した朴憲永や白光欽《ペクガンフム》、曺利煥《チョリファン》の保釈請求をおこなっている（朴と白は却下）。第一三回公判では李鳳洙《リボンス》の訊問中に「裁判長は弁護人布施辰治の求問」に応じて

被告への訊問をおこなったように、質問の呼び水役を果たしている。そして、第一四回公判の終わりで、布施に弁論の機会が与えられた。そこでは「今回の事件は総督政治に対する反抗の為めである」という持論を封じて、「従来の開廷方法を変更して、公判は日曜、祭日と雖も連日開廷し、審理の迅速を期せられたし」「本件公開禁止の解禁を望む」の二点を述べた。

前者の理由として、長期間の勾留による被告らの健康悪化への憂慮――「被告等にとりて気分を緊張して待てるは公判なり、故に公判に於ては其の緊張せる気分を弛緩せしめざる様審理を続行することは公判審理の迅速を期する上に於て必要なるのみならず、被告人等の為にも有利にして、必要緊喫の事に属する」――、公判の早期終結が求められていることなどをあげている。治安維持法違反の公判については「社会にして其の罪ある処を知らしむべきもの」で、「之れが公開を禁止し、社会民衆をして之れを知らしめざるに於ては、或は被告人を罪して神と為すの結果ともなるべきを虞《おそれ》る」という理由を持ちだし、これまでの公判には「安寧秩序を害する虞、毫末も存せざる」とした。

検察側は「朝鮮現時の人心、文化の状態を考慮し、尚之れを一般に公開するは安寧秩序を害する虞ある」として、公開禁止の継続を主張した。布施は「朝鮮の文化、事情等を通じ所謂特別扱を為すの必要更に無しと信ずるものなり。検事の見解は朝鮮の全般に通ぜず、狭きに失するもの」と反論するが、裁判長はこの異議申立てを却下した（以上、「高允相外百名（治安維持法違反等）」）。

布施は湯浅倉平政務総監とも会見し、上記の主張を繰りかえした。京城滞在中に朝鮮共産党事件に関連した講演会も企画されたが、開催を禁止された。

東京に戻って発表した「朝鮮共産党事件公判の暴露戦と朝鮮司法権の独立問題と告訴問題」（東京記者連盟編『号外』第一巻第五号、一九二七年一一月）のなかで、布施は「私共弁護人の期せる所は、警察官憲や検事当局は純然たる行政官庁として総督政治暴圧の魔手であっても、裁判所ばかりはモー少し公平であらねばならない、司法権の執行者として行政関係暴圧の魔手から独立して居らねばならない筈である。にも拘らず、今度の朝鮮共産党事件公判執行中に惹起せられた幾多の問題解決に関する裁判所当局の態度が、あまりに優柔不断で其の独立を疑わしめた」と論じた。また、拷問警察官に対する「告発状」も公表している（『進め』第五巻第一二号、一九二七年一二月）。その後も「新義州共産党」事件公判の弁護にもあたったようである（『中外日報』、一九二九年九月九日）。

## 鈴木義男の修養同友会事件弁護

もう一人は、修養同友会事件公判の弁護人となった鈴木義男である。鈴木は人民戦線事件公判で治安維持法の運用が罪刑法定主義を大きく逸脱していることをきびしく批判するなど、「人間尊重の精神」を貫く弁論を展開していた（前著『治安維持法の「現場」』参照）。鈴木は被告金（金岡）東元の弁護人として、四一年一月、高等法院に金と連名で「上告趣意書」を提出する。鈴木は金のほかに李光洙ら八人の被告の弁護にも名を連ねている。

第一審の無罪判決に検察が控訴して、四〇年八月二一日の京城覆審法院判決で全員有罪を言い渡されると、懲役五年とされた李光洙や懲役三年とされた金東元ら三六人が上告した。鈴木がどのような経緯で金の弁護にあたることになったのかは不明である。平壌商工会議所の副会頭を務める実業家で教育者でもあった金と鈴木の接点はキリスト教に見いだせるので（金は一九三六年に平壌基督青年会長）、日本で治安維持法違反事件公判弁護の実績をもつ鈴木に金の側から依頼があったのかもしれない。鈴木が平壌に出張し、金東元と面談の機会を持ったかどうかはわからない。

鈴木の「上告趣意書」(神戸中央図書館「青丘文庫」所蔵)は七四丁におよぶ。弁護を引き受けてから「上告趣意書」を提出する四一年一月までの数カ月間に、いつもの弁護と同様に各「訊問調書」などの膨大な関係記録を丹念に読みこんだうえで書き上げられていることがわかる。四一年七月二一日、高等法院は「本件に付、事実の審理を為す」という「決定」をおこなうが、その決定文ではまず弁護人鈴木の上告趣意からとりあげる。それはこの修養同友会事件公判の弁護人一三人の筆頭に鈴木が置かれ、その上告趣意が全体の総論的な位置にあることを示している。

「上告趣意書」の論点は「犯意」に焦点をあてて七点にわたって展開されたが、中心は第一の「法律の適用を誤り、罪とならざる行為を有罪と為したるの違法あり」という論点にある。これをさまざまな観点から論証していく。まず、「被告人は政治的意義に於ける独立運動を為し、又は之に左祖《さたん》するの意思なかりしこと」という「犯意」への注目である。同友倶楽部から修養同友会などに参加して活動したことは「朝鮮に生を享《う》けたる有識者としてかくの如き思想に動かされて、その周囲の同胞の智的向上と道徳的向上とを希《ねが》うに至るは極めて自然のこと」としたうえで、「朝鮮という部分社会の文化の向上は軈《やが》て大日本帝国の発展向上を意味し、帝国の等しく幸慶とする所なり」とする。

次に「検挙後の事後的認識を遡及せしめて被告人を律するは為すべからざる所」として、警察や予審の各「訊問調書」の「政治的意図」に関する供述は「強制と作為」によるものであり、「窮迫の余《あまり》、保釈を求むるの切なる迎合的供述」であったとする。

覆審法院判決が修養同友会を朝鮮独立を目的とする団体と認定する際に用いた「窮極」理論については、次のように反駁し、「被告人等の意図する独立なるものが如何なる態様、内容を意味するやを明にせざりし点に於て、審理不尽の謗《そしり》を免れざるもの」と断じた。

窮極に於て共産主義社会を実現することを目的とするも、そは人類の文化が極度に発達したる後のことなりと信じ（地球の冷却前位とし）、当面の任務として生産の合理的統制運動、或は人種改良的運動に従事せるものありとして之を捕え来って治安維持法上の罪人なりと云わば、人之を何とか云わん、若しかくの如き国法を以て糾弾せんか、社会理想乃至理念を抱懐して多少にても幹事を為すものは悉《ことごと》く刑せらるるに至らん。之れ豈《あに》、法の求むる所ならんや、彼の多少とも社会の常にあるべき形態を思考する者は窮極に於て無政府共産の社会を極限理念として想定しうること定説の存する所なり

これは鈴木が日本無政府共産党事件公判や大竹広吉の公判の弁護で展開していたもの――「多少でも「プロレタリア」階級に味方し、啓蒙し、或は解放に助力するようなものを書くことは、終局的因果関係から申せば、皆共産主義の実現乃至発展に役立つ訳であります。「カント」哲学でも、仏教でも、基督教でも、大抵の哲学と宗教とは終局に於て之に貢献する所の思想であります」（「被告人大竹広吉治安維持法違反並軍機保護法違反被告事件弁護弁論要旨（控訴審）」、法政大学図書館）――と同じである。罪刑法定主義の破壊に通じるものを許しがたいとするこの論法には、鈴木の面目躍如たるものがある。

「上告趣意書」では思想が断罪されることにも異議を唱えた。具体的な犯罪構成要件を検討することなく「被告人の思想傾向を叙し、民族主義者たることを認定し、従《したがっ》て独立理念を抱懐するものとし、その独立理念抱懐者の組成したる結社故に治安維持法上の結社なり」とする論法の誤りを突く。さらに、それは修養同友会事件に限らず「治安維持法事件に於て往々為さるる所なれども、論理に重大なる飛躍ありて許さるべからず」とした。

こうして第一の論点の結論は「如何なる観点より被告人の所為を見るも違法性を発見すること能わざる次第にして、被告人は無罪たるべきものと信ず」と導かれ、李光洙ら他の被告にも援用されるとした。

高等法院「決定」の引用では鈴木の「上告趣意」は第一の論点に限られたが、第二の論点以降では「専ら法律技術的に破毀せらるべき所以の論証」がなされている。第二では「原判決は相矛盾したる証拠を援用し、理由齟齬の違法あるもの」、第三は「原判決は結局に於て罪となるべき事実の記載を欠くの違法あるもの」という具合であり、第一審の事実誤認と擬律錯誤の違法性が「犯意」の観点から完膚なきまでに論破された。「決定」ではつづいて弁護人永島雄蔵や鄭在允《チョンジェユン》、李基燦《リキチャン》、脇鉄一らの「上告趣意」が記述された後、最後に「記録に就き精細なる検討を遂ぐるに、原判決には重大なる事実の誤認あることを疑うべき顕著なる事由あるものと認むる」とした。拷問を追及するなどの脇らの「上告趣意」も説得力があり、「決定」の判断に寄与したと思われるが、やはり冒頭の総論としての鈴木の弁論の存在が大きかったと思われる。

鈴木の次女の回想によれば、「朝鮮の作家ご夫妻が無罪のお礼に麹町の我が家を訪ねて来られた」ことがあったという（仁昌寺正一・雲然祥子「鈴木義男に関する新資料（その2）」『東北学院史資料センター年報』第六号、二〇二一年三月）。「朝鮮の作家」とは李光洙と推測される。被告から鈴木の尽力に深い敬意と感謝が寄せられたのだろう。

ただし、この修養同友会事件に治安維持法を適用することは明らかな違法性があり、その緻密な論証が無罪判決を導く大きな力となったことは確かながら、日本国内でもそうであったように罪刑法定主義に沿った、あるいは「主観主義、認識主義」の適正な運用がなされる限り、鈴木にとって治安維持法は肯定され、その違反事件の処断は当然のこととされた。「上告趣意書」の「日本臣民としては苟くも天皇制の廃止を思念するが如きは、当面たると窮極たるとを問わず、国体変革の犯意を認定せらるるも已むを得ざるべし」という一節は、それを裏づける。また、「治安維持法を正当に解釈し、且つ法律上の犯意の制約を正当に守るに於ては当然その然る所なり」とするように、治安維持法の合法性は前提となっている。その合法性から逸脱すると、強く糾弾した。

また、鈴木の弁論が日本による植民地統治を肯定した立場からなされていることも見落とすことはできない。朝鮮の人々が独立の意志をもつことは「人情当に然《まさ》るべき所」としつつ、「現実には今や朝鮮も日本帝国の一部に属し、その主権に服するものなるが故に、具体的に独立運動を起し、個々の行為が朝憲を紊乱し、或は安寧秩序を紊乱するものなるときは、法の制裁を受くるは已むを得ざる所なり」と述べる。修養同友会は「平凡なる世上多く見る所の文化修養団体」であり、「密かに不軌を図りたるが如き形跡の存することな」しとする。この論理に立てば、「密かに不軌を図」る団体は治安維持法などの「法の制裁」を受けることになる。「朝鮮という部分社会の文化の向上は軈て大日本帝国の発展向上を意味し、帝国の等しく幸慶とする所なり」という部分にも、植民地統治に対する鈍感さがある。

## 裁判闘争への処罰

日本国内でもそうであったように、朝鮮の治安維持法違反事件の公判において運用の本格化した数年間は「荒れる法廷」が出現し、裁判闘争がはげしくおこなわれた。もちろんその最たるものは第一次・第二次朝鮮共産党事件公判であり、前述のように弁護団を巻き込んだかたちとなった。

一九二九年五月、検事局監督官に対して笠井健太郎高等法院検事は希望事項として「昭和三年二月十五日、当院検事長より思想犯罪事件の審理に当り法廷に於ける被告人の暴行、其の他に付、当時の審理状態報告方通牒したることあり、爾今《じこん》弁護人の弁論中不穏なるものに付ても同様御報告あらんことを望む」(『日帝下支配政策資料集』第八巻)と述べた。高等法院検事長の通牒は不明だが、これらの指示により治安維持法違反事件公判で頻繁に展開される裁判闘争への対応が本格化する。弁護人の弁論をも対象として「不穏なるもの」を排除しよ

『東亜日報』1931年7月17日　社説「「法廷闘争」と保安法」

うとしたことは、三〇年五月の京城地方法院の水原高農事件公判での弁論を不穏として、李仁を六カ月間の弁護士資格処分とする措置として現実となった。それは思想事件の弁護活動への威嚇となった。

ついで、裁判闘争そのものに弾圧がくだった。三一年四月二二日、咸興地方法院の高麗青年会咸南支部事件（咸南共産党事件）公判（裁判長佐藤誠一、立会検事岩城義三郎）では、開廷まもなく朴元秉《パクウォンビョン》を中心に革命歌を高唱して審問に応じなかったために一時休憩となる事態となった（『朝鮮新聞』、一九三一年四月二五日）。その後、五月六日の公判でも「被告一同は俄《にわか》に騒ぎ出し、弁護士の弁論は自分等の主義に背くものなりとて揶揄し、朴元秉（懲役五年）の如きは自分の立場は自分自ら弁護するとて「我等の行うたことは決して誤りとは思わぬ。我々を有罪とするならば死刑に処し、然らざれば無罪にすべし」と大気炎を揚げた」（『東亜日報』、五月七日、『朝鮮通信』による）という。

九月一九日の『朝鮮日報』の梁在廈「法窓時論」第一回「法廷騒動」では「当時の被告一同は、法廷内で、未決中に死亡した同志を追悼し、裁判長に抗議を連発して審理を拒絶し、××《革命》歌と〇〇《独立》万歳を高唱して審問弁護に応じず、過激な自己弁護などで争った」とする。裁判長は被告四〇人のうち二二人に対する事実審理を中止し、結審を宣言した。五月一三日の判決では、朴元秉に懲役五年、徐相玩《ソサンオン》に懲役四年などを言い渡した。

立会検事の岩城義三郎は、こうした一一人の被告の言動を保安法違反として追起訴した。法廷や法官を侮辱し、多数の群衆を煽動したという理由である。咸興地方法院は七月一一日の判決で朴元秉に懲役六月などを科したが、この量刑を軽すぎるとして検事が控訴した。

九月七日、京城覆審法院（裁判長増村文雄、立会検事酒見緻次）は保安法第七条を適用した。朴は懲役六月と変わらなかったが、全体として量刑は重くなり、治安維持法違反の量刑に加刑となるというきびしさだった。

この法廷闘争に対する弾圧について、三一年七月一七日の『東亜日報』は社説「「法廷闘争」と保安法　悪法令を何故撤廃せぬか」で「朝鮮人の言論、集会、結社の自由、即ち公民として当然享くべき極めて原子《ママ》的諸民権を極度に制限するこの法令の存在は、朝鮮の統治を人道の面前で定罪する中世期的政治の実状である。この悪法の一つたる保安法は最近新発明の一用途に使用された。それはすなわち咸南共産青年会被疑事件公判と関連し、咸興地方法院で生ぜる「法廷闘争」に対する保安法の適用なるものである」と論難し、保安法の廃止を求めた。

そして、梁在廈は九月二二日の「法窓時論」第二回で「万歳等の高唱がなされるようになったことは、賢明な裁判官によって厳格ではあるが親切な審理をしたとすれば未然に防止できたのであり、「条理のある審問をしてくれたなら、一審で決して騒動を起こさなかっただろう」と二審で供述した被告らの心情を推察すれば、今般の事件の責任は裁判所にあるといえるだろう」と論じたうえで、「ただ朝鮮においてのみ、特殊の法令である保安法」が適用されたことを指摘して、即時撤廃を求めた。

三二年一〇月二五日の『京城日報』は「咸北共産党の公判に大波瀾予想　京城からも少壮弁護士出廷　法廷闘争に蹶起か」と報じている。予審中に二人の被告が獄死した際に「在監同志が待遇改善を要求してハン・ストに出で、万歳を叫ぶなどの獄中闘争をも行った」経緯などから荒れた法廷となることが予想された（実際にどのような公判の状況となったかは不明）。その後の法廷闘争は全般的に押さえつけられ、収束の途をたどったと思われる。

## 事実誤認を柱とする弁論

ここからは治安維持法違反事件の公判における弁護人の弁論がどのようなものであったのかをみていこう。日本国内の公判では鈴木義男を含めていくつか弁護人「弁論要旨」が残されているが、朝鮮の公判では現在のところ見いだすことができない。そのため、高等法院の「判決」や「決定」に引用された弁護人の「上告趣意」を検討していくことになる。前述の修養同友会事件「決定」に引用された鈴木弁護人の「上告趣意」は、鈴木が提出した「上告趣意書」と一致しているので、高等法院「判決」の「上告趣意」の利用は可能といってよい。その鈴木の修養同友会事件公判の「上告趣意」の柱だった事実誤認・擬律錯誤という論点からみよう。

一九三二年九月三〇日の大邱覆審法院判決で懲役一年を科された金麒洙《キムギス》は上告した。弁護人金訓采《キムフンチェ》の上告趣意の第一点は「原審が右読書会を以て私有財産制度を否認することを目的とする将来組織さるべき秘密結社の一段階に過ぎざるものと認定した」ことを、「事実の誤認」とするものだった（第二の論点は量刑不当で、執行猶予を求める）。これに対して、一二月五日の高等法院判決は「論旨は理由なし」として上告を棄却した（「独立運動判決文」）。

四三年一一月三〇日、大田地方法院が懲役二年六月などの刑を科すと、権《クオン》（吉田）快福《ケボク》・朴《パク》（楠坪）祐儁《ユシュン》らは高等法院に上告した。弁護人北村直甫（元検事、一九三六年に弁護士登録）の上告趣意の第一点は次のようなものだった。

> 原審は被告人吉田快福、楠坪祐儁、清村毅、仁川洪彬《ホンビン》は朝鮮人たる自覚の下に一致団結して民族意識を昂揚し、文芸、美術、運動の各部門に付、実力を養成し、朝鮮をして帝国の羈絆より離脱独立せしむる目的の下に茶革党《タヒョウタン》なる秘密結社を組織したものと認定せられたり……原審は判決書に掲示せる如く星山鶴甫、

> 吉村岳次郎に対する司法警察官事務取扱の訊問調書及予審に於ける一部被告人の供述を証拠として朝鮮独立を目的とする結社なりと認定し……事件全体を達観せず、被告人に利益ある証拠を閑却し、単に不利益なる部分を摘出し判断する如きは最も危険にして、証拠の判断を誤り、其の結果重大なる事実の誤認あることを疑うに足るべき顕著なる事由あるものと信ず

論点の第二は「被告人等の行為は民族意識を昂揚したるものとして保安法違反の制裁ある」は止むを得ないものの、治安維持法違反とするのは「重要なる事実の誤認あるか、又は擬律に違法あり」とするものだった。しかし、四四年三月二三日の高等法院（裁判長斎藤栄治、立会検事斎藤五郎）は上告を棄却した（『日帝下社会運動史資料叢書』第一二巻）。

四五年八月一三日に高等法院で上告棄却となった朝鮮語学会事件については前著『朝鮮の治安維持法』で述べたので繰りかえしになるが、弁護人丸山敬次郎の第一の論点は事実誤認を突くものだった。「語文運動は只《ただ》単に民族的懐古的文学運動、即《すなわち》狭義の純文化的運動に過ぎずして、断じて民族的政治独立運動にあらざるなり」と論じ、第一審には「重大なる事実の誤認」があるとした。事件の成立不能の観点からの無罪の主張だが、それは「単なる語文運動に依りて政治的独立達成の実力を養成し得て、真実に独立国家となりたる何れの民族も之れあることなし」などとあるように、朝鮮民族の主体的独立自体をも否定する立場からの立論であった。この弁論には植民地統治自体を肯定する日本人弁護人という限界があった。

同様に弁護人安田幹太（京城帝国大学教授〔民法〕、戦後は八幡大学学長、日本社会党衆議院議員）も事実誤認を主張し、第一審判決の破毀を求めた。「本件運動は十数年の間、専ら純粋なる文化運動として其埒《らち》を超えること無く」経過してきたものであることに加えて、一部の被告の思想前歴から朝鮮独立の目的のもとに語学会の活動とみなし、「其閲歴並びに性格に於て何等の政治的色彩を有せず、専ら学究として其分を守るものと自信し

居りたる被告人」を「同等の目的を有するものと認定した」ことを、「重大なる事実の誤認」とした（以上、「独立運動判決文」）。

## 量刑不当とする弁論

「上告趣意」の過半は、有罪とされることは甘受するとしても量刑が重すぎるとする弁論であった。

一九三三年三月二三日、大邱覆審法院は鄭漢永に懲役一年を言い渡した。この上告趣意で弁護人金龍式《キムヨンシク》は鄭の読書会入会を治安維持法違反として処断するにあたり、「刑の量定甚しく不当」として破毀すべきと論じた。その理由として、鄭は「他の不良分子の悪思想の鼓吹に漸次雷同せられて何等の定見なくして治安維持法違反と目すべき秘密結社の組織に参与するに至りたるものにして、被告自から主体的策謀を為したるものにあらざること」は明らかで、「要は思想研究の域を脱したるに過ぎざる事案にて具体的危険性の発現と目すべき証跡未だな」いことに加えて、自首による減刑がなされていないこともあげている。五月二二日、高等法院はこの上告を棄却した（『日帝下社会運動史資料集』第一〇巻）。

間島五・三〇事件の京城覆審法院の判決に対する弁護人蘇完奎《ソワンギュ》、辛泰岳《シンテアク》、丸山敬次郎の量刑不当の弁論については前著『朝鮮の治安維持法』で述べた。辛泰岳の上告趣意には「原審の各被告人に対して為す審理より判決に至る迄の態度並に其の従来たる判決を見るに、原審は被告人等が殺人、放火等の残虐を極めたる者なりとの先入観念に捕われて玉石を弁《わきま》えざりし嫌有り、各被告人等の行動には主従あり、従いて夫れに対する刑の量定も自ら軽重有るべきなり」とある。なかでも死刑判決の周現甲《チュヒョンカプ》については「偶々《たまたま》間島共産党事件の一味なるの故にて、他の被告人と一律に極刑に処せらるるは不当も甚しきもの」とした。こうした内容の上告に対し、六月一八日の高等法院判決は「他の被告人等と連累者なりとの一事に依り量刑したりと謂うが如きは独断のみ、論旨は理由なし」として棄却した（「独立運動判決文」）。

三六年四月七日、京城覆審法院から死刑を言い渡された宋南洙《ソンナムス》は上告した。弁護人（氏名不詳）の上告趣意の第一は、施行区域外で、しかも中国共産党加入を処罰することを擬律錯誤とするものであった。第二の論点は、死刑という量刑の不当を次のように弁論する（「独立運動判決文」）。

如何なる苛虐峻酷《しゅんこく》の刑なりとも刑として効果を得ざる以上、之を科すべきものに非ず、我国の現状に於て果して被告人の生命を断つに非ざれば刑罰の目的を達すること能わざるべきものありや、吾人は之を肯定するに躊躇せざるを得ず……此の死刑は結果に於て人情に於ても悖《もと》る所多しと云わざるべからず、被告人の行為果《はた》して判示事実の如き憎むべきものありしと雖も、以上論じたる理由に基き之に極刑を科するは刑の量定甚しく不当なりと謂わざるべからず

これに対して九月二八日の高等法院判決は「死刑に処したるは相当にして、量刑甚しく不当なりと思料すべき顕著なる事由あることなければ、論旨理由なし」として上告を棄却した。

前述した「茶革党」秘密結社事件の弁護人北村直甫の上告趣意の第四点は、量刑不当の弁論であった。「被告人等は何れも思想堅実ならざる為と単純なる動機の下に一時の感激により過誤に陥り犯したるものに係り、其の犯情酌量すべき点あるのみならず、最早《もはや》今日に於ては一切の誤謬を覚《さと》り、過去に於ける不穏なる思想を根本的に清算し、忠良なる皇国臣民として更生し、一死報国に殉ぜんと悲壮なる決心と覚悟を有し、保釈出監後に於ても深く謹慎し、最早現在及将来の危険性を有せず」と論じたが、四四年三月二三日の高等法院判決は「原審の措置に毫も採証上の違法存することなし、記録に付精査するも原審の認定に重大なる誤謬あることを疑うに足るべき顕著なる事由なし」とした（以上、『日帝下社会運動史資料叢書』第一二巻）。

四三年一二月一〇日の清津地方法院の有罪判決に姜《カン》（吉田）昌輔《チャンポ》、方孝銅《パンヒョクド》ら五人が上告した。弁護人釜屋英

介の上告趣意の第二点は量刑不当の弁論である。姜昌輔らが組織したとされる朝鮮問題時局研究会は時局問題の研究や追悼会、出獄慰安会の開催をおこなうほかに「積極的に実践運動を為したる事実の見るべきものなく、其の会員も何れも数名に過ぎずして秘密結社として殆んど存在の価値なき団体」であったとする。また、姜昌輔は「其の後時局に目覚め、過去に於て抱懐せる民族主義思想及共産主義思想の誤謬を悟り、之を清算するに至」っており、「既に転向せる右被告人をして其の温情に感激せしめ、真に皇国臣民として甦生せしむることこそ刑政の目的に合致する」と論じた。

さらに、朝鮮問題時局研究会などの主犯者には東京刑事地方裁判所で懲役二年六月が科せられているが、これと姜昌輔の懲役七年の量刑は「甚しく重きに過ぎ、刑の量定甚しく不当なり」ともする。四四年三月二七日の高等法院判決（裁判長斎藤栄治、立会検事斎藤五郎）は上告を棄却した（以上、「独立運動判決文」）。

四三年三月の諺文研究会事件では京城地方法院の裁判長として懲役二年六月から一年六月の有罪判決を言い渡していた釜屋英介は、七月に退職し、弁護士としてこの朝鮮問題時局研究会の弁論を引き受けた。自ら下した諺文研究会事件に比べて、この第一審判決は重すぎると判断したのだろう。

## 拷問による虚偽供述とする弁論

治安維持法事件公判において物的証拠は乏しく、各「訊問調書」の供述や証人の「訊問調書」を証拠として有罪が立証されていくが、その供述が拷問による強制や作為による虚偽であるとする弁論も被告人自身と弁護人によって各公判でなされた。この虚偽供述の弁論が功を奏し、被告全員の無罪を勝ちとったのが修養同友会事件であった。すでに前著『朝鮮の治安維持法』で弁護人李基燦と脇鉄一の弁論に触れたが、もう少し詳しくみてみよう。

第一審から一転して四〇年八月二一日の京城覆審法院判決では四一人全員が有罪となり、三六人が上告した。その上告趣意の総論的位置に鈴木義男の弁論があったことは前述した。つづく多くの弁護人の上告趣意はこの拷問による虚偽供述を追及する。まず、金東元の弁護人永島雄蔵（平壌地方法院検事正で退職、一九三四年に弁護士登録）の上告趣意には「警察署に於ける自白調書は自己の任意の供述記録にあらずして、拷問を暗示せられ其恐怖に堪えず、已むなく司法警察官の云うが儘の調書作成となり」「検事の訊問は鐘路警察署に於て行われ、側《そば》には以前の取調司法警察官が立会し居りたるを以て司法警察官に対する不任意の自白を是認するの已むを得ざりしこと」とある。

弁護人李基燦（元判事）は拷問の事実を指摘したうえで、「今日に至りては支那事変を契機とし世は挙げて内鮮同根、内鮮一体を叫び、朝鮮人の皇国臣民化運動は日々熾烈を極め、国内又は国外に於て精神的に又は物質的に報国の誠を尽し、人を感涙せしむる事例尠《すくなか》らず、而も被告人等は孰《いずれ》も有為有能の人材にして過去を清算し、臣道実践職域奉公に於て人後に落ちず、高度国防国家体制完成の為め折角力を竭《つく》しつつある」状況に事件を惹起したことに言及し、「今更ら之を検挙し、刑罰を加える必要なかるべし」と論じた。中枢院参議の職に就き、創氏もおこない、皇民化運動の先頭に立つ李基燦にとって、拷問による修養会事件のフレーム・アップは許し難く、弁護人に名を連ねたのだろう。

金《キム》（金山）性業《ソンオプ》の弁護人となった金翼鎮《キムイクジン》の上告趣意書に警察の拷問の状況が詳細に記されていることはすでにみた。検事廷においても「顔を見る丈にても身震《みぶるい》を感ずるが如き、曾《かつ》て自己に苛酷に絶する拷問を為したる斎賀警部補以下多数の刑事左右に並立し、被告人等に対して否認せんとする口振を見るや、矢の如き視線を放射したり」という。

脇鉄一の上告趣意では拷問のほかに「是認したら無事に帰してやるが、否認したら留置場に入れる」という

「甘言に依る誘導」があったとする。予審廷についても八人の被告が最後まで否認したために保釈されなかったことや、「一部の被告は警察の時から教えられた通り、時局柄既に検挙された以上は抗争しても無駄であるから、例え無実な事柄でも悉く是認して寛大なる処分を乞うた方が得であると諦めて、本意でないことを是認した模様」と記している。脇は「本件に於ける自白の調書の信ず可からざる」と断言する。

こうした多方面からの重層的な弁論によって、四一年七月二一日、高等法院は「記録に就き精細なる検討を遂ぐるに、原判決には重大なる事実の誤認あることを疑うべき顕著なる事由ある」として事実審理の開始を「決定」した。そして、一一月一七日の判決で原判決を破毀し、全員を無罪・免訴とした（以上、「独立運動判決文」）。

四三年二月一七日の京城地方法院判決で懲役二年六月を科された金象泰は高等法院に上告した。五月一日、弁護人丸山敬次郎は上告趣意書で「被告人は原審公廷に於て警察署に於ける取調べに際しては拷問によりて責められ、その苦痛に堪兼ねて虚偽の自白を為したる」と虚偽供述を取りあげた（『韓民族独立運動史資料集』六九、「戦時期　反日言動事件Ⅳ」）。四五年一月一六日、咸興地方法院の諺文研究会事件の有罪判決の上告の弁護人となった平川元三の上告趣意の論点の一つも、警察の拷問による「虚偽の自白」による供述は「真実に反するもの」だった（「独立運動判決文」）。

## 情状酌量を求める弁論

治安維持法違反事件公判の弁論は官選弁護が多数であることもあって、量刑の軽減を求める情状酌量論が多くなった。たとえば、事実誤認の弁論で前述した金麒洙の弁護人金訓采は「被告人は当時湖南銀行宝城支店に就職すべく既に内諾を得居りて、本件なかりせば勿論同銀行に就職さるべく、若《も し》寛大なる処分を受くるに於ては親の信用名誉に依り、爾後に於ても同銀行に就職可能なること言を俟たず」という状況とともに、金麒洙の「真心悔悟」に触れて、「執行猶予の恩典」を求めた（「独立運動判決文」）。

孫澤龍《ソンテクヨン》と崔潤海《チェユンヘ》が「同心会」という朝鮮独立を目的とする結社を組織したとして憲兵隊に検挙され、四三年一二月二九日に平壌地方法院判決で有罪となった事件の弁護にあたった脇鉄一の上告趣意には「被告人等が同心会なる名称の会を結成したることは事実とするも、その会則等は何等独立運動の目的を掲ぐることなく、専ら相互激励の下に人間修業を積まんことを掲示したるもの」であり、存続期間も一カ月と短く、「会員相互の結合度の全く薄弱な」ことなどをあげて、結社の組織とみなすことはできないとした。そして、「被告人等の所為を以て仮に治安維持法第四条に該当するとするも、その情状を十二分に酌量し、以て執行猶予の恩典に浴せしめ、戦時下応分の奉公をなさしむることこそ被告人等をして各々その所を得しむる所以にして、よく治安維持法本来の目的にも副《そ》う所以なり」と弁論した。かつて事件を処断する側に立っていた脇は「治安維持法本来の目的」を是認しつつ、その逸脱が目立つ運用の是正を求めた。しかし、四四年四月六日の高等法院判決は上告を棄却した（以上、「独立運動判決文」）。

このように「犯罪事実」の軽微さを論拠とすることに加えて、事件関与の猛省や「転向」の顕著なことを強調する。三三年五月一五日の京城覆審法院判決で、「左翼協議会又は礼山《イエサン》共産主義学生同盟」に加入したとされて懲役二年の判決を受けた韓定熙《ハンジョンヒ》は上告した。弁護人丸山敬次郎は、上告趣意で次のように論じた（「独立運動判決文」）。

> 被告人韓定熙は未だ思慮定まらざる未成年学生にして現代社会に於ける経済組織の欠陥に想到し、更に之れを研究せんとするの意思を喚起し、漫然猟奇的に本件左翼協議会又は礼山共産主義学生同盟組織に加入したるものに過ぎずして、確然我日本帝国に於ける私有財産制度を否認し、共産主義社会実現の目的を以

> て右団体を組織したるものなりと認むるは不当なり……単に礼山農業学校生徒中の数名に過ぎず、殆ど言うに足らざるの状態にして児戯《じぎ》に類すと云うの一言に尽く、而かも被告人は第一審第五回公判廷に於て今後改悛して一切思想の研究は之れを為さざる旨を誓い居るものにして、之れに対し実刑を科するの必要は毫も存せざるのみならず、却て改悛の機会を失わしめ被告人の一身を葬むるの結果となるは勿論、大局より見て決して国家の利益に非ず、寧ろ刑の執行を猶予して、翻然被告を転向せしむるに如《し》かず

一九二八年に京城法学専門学校教授から弁護士に転じていた丸山は、治安維持法違反事件公判の弁護にも多くかかわっているが、李仁のような「思想専門業の弁護士」ではなく、老練で弁論技術にたけた弁護士であったと思われる。この韓定熙の弁護において「未だ思慮定まらざる未成年学生」「児戯に類す」などを用いて被告の「犯罪事実」を軽微なものとする意図はわかるものの、はたしてそれが被告の意に沿った弁論であったかどうかは不明である。丸山に代表されるように、多くの弁護士は治安維持法そのものを疑問視することはなかった。七月一三日の高等法院判決は上告を棄却した。

中国共産党加入や殺人罪などにより、三六年六月二六日の京城覆審法院判決で死刑とされた許允燮は上告した。弁護人徐光卨は上告趣意において死刑制度への疑問を展開する一方、許允燮が「間島省延吉県に於ける当時の風潮に感染せられ、之に加入したる」にすぎず、「殊に被告人は過去の運動は妄想的であり、絶対見込のない運動なることを覚悟して、それまでの思想を抛棄して真面目な人間として働いて家族を扶養しなければならぬことを覚り、前非を悔悟して」帰順し、その帰順が認められた後は「本当に真面目に家業に従事して来りたる」として、減刑を求めた。一〇月一五日の高等法院判決は上告を棄却した（「独立運動判決文」）。

三八年一〇月七日、朝鮮共産党・中国共産党加入や各種の襲撃事件による殺人・強盗などの罪により京城覆審法院から死刑の判決を受けた金明均《キムミョンギュン》らは、上告した。弁護人赤尾虎吉は上告趣意のなかで「各自己の既往の

思想の謬見なりしことに覚醒し、翻然として忠孝の道に邁進せんとし、茲に転向の認むべきものあるに至りたる」として、情状酌量による減刑を求めた（「独立運動判決文」）。三九年三月三〇日の高等法院判決は、この上告を棄却した。

赤尾虎吉は一九一二年に京城で弁護士を開業しており、この事件の弁護時は新発足した京城弁護士会の会長であった（なお、副会長は丸山敬次郎、常議員に永島雄三と李仁の名前もみえる。『毎日申報』、一九三八年一月一日）。

## 「国体」変革の拡張解釈を不当とする弁論

日本国内では「国体」変革は天皇制打破という決めつけの下に治安維持法が拡張解釈されていく源泉として猛威をふるったが、朝鮮においては「国体」変革は独立をめざす言動に適用された。「朝鮮の独立を達せんとするは我帝国領土の一部を僭竊《せんせつ》して其の統治権の内容を実質的に縮少《ママ》し、之を侵害せんとする」という一九二九年七月二一日の新幹会鉄山《チョルサン》支会事件に対する高等法院の判決に加えて、それを念押しした三一年六月二五日の朝鮮学生前衛同盟事件の高等法院判決が判例として確立していた。その結果、

間島共黨死刑被告의
上告公判遂開廷
蘇辯護士、刑의過重을痛論
檢事는上告棄却意見

△被告들의氏名

傍聽席情景

判決言渡는
約一個月後

其他는全部死刑

『朝鮮中央日報』1936年5月12日　間島共産党五・三〇事件公判　蘇完奎弁論

民族独立運動にしろ共産主義運動にしろ、警務・司法当局がその行動・言動を「国体」変革とみなせば、もはや説明を省略して治安維持法第一条第一項の発動が問答無用で可能となり、個別の判決でもこの認定が一般化した。

「国体」変革＝朝鮮独立という理解は治安維持法制定時の帝国議会審議でも明確に説明されなかったことに加えて、日本国内での「国体」変革の用いられ方と朝鮮での理解の隔絶も知られていたために、判例という壁の存在を認識しながらもなお繰りかえし「国体」変革の朝鮮的運用に異議をとなえる弁護士が存在した。

それが集中したのが、多くの死刑判決が言い渡された間島五・三〇事件の上告の弁論においてである。周現甲・李東祥《リドンサン》の弁護人蘇完奎は上告趣意で次のように論じた。

被告人周・李は共産党員にして之等の主張は元より朝鮮内に於て日本帝国主義を駆逐し、私有財産制度を否認せんとするに過ぎざるものなり、依て統治権の総攬《そうらん》者たる万世一系の天皇即国体変更云々と言うことは之元より朝鮮共産党、又は中国共産党の綱領目的に一だも見えざるものなり……要するに国体変更は日本帝国全臣民全版図に対し御統治し給う天皇の統治権に対し変革を意味するものなれば、之を一帝国内の或部分に於て現政府に対し反抗せりと言うことは、之直ちに国体変更にならざること明白なり……法律の適用に錯誤あり

この蘇完奎の弁論は「国体」＝「万世一系の天皇」統治という理解に立ち、朝鮮共産党や中国共産党の綱領が日本の「国体」変革を掲げていない以上、それを適用して処断することは「法律の適用」に錯誤があるというものであった。

第一審・第二審判決は中国共産党の行動綱領の一項目に「朝鮮革命の援助」（予審判事脇鉄一が発見、『朝鮮の治安維持法』参照）があることを処断の根拠としていたが、弁護人辛泰岳は「中国共産党の所属党員全部に対して

民族の区別無く悉く日本の治安維持法を適用すべき理となり、尚進みて露西亜の共産党員乃至は世界各国の共産党員に対しても是れが適用され、日本の治安維持法を以て是等の者を制裁せざるを得ざる奇観を呈すべき筋合となる」として、「治安維持法を中国の共産革命を目的とする中国共産党員たる被告人等に適用するは不当なり」とする。これに対して高等法院判決では「苟くも同法違反の罪を犯したる者に対しては帝国臣民に非ず、又其の犯罪地が同法施行区域外なる時と雖も同法を適用する趣旨なる」と反論する。

すでに取りあげた宋南洙の上告でも弁護人は治安維持法の制定趣旨――「過激なる思想を有する者等が帝国の治安を紊《みだ》るの目的を以て不穏なる行動に出づることを取締ること」――に言及したうえで、宋の行動地域は「我統治の領域外たる間島に於て為したるものにして、即ち日本の主権の及ばざる所に於て犯したる罪なり」として、治安維持法第一条適用は擬律錯誤であるとする。高等法院判決は、間島は「帝国の総領事権を行う地域なれば、帝国臣民に対する関係に於ては帝国内と同視すべきものなる」とした。

この弁論や先の蘇完奎や辛泰岳の弁論は、治安維持法の本来の目的については肯定したうえで、そこからいちじるしく逸脱し、拡張の一途をたどる「国体」変革＝朝鮮独立という処断を食い止めようとしたといえる。

四一年一二月一七日、全州地方法院が朴来殷《パクレウン》（青木茂雄）に懲役一年六月を科すと、朴は上告した。弁護人佐竹亀（一九三〇年、高等法院判事を退職し、弁護士登録）は上告趣意の三つ目の論点として、本来「国体」変革とは「我国の国体、即ち万世一系の至尊君臨し給い、統治権を総攬し給うことに変革を加えんとするもの」であるのに対して、「我国の一地方たる朝鮮を切離さんとするが如きは国体其のものに変革を加うるにあらず」と考えるべきとする。そして、三一年六月二五日の「朝鮮独立を目的とする行為は治安維持法違反罪なりとの判例」を変更し、治安維持法違反ではなく刑法内乱罪か制令第七号違反による処断を求めた。しかし、四二年四月六日の高等法院判決は上告を棄却した（「独立運動判決文」）。

四五年の諺文研究会事件の弁護人となった安田幹太は上告趣意の第二で、朝鮮語辞典編纂会や朝鮮語学会を「国体」変革を目的とする結社に該当するとしたことは治安維持法第一条の「不当なる拡張解釈」で、違法と論じた。「本件朝鮮語辞典編纂会及朝鮮語学会の目的は専ら朝鮮語辞典の編纂と朝鮮語文の統一標準化の運動にあり、此目的と国体の変革とが凡《およ》そ何等の繋りを持ち得ざるものなることは多言を要せざる所なり、朝鮮語辞典の編纂と朝鮮語文の正確統一化により国体が変革せしむると言うが如きことは如何に牽強付会の甚しきものなるか」と断じた。

これに対して高等法院は「被告人等の行為は純然たる学術的文化運動にあらず、合法的文化運動の名に隠れて朝鮮の独立を目的とする結社を組織し、其の目的遂行の為に活動し、或は其の目的たる事項の実行に関し協議を為したりと云うにある」として上告を棄却した（以上、「独立運動判決文」）。

なお、この朝鮮語学会事件の上告趣意で早川元三弁護人が「消極的間接的なる方法」にまで「国体」変革の概念を拡大することを痛論したことに、高等法院が判決のなかで異例な反駁をおこなったことについては前著『朝鮮の治安維持法』で触れた。

# V

# 行刑・保護観察・予防拘禁

西大門刑務所内部

# 一 行刑

## 受刑者の増加

朝鮮で治安維持法が施行されてまもなく、一九二六年一二月五日の『東亜日報《トンアイルボ》』は社説「特殊犯人隔離案　当局の胸量」（『朝鮮思想通信』による）において「治安維持法違反者が激増するに随い、再びその処置に困るのであった……先《ま》づ約二万円の経費を予算して来年度に西大門《ソデムン》刑務所に独房約百個を設置して彼等を別居させると共に、作業までも普通罪囚と別々にする様にすると云う」としたうえで、「朝鮮の現状を観察するに、彼様《あのよう》な伝染性を有する分子が、どうして在監中の特殊犯人にのみ止まるであろうか」「児戯《じぎ》に類する小策に、時間と精力と金銭を費す代りに、より以上高い処から根本的対策を考える宏量大度は持たんのであろうか」と思想犯に対する「行刑」施策の拙さを批判した。

しかし、日本国内でも同様であったが、「伝染性を有する分子」の急増に対して、朝鮮の為政者は治安維持法違反事件の司法処分の「行刑」という最終段階においても「時間と精力と金銭を費」やし、その処分のサイクルを完結させようとした。

朝鮮における思想犯保護観察制度を主導した長崎祐三（新義州地方法院検事局から京城覆審法院検事局へ）は「思想犯防遏《ぼうあつ》（一）」（『治刑』第一六巻第九号、一九三八年九月）において「検察並裁判の制度は適切なる行刑に依って真に其効果を発揮する事が出来る。然し又行刑は釈放後の周到なる保護を俟って初めて其成果を挙げる事が出来る。犯罪、殊に思想犯の防遏には検察、裁判、行刑、保護が相提携して刑罰の目的とする犯罪防遏、犯人改善と云う共同単一目標の下に完全なる一連環を形成しなければならぬ」と論じていた。

さらに、長崎は保護観察制度が発足してまもないために、「今日思想犯人の転向には行刑が検察よりも裁判よりも其成績をあげている事は事実が証明している」とも述べ、受刑者は「此処に於て初めて自己の時間を持ち、自己を内省し、自己の一家の事を真剣に考慮するのである。刑務所は彼等にとりては人生の禅堂であり、転向誘致の場所でもある」とする。

本節では公判で有罪の実刑判決を受けた被告が刑務所に収監され、満期出獄あるいは仮出獄となるまでの状況をみていくことにする。なお、検察段階の被疑者としての勾留や予審・公判段階の被告としての拘置も刑務所内でおこなわれることが多いので、それらも合わせてみていく。

二七年一月一四日の『大阪朝日新聞付録　朝鮮朝日』は「在監国事犯数　総数七百余名」という記事を載せる。「国事犯」という明治期の概念を用いているが、強盗などとの併合罪で制令第七号違反がもっとも多く、騒擾罪がつづく。治安維持法違反は施行からまだ日が浅いため、検事勾留・予審・公判中の被疑者・被告が一一人、受刑者が八人にとどまっている（これらには出版法違反、恐喝罪との併合罪も含まれる）。警察での検挙・取調は急増しているため、前述の『東亜日報』社説にあるような思想犯専用の独房の増設が急務と認識されていた。

後述する刑務所の看守長の増員理由を説明する文書中に、二八年五月末調の「共産主義等危険思想犯人現在人員調」という表がある。刑務所ごとに「共産主義者」と「民族主義者（朝鮮独立運動に関す）」の収容人数が記されている。「共産主義者」は合計で三六三人となっており、ここにすでに第一審の判決があった第一次・

第二次朝鮮共産党事件の被告ら治安維持法違反の受刑者が多く含まれている。西大門刑務所に一五九人、新義州《シンウィジュ》刑務所に五九人、全州《チョンジュ》刑務所に三九人、群山《ウルサン》刑務所に二六人、咸興《ハムフン》刑務所に二五人などとなっている。「民族主義者」の合計は四三〇人で、多くは制令第七号違反や保安法違反、騒擾罪などの受刑者と思われる。京城《キョンソン》刑務所に一三〇人、新義州刑務所に七八人、咸興刑務所に四六人、大邱《テグ》刑務所に三六人、平壌《ピョンヤン》刑務所に三二人などとなっている（「朝鮮総督府監獄官制中改正」、「公文類聚」第五二編・一九二八年・第六巻）。

その後、しばらく時間が空くが、法務局行刑課調査「特殊犯罪者に関する罪名別調」から一九三〇年代前半の治安維持法違反事件の被告人と受刑者の人数の推移を確認することができる（**表7**）。予審から公判にかけての被告の人数は一九三二年末をピークとすること、公判で有罪実刑判決を受けた受刑者はしだいに蓄積されて増加していることがわかる。さらに「主義」別をみると、たとえば三一年六月末現在の受刑者では「無政府主義」八人、「共産主義」一八七人、「民族主義」一九〇人となっている。三二年九月末では「共産主義」が二六七人と多くなり、「民族主義」は一二四人である。三四年三月末では「共産主義」六三一人、「民族主義」一六三人となっている。これらはいうまでもなく治安維持法の運用そのままを反映している。

**表7 治安維持法違反事件の被告人と受刑者**

| | 被告人 | 受刑者 | 『思想月報』号数 |
|---|---|---|---|
| 1931.6末 | 665 | 385 | 第5号 |
| 1931.9末 | 778 | 366 | 第8号 |
| 1932.3末 | 979 | 360 | 第2巻第2号 |
| 1932.6末 | 1,152 | 394 | 第2巻第5号 |
| 1932.9末 | 1,267 | 401 | 第2巻第8号 |
| 1932.12末 | 1,483 | 435 | 第2巻第11号 |
| 1933.3末 | 1,221 | 490 | 第3巻第2号 |
| 1933.6末 | 1,153 | 609 | 第3巻第5号 |
| 1933.9末 | 1,138 | 628 | 第3巻第8号 |
| 1933.12末 | 891 | 850 | 第3巻第11号 |
| 1934.3末 | 723 | 873 | 第4巻第2号 |

**表7**と**表8**をみると、受刑者は一九三四年をピークとしてしだいに減少していく。再犯者の割合は新受刑者・年末受刑者ともに一割前後だが、三〇年代後半になるとやや上昇傾向にある。また、二〇歳以下の割合はこの期間全体でみると約

**表8　治安維持法違反受刑者に関する統計**

| | 新受刑者 | 年末受刑者 | 初犯 | | 再犯以上 | | 20歳以下 | |
|---|---|---|---|---|---|---|---|---|
| | | | 新 | 年末 | 新 | 年末 | 新 | 年末 |
| 1934年 | 519 | 828 | 458 | 732 | 61 | 96 | 84 | 131 |
| 1935年 | 231 | 701 | 212 | 618 | 19 | 83 | 48 | 115 |
| 1936年 | 265 | 613 | 236 | 545 | 29 | 68 | 53 | 104 |
| 1937年 | 247 | 523 | 219 | 461 | 28 | 62 | 26 | 62 |
| 1938年 | 136 | 419 | 113 | 362 | 23 | 57 | 14 | 51 |

『思想彙報』第20号（1939年9月）

一五%で、かなり多い。

三五年二月末の法務局行刑課の「思想犯受刑者の主義別調」によると、思想犯受刑者九七〇人（治安維持法違反は七二六人）の内訳は「純正共産主義」二八九人、「朝鮮民族主義基調共産主義」四九三人、「民族主義」一六六人、「無政府主義」八人、「其の他」一四人となっていた。「純正共産主義」では治安維持法第一条第二項の「私有財産制度」否認が、「朝鮮民族主義基調共産主義」では第一条第一項の「国体」変革と第二項の「私有財産制度」否認が適用されたはずである。治安維持法違反の七二六人の「刑期」は「一年以下」一四人、「三年以下」四〇四人、「五年以下」二三四人、「一〇年以下」六一人、「一五年未満」九人、「一五年以上」四人である。「罪情別」では「組織」二四〇人、「加入」四七四人、「目的遂行」八人、「協議」九六人、「煽動」二四人、「利益授受」一人となっている（以上、『思想彙報』第三号、一九三五年九月）。

四一年四月の治刑協会『治刑』第一九巻第四号（一九四一年四月）の「思想犯予防拘禁制度の実施に当りて」には「最近、刑務所に於ける思想犯収容者は著しくその数を減じ、殊に事変発生以来、彼等の転向と赤誠とが続々として報告せられ」とある。同一一号（四一年一一月）の巻頭言「思想対策」では思想犯受刑者は減少傾向だが、「被告人の方は相当増加」しているとする。八月末現在、受刑者・被告を合わせた思想犯は一二二〇人に上り、収容者総数の約一割二分にあたるという。対米英開戦が必至となるなか、治安維持の重要性が高まり、治安維持法違反を主とした司法処分の増加傾向を反映している。

## 独房増設と看守長増員

第一次・第二次朝鮮共産党事件の大量検挙と司法処分の進行などにともない、治安維持法違反受刑者の増加傾向が必至となる状況に、司法・行刑当局はどのような対応をとったのだろうか。前述のように、早くも一九二六年末には「特殊犯人隔離案」が検討されていたが、二七年一〇月の全朝鮮刑務所長会議では「思想犯人の独居房増設及び看守の増員」（『中外日報』、一九二七年一〇月一〇日、『朝鮮思想通信』による）が重要議題にのぼり、二八年六月の同会議でも「思想犯を如何に取扱うべきか」という議題となることが事前に観測された。

二八年三月七日の『京城日報』は「実現近き　思想囚の監房」という記事を載せる。「思想犯、狂暴犯等にして独房に収容すべき囚人」が一五〇〇人に達しているのに対して、現在は五〇〇人の収容にとどまっているため、「雑居中の思想犯人は房内で悪思想の宣伝をなす懸念」があり、刑務所の新設を検討しているが、予算の壁があるという。五月二九日の『毎日申報《メイルシンポ》』（『朝鮮思想通信』による）は「刑務所看守長二名、看守二十名は増員する」という進展を伝える。「思想犯人現在数六百余名を他の囚人と同じく刑務所内に収容する関係上、思想を宣伝する疑いがあるので思想犯人のみを収容すべき刑務所を新設すべきであると云う急進論が判検事間に台頭……京城には刑務所が既に二ヶ所もあるので、若しこれに思想刑務所を新設することになれば太邱が有力なる候補地であろう」と報じた。

その後、思想犯専門の新刑務所の設置ではなく、既存の刑務所内に思想犯専用の独房を建設する方向が具体化していく。八月三一日の『東亜日報』（『朝鮮思想通信』による）は「思想犯罪者の激増で　仮監房を俄かに築造す」という見出しで、「思想犯人の最も多い京城西大門刑務所では既に狭隘《きょうあい》を感ずるに至りたるを以て、此の程建坪約百坪位の監房増築に着手し、目下大なる勢《いきおい》を以て工事を急いでおる。尚おこの監房は約百余名を収容し得るもので、専ら思想犯人のみ収容するそうである」とする。九月二八日の同紙（『朝鮮思想通信』による）では「現在の独房に収容した七百以外に更に千名に達」すると予想されるため、「目下応急策として新義州、大田《テジョン》、金泉《キムセム》等の刑務所の中に百二十個の独房を建築中である」と報じた。金泉は少年刑務所である。

独房増設とともに看守の増員が実現する。朝鮮には二六の刑務所に、一〇三人の看守長（日本人九二人、朝鮮人一一人）が配置されていた。看守は「女監取締」を含めて、約一七〇〇人（朝鮮人は約七〇〇人）を擁した。先の『毎日申報』が報じたように、八月二一日、「朝鮮総督府監獄官制中改正」により看守長二人が増員された。高等警察や思想検事の拡充と連動するもので、西大門（看守長一一人）と大田（看守長五人）の各刑務所に一人ずつ配置される（定員：西大門一八八人、大田八五人）。ほかに全体で看守二〇人が増員される。増員の説明では「近時過激思想犯人の入監する者増加し、目下収容せるもの約三百名に達し、此等は自ら一切の法規を無視し、事毎《ことごと》に官憲に反抗するのみならず、他囚を煽動し、又は故《ことさ》らに喧騒して以て刑務所内の規律を紊《みだ》り、他の囚徒を悪化するの現状にして、之が拘禁、裁判の出廷、其の他処遇に付ては多大の苦心と警戒とを要するのみならず、之が為に事務劇増を来し」とする。西大門刑務所における「過激思想犯者の収容に伴う特別警戒」の状況について、次のように記している。

> 西大門刑務所には常に多数の危険思想犯人を拘束し居れるが、就中《なかんずく》第一共産党事件被告人百一名の如きは三年に渉りて公判確定せず、引続き第二共産党事件犯人二十九名、第三共産党事件二十九名の入監するあり、取扱非常に繁雑を極め、中にも第一共産党事件公判の際の如きは一時に全部出廷する為、連日外役其の他の作業の一部を停止して戒護吏員を捻出し、尚非番吏員にも臨時勤務を命じて五十名の実員を得、一

面警察官五十名の応援を求めて警戒したるにも拘らず、公判廷混乱して公判を中止したること数次あり、又刑務所に於ても常時法規を否認し、教令に違背し、時々喧騒を極め、機を見て悪宣伝を為さんとする等、其の取扱の困難なる、到底普通犯の比に非ず

二八年五月末の時点で、西大門刑務所は「共産主義者等」一五九人と「民族主義者」一七人を収容していた（「民族主義者」の多くは京城刑務所に収容）。

大田刑務所については「目下新築中の監房は厳正独居房二十房にして、此の独居房には全鮮に於ける思想犯者にして最兇悪不逞のものを収容」する計画としているが、これが実現したかどうか不明である（以上、「公文類聚」第五二編・一九二八年・第六巻）。

治安維持法違反受刑者を中心とする思想犯の収容は一九三三年から三四年にかけて最大となり、その後は減少していくが、監獄官制改正による新たな増減はなかった。四五年八月四日、朝鮮総督府部内臨時職員設置制中改正により看守長二二人が一挙に増員されて、三五人の定員となった。「朝鮮に於ける在監者は大東亜戦争勃発以来漸次増嵩《ぞうすう》の趨勢に在りたる処、戦局の推移に伴い此の傾向は益々《ますます》激化し、最近一年間に於ける増加人数は六千余人、月平均約五百人の多きに達し、既定人員を以てしては在監者の戒護に欠くる処あるを憂慮せらるるに至りたる」（「公文類聚」第六九編・一九四五年・第二九巻）とあるように、思想犯を含む在監者の急増への対処であった。それは敗戦直前の一般治安状況の悪化を反映している。もっとも、まもなく敗戦となる状況でこの増員が実際におこなわれることはなかっただろう。

## 行刑の状況――劣悪な環境

治安維持法違反受刑者の増加に対応して、各刑務所には専用の独房が設置されていくが、一九二八年八月一

八日の『東亜日報』（『朝鮮思想通信』による）の「朝鮮共産党被告獄況」によれば「約半数位は独房におるが、残りの半数、即ち四十余名は三坪三合の狭い監房に十七、八名宛《ずつ》起居しておる為めに苦熱の苦痛甚しく」という状況だった。また、第二次太平洋労働組合事件で控訴中の磯谷季次は一九三四年末に西大門刑務所の新拘置監に入るが、そこでは「まず六、七人の同房者のいるかなり広い部屋に入れられた」（『わが青春の朝鮮』）と回想する。

三五年四月の道警察部長会議で「高等警察上刷新改善を要すと認むる事項如何」という諮問に全羅北道《チョルラプクド》警察部のおこなった答申の一つに、「拘禁場の改善」があった。刑務所が「宛《あたか》も共産大学の如き感」を呈していることに対策を講ずべきという趣旨だが、その現状を次のように観測していた（「道部長会議関係書類」、国家記録院所蔵）。

> 思想犯在監者は房を同じくするか、若《もし》くは同一作業に服する為、常に接触し居り、常に理論闘争及朝共再建工作等を検討し、尚後進に対しては理論並実践の闘争方法を教示するを事とし、又外部との連絡も巧妙迅速に行われ、刑務所内に於て国外より入鮮したる同志の動静は勿論、国内国外の情勢は悉《ことごと》く知悉《ちしつ》し得らるる状況にあり、為に思想犯に対する科刑は却て彼等をして益々尖鋭化せしむるが如き結果となるを以て、刑務所内に於ける取締を厳にし、思想犯在監者は独房に入監せしむるを原則とし、全く接触の機会を与えざる様改善を施し、尚房の構造に付ても暗号通信の余地なき様、設備を施すの要あり

このような現状からみて、おそらく刑務所の収容規模に起因して一九三〇年代半ばにあっても思想犯受刑者を独房にすべて収容することはできなかった。検察段階の被疑者としての勾留や予審段階の被告としての勾留では、なおさら独房収容は困難だったろう。

では、行刑の具体的な状況はどのようであったのだろうか。

第一次・第二次朝鮮共産党事件公判の際に警察や予審での拷問が暴露されたことはすでに述べたが、同時に刑務所内での虐待も明らかにされた。二七年一〇月一〇日の第一一回公判で、姜達永《カンダルヨン》は「鍾路警察では殴られた為め左耳が遠くなり、刑務所で診察を請うたけれども一度も診察らしい診察をして呉れたことはありませぬ。恰《あたか》も牛や豚同様の取扱を受けました。或時看守部長が私の後首を捕え、此奴は嘘突《うそつき》の悪い奴だなどと云い、仕方がないので、私は努めて獄則を守って居りました」と陳述する。

姜達永は鍾路警察署警部補の追加取調に際して同席した看守部長が「御前の様な奴は刑務所の墓に埋まる奴だ」と罵倒したことや、予審判事の訊問の際の供述を訂正しようと苦悩し精神に異常をきたすと、「手首や足首に輪になった金の錠を嵌められ、且《かつ》従前とは別な豚小屋見た様な粗末で不潔な監房に移され」、薬も与えられなかったという虐遇についても陳述した（以上、「高允相《コユンサン》外百名（治安維持法違反等）」、国史編纂委員会所蔵）。

『戦旗』（第三巻第一三号、一九三〇年八月）に詩人金光均《キムガンキュン》は「植民地から」と題して寄稿している。「多くの前衛をともかく「げんき《ママ》」をかけて理由もつけずに獄（何の自由も無い地獄が植民地の監獄である）に下して予審に二、三年、ついで何の理由も無く出獄させる。何の罪も無い前衛らは二、三年の予審に死病を抱いて獄門を出るか、もしくは獄中で死ぬるのだ。山に集って遊んだのが秘密集会であげられた同志、第四次××《高麗》共×《産》青年会の秘書金在明《キムジェミョン》、車今奉《チャクムボン》の獄死、第一次×××《共産党》の権五卨《クオンオソル》の獄死、獄中の病で仮出獄で死んだ開城《ケソン》×××《共産党》の朴《パク》殷陽《ウンヤン》、モスコー共産大学の教授蔡クリコリ、数えれば限りが無い。そうしていまも多くの同志が肺病で獄中に死にかけている」とする。

警察の留置場ほどではないが、刑務所の環境や処遇も劣悪をきわめた。三一年一〇月二一日の『東亜日報』は社説「朝鮮の監獄と待遇の改善」（『朝鮮通信』による）において、次のようにきびしく指摘している。

特に国境方面に於ける新義州刑務所の如きは、其の囚人待遇が特に酷《ひど》いことは出獄者の一致した叫びであ

る。或は医療の不完全を称え、或は獄内刑罰の苛酷を訴え、或は減食制度の無理なることを責むる等、枚挙し難いほどである

警察署の留置場の如きは主として犯罪容疑者を留置する所であって、犯罪の事実確かならずして放免せらるる者が多数である。検束なれば三日、留置取調べには十日の長期を警察官の自由裁量を以て人民の自由を拘束することの出来る朝鮮の警察署の留置場なるものは、実際汚穢《おわい》の標本と印象さるるのである。夏なれば悪臭と悪虫の本営であり、冬は寒冷地なるにも防寒の設備なく、防寒具にしても唯其形式のみであって留置人の肉体的精神的の痛苦は実に言語に絶えておる。刑務所内にては殴打、侮辱等看守等の私刑の如きは表面上禁止されておるが、実際に於いては其のまま行われており、医療、衛生設備の不足不備、獄医の不親切、何等意義なき差入制限、通信制限等等は刑務当局と雖《いえど》も改善の必要を感じておる所であろう。防寒装置の全無（一二ヶ所の極寒地を除き）は囚人の凍傷を課刑の一種として見るよりも外なき有様である

これらは「刑務当局者の頭に根ざしておる封建的思想の旧慣に起因すること多い」として、その根本的な革新を求めた。

一九七〇年八月一五日、『朝鮮日報』は元看守の権寧峻《クォンヨンジュン》のインタビューをもとに「八月一五日、その日の「獄中解放」」と題する金文純《キムムンスン》記者の記事を掲載する。

学兵謀反事件の首謀者たちが収監された平壌刑務所は、全監獄に広がった疥癬《かいせん》の生き地獄でした。蒸し暑さの中で、疥癬で一日に七～八人が死んでいきました……学兵五〇名以上も収監されてから三ヶ月と経たずに疥癬が広がり、満身創痍になり、疥癬によって生じた膿を絞り出すのが一日の日課になった。また、一日六合ずつだった麦飯の塊が四合に減り、すべての収監者たちは飢えで弱り、このために広がった浮黄

病で一日に全国で四〇～五〇人ずつ死んでいった

実際に接した獄中の安昌浩《アンチャンホ》・呂運亨《ヨウニョン》らについても権寧峻は語る。「民族という血のつながりはどうしようもありませんでした。韓国人看守たちは収監中の政治犯たちにこっそりと麦飯のお握りも差し入れてやり、米軍の硫黄島上陸、広島の新型爆弾投下など、戦況をこっそりと伝えてやったこともあり、面会時間もできるだけ引き延ばし、いつも日本人幹部たちに酷く叱られていました」という。

治安維持法違反事件の公判で死刑が確定すると、速やかにその執行がおこなわれたようである。間島《カンド》五・三〇事件では三六年六月一八日に高等法院が上告を棄却し、周現甲《チュヒョンカプ》ら死刑判決を受けた一八人の再審請求も七月八日に棄却すると、二二日、西大門刑務所で死刑囚一八人の刑が執行された。

間島共產黨死刑囚 十八名全部刑執行

六월十八일 고등법원(高等法院)에서 사형의최후판결을바든 중국공산당 간도총국(中國共産黨間島總局) 사건은그후사형수十八명중에서十六명의수가재심(再審)청구까지하야다가 맛츰내 증거서류의불비로 재심청구각각의선언을바든 주현갑(周現甲)등 사형수 十八명은二十二일 부내서대문(西大門)형무소에서 모다사형의집행을당하엿다고한다

▲周現甲(三三)▲高河鯨(二七)▲金光默▲金鳳▲劉泰順▲盧昌浩(二七)▲朴東彌▲李東鮮▲閔昌植▲朴金哲▲李▲金應洙▲曺東律▲朴鶴樊▲金龍震▲金東弼▲池蓮浩

『毎日申報』1936年7月24日　間島共産党死刑囚

## 行刑の状況――反抗・抵抗・教化

一九三〇年代前半までは、刑務所内で反抗や抵抗がはげしくおこなわれた。

第一次・第二次朝鮮共産党事件の朴憲永《パクホンヨン》は西大門刑務所において「獄中に拷問致死せしめられた朴純秉《パクスンヒョン》君の死を聞いて悲憤其の極に達し」、「飲食を断ち、頑強に出廷の命令を峻拒して居る」と『無産者新聞』第一〇六号（一九二七年一〇月一七日）は伝える。朴憲永自身も、拷問と拘禁のために精神に異常をきたし、公判に出廷できなくなっていた。

光州《カンジュ》刑務所には光州学生事件の未決の被告が多数収容されていた。三〇年三月二四日の『大阪朝日新聞付録　朝鮮朝日』は「全州光州刑務所収監中の学生等は去る十七、八両日に亘り××《革命》歌を高唱して看守に制止されたが、同日は彼等の或る紀念日に相当する為めなりし由」と報じた。こうした騒擾に加わった学生の一人、尹益夏《ユンイクハ》の勾留関係の記録が残っている（「在所者資料」、国家記録院所蔵）。

尹は三〇年二月一二日に拘置監に入り、複数回の懲罰を受けている。六月二三日夜、共犯被告が「看守の為めに剣で殴られた、刺された、鼻が裂けた等の叫び声を耳にした」ため、尹を含む学生被告らは二時間以上、「其の居房に於て高声を発し、羽目板を踏み鳴らし、壁を叩く等騒擾」を起こした。この行為により尹は文書図書閲読禁止一月、運動停止五日の懲罰を科せられた。

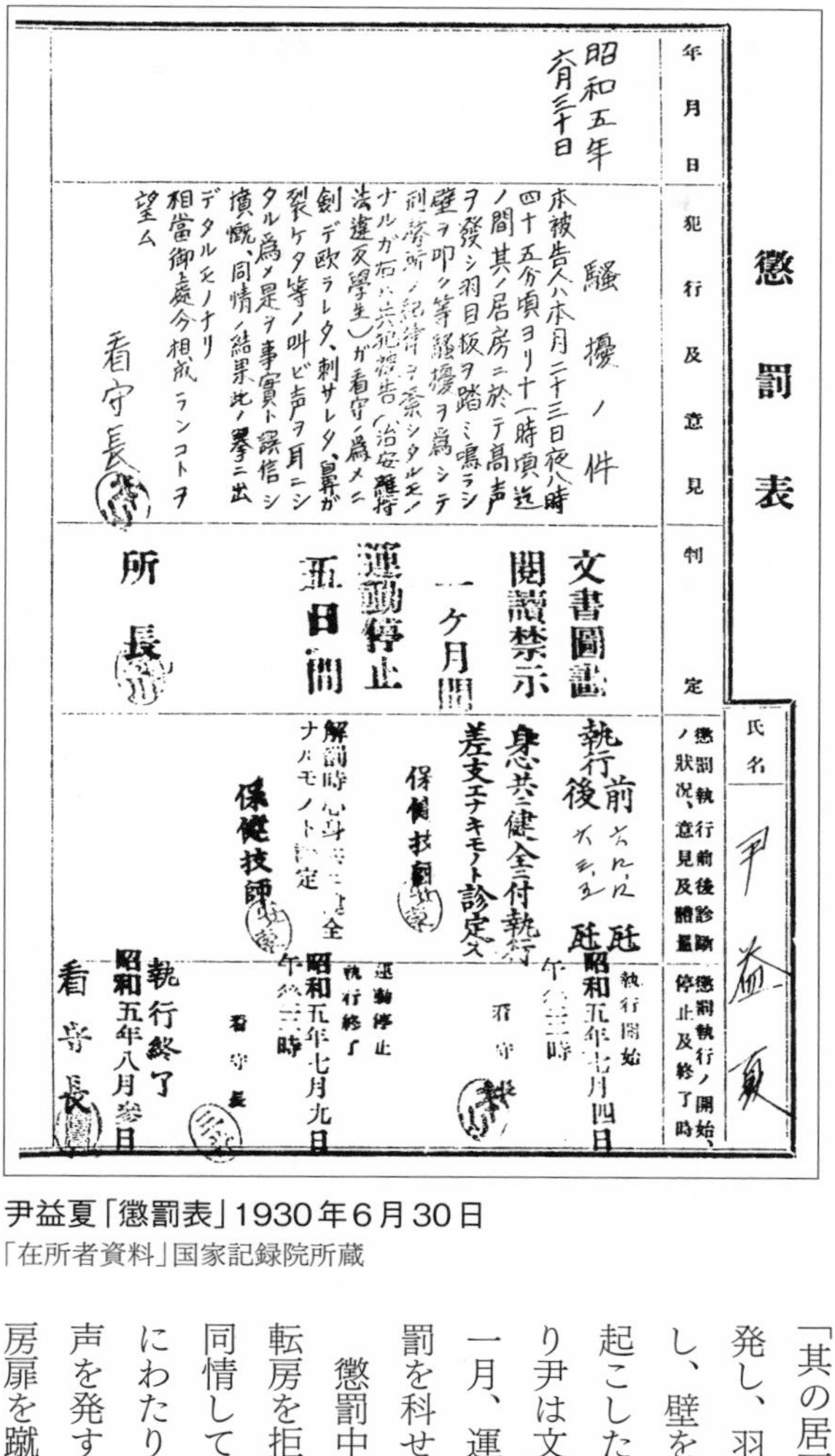
懲罰表

年月日　昭和五年六月三十日

犯行及意見　騒擾ノ件
本被告人ハ本月二十三日夜八時四十五分頃ヨリ十一時頃迄ノ間其ノ居房ニ於テ高声ヲ発シ羽目板ヲ踏ミ鳴ラシ壁ヲ叩ク等騒擾ヲ為シテ刑務所ノ紀律ヲ紊シタルモノナルガ右ハ共犯被告（治安維持法違反学生）ガ看守ノ為メニ剣デ殴ラレタ、刺サレタ、鼻ガ裂ケタ等ノ叫ビ声ヲ耳ニシタル為メ是ヲ事実ト誤信シ憤慨、同情ノ結果此ノ挙ニ出デタルモノナリ相当御処分相成ランコトヲ望ム
看守長

制定　文書図書閲読禁示　一ケ月間　運動停止　五日間
所長

氏名　尹益夏

懲罰執行前後診断
執行前　身心共ニ健全ニ付執行差支ナキモノト診定ス　保健技師
後　解罰時心身共ニ健全ナルモノト診定　保健技師

懲罰執行ノ開始、停止及終了時
執行開始　昭和五年七月四日　午後三時　看守
運動停止執行終了　昭和五年七月九日　午後三時　看守長
執行終了　昭和五年八月参日　看守長

尹益夏「懲罰表」1930年6月30日
「在所者資料」国家記録院所蔵

懲罰中の八月一日には、転房を拒絶された被告に同情して、一時間半以上にわたり「居房に於て高声を発するのみならず、房扉を蹴り、壁を叩き、

喧騒して止ま」なかったために、「継続の虞ある」として手錠をかけられた。さらに九月二三日には裏窓より「通声」したと現認されて「厳戒」されている。なお、尹は一〇月二七日、光州地方法院で治安維持法・保安法違反で懲役一年を科せられたことを不服として控訴したが、三一年六月一三日の大邱覆審法院判決でも同じだった。刑期の未決通算が勾留期間と同じだったため、六月一七日に出獄した。

光州刑務所では、三〇年六月二三日にも光州学生事件未決の学生と看守が衝突する事態がおこっている。六月二五日の『朝鮮新聞』は「光州刑務所で大混雑　学生受刑者が何等か騒ぎ　群衆も深更に鎮撫さる」と伝えた。さらに、八月一二日の『中外日報』は光州刑務所未決監で「略《ほ》ぼ一年間呻吟する学生と青年被告等から予審遅延や其の他種々の事情で前後計六、七回の監房大騒動があった」が、刑務所当局は「他の既決囚にも不可のみならず、外に居る人等に喊声の如きを濫《みだ》りに叫んで聞かせるのは公安を妨害するのみならず、一般学父《ママ》兄等をして焦燥と不安中にあらしむるものだとて、ゴムマスク百数十枚を購入して前日騒いだ者等に一斉に箝《は》めた」と報じ、差押え処分となった（『朝鮮出版警察月報』第二四号、国家記録院所蔵）。

三四年一〇月、光州刑務所に治安維持法違反で拘留中の李鐘律《リジョンリュル》も隣房に「通声」していることを現認されて、運動停止五日間の懲罰を科せられている（「在所者資料」）。その後、李は大邱覆審法院判決で懲役二年六月が確定する。

前述の磯谷季次は西大門刑務所の新拘置監で出会った間島共産党事件の被告朴翼燮《パクイクピョン》が「同房者のうちただ一人腰に鉄鎖を巻きつけられ、その上手錠をかけられ、両手首が動かないように前で鉄鎖に固定されていた」と証言している（『わが青春の朝鮮』）。

もちろん反抗や抵抗は刑務当局によって力づくで抑え込まれた。面会や通信制限などから厳正独居まで懲罰的な措置がとられるほか、看守による暴力の行使もなされた。一方で、在監中の思想・言動の推移が詳細に観察され、思想教化が図られた。

朝鮮学生科学研究会事件の李鉉相《リヒョンサン》らに対する予審中、一九三〇年一月二二日、西大門刑務所長は京城地方法院の五井節蔵予審判事に「被告人行状等に関する件」を回答している。勾留中の被告に対する思想・言動についての五井の照会に対して「未決囚の取扱に関しては単に拘禁の確保に止り、個性の鑑別等に亘りては全然留意の余地無き現状なる」ゆえに「表面的の視察に止まる」としつつ、「在所中行状報告」を作成し送付している。

李鉉相の場合、次のような「報告書」である。
一、官吏に対する言行　横着にして稍《やや》もすれば言尻《ことばじり》に因縁付けんとする風あり
二、賞罰　雑談に依り訓戒を受ける事三回
三、入所後、同房したる者の氏名　殷成天《ウンソンチョン》、金準祥《キムスンサン》、盧百容《ロペクヨン》
四、看読書籍　一、英語文典　一、英文和訳自由（略）
ほかに「官吏に対する言行」では姜炳度《カンビョンド》は「態度頗《すこぶ》る横柄なり」、金善行《キムソンヘン》は「極めて柔順にして、反抗等の態度露《つゆ》程もなく、謹慎為し居れり」とされている（以上、『日帝下治安維持法違反公判記録』第七巻）。

三二年一〇月二五日の『東亜日報』は社説「思想犯罪の対策　厳懲より原因の是正」において、「最近警務当局の調査に依れば昨一年間における思想犯の服役出獄者が九百七十四人で、其中から再び思想運動に関連せる者が五百七十二人に達し、余りの三百七十五人もその去就は未だ判らない」として、思想犯罪「再犯の可能性」が六割にのぼる意味を次のように論じている（『朝鮮通信』による）。

第一に「犯行が懲治」されて居ないと同時に「思想が転換」されていないこと、而して今一つは、斯《かか》る犯行が世上にて多く云為《うんい》さるる単純な付和雷同や、ただ一時的の気分からのものではないことである。思想の是非、犯行の可否等は固より吾人の論外とする所であるが、一時的現象でない斯る犯罪が「膺懲《ようちょう》」も「転

換」もされて居らぬとすれば、行刑の意義と実効とを何処に求むるであろうか

犯罪の「膺懲」も思想の「転換」も達成半ばの現状の「行刑の意義と実効」に疑問を呈したうえで、「厳罰主義」から「感化主義」への転換を求め、「思想の非よりもその非の原因たる社会生活の歪正《わいせい》と欠陥とを是正することが如何に根本的であろうか」と立言する。

しかし、この思想犯罪「再犯の可能性」の高さに対して司法・行刑当局がとった施策は、「厳罰主義」を補完する「転向」への誘導と促進だった。

## 「転向」の誘導と促進

一九三〇年代半ばからの「行刑」の目標の一つは「転向」への誘導と促進におかれた。すでに検察の起訴猶予や予審終結決定における免訴、判決における執行猶予などにおいて「転向」の有無と程度が判断要素となっていたが、有罪が確定し、受刑の段階になると行刑当局でもこの問題に直面することになった。

前著『朝鮮の治安維持法』でも触れたように、吉田肇「朝鮮に於ける思想犯の科刑並累犯状況」(『思想研究資料特輯』第六一号、一九三九年五月)では日本国内の「転向」の雪崩現象に連動して、朝鮮でも「昭和八年頃より思想転向時代に入り、転向者漸増の傾向にあり」ながらも、全般的に民族意識の解消が困難なため、「転向」が日本国内に比して重視されていないと指摘されていた。

行刑当局の最初の「転向」調査が「全鮮思想犯転向調」(『思想月報』第三巻第九号、一九三三年一二月)である。三三年一一月一日現在、「転向」の割合は被告人(予審・公判段階)では二六・二%にとどまるが、受刑者では五〇・七%とかなり高い。その内訳は「行動的方向転換」(「主義思想は抛棄せざるも、将来実践運動に従事せざることを誓いたるもの」)が被告人三〇・〇%、受刑者三〇・四%、「理論的方向転換」(「主義思想を誤謬なりとして抛棄

**表9　治安維持法違反受刑者「転向」状態別累年比較**

| | 転向者（い・ろ・は） | | 準転向者（に・ほ） | | 非転向者（へ） | | 未調査 | | 合計 | |
|---|---|---|---|---|---|---|---|---|---|---|
| | 新受刑者 | 年末受刑者 | 新 | 年末 | 新 | 年末 | 新 | 年末 | 新 | 年末 |
| 1934年 | 61 | 178 | 137 | 226 | 85 | 137 | 236 | 287 | 519 | 828 |
| 1935年 | 25 | 182 | 38 | 196 | 40 | 152 | 128 | 170 | 231 | 701 |
| 1936年 | 49 | 190 | 57 | 152 | 63 | 177 | 96 | 94 | 265 | 613 |
| 1937年 | 87 | 196 | 30 | 113 | 32 | 118 | 98 | 96 | 247 | 523 |
| 1938年 | 63 | 219 | 12 | 44 | 13 | 108 | 48 | 48 | 136 | 419 |

凡例：転向状態に於ける略符号下記の如し
（い）革命思想を拋棄し、一切の社会運動より離脱せんことを誓いたる者
（ろ）革命思想を拋棄し、将来合法的社会運動に進出せんとする者
（は）革命思想を拋棄したるも、合法的社会運動に対する態度未定の者
（に）懐抱する革命思想に動揺を来し、将来之を拋棄する見込ある者
（ほ）革命思想は拋棄せざるも、一切の社会運動より離脱せんことを誓いたる者
（へ）非転向者
『思想彙報』第20号（1939年9月）

したるもの」）が六五・六％、六二・〇％、「宗教的方向転換」（「主義思想を拋棄し、信仰に入りたるもの」）が四・五％、一二・四％となっている。また「動機」別では被告人は「家庭愛」「拘禁中の内省」「教誨」の順で、受刑者は「教誨」「家庭愛」「拘禁中の内省」の順となっている。

三五年前後の受刑者の「転向」状況を**表9**に示した。おおよその傾向として年を追うごとに割合が増えている。新受刑者よりも年末受刑者の「転向」比率がやや高いのは、「行刑」中の「転向」誘導や促進の成果だろう。日本国内の「転向」状況――三五年一月末で「転向者」四七・六％、「準転向者」三一・五％、「非転向」二〇・九％――と比べると、三四年末年の朝鮮では「転向者」三三・〇％、「準転向者」三六・二％、「非転向者」二八・一％（未調査を除く）となっており、「転向」の比率は低いものの、しだいに上昇している。なお、「凡例」にある「転向状態」の基準は日本国内のものを準用している。

新聞では当局から情報が提供されてだろう、「転

向」報道が目立ってくる。三三年三月一二日の『釜山日報《プサンイルボ》』は「学生事件の主謀者　思想転向を表明す　獄中生活の静思から　朝鮮では之が初めて」という見出しで、三一年夏のアジビラ事件で懲役二年六月を科されて木浦刑務所に服役中の林晟春《リムソンチュン》が「獄中生活の静思からマルキシズムもレーニンイズムも欺瞞であり、之に依ってプロレタリヤは救わるべきではないと思想転向を明かにし、其心境を当局に表明した」と報じる（『日帝下朝鮮関係新聞資料集成』第三巻）。

三四年三月一八日の『大阪毎日新聞』朝鮮版には「〝帝国の繁栄なくて　朝鮮は現存せぬ〟　獄中の農民赤化事件巨頭が　時局に発奮して献金」という見出しで、「咸南《ハムナム》一帯に赤色農民組合の細胞陣を張ったリーダーだった」蔡洙轍《チェスチョル》が「昭和七年四月捕えられ、それから二ヶ年冷たい西大門の鉄窓に繫がれていたが、満洲事変後、世の思想変化を知るや罪の恐ろしさを悔い、左の感想文を綴って献金したもので、朝鮮人の思想犯転向としては一般から非常に注目されている」という記事がある。また、六月三日の同紙には「未決生活中に　日本人を意識　専売局事件公判で　思想転向を表明」という記事もある。平壌覆審法院の公判で米川秋穂が「自分の思想に誤謬があり、争議の際採った方法に対しては間違っていたと思います、未決生活をしている内に自分は日本人だということをはっきり知り、すっかり転向し、目下手記を認めています」と陳述したという（以上、『日帝下朝鮮関係新聞資料集成』第四巻）。

長崎祐三検事は日中戦争全面化以降、「転向者は続出するに至った」とする。三七年七月から三八年二月までの「転向者」八一八人（五二％）、「準転向者」五八五人（三七％）、「非転向者」一七五人（一一％）という数字をあげたうえで、「其転向者たるや単に思想の転向をなしたるに止まらず、進んで国家社会の為何等かの奉仕的貢献をなさんとする熱意に燃え立つ者を生じ、或は国防献金に、或は将兵の歓送迎に、或は応召者の慰問に愛国的赤誠を示し」と称賛している（前掲「思想犯防遏（一）」）。

三七年一二月、法務局は『銃後赤心録』を刊行し、関係者に配布した。行刑課長となっていた森浦藤郎はその意図を「一は以て挙国的なる銃後の結束を参加せんとする在所者たちの微衷を伝え、他は以てわれわれの熾烈なる行刑報国の意識を弥《いや》が上にも強調して、行刑の社会化、即ち教化行刑の原則を天下に公示せんとするもの」(「年頭所感」『治刑』第一六巻第一号、一九三八年一月)と説明する。一般の受刑者とともに、思想犯受刑者も含まれた。そのなかには「西大門刑務所在所思想犯中転向者〇〇〇《ママ》外三十四名」が、一〇月二三日に各自署名の名簿を添えて朝鮮総督宛に提出した「国家に対して尽忠報国を誓盟す」がある。

斯る歴史的重大時機に際し、吾々思想的犯罪者一同は、益々過去に於ける非国民的態度を羞じ、有為なる青春を異端と囹圄《れいご》に虚しく送りたるを悔いて已《や》まず。幸にして皇道に基く抱擁と国家の文明的寛容とは吾々をして今日あるを得せしめたり。聖恩の広大無涯感泣に禁《きんじ》えず、且帝国臣民としての良心は遂に吾々をして嚮《むか》うべき方向に推進せしめたり。茲《ここ》に反日本的思想は敗北し、吾々は忠良なる帝国臣民として還元するを得たり。吾々思想犯一同の転向の根柢には、理論的実践的諸条件伏在するは勿論なれど、概括的には帝国の興隆と亜細亜の復興に帰するものと断言し得

さらに「吾々は境遇部署の如何を問わず、協心一体以て皇国の偉大なる歴史的創造に参加すべく、囹圄に於ては益々修道試練に専心し、社会に更生しては国民的自覚の下に、鴻毛《こうもう》の一命を帝国の発展と亜細亜の復興並に亜細亜的文明の再建運動に献ずべく待機す」という決意も述べる。この「転向者〇〇〇〇」は、後述するように三八年七月の時局対応全鮮思想報国連盟結成大会に「西大門刑務所転向者一同代表」としてメッセージを送った金斗禎《キムドジョン》の可能性が高い。

また、『銃後赤心録』では「苦悶に甦《よみがえ》る思想犯人」として咸興刑務所の未決受刑者の例をあげている。「深い自責の念に苦しみながら、猶主義を捨て去ることが出来なかった」ところに「第一線皇軍将兵の忠勇なる働き、

銃後の活動、特に内鮮一如の活躍、ニュース毎《ごと》に胸騒ぎを感じ」、転向を決意する。「朝鮮の日本化こそ朝鮮の健全なる発達を意味すると力説し、同時に転向記念に国防献金したいと申出た」という。

「過激思想を清算しても、民族的意識は容易に清算する事が出来ないと云う事は、半島転向者の大きな悩みであったが、勃発した事変は尠からずこの問題に悩んでいた彼等に、解決の光を与えている」と付言して、懲役四年の咸興刑務所の受刑者の「転向」状況をあげる。受刑者の感想文には「マルキシズムの清算に止る「転向」から国民的自覚へまで高潮せられること、それは謂わば「平面的転向」より「立体的転向」への転向とも云うべきもの」「半島出身の転向者も仮令《たとえ》法の規定が無くとも「反ソ」「反共」の戦列へ加担せしめられねばならぬ」とあった。

このように日中戦争全面化は「転向」を誘導し、促進させたと刑務当局は強調するが、実際にはそれほどでもなかった。後述する朝鮮における予防拘禁制度の先行の必要性を説明する際、一九四〇年末、治安維持法違反受刑者六四一人のうち「非転向者」が四六七人にのぼっていた。そこでは「内地思想犯人に比し思想転向極めて困難にして、就中悪質なる非転向前科者中には思想犯保護観察制度のみを以ては思想善導の効果を期すること殆ど不可能の者あり、現に彼等頑強不退の非転向者中、事変下に於ても仍《なお》活発なる地下運動を継続し、銃後治安の攪乱を企図する者、其の迹《あと》を絶たざる情勢なるのみならず、目下在監中の思想犯受刑者の思想状況、亦行刑当局必死の努力にも拘らず極めて憂慮すべきものを存す」と「朝鮮の特殊事情」を強調している（朝鮮総督府法務局「予防拘禁関係調査書類」、『日帝下支配政策資料集』第一七巻所収）。

予防拘禁制度の導入のために「銃後治安の攪乱」の恐れを強調して「非転向者」の多さに言及しているきらいがあるとはいえ、吉田肇報告書にあったように朝鮮における「転向」への誘導と促進は日本国内ほど順調には進まなかったことがうかがえる。

## 戦時下の「転向」表明

一九三八年五月二日の京畿道《キョンギド》警察部長から警務局長・京城地方法院検事正ら宛の「思想犯満期出所後の感想に関する件」をみよう。朝鮮共産青年同盟再建事件で懲役三年（未決通算八〇〇日）を科され、西大門刑務所で服役していた慎寿福《シンスボク》は、四月一一日、満期で出所した。高等警察が現在の心境などを本人に聞き取り、「相当長期間の拘禁生活中変らざる母の慈愛と刑務所当局の温情ある処遇等に依り過去を反省するに至り、殊に今次事変に対する澎湃《ほうはい》たる内鮮一体的銃後運動は更に深く本名の思想を是正せしめたるものの如く、最近思想転向を表明せる」と報告する。保護観察の手続きも進められているはずだが、それとは別に「転向を確保すべく善導中」とあるように、高等警察の視察が「転向」者にもおよんでいることがわかる。この「転向」表明が慎寿福の真意であったかは不明である（以上、「思想に関する情報9」、国史編纂委員会所蔵）。

四一年一一月一二日の治安維持法違反事件の判決を前に、一〇月三〇日、拘置中の「思想犯人の動静等に関する件」が西大門刑務所長から京城地方法院裁判長藤間忠顕に通報された。京畿公立中学校四年生で反日言動を問われた姜祥奎《カンサンギュ》（大山隆実）についての動静報告である。京城地方法院は四一年二月一八日付で治安維持法違反事件公判に関する「思想犯人の動静等に関する件」を照会する仕組みを開始していた。提示された書式にそって、刑務当局が記入していく。

姜祥奎の西大門刑務所での拘置は五月一五日（検事の公判請求〔起訴〕は七月一二日）だった。まず「刑務所内に於ける言動並行状」として、「官吏に対する態度　良」「処遇に対する態度　従順」「紀律に対する態度　遵守」などが記される。「思想転向の有無」では「転向者と認む」としたうえで、「時期は昭和十六年七月十五日。動機は家庭愛並拘禁中の苦痛に依る反省」とする。「其の他、参考となるべき事項」では「入所後過去の非を悟り、謹慎自重、益々国民的教養に努めつつある」とも記す。

ここまでは刑務当局の記載で、次に項目にそって姜祥奎自身の記述がなされる。「暴力革命に依る国体変革、私有財産制度破壊に付ての信念の有無及之が実現性に付感想」には、「私は単に英雄憧憬的な気持から動機を持ち、そのため暗くなって遠局を眺めることが出来ず、民族主義的意識を抱くようになりましたのであって、暴力革命に依る国体変革と云うことは私として考えたこともありません。私有財産制度に付きましては私有財産と云う字義すら弁《わきま》えていません」とする。「現在の時局に付ての感想」については「欧州戦争に於きましては平素英米側等の東洋に於ける跋扈《ばっこ》を私は嫌いましたので、独伊側所謂《いわゆる》枢軸側の勝利及び正義の念に満腔の喜びを感じます」と記している。刑務所内で閲覧した書籍として、永松浅造『軍神西住戦車長』や火野葦平『土と兵隊』などをあげる。最後の「公判に於ては如何なる事項を陳述せんとするや、尚又裁判長に対しては特に如何なる点を取調べて貰いたいのですか」という項目については、次のように記している。

公判に於きましてはこれまで警察や検事局に於て取調べられた点に所々行き過ぎた感はありますけれども、私はその通りで宜しいのですから、公判に於てもその通り陳述したいと思います。

何故ならば私はどうせこれまで斯くの如き誤った考えを抱いて来ましたから、如何なる御処分を受けても余りある身であります。又真に自分の過去の罪悪に目覚めた者は、どんな処分をも喜んで受けますのが当然の態度であると思うからであります。

裁判長に対しては、「私が今になって急に転向しますと申しましてもお信じにならないのが当然であります。それで裁判長殿に特に取調べて戴《いただ》く点はありません」とする。

この通報には、さらに「従来抱持して居た思想と現今の心境を成るべく簡単に書きなさい」という注文が付された「手記」も添付されている。そこでは「日本と朝鮮が真に一家族の如くなり、それが固い基礎となって東洋諸国が一致団結し、相提携してのみ東洋人たる東洋たるを得、且つ朝鮮の真の意味の幸福もそこにあるという結論を得たのであります」という文章もあった。最後は「私の過去の行為につきまして悪かったと悟った以上、私は断乎として過去の誤を清算し、皇国臣民なる目標に向って邁進し、誓って立派な皇国臣民になって見せる決心です」と結んでいる。

こうして刑務当局にも認められた姜祥奎の「転向」表明は、一〇月二四日の京城地方法院の第一回公判で検事から懲役三年の求刑を受けたあと、「将来は心を入れ替え忠良なる国民として奉公する考えで居りますから、今回に限り寛大なるご処分を願います」と陳述したことを再確認するものとなった。この動静報告などは一一月一二日の第二回公判前に届けられた。「転向」の再確認が功を奏したのか、懲役二年の判決となる（以上、『韓民族独立運動史資料集』六七、「戦時期　反日言動事件Ⅱ」）。

## 仮出獄――「改悛の状顕著」

受刑者には満期を待たず、仮出獄となる可能性があった。それは思想犯受刑者にとって「転向」の評価と不可分な関係にあった。刑務当局側からは国家や天皇の恩典を強調する機会となった。どのように仮出獄はなされたのだろうか。ここからは国家記録院所蔵の「仮出獄」にもとづく。なお、日本国内ではこうした仮出獄に関する史料は見いだせず、不明な点が多いため、朝鮮の状況をやや詳しくみていくことにする。

一九三二年四月八日、光州地方法院木浦《モッポ》支庁で懲役三年（未決通算六〇日）の刑を科された金三弘《キムサムホン》は、木浦刑務所に収監されていた（皇太子誕生による恩赦で二年六月に減刑）。二年二月が経過した三四年六月一五日、木浦刑務所長は朝鮮総督宛に「仮出獄の件具申」をおこなった。「左記の者、獄則を謹守し改悛の状あり、将来再過なきものと思料候条、仮出獄許可相成候様致度」というもので、大邱覆審法院検事長を経由して最終的に総

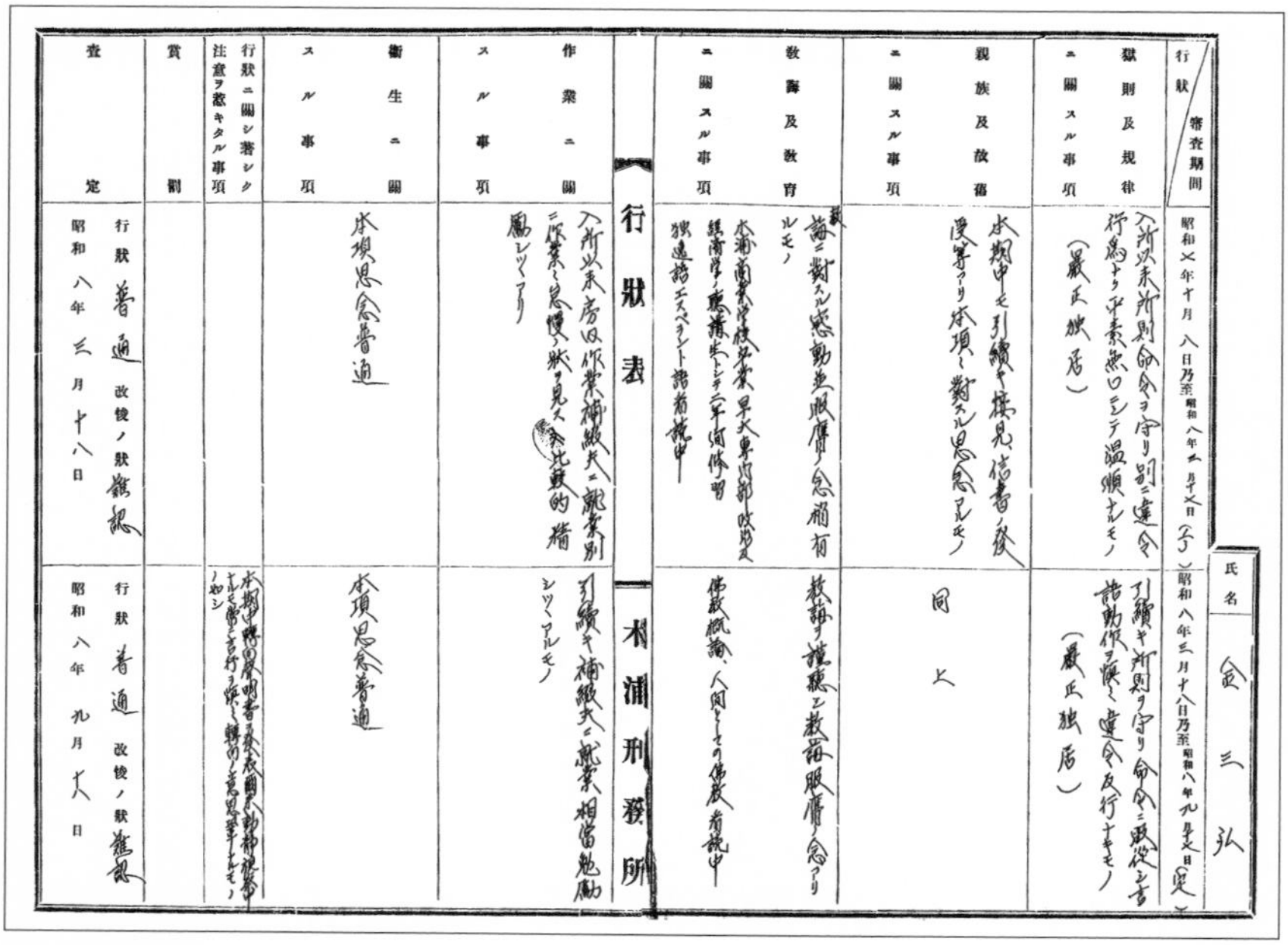

行状表　木浦刑務所

氏名　金三弘

| 行狀／審査期間 | 昭和七年十月八日乃至昭和八年三月十八日 | 昭和八年三月十八日乃至昭和八年九月十八日 |
|---|---|---|
| 獄則及規律ニ關スル事項 | （嚴正獨居） | （嚴正獨居） |
| 親族及故舊ニ關スル事項 | | 同上 |
| 教誨及教育ニ關スル事項 | | |
| 作業ニ關スル事項 | | |
| 衛生ニ關スル事項 | 本項思念普通 | 本項思念普通 |
| 行狀ニ關シ著シク注意ヲ惹キタル事項 | | |
| 賞罰 | | |
| 査定 | 行狀普通　改悛ノ狀難認　昭和八年三月十八日 | 行狀普通　改悛ノ狀難認　昭和八年九月十八日 |

**金三弘「行状表」**

「仮出獄」、国家記録院所蔵

督府法務局長が承認した。関係書類として判決文のほか「身上票」「行状表」、手記などが付された。

「行状表」が重要である。刑期の三分の一が経過した段階から、原則は六カ月ごとに行状の「審査」がおこなわれた。「獄則及規律に関する事項」「作業に関する事項」「教誨及教育に関する事項」などで、最後に「査定」の項目がある。金三弘に対する「査定」をみると、三三年三月と九月はともに「行状普通、改悛の状難認」だったが、三四年三月には「行状良、改悛の状有り」となった。

木浦刑務所による「思想転向を声明する迄」が付されている。「昭和八年一月頃より既に思想に動揺を来し」ていたが、七月に「声明書を自発的に認むるに至りたる」とする。この声明書は長文の「私のマルクス主義よりの方向転換に対する

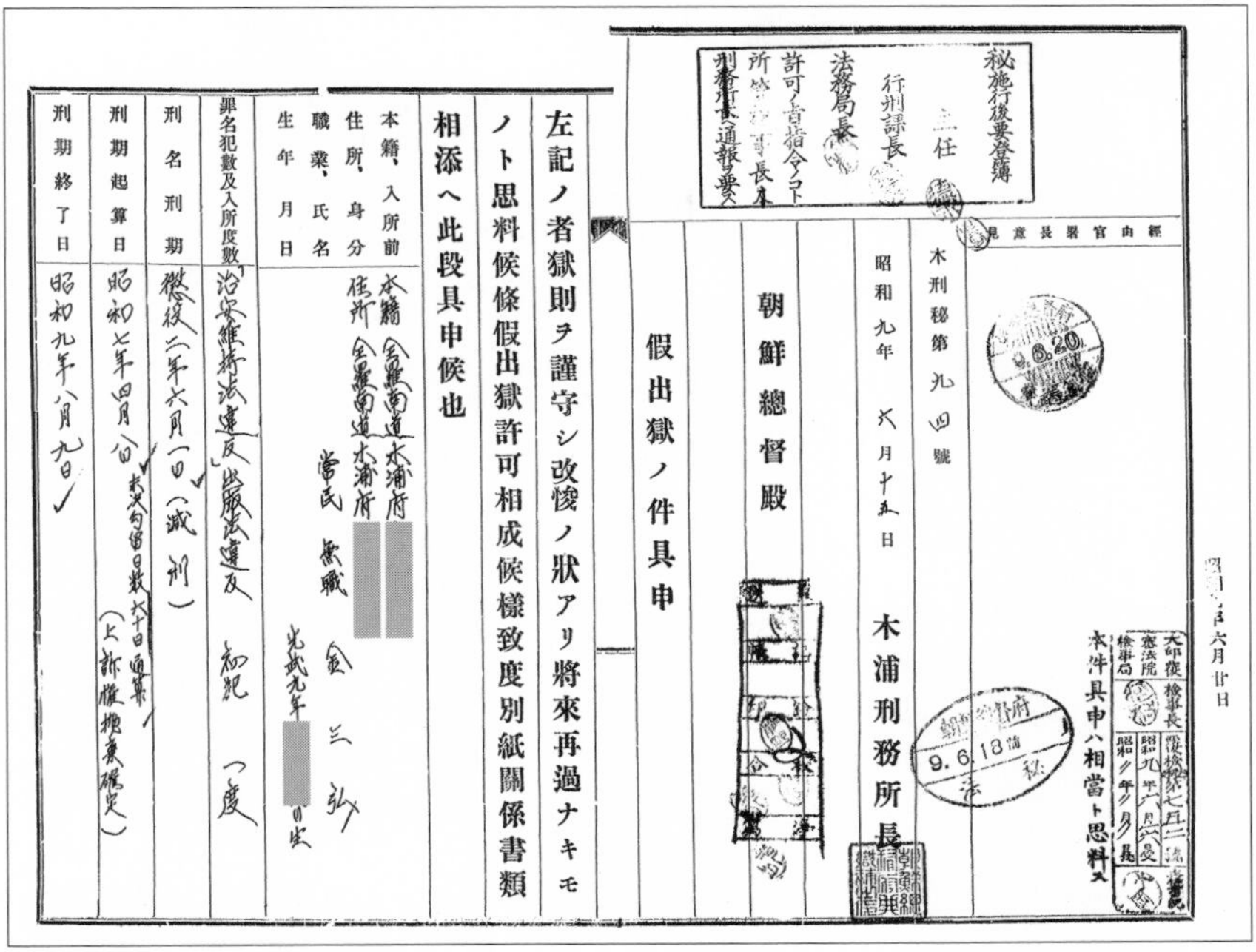
假出獄ノ件具申

左記ノ者獄則ヲ謹守シ改悛ノ狀アリ將來再過ナキモノト思料候條假出獄許可相成候樣致度別紙關係書類相添ヘ此段具申候也

金三弘「仮出獄の件具申」
「仮出獄」、国家記録院所蔵

声明」で、ほかに「痴人の忘年感」と「恩赦減刑に対する感激の一端」を記した文章が添付されている。

こうして金三弘の場合、六月一五日の「具申」に対する許可が二〇日に下り、その許可書が木浦刑務所に到着した二一日に釈放となった。残刑期間は二月であった。「転向」が表明されてからもほぼ一年近く経過しており、刑務当局の「具申」は残刑期間がかなり短くなってからなされている。それでも満期出獄よりわずかに短縮することで仮出獄という「恩典」を施したかたちをとり、「転向」を促進したといえる。

三〇年六月一二日の京城覆審法院判決で懲役三年が確定した呂運亨は、大田刑務所で服役していた。恩赦減刑により残刑が六カ月になった三二年五月四日、仮出獄が「具申」され、七月二六日に釈放

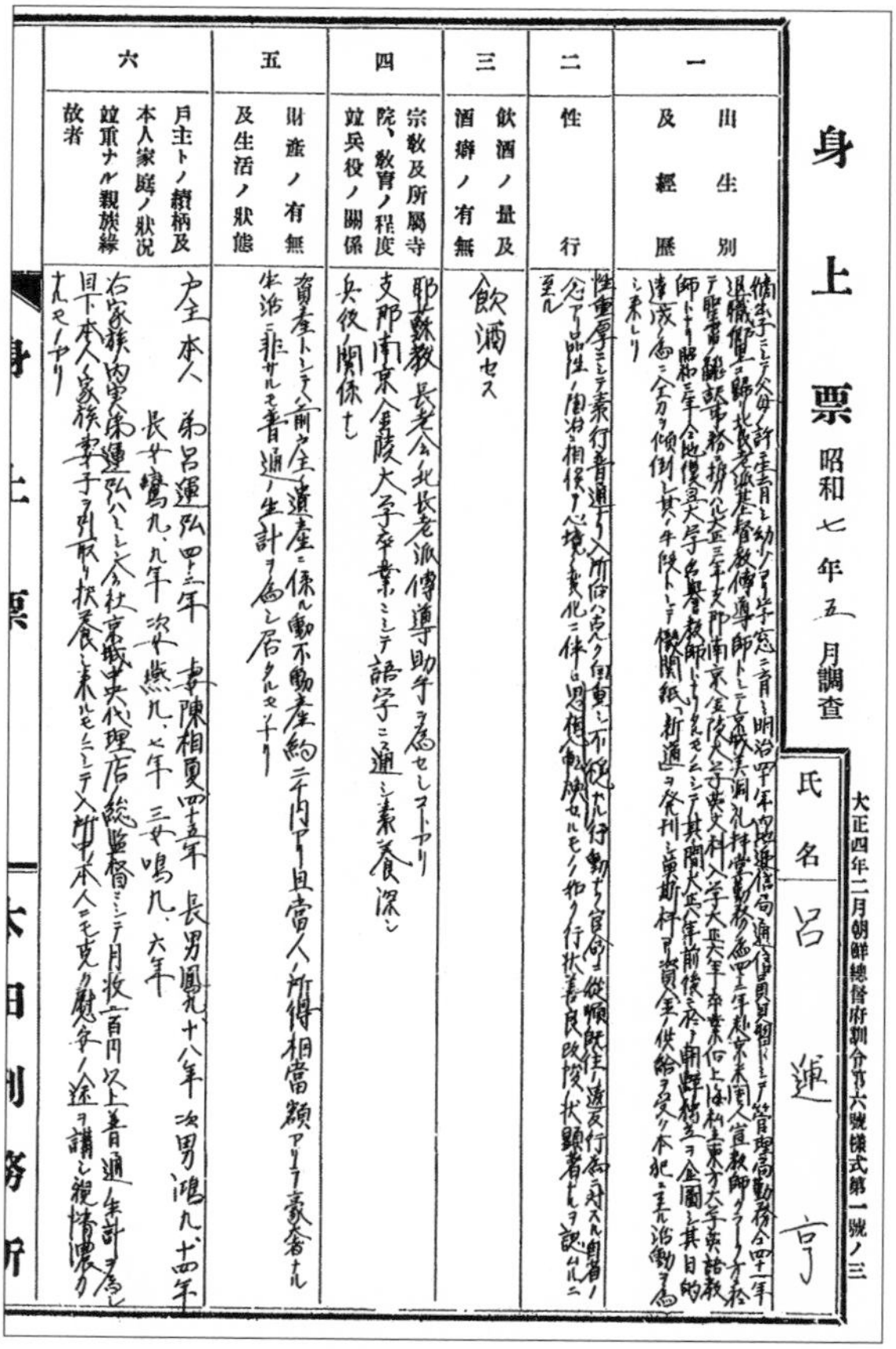

身上票　昭和七年五月調査

大正四年二月朝鮮總督府訓令第六號様式第一號ノ三

氏名　呂運亨

| | | |
|---|---|---|
| 一 | 出生別及經歷 | |
| 二 | 性行 | 性重厚ニシテ素行普通ナリ入所后ハ克ク自重シ不穏ナル行動ナク官命ニ従順既往ノ違反行為ニ対スル自省ノ念アリ品性ノ陶冶ニ相俟チ心境ノ変化ニ伴ヒ思想転換セルモノノ如ク行状善良改悛ノ状顕著ナリト認ムルニ至ル |
| 三 | 飲酒ノ量及酒癖ノ有無 | 飲酒セス |
| 四 | 宗教及所屬寺院、敎育ノ程度並兵役ノ關係 | 耶蘇教長老会北長老派伝導助手ヲ為セシコトアリ 支那南京金陵大学卒業ニシテ語学ニ通シ素養深シ 兵役ノ関係ナシ |
| 五 | 財產ノ有無及生活ノ狀態 | 資産トシテハ前戸主ノ遺産ニ係ル動不動産約二千円アリテ且当人ノ所得相当額アリテ豪奢ナル生活ニ非サルモ普通ノ生計ヲ為シ居タルモノナリ |
| 六 | 戶主トノ續柄及本人家庭ノ狀況並重ナル親族緣故者 | 戸主 本人 弟 呂運弘 四十三年 妻 陳相英 四十五年 長男 鳳九 十八年 次男 鴻九 十四年 長女 鸞九 九年 次女 燕九 七年 三女 鳴九 六年 |

呂運亨「身上票」

「仮出獄」、国家記録院所蔵

となった。「身上票」の「性行」の項には「性重厚にして素行普通なり、入所后は克《よ》く自重し不穏なる行動なく、官命に従順、既往の違反行為に対する自省の念あり、品性の陶冶に相俟ち、心境の変化に伴い思想転換せるものの如く、行状善良、改悛の状顕著なるを認むるに至る」とある。

三四年七月一二日、懲役二年六月（未決通算六〇日）の刑により釜山刑務所で服役中の鄭斗明《チョンドミョン》は、刑の執行が一年四月過ぎた三五年一一月一三日に仮出獄の「具申」がなされ、二三日に釈放された。残刑は一年だった。「行状表」の「査定」は三五年一月の「行状良　改悛の状難認」から四月の「行状良　改悛の状あり」の段階を経て、一〇月には「行状善良　改悛の状顕著」となっていた。刑務所側の作成した「転向状況」には「受刑するに至るや前非を悔い、一切の言行を慎みつつありしが……昭和十年一月十五日教誨師に面接の願出をなし、身体虚弱と父母妻子に対する愛情とにより本然改悛し、将来一切の社会運動より離脱し専《もっぱ》ら農業を為し、宗教的信念に基き更生する旨誓うに至れり、爾来《じらい》一層言行を慎しみ……以て其の将来を推察するに転向確実なるものと思料す」とある。鄭斗明は「感想録」で「今後の目的希望は何か」について、次のように記している。

> 一日も早く一介の善良なる生産的国民として社会及家庭に復帰更生し、然る後は先づ健康の恢復《かいふく》に力《つと》め、健実《ママ》なる職業（言論関係を避け、主として実業方面）に就き、官とは力めて協調的態度を取りて以ってその指導保護を仰ぎ、交友を戒め（過去の思想的交際ある者とは交通交友等一切交渉を断絶）、読書を慎み（所持の赤本を悉く焚棄し仏書研究）、以て安心した生活を送り、遅蒔《おそまき》ながら親に孝養の誠を致し、兄弟の面倒を見、妻子を愛撫し、子女の教育に心血を濺《そそ》いで平和円満なる理想的家庭を建設したいものである。

一九三五年ころからの「具申」には、転向表明を裏づけるものとして「感想録」の添付が多くなった。

大田刑務所長から三六年四月二一日付で仮出獄の「具申」がなされた李弘根《リホングン》と金章烈《キムジャンヨル》の場合は、二七日に法務局長から「調査上必要有之に付、其の思想転向状態に関し、更に詳細報告相成度」という再調査の指示があり、五月二日付で二人の「感想録」提出後、五日に許可が下り、六日に釈放となるという経緯をたどった。

三三年五月一一日に京城覆審法院で懲役六年（その後、恩赦で減刑）の判決を受けた李弘根は執行済期間が二年一一月となったときに「具申」がなされた。三五年一〇月の「行状表」の「査定」では「行状良　改悛の状あり」とされていたが、この段階の仮出獄の標準といえる「行状善良　改悛の状顕著」が未確認だったために、法務局から再調査が指示されたと推測される。再提出された「感想録」に李は次のように記している。

> 我国体はマルクスが其の認識の対象としたる欧米諸国とは其の趣を異にし、国家統治の大権は憲法の規定を俟つ迄もなく厳然として天皇に属する事は確《ママ》き国民の信念にして、主義者の革命により其の廃絶変革の不能なり、所有権の保証、即財産の私有を認むる事は社会の経済的発展に最も重要なる事項にして人類生

活の進歩向上に欠くべからざる条件なり……黄昏時、鉄窓の下に微《かす》かに伝わる子供等の声を聞くに付け、余りにも顧みざりし家郷に残したる妻子等を想い、翻然家庭愛に甦えり、思想は漸次内面的に傾き、仏教研究に自己の新生活の途を見出し、遂に其の一切を清算するに至り、将来思想運動より絶縁し、生業に励進せんとするものなり

さらにこれとは別の一問一答式の「感想録」も付されている。「問一、入所後変った考はないか」には「社会発展の動力は闘争の方面よりも、個人と個人との相互間にせよ、或は階級対階級間にせよ、相互理解と相互協力の方面に於てもっと強き力がある様に思われる」とある。

日本人受刑者として、懲役三年（未決通算六〇日）の刑で西大門刑務所に服役中の三宅鹿之助をみよう。執行済一年一一月余となった三六年一二月一九日に仮出獄が「具申」され、二五日に釈放となった。残刑一〇月である。「在所者動向の件」には「拘禁中忍び寄る家庭愛は漸次本囚に反省を促し、仝時に日本国民としての血は本囚を駆て日本歴史と日本古代文献とを再検討せしめ、遂に尊厳なる日本国体を自覚認識するに至りし本囚は過去の悪夢より醒《さめ》しものの如く、翻然《ほんぜん》詭激思想を抛棄《ほうき》せし事を決意、将来一切の社会運動より離脱せん事を誓うに至れり」とある。

添付された「国体の認識と感恩生活」で、三宅は「日々の生活こそ自分を心の奥底から更生させてくれるものである、自分を更生せしめてくれる温かい慈悲の手がこの刑務所内に於てさしのべられてあるのだと思うとき、私は心から感謝しつつ、今日の日ぐらしをなさざるをえないのであります。かくて私は、今や感恩のうちに忠良なる帝国臣民たるべく、一歩々々確実なる地盤の上に自分自身を再生しつつあるのであります」と記している。

こうして一九三〇年半ばには仮出獄の運用が軌道に乗り、年間に五〇人強を数えるに至った。後述する思想

犯保護観察制度の実施に連動して、三七年四月一四日、仮出獄思想犯処遇規程が制定された。「本人を釈放する場合に於ては成るべく保護司又は保護を引受けたる者に之を引渡すべし」(第四条、『朝鮮総督府官報』第三〇七九号、一九三七年四月一四日)とあり、原則として保護観察下に組み込まれた。

なお、満期出獄前に紀元二六〇〇年の恩赦により三カ月弱早く釈放されることになったケースでは、「皇恩」への感謝が強調された。四〇年四月、大邱刑務所長は吉州《キルジュ》警察署長に「受恩典者保護調査方」を照会している。釈放者の引受人(この場合は祖父)に対して仮出獄を特別のものとして「皇恩の洪大にして仁慈の普遍なるを感得せしめ、再び非違を遂げることなからしむる様保護善導すべく」諭示することを依頼し、その財産状況や保護方法についても警察に調査を求めた(「在所者資料」)。

## 「累進得点原簿」

一九三三年一〇月二五日、日本国内では行刑累進処遇令が制定されたが(三四年一月一日施行)、朝鮮での実施は四年遅れる。一〇月三〇日の『大阪毎日新聞』朝鮮版では各刑務所の監房の狭隘と看守不足を理由にあげて、「行刑累進処遇法　朝鮮では実施困難　しかし囚人の待遇は断じて内地に劣らぬ」と報じた。

三五年一〇月二四日の『東亜日報』には「復讐主義行刑から「改過遷善」目標に！　行刑累進処遇、仮釈放法令準備　明春から行状優良者に実施」とある。「明春から」というのは遅れるが、三七年一一月九日、朝鮮行刑累進処遇規則が制定され、三八年一月一日から施行となった。一一月一〇日の『東亜日報』は「「治刑政策」大革新、懲罰刑から教育刑に　受刑者改悛を促進　今日行刑累進処遇規則発布　明年一月一日から実施」と報じる。

第一条には「本令は受刑者の改悛を促し、其の更生を得せしむる為、発奮努力の程度に従い累進的に処遇を

(二)　昭和十二年十一月十日　(水曜日)

〝治刑政策〟大革新

懲罰刑에서教育刑으로

受刑者改悛을促進

今日、行刑累進處遇規則發布

明年一月一日부터實施

初再犯、罪質、刑期따라

四級으로處遇分類

人格點、作業點보아進級

『東亜日報』1937年11月10日　「治刑政策」大革新

緩和し、受刑者をして漸次社会生活に適用せしむるを以て其の目的とす」とある。受刑者を第四から第一の階級に分け、「人格点」（「改悛の状、操行の良否、責任観念及意志の強弱」より査定）と「作業点」による責任点数の「消却」により、接見や信書の回数、給養の程度を規定し、第一級で責任点数を「消却」した場合に仮釈放を認めるとした。各刑務所に累進準備会や刑務官会議が設けられ、毎月「得点審査」がおこなわれる。ただし「詭激なる思想の抱懐者にして、其の思想を抛棄するに至らざる者」、つまり「非転向者」はこの制度の対象外となった（以上、『朝鮮総督府官報』第三二四六号、一九三七年一一月九日）。従来の「行状表」はなくなった。

この朝鮮行刑累進処遇規則と連動して、三八年四月七日には仮釈放審査規程が制定された。第七条後段では「思想犯の受刑者に対しては特に其の思想の転向状況に付精査し、必要ある場合に於ては転向に関する声明書又は感想録を徴すべし」と規定されている（『朝鮮総督府官報』第三三六五号、一九三八年四月七日）。「転向」が仮出獄の大前提となった。

これらの制度の導入により、治安維持法違反受刑者の仮出獄はどのように変化しただろうか。三七年一一月二〇日、清津《チョンジン》地方法院で懲役二年六月（未決通算五〇〇日）の刑を受けた馬庚突《マキョントル》は咸興刑務所で服役していた。執行済期間が一年余となった三八年一一月一九日、仮出獄を「具申」され、残刑一月余で二七日に釈放された。「具申書」には「受刑以来、諸則及規律を遵守し毫も違背行為なく、官吏の教令に従順にして作業に勉励しつつあり、本年九月十日、二級に特別進級し、続て翌月六日賞遇を為し、賞表一個を付与したるものにして、行状善良、改悛の状顕著なるものなり」とされている。「出獄後の生計」については家族の保護が十分でないため、「咸興博仁会へ収容保護を為し、職業を紹介し就職せしめ、適当なる時機を見て本籍地家族の許《もと》へ帰住せしむ」とある。

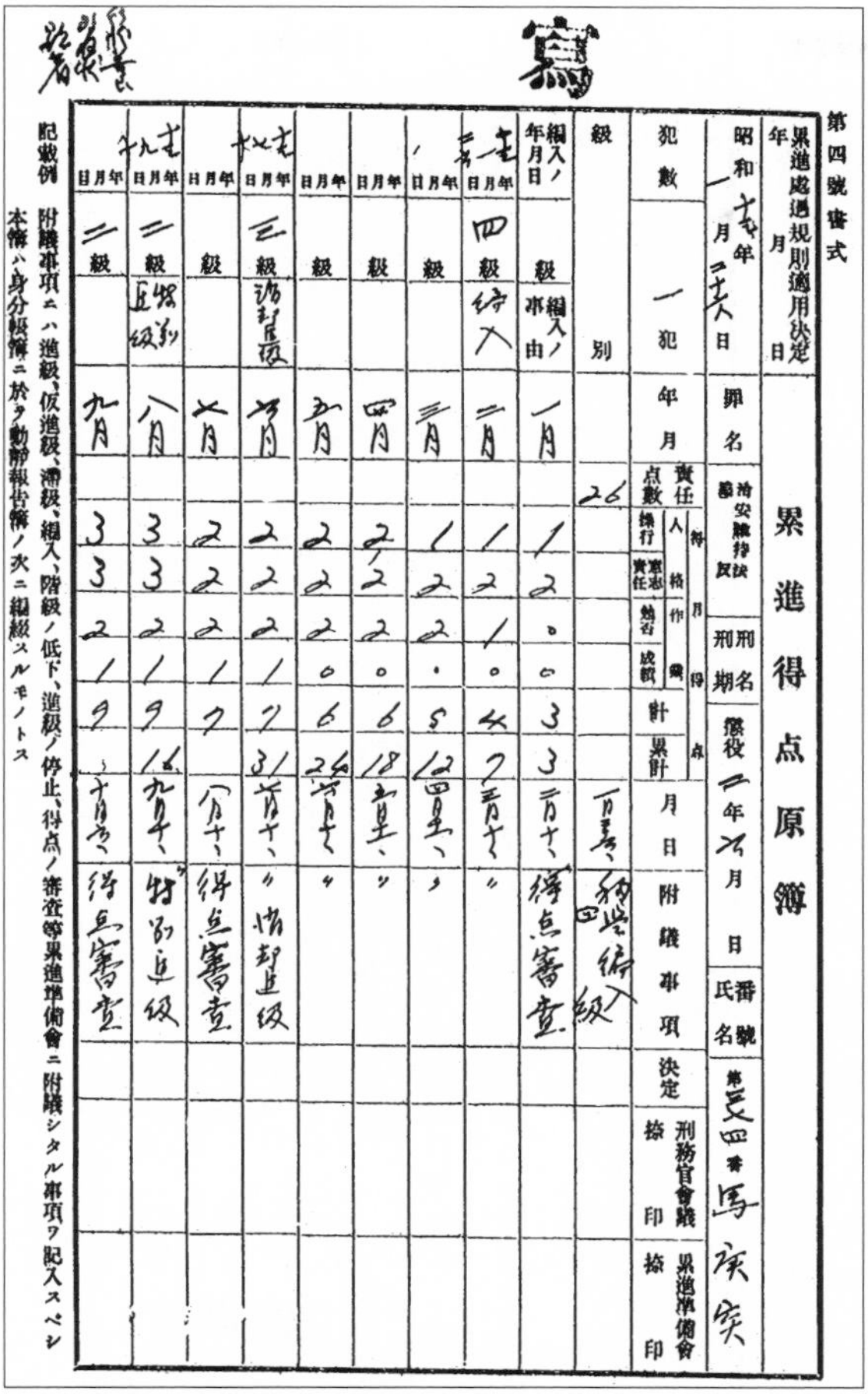
第四號書式

累進得點原簿

累進處遇規則適用決定年月日　昭和十三年一月二十六日

罪名　治安維持法違反　刑名刑期　懲役二年六月

番號氏名　第三八四番　馬庚突

記載例　附議事項ニハ進級、假進級、滯級、編入、階級ノ低下、進級ノ停止、得点ノ審査等累進準備會ニ附議シタル事項ヲ記入スベシ　本簿ハ身分帳簿ニ於テ動静報告簿ノ次ニ綴綴スルモノトス

馬庚突「累進得点原簿」
「仮出獄」、国家記録院所蔵

馬庚突の「累進得点原簿」をみると、規則の適用決定日は三八年一月二六日となっている。この時点で「転向」が認められ、仮出獄への第一歩がはじまったことになる。第四級に編入され、

責任点数は二六点とされた。馬の「人格点」は二月では「操行」が一点、「意志・責任」が二点、「作業点」は「勉否」と「成績」ともに〇点であった。順調に得点を重ね、七月に三級に昇級、九月には二級に「特別進級」となった。九月からは「操行」「意志・責任」がともに三点と評価されている。一級への昇級が仮出獄の原則となっているが、二級以下でも「改悛の状顕著にして、社会生活に適応し得るもの」と認められると仮出獄への道が開いた。馬の場合は一級昇級となる前に、仮出獄の「具申」となった。この「累進得点原簿」は、それまでの六月ごとの「行状表」の査定を精密に数値化したものといえる。

もう一つ「累進得点原簿」の事例をみよう。二九年七月二三日、新義州地方法院で治安維持法違反と強盗殺人で懲役一五年の刑を受けた呉興俊《オフンジュン》は、新義州刑務所から京城刑務所に移監され、服役中だった。三四年一二月の恩赦で一一年三月に減刑されていた。執行済期間が九年九月余となった三九年五月二二日に仮出獄が「具申」され、二八日に許可となり、同日中に釈放された。

「具申書」には「深く前非を悔い、行状を慎み曾て違令反行《ママ》なく、行状善良、改悛の状顕著、昭和九年二月二十三日賞表壱個を附与、爾来益々修養に努めつつあり」とある。三六年七月から三七年七月までの記載がある「行状表」は「累進得点原簿」に移行する。三八年一月一日の編入で、すぐに一級から始まる。責任点数は刑期が長いため二七〇点から始まるが、「操行」「意志・責任」「勉否」「成績」はいずれも四点から二点であり、三九年四月にはほぼ「消却」となっていた。五月一八日には「操行善良　改悛の状顕著」と査定された。

行刑累進処遇制度の発足により仮出獄を望む受刑者は、より模範的になることを駆り立てられた。懲役二年（未決通算一〇〇日）で釜山刑務所に服役中の許晟道《ホソンド》は「入所以来深く反省し、且近親愛に覚醒する所ありしが、偶々《たまたま》支那事変勃発より皇軍の果敢なる奮闘並新東亜建設の重大なる聖業を認識するに至り、愈《いよいよ》従来の思想行動に一大動揺を生じ、心機一転すると共に一切の主義主張及運動より離脱し、一家の支柱として家計挽回に専念することを決意し居りて、累進の昇級に従い、益《ますます》言動を慎み、最早《もはや》累犯の虞なしと認めらるるに至」った。執行済期間が一年四月強となった三九年七月二〇日、仮出獄が「具申」され、二九日に釈放となった。

懲役三年（未決通算二七〇日）を科された尹致徳《ユンチドク》は咸興刑務所に入所後、「只管《ひたすら》行状を慎み作業に精励し、家族に対する思念深く、時局を克《よ》く弁え、軍事献金二回に及」んでいたが、四〇年一二月に「累進処遇第二級に仮進級し、本年二月進級確定と共に行状善良、改悛の状顕著なるを以て賞遇せら」れた。執行済期間が一年四月余となった四一年三月八日、仮出獄が「具申」され、二五日に釈放となった。

行刑累進処遇規則の適用が始まるということは、「転向」が認められ、厳正独居が解かれて工場出役となり、日々の行動・生活ぶりが査定されることである。「非転向」や「準転向」の場合はこの累進処遇のラインに乗ることはなく、したがって仮出獄の道は閉ざされたままで、満期出獄を待つ。

一九二八年から四〇年までの治安維持法違反受刑者のうち、四七九人が仮出獄したのに対して満期出獄は二九四六人だった。仮出獄の割合は全体の一四・〇％にとどまる。それでも行刑累進処遇規則が始まる三八年から四〇年までの三年間でみると、二四・一％に上昇している（朝鮮総督府「思想犯保護観察制度実施の状況」、一九四一年一二月、『治安維持法関係資料集』第三巻）。残余の刑が一月や二月余というものも多く、刑務当局は仮出獄の「具申」を出し渋ったうえに恩典を与えたことを強調し、「転向」の促進を図った。

## 金斗禎の仮出獄

戦時体制下、「人的資源の必要を痛感さるる折柄、本受刑者も亦有力なる人的資源たるべし」という観点から仮出獄を活用する事例があった。懲役六年（未決通算三五〇日）を科されて西大門刑務所に服役中の金斗禎は執行済期間が三年一〇月になった一九三九年二月六日、仮出獄を「具申」され、一一日に釈放となった。刑務

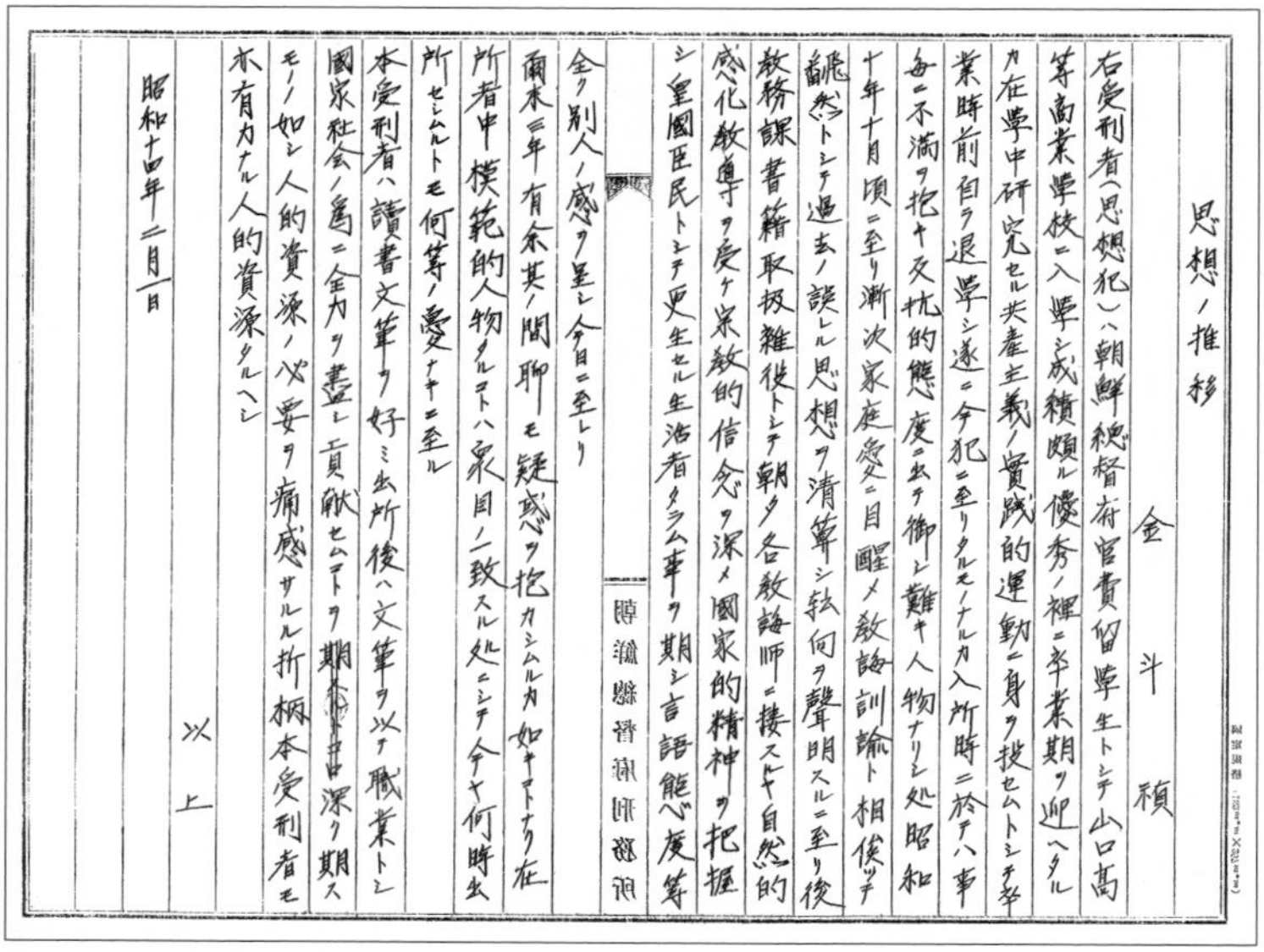
思想ノ推移

金　斗　禎

右受刑者（思想犯）ハ朝鮮總督府官費留學生トシテ山口高等商業學校ニ入學シ成績頗ル優秀ノ裡ニ卒業期ヲ迎ヘタルカ在學中研究セル共產主義ノ實践的運動ニ身ヲ投セムトシテ卒業時前自ラ退學シ遂ニ今犯ニ至リタルモノナルカ入所時ニ於テハ事毎ニ不滿ヲ抱キ反抗的態度ニ出テ御シ難キ人物ナリシ処昭和十年十月頃ニ至リ漸次家庭愛ニ目醒メ教誨訓諭ト相俟ッテ飜然トシテ過去ノ誤レル思想ヲ清算シ轉向ヲ聲明スルニ至リ後教務課書籍取扱雜役トシテ朝夕各教誨師ニ接スルヤ自然的感化教導ヲ受ケ宗教的信念ヲ深メ國家的精神ヲ把握シ皇國臣民トシテ更生セル生活者タラム事ヲ期シ言語態度等全ク別人ノ感ヲ呈シ今日ニ至レリ

爾来三年有余其ノ間聊モ疑惑ヲ抱カシムルカ如キコトナク在所者中模範的人物タルコトハ衆目ノ一致スル処ニシテ今ヤ何時出所セシムルトモ何等ノ憂ナキニ至ル

本受刑者ハ讀書文筆ヲ好ミ出所後ハ文筆ヲ以テ職業トシ國家社会ノ為ニ全力ヲ盡シ貢獻セムコトヲ深ク期スルモノノ如シ人的資源ノ必要ヲ痛感サルル折柄本受刑者モ亦有力ナル人的資源タルヘシ

昭和十四年二月一日

以　上

朝鮮總督府刑務所

西大門刑務所「思想の推移（金斗禎）」

「仮出獄」、国家記録院所蔵

所側は「思想の推移」のなかで「宗教的信念を深め、国家的精神を把握し、皇国臣民として更生せる生活者たらん事を期し、言語態度等全く別人の感を呈し、今日に至れり」としたうえで、「本受刑者は読書文筆を好み、出所後は文筆を以て職業とし、国家社会の為に全力を尽し、貢献せんことを深く期すものの如し」と評価し、銃後の「人的資源」となることを期待した。

金斗禎は三七年一二月の「行状表」の「査定」では「行状善良、改悛の状顕著」となっており、三八年一月一日に「累進得点原簿」に移行する際には二級に編入され、一二〇点という責任点数だったが、毎月の得点の「消却」は早いペースで進んでいた。

すでに金斗禎は「西大門刑務所転向者一同代表」として、三八年七月の時局対応全鮮思想報国連盟結成大会に「皇国臣民として大日本帝国に生を得、黄色人種として亜細亜を住所とし、人類平和愛好者として世界を舞台とする我々は、此の歴史的使命遂行に於ける持久性と重大性を確乎と把握認識し、自己の果す役割の大小は論ぜず、唯鴻毛の一命を皇国に献《ささ》げる事に依って、上は畏《おそれ》多くも御聖恩に報い奉り、下は我々の子孫の立脚すべき足場を構築し、忠良義骨《ママ》を以て亜細亜復興の礎《いしずえ》となる意気で進まねばならぬ」とメッセージを寄せていた（『昭徳』第三巻第九号、一九三八年九月、『治安維持法関係資料集』第三巻）。

その後、獄中で執筆した『防共戦線勝利の必然性』は出獄後に時局対応全鮮思想報国連盟から刊行された。三九年一二月の『朝鮮及満洲』（第三八四号）に同連盟幹事として「新東亜建設における思想国防の重要性」を寄稿し、「我が帝国は今や亜細亜復興を中心として二つの世界史的任務に当面している。其の一は日本精神を発揚して東洋文化の新体系を確立し、以て一切の欧米派の破壊的なる思想観念等より全東洋の民衆を文化的に解放防衛すること、他の一は政治、経済等の領域を通じて日本、満洲、支那等を打って一丸とする新体制、即ち新東亜協同体を建設し、以て亜細亜に対する列国の侵略的行為を排除根絶することである」と論じている。金は刑務当局の期待に「文筆」をもって十分すぎるほど応えた。

## 仮出獄のハードルの上昇

日本国内では一九三〇年代前半の「転向」施策が導入された段階では「革命思想を抛棄し、一切の社会運動より離脱せんことを誓いたる者」に至ることがめざされたが、三〇年代後半になると「日本精神を体得して、実践躬《きゅうこう》行の域に到達せる者」（森山武市郎『思想犯保護観察法解説』、一九三七年）が完全な「転向」の基準となった。朝鮮の場合には、日中戦争全面化にともなう治安の重要性から、単なる思想の放棄や運動からの離脱の先にある皇国臣民としての自覚が求められた。それは受刑者の「転向」手記に端的にうかがえるようになる。

たとえば、治安維持法違反と強盗罪で懲役五年を科されていた李秉傑《リビョンコル》は新義州刑務所で服役中だったが、残刑が二月余となった一九三五年三月二五日、仮出獄を「具申」され、四月六日に釈放となる。「犯罪後は自責の念深く、悔恨の情憫諒《びんりょう》すべきものあり」で、「現状に於ては何等特異の思想を認めず」という判断にもとづいて仮出獄となった。

しかし、三〇年代後半には仮出獄のハードルが大きく引き上げられた。懲役二年で西大門刑務所に服役中の李奇福《リキボク》は、残刑一月余となった三八年八月一五日に仮出獄を「具申」され、二一日に釈放された。刑務所側の観察する「思想推移」によれば「過去に於ける思想行動の過誤なることを悟り、共産主義を清算して日本主義に生きんことを誓い、日支事変勃発するや転向者一同と共に南（次郎――引用者注）総督宛に尽忠報国の誓盟状を送付し、或は聖戦に護国の鬼と化した職員の遺族に対し心からなる香料《ママ》と弔慰状を捧げる等、愈皇国臣民としての自覚を固め、行状を慎み作業に精励して更生の一路を辿りつつある」となっていた。

懲役三年（未決通算六〇日）の刑で海州《ヘジュ》刑務所に服役中の全勝恩《チョンスンウン》は、三九年四月一一日、残刑一〇月余で仮出獄「具申」がなされ、二九日に釈放となった。「国家に対する私の思想」という感想文に、次のように記している。

> 過去の非亜細亜的思想を根本より清算し、明朗と歓喜と交錯して新しい希望の生活を理想する現在的思想の根底に万邦無比な国体に対する認識が存し、共に原動力となって居ることを感ずる……半島人の幸福は皇国臣民であることを前提として成立すべきであるが故に、各自真の皇国臣民を目指した多大なる努力を要すると共に、一視同仁の御賜物である当局の熱誠なる教化と指導に敬意と感謝とを捧げなければならないと思う、即ち此が戦時下に於ける銃後の護《まも》りであり、国家に対し実践的な貢献である

懲役三年（未決通算二七〇日）の刑で大邱刑務所に服役中の李馨集《リヒョンチプ》の場合、残刑二月余となった四一年四月二二日、仮出獄「具申」となり、五月二日に釈放となった。四月一〇日に提出された「感想文」には「私は過去誤まった所を根本的に清算して人間として進む可き道、名誉有る皇国臣民として進む可き道を進もうと固く決

心しました。此の絶好の機会を利用して人間たる人間、皇国臣民たる臣民になって、今は皇国臣民の一人として存在する様になりました事は私の心から喜んで居ります」と記している。

懲役一年の刑で釜山刑務所服役中の金徳泊《キムドクハク》（金谷権一）は、残刑一月弱となった四二年九月二八日、仮出獄を「具申」され、一〇月一二日に釈放された（大邱覆審法院検事長は「罪質に鑑み本件具申相当ならずと思料す」と難色を示したが、法務局長の許可が下りた）。刑務所側で観察した「転向経過」では「偶々昨年十二月八日、大東亜戦争の勃発後、屡次《るじ》の教誨《きょうかい》にて痛く国民的自覚を感じ居れるを以て、独居拘禁処遇を解除し、工場に出役せしめたるが、愈々行状を慎み、作業に勉励し、既に国防献金を出願すること三回、従前の如き不穏思想を抱かず、奮励中なり」とされた。

金徳泊自身も「支那事変五周年を迎えて」という文章で「私は今更の如く、世界に理想境を創造せんとする我国に威大《ママ》さと純聖さとを味うのである。我々東洋民族は米英に依存するが如き旧習にも固着せず、無意味な分離も独立もなく、我国の八紘一宇の大理想のもと、物皆共存共栄の楽しみを共にすべきである。否既に東亜の盟主我が日本が此《これ》を実践し、完成しつつあるのを見て感謝感激に耐えない。へんぽんとして日章旗の翻る所、皆平和享楽の地である」と記している。

前述した朴来殷《パクレウン》（青木茂雄）はまず保安法違反で六月の刑を、ついで治安維持法違反で一年六月の刑を科されて全州刑務所に服役中だったが、残刑が二月余となった四三年八月三一日、仮出獄を「具申」され、九月一六日に釈放となった。刑務所が作成した「思想転向の動機」にはアジア太平洋戦争の「勃発原因、聖戦目的、赫々《かくかく》たる戦果、銃後に於ける滅私奉公状況等」から「思想清算の念」が深まりつつあったところに、次兄が北海道に特別報国隊員として出願し、その赴任を前に面会して「懇《ねんごろ》に転向を勧」めたことで「完全転向」したとする。ついで、「転向確認状況」として、八カ月間、刑務所内の「国語指導員として国語不解者に対する国語指導に従事し、熱意成績見るべきものあり……且毎日の国民儀礼施行時は勿論、神祠参拝その他諸行事参列時の態度、個人教誨、集合教誨時の聴聞態度誠に真摯なるものあり」、さらに国防献金も五回おこなったことから、「国体観念、時局認識良好にしてその思想転向確保の域に達せりと認めら」れた。四二年二月の感想文と四三年八月の「過去を顧みて」が添付されている。

四三年以降の「具申」ではほかにも「思想の推移と転向の契機」を詳細に記述したものがあることから、法務局から指示があったのかもしれない。

## さらに厳格化する仮出獄

戦時体制の窮迫化にともない、仮出獄をめぐる手続きに変化がおこった。一九四三年七月一日、大田刑務所長は大田地方法院検事正に六人の仮出獄「具申」を前に「現下思想犯の趨向に鑑みる時、本件の如く当該事件の全員を仮出獄せしむるは一般予防上或は如何とも思料せらるる」として「意見」を求めた。大田地方法院検事正は八日に「同人等は現在深く前非を悔悟し、過去の誤れる詭激思想を抛棄し、克《よ》く時局を認識し、改悛の状顕著にして再犯の虞なき」として、仮出獄可能と回答した。一〇日、六人について「具申」がなされ、二二日に釈放となった。おそらくこうした「具申」前の「意見」打診はほかにもあったはずで、「現下思想犯の趨向」がよりきびしく判断されるようになった。その結果、仮出獄の道は狭くなったのではないかと思われる。

四三年一二月ころから仮出獄「具申」の文が「左記の者、改悛の状顕著にして再過なきものと認むるに付、仮出獄許可相成度」と変更された。

四四年二月一〇日、朝鮮行刑累進処遇規則が「当分の内」執行停止となった。毎月の「累進得点原簿」の作成などが、看守の人員不足などを理由に煩瑣になったものと推測される。以後の仮出獄の「具申」には以前の

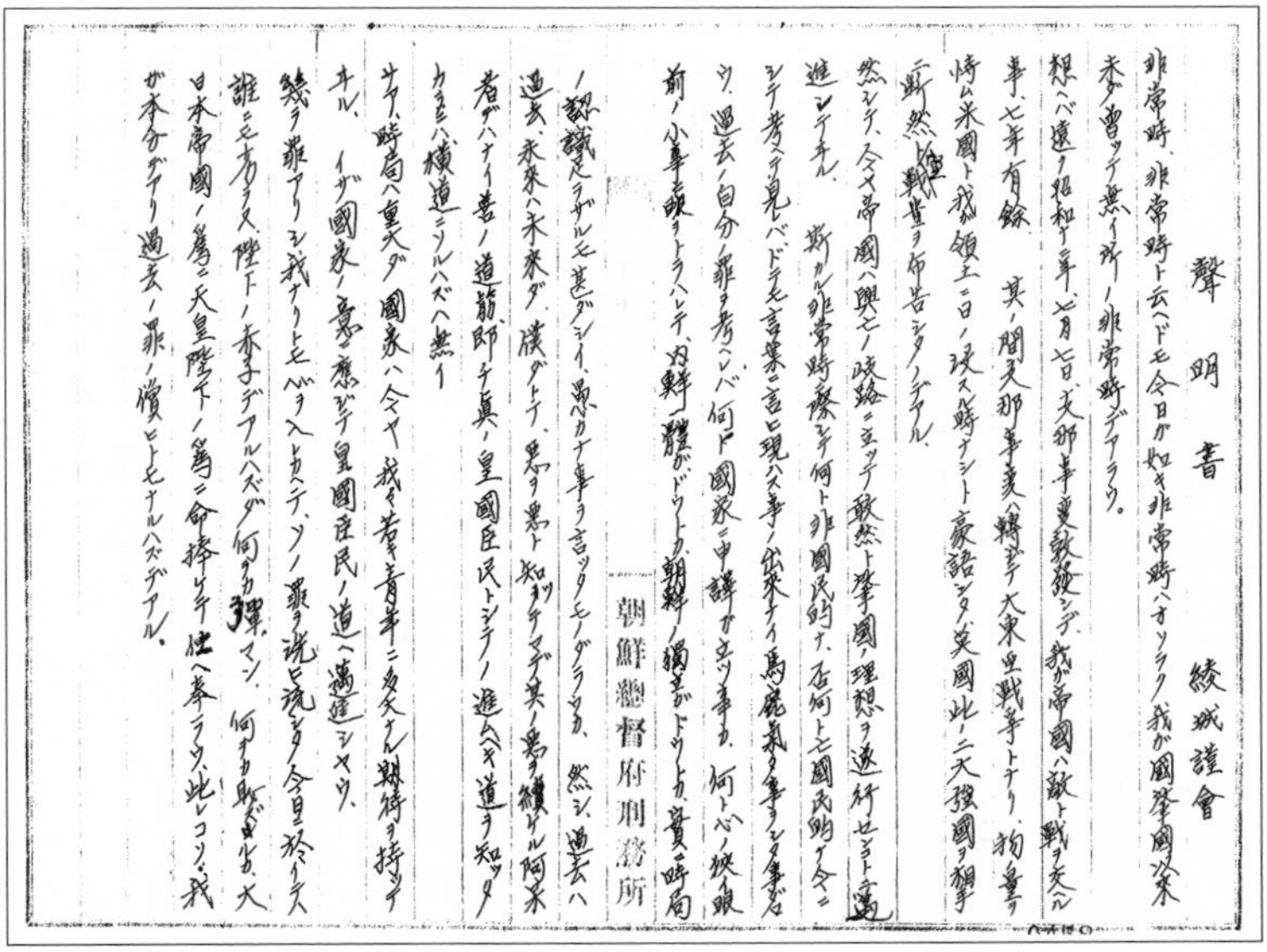

聲明書

綾城謹會

非常時、非常時ト云ヘドモ今日ガ如キ非常時ハオソラク我ガ國肇國以来未ダ曾ッテ無イ所ノ非常時デアラウ。

想ヘバ遠ク昭和十二年七月七日、支那事変勃発シテ、我ガ帝國ハ敵ト戦ヲ交ヘル事、七年有餘。其ノ間支那事変ハ轉ジテ大東亜戦争トナリ、物量ヲ恃ム米國ト我ガ領土ニ日ノ没スル時ナシト豪語シタ英國此ノ二大強國ヲ相手ニ斷然宣戦ヲ布告シタノデアル。

然シテ、今ヤ帝國ハ興亡ノ岐路ニ立ッテ敢然ト肇國ノ理想ヲ遂行セントコト邁進シテヰル。

斯カル非常時際シテ何ト非國民的ナ、否何トモ國民的ナ今ニシテ考ヘテ見レバ、ドウシテモ言葉ニ言ヒ現ハス事ノ出来ナイ馬鹿氣タ事ヲシタ事ダッ。過去ノ自分ノ罪ヲ考ヘレバ何ト國家ニ申譯ガ立ツ事カ。何ト心ノ狹イ眼前ノ小事ニ眩ナトラハレテ、内鮮一體ガ、ドウトカ、朝鮮ノ獨立ガドウトカ、實ニ時局ノ認識足ラザルモ甚ダシイ、愚カナ事ヲ言ッタモノダラウカ。然シ過去ハ過去、未来ハ未来ダ。僕ダトテ、悪ヲ悪ト知ッテマデ其ノ悪ヲ續ケル阿呆者デハナイ。善ノ道筋即チ眞ノ皇國臣民トシテノ進ムベキ道ヲ知ッタカラニハ、横道ニソルハズハ無イ。

サア、時局ハ重大ダ。國家ハ今ヤ我々若キ青年ニ多大ナル期待ヲ持ッテヰル。イザ國家ノ急ニ應ジテ皇國臣民ノ道ヘ邁進シヤウ。幾ラ罪アリシ我ナリトモ、心ヲ入レカヘテ、ソノ罪ヲ洗ヒ流シタ今日ニ於イテハ誰ニモ劣ラヌ、陛下ノ赤子デアルハズダ。何ヲカ躊躇セン。何ヲカ恥ヅルカ。大日本帝國ノ為ニ天皇陛下ノ為ニ命捧ゲテ仕ヘ奉ラウ。此レコソ我ガ本分デアリ過去ノ罪ノ償ヒトモナルハズデアル。

朝鮮總督府刑務所

綾城謹会「声明書」

「仮出獄」、国家記録院所蔵

「行状表」や「転向」感想文などが添付された。

この段階では仮出獄は皇国臣民としての自覚だけでは認められなくなり、その自覚にもとづく具体的な実践行動と持続にまでさらにハードルが上がった。

全州刑務所で服役中の許《ホ》（吉許）仁洽《インフブ》の場合、残刑四月余となった四四年七月一七日に仮出獄が「具申」され、八月二日に釈放となった。刑務所側の「転向確認状況」には「移監以来行状を特に謹慎、作業を勉励し教誨を謹聴、其の行刑成績真に良好にして思想堅固の域に達せるに依り、昨年十二月特別挺身報国隊員に選抜され、更に其の特別挺身報国隊員としての気魄並責任観念抜群なるに依り、本年四月警備員に選任、今日に至れり、其の勤務状況極めて真摯にして他の模範たり、尚国防献金は入所以来九回、計二十五円余に上れり」とする。

「特別挺身報国隊」の内容は不明だが、四四年一〇月二一日に釈放となる具（綾城）謹会も「現在挺身報国隊員として益々責任を自覚し、発奮努力を続け居り」とされる。具は金泉少年刑務所服役中で、残刑七月となった一〇月一〇日に仮出獄が「具申」された。その「声明書」には「さあ、時局は重大だ、国家は今や我々若き青年に多大なる期待を持っている、いざ国家の意に応じて皇国臣民の道へ邁進しよう……大日本帝国の為に天皇陛下の為に命捧げて仕え奉ろう、此れこそ我が本分であり、過去の罪の償いともなるはずである」と記していた。

清川浩は咸興刑務所で服役中、四四年一二月九日、残刑一月余のところで仮出獄が「具申」され、二二日に釈放となった。刑務所側は「思想動向」において「日常の行動も慎しみ深く、国語を常用し、国体に関する書籍を好んで閲読し、国民的行事にも積極的に協力し、責任観念に強く、日常生活裡に皇民道を実践躬行し居るものにして、一般の模範とするに足る」と高く評価している。

# 二　保護観察

## 思想犯保護観察法施行をめぐる新聞論調

一九三六年五月二九日公布の思想犯保護観察法は、朝鮮では日本国内の施行（一一月一四日）より遅れて一二月一二日に施行された。

二度の治安維持法「改正」頓挫を受けての思想犯保護観察法の成立は、思想犯「処理」に検挙・取調、検察、公判、行刑の四つの段階に加え、「保護観察」という新たな段階を加えた。満期出獄者や仮出獄者にとどまらず、検察の次元からは起訴猶予者を、また公判の次元からは執行猶予者を対象とすることになった。

公布後まもなく、三六年六月二日の『朝鮮日報』は社説「思想犯保護監《ママ》察法適用問題」で「思想の保護、指導というものが、単なる監視によって能《よ》く成し遂げらるるものではなく、思想の根底をなす社会制度の改善によって初めてその効果を収め得るものであることを忘れた点、その効果に至っては予期に反するものが多いであろう」と批判的に論じた。一一月一四日の社説「思想犯保護観察法に就《つい》て」の論調も「特に刑の執行を受けて出所した者の身体の自由を希求する程度は、一般社会人より幾層倍も強いはずである。しかるに之に居住交友通信の制限を加え、そして一般私生活をまで厳重に監視するとしたならば、それは寧ろ行刑の意義を減殺するの虞があるとともに、出所者をして更生の途を遮断し、再出発の希望に燃えつつ釈放さるる日を指折り数えて待った効もなく、彼等に徒《いたずら》に失望と自暴自棄の悪結果を齎《もた》らしむるのではあるまいかを虞《おそ》るる」と変わらない。さらに施行翌日の一二月一三日の社説「朝鮮思想犯保護観察令発布」では、次のように慎重な運用を求める。

> 本令実施においてその運用を誤る場合には、徐々に没落の道を歩む思想運動に挑発的反動気運を助長する可能性もあるという点を充分に認識する必要があるだろうと考える。従来朝鮮に思想犯保護観察令は無かったといっても、警察当局が犯罪防止の目的で思想的傾向のある者、特に前科者に対してさまざまな監視または制裁を加えてきたことは事実なのであるが、このような現状下での本令実施は本人保護の趣旨を重視せず、かつ自由を拘束することによる本人監視のほうに偏重しやすいのであって、したがって不必要な制裁によって本人に二重三重の拘束を与えることになる懸念が少なくないのみならず、保護監視に要する費用を本人側から徴収できるようになっただけに、当人の感情を増大させて、本令の趣旨に背くことにな

る結果を作り出す傾向があるので、当局はこの点を慎重に考慮して、その運営上の遺憾なきように望む。

これと対照的なのが、日本語新聞である。一二月一二日の『朝鮮総督府官報』が載せる増永正一法務局長談「朝鮮思想犯保護観察令の発布に就て」とは別に、『京城日報』『朝鮮新聞』『釜山日報』などは増永法務局長談を掲載して本令の意義を強調した。

一二月八日の日本語新聞『朝鮮時報』社説「思想犯の保護観察」は「朝鮮の実情はその共産主義思想に朝鮮独立思想のこんがらかっているこの事実に徴するとき、吾々は朝鮮にこの法律の実施は恰も大旱《たいかん》に雲霓《うんげい》を望むが如きものがある」「朝鮮に於てはこの法律の内的使命として独立思想に対しても厳峻であり、日本精神の精華を彼等に授くるにある」とする。一二月一九日の『朝鮮新聞』社説「思想犯の保護観察」の最後は「須《すべか》らく保護観察の職にあるものは、身命を賭するの重大決意をもってこれに当り、本制度の崇高なる目的達成を期すべきである。同時に社会各階各層も本制度の消長が国家の治安確保、国運進展に重大関係あるに思を致して、官民協力一致、思想犯の絶滅を期さねばならぬ」とある。

三七年九月一六日の『朝鮮時報』は大邱保護観察所長佐々木義久の「思想犯保護観察事業の必要と保護団体」を載せた。佐々木は「不逞思想を棄てない人」=「非転向者」を「黴菌《ばいきん》を持った伝染病の保菌者」ととらえ、「何処に黴菌を撒き散らすかわかりません」として、対応策として「日本精神と云う注射をする一方、家庭愛、就職の斡旋、生活の安定等様々な投薬手当をして黴菌を殺し、健全なる身体」にすることをあげている。

ハングル新聞と日本語新聞の論調の違いは、かつての治安維持法制定・「改正」の際と同様に顕著である。朝鮮における朝鮮人社会と日本人社会の治安認識の大きなズレを反映しているだろう。

## 保護観察所の開設とその陣容

一九三六年一二月の朝鮮思想犯保護観察令施行とあわせて、京城・咸興・清津・平壌・新義州・大邱・光州の七カ所に保護観察所が開設された。保護観察所には全体で輔導官が九人、保護司が八人、書記八人と通訳生七人が配置された。「調査及観察事務」をおこなう嘱託保護司が一五〇人（有給二〇人、無給一三〇人）配置されている。京城保護観察所が最も大きく、五〇人という規模だった。

朝鮮の保護観察制度の実施にともない、総督府法務局の法務課に「保護観察所の監督事務に当らしむる為」、事務官一人と属二人が増員された（朝鮮総督府部内臨時職員設置制中改正、「公文類聚」第六〇編・一九三六年・第一九巻）。この事務官には大邱・京城各地方法院で思想検事を務めた黒瀬正三郎が就いた。

溫和한態度로써
寬大하게保護觀察
堤京城觀察所長談
▲京城保護觀察所長 堤良明
▲同輔導官 長崎祐三
▲同保護司(奏任) 栗田清造
渡船이顚覆
八名行方不明

『毎日申報』1940年12月15日　京城保護観察所

京城・平壌・大邱の保護観察所長（思想輔導官）は専任で、それぞれ検事の堤良明・佐々木義久・斎藤五郎が就任した。他の観察所の所長は各地方法院検事局の次長検事か思想検事が兼務した。京城にはさらに二人の輔導官が配置され、京城地方法院検事局の思想検事が兼務する。その一人が長崎祐三である。

たとえば、京城の所長となる堤良明の前職は光州地方法院木浦支庁検事だった。「任用書類」には「木浦支庁検事在職中、当時其の管下に不逞兇悪なる思想事件相継いで勃発し、共産主義運動最も熾烈を極めたるが、能く之が検察の任に当り、措置其の当を得て管内静謐を保つに至りたる」とするほか、思想事件を数十件担当したとある。「思想犯の思想及行動を視察し、非転向者に対しては其の転向を促進し非違を犯すことなき途を講ずると共に、転向者に対しては転向を確保するの途を講ずる等、事実上保護観察の任に当り、思想犯に対する深き理解と認識を有する」ことが選考の理由となった。なお、この「任用書類」はほかの所長にも使いまわされている。

保護司の人選にあたっても思想事件を担当した経験が重視された。大邱保護観察所の保護司に任ぜられる富井愛治を例にとると、二四年以来、各地の検事局書記として「各種検察及思想関係事件の取調立会に従事し、而も司法警察官の職務執行に当り、思想犯に対する認識深く、次で本年五月慶州支庁監督書記を命ぜられたるものにして、思想犯に対する学識経験豊富、保護司として適任なるものなり」とされた。

法務局「保護観察所職員詮衡に就て」によれば、保護司は「保護観察制度の中心を為すもの」とされた。専任として想定されていたのは「法務局属、思想係の裁判所又は検事局書記、刑務所教誨師、道警察部高等課警視、警部」らであった。また、嘱託の保護司として警察の特高関係者を想定するのは、「警察方面に対し保護に理解を有せしむる必要」があるとされたからである。ほかに工場長・実業主・大会社主、弁護士らも選考対象とされている（以上、法務局人事係「保護観察所職員進退書類綴」、一九三六年、国家記録院所蔵）。

## 保護観察の審査、解除、更新

一九四一年一二月の朝鮮総督府「思想犯保護観察制度実施の状況」（『治安維持法関係資料集』第三巻）によれば、制度開始以来、四一年一〇月末までの保護観察の対象（起訴猶予者、執行猶予者、仮出獄者、満期釈放者）とされた人員は九六三七人で、そのうち各保護観察所が裁判所検事局・裁判所・刑務所から受理した人員は五一一五人となった。各保護観察所から各保護観察審査会に審査請求がなされ、審査会が保護観察に付すとした人員は二六三五人（ほかに一一八六人が保護観察の更新による継続）、付さなかった人員は四人にとどまる。審査会に請求されると、大部分が保護観察処分となった。保護観察対象者の三割弱が保護観察に付されたことになる。

各保護観察所の段階で完全な「転向」と認定されて「審査不請求」とされた人員は一五四三人である。一方、審査会の審査を受ける前に「保護観察」の「仮処分」を開始する人員は二〇〇人だった。ここに満期釈放者中の「非転向者」が含まれるだろう。

四一年と四二年の保護観察対象者別の「審査請求」状況がわかる。いずれも人数としては満期釈放者が最も多く、起訴猶予者、執行猶予者、仮出獄者の順となる。保護観察に付すとした割合は四一年が満期釈放者六四・〇％、仮出獄者五八・〇％、執行猶予者四四・四％、起訴猶予者三七・三％、四二年が三七・八％、三・八％、二五・八％、三二・六％である（朝鮮総督府法務局編纂『朝鮮総督府司法統計年報』一九四一年版、一九四二年版）。

四一年一〇月末現在の保護観察人員は一八六一人である。京城保護観察所が四五四人と最多で、咸興三四四人、清津三一八人とつづく。このうち「転向者」は七〇〇人で三七・六％、「準転向者」は一一〇二人で五九・二％、「非転向者」は五七人で三・一％であった（その他二人）。保護観察に付された時点では「転向者」の割合は二九・二％、「準転向者」は六五・二％、「非転向者」は五・六％であったが、四一年一〇月末現在ではそれぞれ五二・四％、四一・四％、三・九％となった。「準転向者」に対する厳重な働きかけがなされたことを物語る。

制度創設以来、「完全転向の域に達し、保護観察処分を解除せられた」人員は六五四人で、七一人は保護観察の二年間中に「良」と認定されて処分が取消となった者、五八三人が「期間満了」であった。「準転向者」については保護観察処分が更新（二年間）された。「一部頑強なる非転向者」三二人は後述する四一年三月実施の予防拘禁制度に移行した（四一年一一月末）。

三八年から三九年にかけての「新義州保護観察所管内状況」が『思想彙報』第二一号（一九三九年一二月）に載る。新たに所長（兼務）となった長崎祐三検事の報告である。「大陸」進出の八六人を除いた二四二人の対象者のうち「転向せる者」が六七人、「準転向者」一〇一人、「非転向者」三人、転向状況不明七一人となっており、次のように記している。

転向者の中には戦線への従軍、帝国の為敵国への間諜を願出づるもの、内鮮一体思想国防の捨石たらんと願出ずるもの相当あり

準転向者と認むべきものは反国家思想は拋棄し居るも、未だ愛国運動の熱足らざるが故に準転向者として取扱い居るも、指導如何によりては将来転向者となる見込あるもの多し

非転向者は何れも共産主義者にして共産主義運動に進出することは之をなさざるも、「マルクシズム」を清算し能わざるものにして、何れも精神異常者に近きものなり

この「新義州保護観察所管内状況」では保護観察審査会に審査請求するための調査についても言及している。刑務所などから通知を受理すると、「思想動揺の虞れあるもの、生活不安定のもの」などから優先して調査に着手する。「予め警察署に本人の存否と共に思想及生活状況の調査を依頼」したり、「本人に自ら所要事項を記載、返送」させた。その後、保護司らが本人宅に出張し、「厳に訊問的態度を避け、座談の裡《うち》に真実を把握することに努め」るとする。ほぼこの事前調査で保護観察に付すか否かの原案が固まった。三九年一月から八月までの三八件の審査請求中、否決されたのは一件のみだった。審査会は月一回開催し、未済事件の減少を図っているという。三九年八月末現在の保護観察人員一二四人のうち、保護司による観察が一一七人にのぼる。

**表10**は三七年以降の保護観察の年別実施状況を示している。受理数が減少しながらも「保護観察に付すべき者」の割合が上昇し、四一年で五割となるのは戦時体制の進行による治安悪化という認識が背景にあるからで

**表 10　思想犯保護観察事件（1）**

| 区分／年 | 受理 | 審査請求 | | | | 保護観察処分 | | | |
|---|---|---|---|---|---|---|---|---|---|
| | | 審査を求めざる者 | 保護観察に付すべき者 | 保護観察に付せざる者 | 計 | 保護司の観察 | 保護団体に委託 | その他 | 計 |
| 1937 | 1781 | 376 | 506 | 3 | 509 | ― | ― | ― | ― |
| 1938 | 1868 | 497 | 770 | ― | 770 | 758 | 2 | 3 | 763 |
| 1939 | 1644 | 439 | 468 | 2 | 470 | 456 | 8 | 10 | 474 |
| 1940 | 1251 | 231 | 441 | 1 | 442 | 435 | 3 | 5 | 443 |
| 1941 | 1204 | 153 | 612 | 3 | 615 | 609 | 2 | 1 | 612 |
| 1942 | 871 | 73 | 442 | ― | 442 | 441 | 1 | ― | ― |

1937年は「新規予算要求綴」（国家記録院所蔵）
1938年～1942年は朝鮮総督府法務局編纂『朝鮮総督府司法統計年報』1942年版

あろう。保護観察の執行は大部分が保護司による処分となっており、監督指導がなされていった。一人当り負担では輔導官においては日本国内の二倍以上、保護司においては三倍以上になっているとして、「思想犯保護観察制度実施の状況」では「職員の増員を要すること切なる」とする。

これと関連してだろう、三九年後半、翌年度の予算案獲得をめざして保護観察所の拡充が計画されたことがある。「被保護観察対照《ママ》人員数の夥多なるに比し、保護観察所並に之が補助機関たる指定保護団体の人的及物的の施設極めて貧弱にして、現在の儘にては到底本制度の完璧を期し難き実情」として、輔導官四人、保護司一二人、書記及通訳生四人という増員を計画した。しかし、おそらく予算上の理由からこの拡充案は認められずにおわった（法務局「新規予算要求綴」、一九四〇年度、国家記録院所蔵）。

**表11**をみると、保護観察とされた者の「抱懐思想」は「共産主義」が過半を占め、年を追うごとに増加していることがわかる。年別の転向状況では「完全転向者」、「非転向者」のいずれも大きな変化はない。

一九四四年八月末現在でそれまでに「保護観察」に付した総人員四一〇〇人のうち、「完全転向」により処分を解除した者が九

表 11　思想犯保護観察事件 (2)

| | 抱懐思想 | | | | | 転向状況 | | | |
|---|---|---|---|---|---|---|---|---|---|
| | 民族主義 | 共産主義 | 無政府主義 | その他 | 計 | 完全転向者 | 準転向者 | 非転向者 | 計 |
| 1938年 | 172 | 579 | 9 | 3 | 763 | 241 | 486 | 36 | 763 |
| 1939年 | 95 | 377 | 2 | — | 474 | 157 | 296 | 21 | 474 |
| 1940年 | 72 | 368 | — | 3 | 443 | 147 | 272 | 24 | 443 |
| 1941年 | 86 | 521 | 2 | 2 | 611 | 191 | 396 | 24 | 611 |
| 1942年 | 105 | 335 | — | 2 | 442 | 78 | 362 | 2 | 442 |

朝鮮総督府法務局編纂『朝鮮総督府司法統計年報』1942年版

〇五人、「非転向」により予防拘禁に付した者が八九人だった。八月末現在、二八九七人が保護観察中で、「転向」八七三人、「準転向」一九八九人、「非転向」一六人となっている（朝鮮総督府「第八六回帝国議会説明資料　官房、学務、法務、警務」一九四四年一二月、『治安維持法関係資料集』第三巻）。

四四年中の保護観察処理事件数をみると、受理一〇七〇人、仮処分二二人、審査不請求一一九人、観察に付した者五六九人で、付さなかった者はいない。二二二六人という一二月末現在の保護観察人員は咸興が八一四人と最多で、清津七一三人、京城六七七人とつづく（「朝鮮総督府保護観察所官制中改正」、「公文類聚」第六九編・一九四五年・第二九巻）。

朝鮮における保護観察とされた人員は、日本国内の約四分の三にあたる。治安維持法の運用で起訴の割合が高かったことと同じように、「保護観察」の運用の密度は日本国内よりも高かった。それは四四年八月末時点の「保護観察」中の現在員（二八九七人）が、ほぼ同時期の日本国内の人員を四〇〇人程度上回っていることからもいえる。

## 「保護」から「観察」「思想の指導」へ

日本国内では運用当初、再犯防止のための「観察」は第二義的なものとされ、「生活の確立」を優先させる「保護」の観点が意識的に追求された。これに対して朝鮮では、はじめから「観察」と「思想の指導」を方針に掲げた。

それは施行に際しての増永正一朝鮮総督府法務局長の談話――「其の究極に於て思想犯罪の防遏と同時に、更に積極的に国体明徴、国民精神の強化を招来して国運の興隆に資益せんとするもの」（「朝鮮思想犯保護観察令の発布に就て」『朝鮮総督府官報』第二九七五号、一九三六年一二月一二日）――にあらわれている。

一九三七年一月、第一回保護観察所長会議が開かれた。南次郎総督は訓示で再犯防遏のための新制度であることを強調し、「思想犯は孰れも我が国家社会に対する正当なる認識を誤り、国法を犯すに至れるものなるを以て、之を指導誘掖するに際りては克く皇道精神を理解徹底せしめ、以て我が国体並に社会制度に対する正確なる認識を把握せしむると共に、東亜に於ける皇国の地位並に使命を会得せしめ」とした。

まだ発足したばかりで具体的な保護観察の運用実態をみることはできないが、どのような方針で運用されようとしたかはわかる。「保護観察の要否決定に関する基準如何」という諮問に、京城保護観察所は次のように答申する。

保護観察に付せざるもの　転向を表明し、数年間若くは半恒久的に一定の職業に従事し、生活の安定を得たる者

保護観察に付するもの

（イ）転向を表明し、思想に於ては安定し居る者と雖も、未だ一定の職業に従事せず、生活の安定を得ざる者

（ロ）転向を表明し、尚本人は家庭裕福にして生活に困窮することなき者と雖も、思想動揺中にして他の教唆若くは誘惑に乗ぜらる可き虞ある者

（ハ）表面転向を表明し居る者と雖も、思想に於ても並《ならび》に生活に於ても不安定なる者

（二）非転向者

「本人の思想指導の具体的方法如何」という諮問についてでは、咸興保護観察所は「朝鮮に於ける特殊事情に鑑み、思想指導の根底を培う方策」として「1　天皇陛下の赤子たるの信念を抱持せしむること」「2　中外の情勢に鑑み、帝国の世界に於ける使命を自覚せしむること」の二つの「信念自覚を促すこと最必要なり」と答申する。「本人の生活安定の具体的方法如何」という諮問に対する大邱保護観察所の答申は「（一）転向を証明し、就職、帰家、復校を斡旋す（二）転向者を許す限り各官庁及保護機関に就職せしむ（三）理解ある個人商店、工場に雇傭すべく、職業紹介所と連絡協調す（四）刑務所所属の保護会に名称を異にしたる思想犯人のみを収容する保護収容所を設け、観察所より委託せしめたる者を収容し、農業及び手工業を修得せしむ」というものだった。

また、「保護観察と警察視察との関係の調整如何」という諮問に大邱保護観察所は「保護観察に付せられたる者に対しては第一次に保護観察所の観察に委すべく、警察視察は間接補充的なるべし」としつつ、「非転向者及準転向者中、詭激思想を拋棄せざるものに付ては保護観察所、警察各立場に於て二重三重に厳密なる監視を怠らず、其の策動するの余地なからしむべし」と答申する（以上、「昭和十二年一月　第一回保護観察所長会議の状況」、『思想彙報』第一〇号、一九三七年三月）。もっともこれは保護観察所側からの希望であり、おそらく警察側では自らの視察を第一次としただろう。

「思想の指導」で「国体明徴、国民精神の強化」という目標が当初から設定されるのは、思想犯保護観察法の「運営の適否如何は直に半島の治安に影響する所大なるものある」（第一回会議における総督訓示）という認識にもとづく。思想犯の完全「転向」を朝鮮民衆全般の「皇民化」（「忠良なる皇国臣民」）の試金石とする位置づけがなされた。

とはいっても、日中全面戦争の前までは「皇民化」を目標としつつも、まだ「朝鮮民族の特異性」への一定の配慮もあった。東京で開催された三七年五月の第二回保護観察所長会同に参加した堤良明京城所長らがおこなった報告では、従来の朝鮮民族を日本民族に同化させる立場よりも「多少緩和性を持ち、朝鮮民族の特異性を認め、之を包容するが如き心構と気構とを持って之が保護指導に当る必要」（「朝鮮出身思想犯に対する指導方針」『思想彙報』第一二号、三七年九月）に言及されていた。

ところが、三七年七月の日中戦争全面化以降、「保護観察制度の持つ役割は挙国一致体制の整備、内鮮一体を根本目標とする朝鮮統治上益々その重要性を加うるに至った」（法務局「保護観察処分に付せられたる者にして更に治安維持法違反罪を犯したる者に関する調査」、『思想彙報』第二〇号、一九三九年九月）。もはや「朝鮮民族の特異性」についての配慮は消え、「観察」と「思想の指導」の徹底が急務となったのである。

## 警察との協調

一九三七年一二月の第二回保護観察所長会議で南総督は「其の究極の目的は単に思想犯人の再犯防止のみに止まらず、進んで犯人を教化善導して正道に復帰せしめ、忠良なる帝国臣民として積極的に国家生活に奉仕せしめんとするに在るのでありまして、本制度の活用は対内的には国内の治安維持に寄与し、対外的には思想国防に貢献する所、蓋尠少《けだしせんしょう》ならず」と訓示する。宮本元《はじめ》法務局長は注意事項として「皇道精神並に我が国体に対する明徴なる観念を把握せしめ、真に忠良なる皇国臣民たるの正道を踏ましむるべく万遺漏なきを期せられたい」と述べた。さらに三八年一〇月の第三回保護観察所長会議になると、宮本は次のような注意を与えている（以上、『治安維持法関係資料集』第三巻）。

元来観察と保護と並行し、両両相俟ちて始めて対象者善導の目的を達成し得べきものなるに、従来動《やや》もすれば観察は保護の手段なりとの公式的観念より不知不識《しらずしらず》之を軽視するに至り、遂に観察としての配意不十分に堕せるやの憾あり……多忙なる本務を有し、且観察事務に経験少き嘱託保護司に在りては地方在住対象者の如き短時間の往訪のみに依りては到底観察の目的を達し難き者に付ては、所轄警察官署と密接なる連絡を保ち、常に之が査察の任に在る警察官より詳細なる査察の結果を聴取して観察の資料と為すことを得べし

日本国内では警察の監視と保護観察は一線を画し、齟齬を来すこともあったが、朝鮮においては協調して「密接なる連絡」をとることを優先させた。

新義州保護観察所が「非転向者」に対してとる「大乗的愛の精神を以て観察に重きを置き、社会と隔離せんことに努力し居れり」という方針は、他の観察所でも同様であったはずである。「思想の指導」の面では、被保護者らは「従来の反国家的思想を抛棄したる所謂消極的転向のみにては満足せず、思想戦線の第一線に立ち、人的資源の動員に応じ挺身的報国を為さんとするものあり」（「新義州保護観察所管内状況」『思想彙報』第二一号、一九三九年一二月）というが、むしろこれは保護観察当局の願望であっただろう。

日本国内では三八年九月の日本共産主義団検挙などを契機に思想前歴者への警戒が強まるが、朝鮮ではその切迫感はより深刻だった。「保護観察処分に付せられたる者にして更に治安維持法違反罪を犯したる者に対する調査」（三九年七月末）をおこなった当局では、二％強の再犯率の中身から「観察所に於て準転向と観察している者の中には擬装転向者及逆転向の可能性ある思想動揺者が多分に混入していることが判る」と分析し、とくに「準転向者」に対する一層厳重な「観察」を求めた（『思想彙報』第二〇号、一九三九年九月）。

「保護」の柱となるのは生活の安定のための就職や復校の斡旋などであったが、それらがどのように具体的におこなわれたかを知る資料は乏しい。四〇年六月末現在の保護観察総人員一五四一人のうち、「生活確立せ

ざるもの」が四三三人（「就業中未だ生活の安定を得ざるもの」三二九人、無職者一〇四人）となっている（『思想犯保護観察表』、『思想彙報』第二四号、一九四〇年九月）。

こうした「保護」の実態が不明な理由の一つは、保護観察所のこの方面の活動が低調だったことにある。活動の重点は「忠良なる帝国臣民」の創出＝「皇民化」政策の推進となり、日中戦争全面化に即応した態勢づくりに追われることになった。

## 時局対応全鮮思想報国連盟の結成

思想犯「転向者」に対する「皇民化」政策は、一九三八年七月二四日の時局対応全鮮思想報国連盟の結成によって本格化する。これは日本国内の国民精神総動員運動に参加する「転向者」の時局対応全国委員会に呼応したものだが、「我等は皇国臣民として日本精神の昂揚に努め、内鮮一体の強化徹底を期す」「我等は思想国防戦線に於て反国家的思想を破砕撃滅する肉弾的戦士たらん事を期す」（結成大会の決議）とあるように、「内鮮一体」と「思想国防」を積極的にうちだした。規約の第三条は「本連盟は全鮮転向者の非常時局下に於ける国家総動員運動を強化拡充し、反国家思想を破砕撃滅して皇道精神の振起昂揚に努むると共に、其の自主的社会復帰を促進することを目的とす」となっている。

連盟の事務所は京城保護観察所内に置かれ、支部も各保護観察所内に置かれた。連盟を代表する総務・各支部長に朝鮮人の民間有力者を据えるなどの自主的な創立・運営の体裁はとられるものの、実権は総務次長に就く京城保護観察所長や各支部の副支部長となる保護観察所長が握っていた。一九四〇年九月の時点で七支部・七九分会と三二五六人の連盟員を擁し、本部では機関紙『思想報国』を刊行していた（『思想犯保護観察表』、『思想彙報』第二四号）。

三八年九月結成の新義州支部を例にとると、「時局に対応する活動」として国境警備警察官慰問・戦没将兵遺家族慰問・講演会（「転向者の心境を語る会」など）・廃品回収・慰問袋及慰問金贈呈などが、「精神輔導に関する活動」として勤労奉仕・機関紙『ありなれ』発行・夜学部開設などの活動があげられている。夜学部とは「内鮮一体、即ち皇国臣民完成に国語徹底の必要を痛感、府内未就学者三百余名を集め、連盟員自ら教鞭を執りて国語の教授に当りつつあり」というもので、その後、「皇民化」推進策の基軸に据えられる。「生活輔導に関する活動」として木工場の経営や生活刷新（大麻奉祀や愛国貯金）などをおこなっている（以上、「新義州保護観察所管内状況」、『思想彙報』第二一号、一九三九年一二月）。

朝鮮全体では思想報国連盟の「結成後一年にして国防献金五六〇〇円、軍事慰問七八回、勤労奉仕四一回、時局講演会一二二回」（長崎祐三「朝鮮における思想輔導の現況」『昭徳』一九四三年八月、『治安維持法関係資料集』第三巻）におよんだという。

三八年八月一〇日、京畿道警察部長は警務局長らに「時局対応全鮮思想報国連盟京城支部の勤労奉仕に関する件」を報告している。「現下時局の重大性に鑑み、理論より先づ実行を「モットー」」に、京城支部の五五人の転向者らが「流汗的勤労作業」として実施した陸軍墓地の清掃などの奉仕作業について、「相当有意義なるものありしが如く認められたる」とする（「思想に関する情報11」、国家記録院所蔵）。

新義州保護観察所長として連盟の活動をコントロールした長崎祐三は「時局と半島転向者の将来」（『昭徳』、一九三九年一一月）と題する文で、今後の方向が「内鮮一体の徹底と思想国防」にあり、「我帝国は好むと好まざるにせよ、転向者を事変解決の外に立たしめる事は出来ない」と論じる。いよいよ思想犯保護観察制度は朝鮮全体の「皇民化」の挺子としての役割を担っていくことになった。

## 思想報国連盟から大和塾へ

一九三三年九月、朝鮮共産党日本総局事件の大審院判決で懲役六年が確定した金漢卿《キムハンギョン》は転向した後、思想報国連盟の発足にあたり本部の幹事に就くが、治刑協会発行『治刑』第一六巻第一一号（一九三八年一一月）に「我等は斯く考える」を寄稿する。そこで「思想報国の重大責務を背負った我々は、先づ自己の思想的浄化を計り、自粛自戒皇国臣民としての権利と義務を自覚し、我が万邦無比の国体観念の擁護と現下の非常時局に対する認識とを深めて、皇国の運命の為に思想報国の第一線で闘わねばならぬ」という決意を表明する。

三九年四月一〇日の『朝鮮新聞』は「長期建設下にあって思想報国連盟が転向者を率いて日本精神体得を一層強化せしめんとし、内地のそれと協同し、全鮮を通じて連盟本部及支部より各一名宛選抜し、内地を視察せしめ、橿原神宮を参拝せしむる事」とし、二日間の勤労奉仕をおこなったことを報じている。大邱保護観察所からの参加者の「従来日本精神と云いましてもピッタリ心に触れませんでしたが、橿原神宮前で勤労奉仕をしていますと、言語に顕《あらわ》し得ざる崇厳の念に打たれ、是だ！　と云うものを感じさせられました」という経験を紹介する。

思想報国連盟は、四一年一月、より教化善導色を強めた大和塾に発展解消される。その発端は新義州保護観察所で自治を建て前に「徒らに内地委員会を模倣して自主的に流れ、朝鮮の実情にそわぬ」状況が生まれたためという。早くも三九年末には「時局はひっ迫し、迅速にして強力な統制ある活動が要請されている」として、「今こそ保護観察所自ら陣頭に立ち、強力なる指導をなすべしとの結論に達した」という。大和塾は「住宅と教室と授産場とを具有する会館」を中心に運営するもので、保護観察所の外郭団体として所長自らが塾の会長を兼ねた。自治・自主が排除された（長崎祐三「朝鮮に於ける思想輔導の現況」、『昭徳』第八巻第八号、一九四三年八月）。

法務局は「名実共に保護観察所の外郭団体」として思想報国連盟の各支部を独立させ、大和塾を設置した。大和塾は保護観察所ごとに設置され、四一年一〇月末現在で所属支部数八六、会員数四一二九人、資産二九万七四七三円を擁した（朝鮮総督府「思想犯保護観察制度実施の状況」、『治安維持法関係資料集』第三巻）。

その綱領は「皇道精神の振起昂揚と内鮮一体の深化徹底を期すると共に、特に思想事件関係者を教化善導して保護し、其の自主的社会復帰を促進せしむることを目的とす」というもので、連盟以来の思想報国運動に加え、あらためて「皇道精神修錬道場の施設、国語の普及、講習会講演会座談会等の開催、機関紙其の他出版物の刊行、授産の経営等」の保護教化事業を目標とした。その中心は国語普及運動で、のちに徴兵制度や国民徴用制度の趣旨普及にもあたる。四一年八月現在、国語講習会は二八カ所で開催され、受講者四一七〇人、講習修了者二〇〇〇余におよんだ。

京城大和塾を視察した法務局行刑課の高原克己は、生徒は朝礼で学童訓「私共は御国に生れたる喜びを感じ　陛下の赤子として立派な日本の子供となります」を唱えると、「愛国行進曲のレコードに歩調を合せて秩序正しく講堂正面の国旗に敬礼して次々に各自の教室に下って行く……正面教壇の上には二重橋の写真を掲げ、一方の壁面には学童訓が掲げられている。生徒の机の上には学務局寄贈の

日本精神修錬道場

京城大和塾、今日盛大한發會式

石炭公定價改正

『毎日申報』1940年12月15日　京城大和塾

国語教本が拡げられ、今納税に付てそれが国民の義務として如何に大切なものであるかということが講師により繰返し説かれている。もう国語教本もスラスラと読め、講師の質問に対する応答も元気よく活発である」と記している（以上、高原「大和塾の設立と其の活動」、『朝鮮』第三一七号、一九四一年一〇月）。

四四年六月、緑旗連盟編『大和塾日記』が刊行された。京城第二高等女学校・啓星《ケソン》女学院を卒業し、緑旗連盟婦人部の一員として京城大和塾の国語講習にたずさわり、二〇歳で夭折した浅野茂子の日記を中心に編集されている。京城大和塾会長として「日本の娘」を寄稿した長崎祐三は「あなたはおとなしい人でした。やれ皇国臣民化運動、やれ内鮮一体運動と自分一人が指導者顔している人が多いのに、あなたは黙々として、半島の子供のよき姉としてよき先生としての情熱を傾けていました。日記によれば、大和塾の子供に自由画をかかせ、皆が期せずして日の丸の旗を書いたのを見て、あなたは半島の子供が皇国臣民化されつつあると涙をながして喜んでいます」と記している。

総督府文書課の沖中守夫の「新義州大和塾訪問記」が『朝鮮』第三二五号（一九四二年六月）に掲載される。「塾生たちを如何に指導しているか」という点について、次のように記している。

ここでは理論闘争は全然行わない。「行」一天張《ママ》りである。理論闘争は何処までも理論闘争に発展するであろう。よしこちらが相手を説伏し得たとしても、そこには何か割り切れないものが残るであろう。要は相手を皇国臣民化せばいいのだ。朝鮮同胞が共産主義、或は民族主義的思想に走った主たる原因は感情に出発しているものが多いということだ。果して然らば感情から出発した者を理論闘争によって転向させようとしても、それは無理な注文だ。だからここでは「情」の生活より出発しつつ、日本精神を把握させることをモットーとする。

保護司家族は一一家族と長屋住いをして、「日常生活を通じてお互いが理解し会う」という。沖中は「並々

# 職域に奉公
## 觀察所長に着任の
## 長崎祐三氏語る

新義州地方法院檢事から京城保護觀察所長に榮轉した長崎祐三氏はけふ午前十時四十五分京城驛着列車で着任したが驛頭で次の如く語る

高度國防國家建設のためには人的資源が何よりも必要であることは云ふまでもないことであり又これを思想上から保護し善導しなければ所期の目的は達せられないと思ひます陛下の赤子を保護することは國民の義務であると思ひます京城には地方法院に在任した多數の上司や先輩の方がをられるので指導のよろしきを得て一生懸命に職域を奉公したいと思つてゐます（寫眞は長崎祐三氏）

壕の構築その他防空施設の完備に努めること
六、物資の活用
七、心身の修練（體位の向上を圖り娯樂を健全なものにすること）
八、勤勞
九、娯樂の自肅
十、節約自肅

## 府民氷上祭
## 盛大に開く

冬期スポーツの最終を飾る京城府民氷上祭は十六日午前十時から京城體育會主催で府內淸凉里綜合リンクにおいて華々しく開

『朝鮮新聞』1941年2月17日　長崎祐三の京城保護観察所長就任

ならぬ苦労を荷うこの思想保護事業の反面には、転向させ得たら有能な人士をつくり出せるという大きな歓喜と慰安とがある」と感想を書きつけている。

四一年四月一八日、京畿道警察部長は警務局長らに「大和塾第一回思想善導講習会受講生の感想内査に関する件」を報告している。三月一〇日より一カ月間、三一人が共同生活し、「起居の間、終始日本精神の昂揚振作に努むる処あり」、「其の効果相当大なるものあるやに認めらる」として参加者の感想を聴取している。四八歳の白《ペク》南雲《ナムウン》は「自分は大和塾の生活を通して稍《やや》もすれば寂寞を感じた心持も明朗化されると共に、体験の貴さに於ては誠に一生涯の記念たらざるを得ない……団体生活を通して共同生活、若くは国家生活に於ける「服従」の絶対性の如何に崇高なるかを泌々《ひしひし》と感得された」と述べたという（「思想に関する情報14」、国史編纂委員会所蔵）。

## 皇民化政策の先鋒として

一九四一年一一月、『朝鮮司法保護』創刊号に長崎祐三（新義州から京城保護観察所長に転任、京城大和塾会長）は「保護は司法の礎石なり」を寄稿し、「抑々《そもそも》国家刑罰権の行使は単に因果応報の意味に於て犯人を弾劾膺懲《ようちょう》することを以て目的とするものでない。寧ろ其の主眼とするところは社会の安寧と幸福を維持する為に、犯人を教育し、其の悪性を矯正して善良なる皇国臣民として社会に復帰せしめ、天壌無窮《てんじょうむきゅう》の皇運を扶翼し奉る底の人物に錬成せしむるにある」と論じている。「思想犯保護観察号」と題する『朝鮮司法保護』第二号（四一年一二月）では長崎は「思想犯保護観察の回顧」として「朝鮮統治の根本方針は内鮮一体である。内鮮一体の完遂は半島同胞を皇国臣民化するにある。内鮮一体に一番反対する者は民族主義者であり、共産主義者である。保護観察所は内鮮に一番反対する此等を皇国臣民となす機関である、朝鮮統治の根本問題を解決するところである」と持論を展開していた。

朝鮮における思想犯保護観察制度を主導し、大和塾への発展とその運営の中心人物となった長崎の論調はとどまることを知らない。四三年八月の「朝鮮における思想輔導の現況」（『昭徳』第八巻第八号、『治安維持法関係資料集』第三巻）では思想犯保護観察制度と「皇民化」の関係を、次のように位置づける。

> 私は確信している。半島に於ける保護観察所の職務こそ「大東亜建設の核心をなすものである」と。大東亜諸民族が御稜威の下に集って東亜一家の楽を共にし得るか否かは帝国が半島民衆を皇民化出来るか否かによって試験されるのである。半島民衆を皇民化し得るか否かは、日本人となる事を最も強く拒否した思想前歴者を私共が皇民化し得るか否かに依って判定せらる。かくして私共の職務こそ大東亜建設の礎石をなす聖職である。

長崎の言は、四四年になると「保護観察の目標は内鮮を問わず、対象者を　上《かみ》御一人のため喜んで死する人間をつくりあげるにある」とまでエスカレートする。そして日鮮同祖論を持ち出して「思想輔導を通じて朝鮮人対象者の皇民化は可能である」と断じるので

『朝鮮司法保護』創刊号表紙
1941年11月
韓国・国立図書館所蔵

ある（「朝鮮に於ける思想輔導と皇民化」、『司法輔導』四四年四月、『治安維持法関係資料集』第三巻）。

治安維持法の運用がそうであったように、思想犯保護観察法の運用も朝鮮においては日本国内よりも相対的に厳重で過酷であっただけでなく、「皇民化」政策の先鋒という役割も担うことになった。それは先の『朝鮮司法保護』「思想犯保護観察号」の巻頭言で、法務局事務官宮崎保興が「本制度が為し遂げた成果は実に大きい。嘗て我が国礎を蝕《むしば》まむとした思想前歴者の大多数が、本制度の許《もと》に皇国臣民としての自覚を呼び覚まされ、或は大陸戦線に、或は銃後産業戦士として御奉公の赤誠を披瀝しつつある。それのみか、現下我が国未曾有の一大国難に際会し、国運隆替《りゅうたい》の鍵、決戦体制の整備上、思想犯保護観察所の演じつつある役割に想到する時、何人と雖も今昔の感に堪えないものがあろう」と記したところに明らかである。

# 三 予防拘禁

## 予防拘禁制度の先行

一九四一年三月一〇日に公布となった新治安維持法より約一月早い二月一二日、朝鮮では制令第八号として朝鮮思想犯予防拘禁令が公布され、三月一〇日に施行されていた（新治安維持法の施行により五月一四日廃止）。

当初、朝鮮総督府では四〇年一二月一日からの施行を予定しており、遅延しながらもなお治安維持法の「改正」

を待たず、二カ月あまり先行して実施させたのである。なぜ、そうした先行の必要があったのだろうか。

日中戦争全面化以降、朝鮮における思想犯保護観察制度の運用は「皇民化」への寄与をめざす一方、「非転向者」「準転向者」への「観察」と「思想の指導」を強めていた。前者の推進組織である時局対応全鮮思想報国連盟が、より教化善導色を強めた大和塾に発展する（全朝鮮での実施は一九四一年一月）一方で、保護観察では対応しきれない「非転向者」や「準転向者」を予防拘禁に付すことが浮上してきた。その背景にあるのは保護観察対象者のうち「非転向者」は二・八％ながら、「準転向者」は五三・七％に及ぶという一九四〇年六月末の状況（『思想彙報』第二四号、一九四〇年九月）や治安維持法違反受刑者六四一人のうち「非転向者」が四六七人にのぼるという状況である（朝鮮総督府法務局「予防拘禁関係調査書類」、『日帝下支配政策資料集』第一七巻所収）。「転向」の認定基準に違いがあるとしても、これらは日本国内の状況とはかなり異なる。

それは法務当局だけでなく、警察当局の要請でもあった。三九年一〇月末の時点で高等警察（特高警察）の把握する「要視察人非転向者」の割合は六五％強、「要注意人非転向者」は五六％強（いずれも「含心境不明者」）に達し、「彼等の動静に就ては、表面の動静を以て毫も楽観を許さざるものあり」（警務局保安課『高等外事月報』第九号、四〇年四月分）という認識を持っていたのである。

それにしてもなぜ治安維持法の「改正」を待たず、制令による実施を急ぐのか。なかなか進捗しない治安維持法の「改正」に業を煮やしてという事情もあっただろうが、立案過程の資料では朝鮮思想犯予防拘禁令を「一般的理由」とともに、次のような「朝鮮の特殊事情」から説明している（「予防拘禁関係調査書類」）。

　朝鮮は直接大陸及蘇連と接壌せるが為、共産主義思想侵入の防遏上特殊の地位を存するのみならず、我が帝国の大陸前進兵站基地たる特殊使命を加重せられつつある情勢に鑑み、半島の思想浄化は焦眉の急務なる処、元来半島思想犯人は其の意識程度低き者と雖も極めて実行力に富み著しき凶暴性を有し、而《しか》も其の

(二) 昭和十五年一月五日 (金曜日) 동아일보

朝鮮의思想不穩者相對로
豫防拘禁制度를實施
前科者에限할지一般人에限할지注目
豫算額二十萬圓通過

"特殊事情을參酌
內地보다앞서서施行"
◇總督府大野刑事課長 談◇

清津에大火

盜掘은極力取締
金剛山保勝의損害는크잔타

『東亜日報』1940年1月5日　予防拘禁制度

殆ど全部が偏狭固陋なる民族意識を抱懐し、為に内地思想犯人に比し思想転向極めて困難にして、就中悪質なる非転向前科者中には思想犯保護観察制度のみを以ては思想善導の効果を期すること殆ど不可能の者あり、現に彼等頑強不退の非転向者中、事変下に於ても仍《なお》活発なる地下運動を継続し、銃後治安の攪乱を企図する者、其の迹《あと》を絶たざる情勢なるのみならず、目下在監中の思想犯受刑者の思想状況、亦行刑当局必死の努力にも拘らず極めて憂慮すべきものを存す

現在確認しうる朝鮮思想犯予防拘禁令の草案はその施行予定日を四〇年一二月一日としていることからみて具体的な立案の作業は四〇年秋頃と推測されるが、新聞の報道によれば、さらにさかのぼって四〇年一月上旬にはすでに概要が固まってきていたと推測される。

四〇年一月五日の『東亜日報』は朝鮮の「思想不穏者」に対して予防拘禁制度の実施が準備され、二〇万円の予算案が通過したこと、「特殊事情を参酌」して日本国内より先行して施行するという法務局の大野憲光行刑課長談を報じた。さらに八日には「問題中の予防拘禁制度　思想犯前科者に限定　運用内容は制令で発布」という記事も載る。また、八日の『毎日申報』には「予防拘禁所（仮称）設置　七月以後に設置　赤色思想清算なき人物に対して」という見出しの記事が載る。

事情は不明ながらこの計画は遅れ、四〇年秋頃から再び準備が本格化したようである。現在判明する制令案は一九三四年の第六五議会提出の治安維持法「改正」案の「予防拘禁」の部分をモデルとしてつくられており、付則を含めて全二〇条からなる。実際の施行制令（全二六条と付則）とはやや異なり、施行制令が受刑者と保護観察中の「非転向者」とみなした者を対象とするのに対して、草案段階では「未だ改悛せざる治安維持法違反の受刑者」としている。「刑の執行猶予の言渡を受けたる者は起訴猶予の処分を受けたる者と同様、之を朝鮮思想犯保護観察令に依る保護観察処分に付するを以て十分之が矯正改善の目的を達し得べく」という判断にもとづく。保護観察中の「非転向者」の率が低いとみなされていることに関連があるだろう。この制令案には「朝鮮思想犯予防拘禁令施行規程」（「第一章　予防拘禁手続規定」「第二章　予防拘禁処遇規定」案）が付されている（以上、『治安維持法関係資料集』第四巻所収）。

朝鮮総督府法務局はこの案で日本・司法省と折衝したと思われるが、おそらくその場で検討中の新治安維持法案の内示を受けて、修正を迫られた。総督府側は新治安維持法成立前の先行施行をあくまでも求めつつ、予防拘禁の条文を同一のものにして新治安維持法施行後への継続性を考慮する必要があった。

そして、正式に朝鮮総督名で近衛文麿首相宛に制令公布の請議をおこなった四〇年一一月五日時点の案は、施行制令の条文と同一のものとなり、予防拘禁の対象者も保護観察中の「非転向者」を含むこととなった。そこでは咸南北《ハムナムプク》地域の「思想悪化」の事態を強調して、「在監非転向思想犯人にして近時斯る思想悪化地帯に帰住すべきもの続続刑期満了し釈放せられんとする状況にして、而も之等非転向在監者の刑務所内に於ける行状に照し、之を叙上思想悪化地帯に帰住せしむることは極めて危険なるものある」と論じて、「早急に朝鮮に予防拘禁制度の実施を必要とする特殊事情」を補強している（「公文類聚」中の朝鮮思想犯予防拘禁令に関する説明、一九四〇年一一月）。

しかし、立案の最終段階に入っていた新治安維持法案を待たず、朝鮮でまず「予防拘禁」制度を実施することに日本政府内でも躊躇があったのだろう、総督府側の期待に反して早急な実施は延ばされた。それでも制令案は四〇年二月六日に閣議決定され、七日天皇の裁可（この日、新治安維持法案の閣議決定がなされた）、そして二一日の公布となる。三月一〇日の施行に合わせて、朝鮮総督府予防拘禁所官制・朝鮮総督府予防拘禁委員会官制が制定されるほか、朝鮮思想犯予防拘禁令施行規則も制定された。

三月一〇日の施行日、法務局長から裁判所・検事局・刑務所の長に通牒された「朝鮮思想犯予防拘禁令の実施に関する件」では、現下の国際情勢の緊迫化のなかで「半島に於ける反国家的思想の殲滅《せんめつ》を期し、以て銃後治安の確保を図らんとする」ためには「当面せる帝国の大陸国策完遂上、不可欠の要件」とする。その一方で、「其の人権に及ぼす影響亦寔《まこと》に甚大なるものある」として「適切妥当を期せられ度」とする。この「人権」配慮という姿勢が建前にすぎないことは明らかだが、このように言及する点には法の逸脱に対するホンの少しの負い目があったというべきだろうか。

この通牒では前述のような制定理由を繰りかえすとともに、目的として非転向者を「社会より隔離」することと「思想の改善矯正を図り、忠良なる皇国臣民として社会に復帰せしむること」をあげている。それは日本国内の予防拘禁が目的とした社会からの隔離と教化改善と重なるが、朝鮮ではとりわけ後者に比重がかかった。朝鮮思想犯予防拘禁令の条文では第一五条で「予防拘禁に付せられた者は予防拘禁所に之を収容し、改悛せしむる為必要なる処置を為すべし」と規定されるにとどまるが、「忠良なる皇国臣民として社会に復帰」の具体的な基準は三月七日制定の朝鮮思想犯予防拘禁令施行規則の第三七条に、「収容者の教化は国体に対する明徴なる観念と皇国の道に対する確固たる信念とを把握せしめ、且之を実践に移さしむるを以て目的とす」（『朝鮮総督府官報』第四二三五号、一九四一年三月七日）と明確に規定された。

朝鮮思想犯予防拘禁令の施行後まもなく、『治刑』第一九巻第四号（一九四一年四月）は巻頭論文「思想犯予防拘禁制度の実施に当りて」と編集部「保安処分と思想犯予防拘禁制度」を掲載する。前者では「今や思想犯防遏の陣営は、行刑と保護観察と予防拘禁の三段構えとなり、愈々その完璧を期し得ることとなった」としたうえで、「予防拘禁制度の実施によって、刑期終了後と雖も、行刑の意図を継続し得る国家の機関が生れたのであって、我々は必要以上に刑期にわづらわされる心配はない」と期待を込める。「皇国臣民への還元」という「行刑の意図」の貫徹が絶対的なものとされ、罪刑法定主義の大原則は見向きもされない。

「保安処分と思想犯予防拘禁制度」も同じ論調である。「従来の行刑と保護観察の欠陥を補うもの」「思想犯罪の根絶を帰せんとするもの」として思想犯予防拘禁制度を位置づけたうえで、「今や思想犯罪防止の対策は完璧の陣容を整えるに至った」と豪語する。

五月一五日、新治安維持法による「予訪拘禁」制に移行するに際し、朝鮮思想犯予防拘禁令施行規則に代えてあらためて朝鮮思想犯予防拘禁規則を定め、収容者の教化について第三七条で前述の「施行規則」と同じく規定した（『朝鮮総督府官報』第四二九〇号、一九四五年五月一五日・一九日）。日本国内の予防拘禁処遇令では同様な規定は設けられていない。朝鮮では予防拘禁制度を先行させたことに通じる「特殊事情」から「隔離」の重視とともに「教化」の方向を明確に打ち出した。前述の「保安処分と思想犯予防拘禁制度」では、「これは隔離拘禁と改善とをその内容とするものであるが、国体の本義に徴し、改善が勝義にあるべきことはいう迄もない」としていた。

## 予防拘禁所の開設

一九四一年三月一〇日、予防拘禁所は「朝鮮総督府保護教導所」という名称で京城に開設された。所長（教導官）には京城地方法院検事局検事だった大坂盛夫が就任する。他の教導官は京城地方法院検事局の思想検事の平石林と中川鼎が兼務する。教導官補の定員は八人だったが、七月時点では四人しか埋まっていなかった。なお、理由は不明ながら四三年一二月一五日、保護教導所は場所を京城から忠清北道《チュンチョンブクド》の清州《チョンジュ》に移転している。四四年一一月七日、所長が諸岡市朗検事に交代する。

予防拘禁の手続きは刑務所長および保護観察所長が該当者を地方法院検事局の検事に申立をし、検事がその申立を妥当と判断すると、予防拘禁委員会（各地方法院検事局に設置）の意見を聞いたうえで裁判所に予防拘禁の請求をし、裁判所が本人の陳述を聴いて「決定」する、と規定されていた。収容は二年間で、「非転向」のままの場合には手続きをへて予防拘禁が更新される。

日本国内の場合は予防拘禁に付す司法処分の記録を確認できるが、管見の限り、朝鮮におけるこの手続き関係の記録は見当たらない。唯一、関連するものとして、大田地方法院と京城覆審法院の予防拘禁に付す決定に対して延秉学《ヨンビョンハク》がおこなった再抗告を、高等法院が棄却した四二年一二月三〇日の事例がある。「予防拘禁に付する旨の決定に対する抗告棄却の決定に対する抗告は、法の許容せざるものとす」という門前払いの「決定」であった（『高等法院民事刑事判決録』第二九巻）。予防拘禁処分に対する上告が不可能となった。

新治安維持法による予防拘禁がスタートする四一年五月一五日、宮本元法務局長は「治安維持法と国防保安法とに就て」と題するラジオ放送のなかで、次のように述べた（『治刑』第一九巻第六号、一九四一年六月）。

中には、頑固な非転向者も居りまして、保護観察に依るも其の皇国臣民化を期待し難く、却って更に思想犯罪を犯すの虞ある者等の為には、刑罰制度の外に之を補足する保安処分制度を設け、彼等を社会より隔離して、国家治安に対する危険を防止すると共に、教化鍛錬の方法に依り、彼等をして其の思想の転向を達成せしむることこそ、時局の重大性に鑑み、恂《まこと》に緊要の要務であると存じます。予防拘禁制度は斯様な見地の下に非転向思想犯人を社会より隔離し、併せて其の人格を錬成する目的を以て設けられたるものでありまして、要は治安維持法、保護観察制度の運用と相俟って銃後国民に一人の反国家思想抱懐者をもなからしめて、半島思想の統一に対する障《しょう》礙《がい》を徹底的に芟《さん》除《じょ》し、以て高度国防国家態勢の確立に寄与せんとするものであります。

思想修練의道場
今日、保護教導所開所
皇民으로練成
大坂保護教導所長 談
〝銃後意氣에感

『毎日新報』1941年3月12日　保護教導所開所

「反国家思想抱懐者」の徹底的殲滅という目標を高く掲げ、その遂行にあたる態勢の整備にあたった。朝鮮思想犯予防拘禁令施行にともなう予防拘禁所官制（三月四日公布、一〇日施行）の説明資料（「公文類聚」中、一九四〇年一二月）によれば、第一年目は受刑者中の「非転向者」一九八人と一六二三人を数える被保護観察者のなかの「非転向者」二〇〇人の合計三九八人の収容を予定した。収容後の転向率を二割と予想したうえで、第六年目以降は四四二人で恒常化するという机上の計算をおこなっている。日本国内での予防拘禁対象者の予想は在監者七六人と保護観察中の者二九〇人と見込まれていたから、この想定はかなり多い。

## 予防拘禁所の実際

予防拘禁所の規模でも教導官三人、教導官補八人となっており、日本国内の教導官二人、教導官補二人と比べ、手厚い。なお、予防拘禁制度の実施に伴い、法務局では事務官一人と属二人を増員している。これには「内地は勿論、広く世界各国に於ける思想犯人の処遇方策に対する詳細なる比較研究を為すと共に、朝鮮に於ける特殊事情をも十分検討考慮し、制度運営の全般に亘り万全を期する為、不断に最有効適切なる企画を為すの必要あり」(「公文類聚」中「朝鮮総督府官制中改正」の説明資料、第六五編・一九四一年・第四四巻)という理由が付されていた。

ただし、日本国内でも同様であるが、実際に予防拘禁に付されたものは前述の想定を大きく下回った。四一年三月末に各保護観察所が調査した予防拘禁の見込者は二八人という。五月一二日現在では保護観察所から七人が、刑務所から一〇人の「非転向者」が検事のもとに通知されている(新義州保護観察所長佐藤豁の保護観察所長会議〔一九四一年五月〕の発言、司法省保護局『保護観察所長会同議事録』、『治安維持法関係資料集』第三巻)。一一月末では保護観察から移された二九人と満期釈放者からの一一人の合計四〇人が収容されている(朝鮮総督府『第七九議会説明資料　法務、警務他』)。「非転向者」が多数存在するという「朝鮮の特殊事情」を強調していたが、それは予防拘禁制度を導入するための過剰な認識であったといえる。

しかし、佐藤新義州保護観察所長が「予防拘禁令が出て以来、非常に転向者の態度が変って来ました」と述べるように、「非転向者」以外にも影響はおよんだ。新義州保護観察所の対象者に予防拘禁制度についての見解を問うたところ、ある「優秀なる転向者」は「最初懐疑に迷ったことは同法令の意義が那辺にあり、機構は如何にして如何ばかりの者を拘禁するのであろうか、極端にして観察制度実施前警察の要視察の制度の延長であり、時局の見地からは国家は転向者にせよ、過去に反国家的行動をなし国法に反した者は総括拘禁するのではないかと云う迂闊な考さえしたことがありました」と回答したという（前掲『保護観察所長会同議事録』）。「予防拘禁」制はその直接の対象者の社会的隔離の実現に止まらず、「非転向者」や「準転向者」の「転向」促進という間接的効果を発揮したことが推測される。

姜進　保護教導所収容（予防拘禁）

韓国の国史編纂員会データーベースで検索すると、予防拘禁された人物として次の五人が判明する（日本の予防拘禁所に収容されていた金天海《キムチョンヘ》を除く）。いずれも「非転向」のまま、四五年八月一五日に出獄する。

姜《カン》　進《ジン》　朝鮮共産党再建準備会事件　一九三一年　懲役一〇年
金綴洙《キムチョルス》　第五次朝鮮共産党事件　一九三一年　懲役一〇年
金烔善《キムキョンソン》　国際共産党遠東部特派国内再建工作事件　一九三三年　懲役八年
崔敬徳《チェキョンドク》　朝鮮共産党再建準備会事件　一九三二年　懲役七年
許成沢《ホソンテク》　城津《ソンジン》農民組合事件　一九三六年　懲役五年

ほかに前述の高等法院に再抗告して棄却された延秉学（一九三八年、懲役六年）もいる。これらの人物がいつ、どのように予防拘禁されていったのかは不明である。

四四年一二月の法務課「予防拘禁収容者の状況」（朝鮮総督府「第八六回帝国議会説明資料　官房、学務、法務、警務」一九四四年一二月、『治安維持法関係資料集』第四巻）が、「予防拘禁」の実際を知れる唯一といってよい記録である。制度実施以来、四四年九月末までに八九人を収容し、二四人がすでに退所、死亡が四人、執行停止中が二人で、五九人が在所している。この五九人の内訳は「非転向」二〇人、「準転向以上」二五人、「非転向には非ざるも未だ準転向に至らざる者」一四人となっており、その状況が次のように説明されている。

予防拘禁所収容者の転向状態は右の如きにして、其の抱懐思想は概ね民族意識を根拠とする共産主義者なるが、右の内非転向を表明せる者は三割四分に当り、之等の者は官の指導に随順せず常套的反抗言動を反覆持続し居り、内少数者は拘禁の長期化と共に幾分人間的反省動揺の兆あるも、大部分は飽迄生硬なり

準転向者以上の者は皇民的修練に精進すべき決意ありて、諸行事訓練に努力するの気構え看取せらる

非転向には非ざるも未だ準転向に至らざる者は入所日浅く、思想状態不明の者及形式的転向を表明し、一応機会的言動を持し居る者なり

先ほどの姜進ら五人は「非転向」組だろう。「官の指導に随順せず常套的反抗言動を反覆持続し居り」とあるように、「皇国臣民への還元」という教化改善がうまくいっていないことがわかる。日本国内の予防拘禁所収容者よりは多いが、三年半余りの間で八九人の収容にとどまったことは、予想に反して朝鮮における予防拘禁制度が低調であったことを物語る。

# あとがき

治安維持法の「悪法」性の実態と根源を明らかにするために、前著では治安維持法運用の二〇年間の通史を概観し、本書では治安維持法とそれを補完する治安諸法令の司法処分の「現場」という視点から論述してきた。最初の著作『特高警察体制史』（一九八四年）の「あとがき」に「あまりに特高警察体制の機能論に終始し、生身の人間と格闘した特高警察の実相を十分につかみえなかったのでは、という忸怩たる想いがつのる」と記したが、同じような感覚がよみがえる。本書においては高等警察や思想検察、裁判所などについて、それぞれの「現場」の司法処分の記録である「訊問調書」や「公判記録」、判決文の活用によって、日本国内では史料的な制約からつかみえなかったそれぞれの実態の究明においていくらかは前進することができたのではないか、と思う。ただし、高等警察官や思想検事、予審・公判の判事、行刑関係者らを治安維持法の苛酷な運用に駆り立てたものが何であったのか、その内実については十分に迫りえていない。

もう一方で治安維持法によるきびしい処断の対象となった朝鮮の人々について、それぞれの生身の人間の情熱や憤激・懊悩などの息づかいにどこまで触れることができたかも心もとない。虚偽と捏造を多く含む官憲側の史料に則するという絶対的な制約があったとはいえ、治安維持法という脅威に抗してなぜ、どのように自由＝「独立」や平等＝「共産主義」のための変革を志したのか、もっと読みとらねばならなかった。

これをわずかながらも補足する意味で、第一次・第二次朝鮮共産党事件で中心人物と目された権五卨《クオンオソル》の陳述について述べておきたい（Ⅳの一参照）。一九二七年一〇月二〇日の京城地方法院の第一六回公判で裁判長から

「被告は共産主義に共鳴するや」と問われて、権は「饑《ひも》じい時に喰《く》い、寒い時に着ることが出来たらよいと思い、左様な境地を目的とした共産主義は好い処ですから共鳴します」と答えている。その動機について「金の有る者は学識なくとも尊敬され、金の無い者は如何に学識を備えて居ても尊敬されませぬ様な不合理の状態」や日本人の高利貸がまたたく間に大地主になってしまったという実体験から、「現代社会制度の欠陥」の是正を決意したとする。そして、総督政治の下で「朝鮮人なるが故に牛馬の如き自由なる生活さえも出来ぬと言うのは如何なる理由でしょうか」とするどく問いかけた。二二日の第一七回公判では自由や平等の獲得という「社会進化の促進」を阻害し、「取締まる治安維持法は古今稀な悪法である」と言い切った（「高允相外百名（治安維持法違反等）」、国史編纂委員会所蔵）。判決で懲役五年を言い渡された権は三〇年四月一七日、肺炎により西大門刑務所で亡くなった。

それから一五年後の四五年二月一六日、尹東柱《ユンドンジュ》が服役中の福岡刑務所で亡くなった。同志社大学在学中という、在日朝鮮人の治安維持法違反事件の一つであるが、ここでふれておきたい。司法処分の記録として確認できるのは、京都地方裁判所に残されていた判決文（一九四四年三月三一日、宋友恵『空と風と星の詩人　尹東柱評伝』所収）のみである（ほかに、内務省警保局『特高月報』四三年一二月分所載の「在京都朝鮮人学生民族主義グループ事件策動概要」がある）。

尹東柱は四三年七月一四日、京都府特高課により高熙旭《コヒウク》とともに検挙された。一〇日に宋夢奎《ソンモンギュ》が検挙されていた。三人は一二月六日に京都地方裁判所検事局に送致された。高は起訴猶予となり、尹と宋が四四年二月二二日、起訴となった。「予審請求」ではなく「公判請求」となり、三月中に公判がはじまり、尹には三月三一日に新治安維持法の第五条（協議）が適用され、懲役二年（未決通算一二〇日）が言い渡された。宋への判決は四月一三日である（懲役二年）。

尹に対する判決文には、次のようにある。

茲に朝鮮民族を解放し、其の繁栄を招来せん為には朝鮮をして帝国統治権の支配より離脱せしめ、独立国家を建設するの他なく、之が為には朝鮮民族の現特《ママ》に於ける実力、或は過去に於ける独立運動失敗の跡を反省し、当面朝鮮人の実力、民族性を向上して独立運動の素地を培養すべく、一般大衆の文化昂揚並に民族意識の誘発に努めざるべからずと決意するに至り、殊に大東亜戦争の勃発に直面するや科学力に劣勢なる日本の敗戦を夢想し、其の機に乗じ朝鮮独立の野望を実現し得べしと妄信して益々其の決意を固め

具体的な「犯罪事実」として列挙されたのは、宋夢奎と「相互独立意識の激発に努め」たこと、松原輝忠と白野聖彦に対して「民族意識の昂揚」に努めたことであり、これらを尹東柱が「国体を変革することを目的として其の目的遂行の為にする行為を為したる」とみなした。

証拠については警察・検察の各「訊問調書」や証人の供述などはあげられず、「被告人の当公廷に於ける判示同趣旨の供述」のみによって認定されるとするが、これはおかしい。公判において尹は自らの言動に「民族意識の昂揚」があったことを認めつつも、それが具体的に独立運動に直結することについては極力否定したと推測できるから、裁判長はその供述を無視し、判示事実を認定したことになる。戦時下の治安維持法違反事件の公判・判決として断罪こそが第一義であり、手続きとしても法の厳密な運用は無視された。この判決で用いられる「夢想」や「妄信」は本書で引用した判決文にも頻出するように、朝鮮民族独立運動・思想を処断する際の常套句であった。

こうした戦時下の司法処分をめぐる無法というべき状況を察知して、尹らは上告を断念した。治安維持法違反による懲役二年という断罪を尹らは肯《がえ》んずることはなかったはずだが、自らが、そして知人の間で「民族意識の昂揚」を図り、朝鮮独立の意識を根底に有していたことも疑いない。特高警察は嗅覚するどくその端緒を

かぎつけ、萌芽のうちに襲いかかった。
尹らに対する「独立意識の激発」や「民族意識の昂揚」という断罪の論理は、一九三〇年代後半から四〇年代にかけての朝鮮の治安維持法運用において存分に発揮されていた。前著『朝鮮の治安維持法』では「民族意識の発現・涵養への断罪」、「素朴な民族意識への牙」、「朝鮮文学・歴史・文化尊重への適用」、「日本敗戦予測への適用」などの項目として論述している。

そして、日本国内の戦時下の在日朝鮮人に対する治安維持法の発動として、尹らの事件はその「犯罪事実」の認定や量刑の程度において典型といってよい。詳しくは『治安維持法の成立と「改正」史』(「治安維持法の歴史」Ⅱ、二〇二二年一二月刊行予定)で述べるが、四一年から四五年五月までの「独立」運動の検挙者数合計は九四三人、起訴者数は二四六人で、これは同期間の「左翼」「独立」「宗教」の検挙者数の三〇・二%に、起訴者数の二一・三%にあたる(司法省「治安維持法違反年度別処理人員表」〔一九四五年五月末現在〕『治安維持法関係資料集』第四巻)。

四四年二月一八日、茨城県の特高主任会議で水戸地方裁判所検事局の遊田多聞思想部長は「民族主義事犯」について、「内地在住の一部朝鮮人中には戦争の長期化に因り我国経済の破綻必至なりと観測し、此の見解の下に朝鮮の独立を企図する者依然其の跡を絶たないのでありまして、其の関係者の大部分が内地留学の学生でありますことは注目すべき現象であります」と注意を喚起していた(『季刊現代史』第七号、一九七六年)。

実際の判決をみると、たとえば、四二年五月二五日、東京刑事地方裁判所(裁判長飯塚敏夫)は金世学《キムセハク》に懲役二年を言い渡した。金は新聞購読勧誘の際、勧誘先より罵倒されたことに憤慨し、「斯《か》かる侮辱を受けるは畢《ひっ》竟《きょう》朝鮮人が祖国を有せざる為なり」として独立を志し、新聞配達の同僚に日中戦争の長期化に伴って「日蘇の開戦は必至にして、其の際朝鮮に於ては蘇連邦と連絡し独立運動の勃発すべきを以て、東京に於ても予《かね》て同志の獲得に努め置き、東京が蘇連航空機の爆撃に因り混乱状態に陥るを待ち、同志二、三十名宛《ずつ》一団と為りて東京市内各所に蜂起し、防空設備を破壊し、消火物資等の配給を妨害し、以て治安の攪乱を図り、半島内の独立運動と呼応して朝鮮独立の為に活動すべく、之が為には予《あらかじ》め秘密の集合場所を暗号により決定し置くの要ある旨申向け」たなどとされた。これらの言動を新治安維持法第五条の「煽動」とした（『思想月報』九四、一九四二年五月）。

引続き植民地台湾における治安維持法の運用状況を調べはじめているが、その過程で王泰升『台湾法における日本的要素』（二〇一四年）中の「日本植民地統治下における台湾の「法の暴力」」という捉え方に出会った。それは植民地朝鮮においても、日本国内においても、治安維持法の「悪法」性の本質をもっとも的確に射抜く認識といえる。その治安維持法の「暴力」性が最大限に発揮されたのが、朝鮮であった。

本書においても前著でお名前をあげた方々や図書館・文書館のご協力をいただきました。また、刊行にあたって六花出版の皆さんに大変にお世話になりました。深くお礼を申しあげます。

なお、本書は「科研費」（2017-2020「「治安」の視点より見た近代日本の植民地統治・帝国統治」〔17K03089〕）の成果の一部です。

二〇二二年三月二一日

荻野　富士夫

李愚軾（リ・ウシク）　282, 285, 287, 328
李愚民（リ・ウミン）　29, 66, 168, 200, 207
李応瑞（リ・ウンタン）　96
李雲赫（リ・ウンヒョク）　219, 244, 245
李光雨（リ・ガンウ）　178
李官植（リ・カンシク）　299
李光洙（リ・ガンス）　75-77, 92, 148, 151, 302, 334, 336, 337
李起燮（リ・キソブ）　168
李奇福（リ・キボク）　390
李圭彩（リ・ギュチェ）　259
李箕永（リ・キヨン）　276
李啓心（リ・ケシム）　104
李士元（リ・サウォン）　285
李済宇（リ・ジェウ）　319
李在馥（リ・ジェポク）　57
李載馥（リ・ジェポク）　91, 136, 162
李載裕（リ・ジェユ）　197-199, 201, 220, 266, 267
李重根（リ・ジュングン）　306
李（三本）濬縞（リ・ジュンホ）　323
李鍾奎（リ・ジョンギュ）　178
李宗聖（リ・ジョンソン）　267
李鐘律（リ・ジョンリュル）　29, 301, 368
李寿延（リ・スヨン）　141
李順玉（リ・スンオク）　110, 142
李順今（リ・スンクム）　166
李準泰（リ・スンテ）　39, 139, 210, 214, 256
李錫冕（リ・ソクミョン）　176
李聖鳳（リ・ソンボン）　81
李昌業（リ・チャンオブ）　45, 211
李昌洙（リ・チャンス）　24, 313
李（滝本）春栄（リ・チュンヨン）　77
李哲夏（リ・チョルハ）　164, 165
李斗鐘（リ・ドジョン）　296
李同安（リ・ドンアン）　54, 301
李東祥（リ・ドンサン）　351
李学鍾（リ・ハクジョン）　272
李亨遠（リ・ヒョンウォン）　307
李秉傑（リ・ビョンコル）　389
李鉉相（リ・ヒョンサン）　25, 82, 85, 142, 164, 198, 369
李馨集（リ・ヒョンチブ）　390
李秉模（リ・ビョンモ）　68
李弦根（リ・ホングン）　381
李弘鍾（リ・ホンジョン）　189
李鳳洙（リ・ボンス）　28, 40, 332
李万根（リ・マングン）　306
林禹沢（リム・ウテク）　283
林周弘（リム・ジュホン）　66
林晟春（リム・ソンチュン）　372
林鶴洙（リム・ハクス）　323
林亨寛（リム・ヒョングン）　192, 193, 202
林鳳鎬（リム・ポンホ）　95
劉子勳（リュ・ジャフン）（劉福錫）　41, 88, 168, 169
劉承雲（リュ・スンウン）　37, 38
李允宰（リ・ユンジュ）　172
李胤錫（リ・ユンソク）　168
李龍景（リ・ヨンギョン）　82
李王（リ・ワン）　29, 153, 163, 293

## わ

脇鉄一　75, 92, 148, 151, 170, 186, 188, 200, 204, 206, 212, 217, 219, 222, 224, 232, 240, 244, 248, 287, 328, 337, 345, 346, 348, 351
渡辺吉右衛門　308
渡辺純　299
渡辺隆治　197, 201, 242

三幣直次　229
三橋孝一郎　98
三宅鹿之助　382
三宅正太郎　297
宮崎保興　414
宮本元　57, 405, 420
三輪和三郎　60, 61, 251
椋本運雄　230
村上三政　313
村田左文　66, 167, 173, 200, 207, 236, 258, 259, 260, 277, 280, 317
本島文市　138, 162
元橋曉太郎　62
森浦藤郎　87, 104, 106, 109, 142, 152, 164-166, 168, 170, 186, 242, 275, 373
森山武市郎　389
諸岡市朗　420

## や

安田幹太　342, 353
柳原幸雄　245
柳原茂　231, 319
柳原義　275
山沢佐一郎　54, 131, 230, 302
山下徳治　225
山下秀樹　65, 146, 219, 241, 242, 245, 246, 250, 257, 258, 260, 299, 307, 317
山梨半造　15, 31
山本命根（ヤマモト・ミョングン）　228
矢本正平　58, 147, 240, 241, 247, 248, 273, 313
梁在廈（ヤン・ジェハ）　325, 326, 328, 329, 339, 340
梁徳海（ヤン・ドクヘ）　64
楊潤植（ヤン・ユンシク）　319
湯浅倉平　61
柳仁鎬（ユ・インホ）　319
遊田多聞　428
柳基植（ユ・キシク）　319
柳鼎熙（ユ・ジョンヒ）　319
愈鎮熙（ユ・ジンヒ）　83
柳華水（ユ・ファス）　68
尹益夏（ユン・イクハ）　367
尹基鼎（ユン・キチョン）　276
尹致徳（ユン・チドク）　387
尹忠植（ユン・チュンシク）　243
尹泰栄（ユン・テヨン）　329
尹東柱（ユン・ドンジュ）　426, 427
尹炳采（ユン・ビョンチェ）　297
尹瑛夑（ユン・ヨンビョン）　297
呂運亨（ヨ・ウニョン）　110, 151, 152, 185, 230-232, 240, 241, 275, 366, 379
吉田肇　291, 306, 370, 374
吉野藤蔵　59, 61, 84, 95, 251
依田克巳　273, 295, 313
米川秋穂　372
米田太市　312, 314
米原先　128, 313
廉昌烈（ヨム・チャンヨル）　60, 194
廉（玉川）弘夑（ヨム・ホンビョン）　309
延秉学（ヨン・ビョンハク）　420, 423

## ら

羅景錫（ラ・ギョンソク）　23
羅在昇（ラ・ジェスン）　102, 103, 285
羅英均（ラ・ヨンキュン）　23, 24
李仁（リ・イン）　58, 249, 256-260, 273, 326, 327, 329, 331, 332, 339, 349, 350
李仁行（リ・インヘン）　176
李仁教（リ・インキョ）　178

韓定熙（ハン・ジョンヒ） 348
方正杓（パン・ジョンピョ） 293, 298
方孝銅（パン・ヒョクド） 344
韓炳宣（ハン・ビョンソン） 165
韓斌（ハン・ビン） 205-207, 222
享璉鎬（ヒャン・レンホ） 310
辺雨植（ピョン・ウシク） 198
玄春逢（ヒョン・チュボン） 226
卞洪大（ピョン・ホンデ） 167
辺麟鳳（ピョン・リンボン） 81
平石林 420
平川元三 347
平田勲 120
平山正祥 91, 137, 162
黄壬性（ファン・イムソン） 83
黄甲秀（ファン・カプス） 316, 317
黄大用（ファン・デヨン） 166
深沢新一郎 230
福田甚二郎 120
福田豊喜 319
福本和夫 253
藤井忠夫 35
藤木龍郎 156, 174, 268, 269, 310
藤田為与 245
藤間忠顕 267, 375
藤本香藤 279
布施辰治 61, 62, 120, 230, 248, 249, 325, 326, 330, 333
古川兼秀 20
古屋貞雄 59, 61, 244, 248, 330
白光欽（ペク・ガンフム） 29, 332
白南淳（ペク・ナムスン）（泉原英雄） 313
白允和（ペク・ユンファ） 282
裴章栄（ペ・ジャンヨン） 295
許（吉許）仁洽（ホ・インフブ） 393
北条新次郎 245
許均（ホ・ギュン） 85, 167
許成沢（ホ・ソンテク） 423
許晟道（ホ・ソンド） 386
許俊（ホ・ヂュン） 97
許憲（ホ・ホン） 175, 187, 233, 326, 327
許允燮（ホ・ユンビョン） 276, 349
洪仁錫（ホン・インソク） 283, 286, 328
洪加勒（ホン・カルク） 89, 90, 173, 258, 259, 269, 317
洪性煥（ホン・ソンファン） 293
本多公男 241
洪悳裕（ホン・ドクユ） 59, 203, 214
洪南杓（ホン・ナムピョ） 256
洪（仁川）彬（ホン・ビン） 341

## ま

馬庚突（マ・キョントル） 385
増永正一 124, 127, 128, 287, 311, 319, 396, 403
増村文雄 200, 205, 207, 208, 241, 276, 340
松崎三男 300
松下直英 295
松田利彦 10, 17, 102
松寺竹雄 30, 71, 101
松本茂 316, 317
丸山敬次郎 77, 269
万（万田）容模（マン・ヨンモ） 223, 224, 226
三浦秀吉 96
水野重功 65, 277, 304
水野直樹 102, 108, 113, 282, 285, 330
三谷武司 318
三津山繁 78, 147
湊信三 295
南次郎 390, 403

鄭必成（チョン・ピルソン） 169
鄭輝世（チョン・フィセ） 290
鄭夢周（チョン・モンジュ） 310
全允弼（チョン・ユンピル） 78
塚原友太郎 284
堤良明 397, 405
出口王仁三郎 297
太宰明（テ・ジェミョン） 328
寺内正毅 56
都寛浩（ト・カンホ） 84
徳江治之助 106
独孤佺（ドクコ・チョン） 27, 28, 58, 138
徳田球一 253
戸沢重雄 290
戸田常次 299
富井愛治 398
富永文一 11
豊原晟煥（トヨハラ・ソンファン） 322

## な

中川鼎 420
中川昇 310
長崎祐三 144, 146, 148, 266, 356, 372, 397, 400, 408, 409, 411-413
中島仁 240, 248, 251
永島雄蔵 328, 337, 346, 350
中野俊助 139, 141, 151, 164, 172, 230, 248, 253, 256
中野邦雄 228
中村竹蔵 100, 101, 121
中本弘鍾 269
南宮檍（ナムグン・オク） 40, 44, 88, 89, 168, 200, 207, 260-263
南宮珆（ナムグン・テ） 42, 47-49
南宮現（ナムグン・ヒョン） 40
南仲軍（ナム・ジュングン） 237
南襭祐（ナム・チョンウ） 168
奈良井多一郎 124

## は

朴翼燮（パク・イクピョン） 368
朴仁善（パク・インソン） 221
朴元秉（パク・ウォンビョン） 339
朴殷陽（パク・ウンヤン） 364
朴珪源（パク・ギュオン） 177, 178
朴景淳（パク・ギョンスン） 35, 90, 267
朴智和（パク・ジファ） 177
朴正殷（パク・ジョンウン） 171, 232
朴棕植（パク・ジョンシク） 277, 278
朴承俊（パク・スンヂュン） 283
朴純秉（パク・スンヒョン） 57, 184, 366
朴（大道）誠信（パク・ソンシン） 322, 324
朴贊五（パク・チャンオ）（松原博） 323
朴大全（パク・テジョン） 315
朴道秉（パク・ドビョン） 53, 94, 270
朴炳斗（パク・ビョント） 271
朴輝秉（パク・フィビョン） 69, 70
朴憲永（パク・ホンヨン） 28, 33, 34, 57, 83, 138, 162, 192, 195, 216, 227, 246, 248, 332
朴文益（パク・ムンイク） 246
朴（楠坪）祐儁（パク・ユシュン） 341
朴容喆（パク・ヨンチョル） 46, 146, 149
朴英熙（パク・ヨンヒ） 149, 276
朴来殷（パク・レウン）（青木茂雄） 352, 391
朴完植（パク・ワンシク） 145, 147, 276, 280
浜田虎熊 242
早川元三 353
韓廷植（ハン・ジェシク） 39, 84, 141, 164, 199

蘇完奎（ソ・ワンギュ）　343, 352
成綏慶（ソン・スキョン）　177, 178
孫（富原）澤龍（ソン・テクヨン）　78, 348
宋徳満（ソン・ドクマン）　58, 209, 251
宋道浩（ソン・ドホ）　219, 220
宋南洙（ソン・ナムス）　344, 352
宋炳寀（ソン・ビョンチェ）　165
宋夢奎（ソン・モンギュ）　426
孫梁基（ソン・ヤンギ）　308

## た

高木安太郎　293
高木義雄　36, 39, 82
高田柱造　18, 19
高野綱雄　297
高野秀雄　69, 70
高橋隆二　313
高原克己　410
高村正彦　266
田中寿夫　226
田中芳春　284
谷田諸十郎　306
玉名友彦　88, 130, 167, 293, 298
蔡奎恒（チェ・ギュハン）　199
蔡奎明（チェ・ギュミョン）　284
崔敬徳（チェ・キョンドク）　423
蔡クリコリ（チェ・クリコリ）　364
崔正烈（チェ・ジョンヨル）　299
蔡洙轍（チェ・スチョル）　274, 372
崔聖熙（チェ・ソンヒ）　297
崔星煥（チェ・ソンファン）　80
崔昌浩（チェ・チャンホ）　211
崔春蘭（チェ・チュンラン）　271
崔熙昌（チェ・ヒチャン）　153
崔福同（チェ・ポクドン）　176
崔浩善（チェ・ホソン）　282, 285, 286, 328
崔（水原）潤海（チェ・ユンヘ）　78, 348
車今奉（チャ・クムボン）　165, 364
車載貞（チャ・ジェジョン）　166
車柱彬（チャ・チェビン）（安田弓弘）　296
張埃（チャン・エ）　299
張基相（チャン・キサン）　283, 286, 328
張起談（チャン・キダン）　320
張東根（チャン・ドングン）　217
張鉉植（チャン・ヒョンシク）（松山武雄）　281
曺淑貞（チョ・クジョン）　235
朱燿翰（チョ・ヨハム）　75
趙鏞夏（チョ・ヨンハ）　35, 257, 258, 269
曺利煥（チョ・リファン）　193, 332
鄭遇尚（チョン・ウサン）　299, 300
丁寛鎮（チョン・カンジン）　272, 318
鄭広朝（チョン・カンチョ）　56
趙暻九（チョン・ギョング）　295
鄭在達（チョン・ジェダル）　57, 91, 137, 162
鄭在允（チョン・ジェユン）　337
鄭種根（チョン・ジョングン）　37, 170, 200, 204
趙信女（チョン・シンニョ）　68
全勝恩（チョン・スンウン）　390
鄭淳悌（チョン・スンチェ）　29
趙誠哲（チョン・ソンチョル）　68
鄭周泳（チョン・チュヨン）（松島健）　43, 45, 53, 77, 94, 95, 150, 174, 269, 270
鄭忠朝（チョン・チュンチョ）　312
鄭七星（チョン・チルソン）　197, 198, 220
鄭斗明（チョン・ドミョン）　380
鄭漢永（チョン・ハンヨン）　295, 343
鄭喜童（チョン・ヒドン）　46, 147, 273, 274, 313

具然欽（グ・ヨンヘム）　86
栗原一男　230
黒河衛　323
黒沼力弥　39
五井節蔵　164, 170, 183-188, 190, 193-196, 199, 200, 202-204, 209, 210-216, 224, 230-232, 241, 246, 251, 369
越尾鎮男　184, 192
後藤二六　70
近衛文麿　417
小林多喜二　2
小林長蔵　197, 201, 220, 221, 228, 240
高煕旭（コ・ヒウク）　426
高允相（コ・ユンサン）　52, 58, 61, 196, 203, 204, 210, 248, 249, 253, 332, 364, 426

## さ

斎賀七郎　75, 76, 148, 346
斎藤栄治　101, 158, 279, 280, 342, 345
斎藤五郎　342, 397
斎藤実　248, 255
佐伯顕　72
佐伯多助　11, 95
境長三郎　70-72, 123, 129
酒見緻次　272, 318, 340
坂本一郎　267, 318
佐々木日出男　88, 109, 143, 166-169, 176, 177, 245, 246, 257, 299, 307
佐々木義久　396, 397
佐竹亀　352
佐藤誠一　339
佐藤豁　128
里見寛二　139, 193, 293
沢木国衛　230
塩田宇三郎　223
志賀義雄　253
鹿野宏　80
静永世策　128
沈遠燮（シム・ウォンソブ）　166
沈載鳳（シム・ジェボン）（松本吉平）　223, 226
沈錫浩（シム・ソクホ）　271
下村三四郎　308, 320
蔣介石　94, 154, 155, 228
上甲米太郎　225, 276
庄司勇　65, 232
昭和天皇　31
白川博正　82
辛日鎔（シン・イルヨン）　83, 110, 329
新庄祐治郎　10
慎寿福（シン・スボク）　375
辛錫昌（シン・ソクチャン）　318
辛泰岳（シン・テアク）　343, 351, 352
申東浩（シン・ドンホ）　84
申興雨（シン・フンウ）　144
辛海甲（シン・ヘカプ）　176
辛憲（シン・ホン）　320
辛命俊（シン・ミョンヂュン）　36, 39, 82, 84, 203
杉本覚一　279, 280, 309
鈴木義男　74, 76, 334, 337, 341, 346
住田鉄男　82
関実　106
徐応浩（ソ・ウンホ）　242-244
徐光卨（ソ・ガンソル）　269, 349
徐光勲（ソ・ガンフン）　54, 301
石（石川）昌瑞（ソク・チャンタン）　296
徐相玩（ソ・サンオン）　339
徐東日（ソ・ドンイル）　297
徐万誠（ソ・マンソン）　169

金章烈（キム・ジャンヨル） 381
金重燮（キム・ジュンソブ） 228
金正根（キム・ジョングン） 230
金正連（キム・ジョンリョン） 82, 256, 257
金鎮熙（キム・ジンヒ） 195
金淳熙（キム・スンヒ） 272, 318
金準枰（キム・スンピョン） 283, 285, 287, 328
金世学（キム・セハク） 428
金世玩（キム・セワン） 282
金（金山）性業（キム・ソンオブ） 74, 346
金声大（キム・ソンデ） 176
金善行（キム・ソンヘン） 369
金載学（キム・チェハク） 293
金燦（キム・チャン）（金洛俊） 87, 152, 196, 233, 234, 237
金昌朝（キム・チャンチョ） 70
金瓚縞（キム・チャンホ） 229
金瓚泳（キム・チャンヨン） 68
金春沢（キム・チュンテク） 63, 65
金（金永）俊会（キム・ヂュンフェ） 323
金綴洙（キム・チョルス） 256, 423
金鉄煥（キム・チョルファン） 165
金哲鎬（キム・チョルホ） 243
金台鉉（キム・デヒョン） 56
金泰栄（キム・テヨン） 248
金徳元（キム・ドクウォン） 169
金徳泊（キム・ドクハク）（金谷権一） 391
金得麟（キム・ドクリン） 28
金斗禎（キム・ドジョン） 373, 387
金（金岡）東元（キム・ドンウォン） 302, 334, 346
金東喆（キム・ドンチョル）（徳山仁義） 227
金漢卿（キム・ハンギョン） 409
金漢童（キム・ハンドン） 12
金熙星（キム・ヒソン） 221
金亨植（キム・ヒョンシク） 84
金鉉直（キム・ヒョンジク） 295
金炳璹（キム・ビョンス） 299, 300
金秉鎮（キム・ビョンチン）（玄沢太郎） 222
金炯斗（キム・ヒョンド） 325
金炳魯（キム・ビョンノ） 60, 109, 241, 245, 257, 258, 266, 326-328, 332
金（金川）炯敏（キム・ビョンミン） 27, 50, 51, 53, 54, 93, 127, 154-156, 268, 269
金必寿（キム・ピルス） 237
金訓采（キム・フンチェ） 341, 347
金福童（キム・ボクドン） 168
金冕奎（キム・ミョンギュ） 59, 60
金明均（キム・ミョンギュン） 63, 65, 349
金文奎（キム・ムンギュ） 284
金文純（キム・ムンスン） 365
金洧善（キム・ユソン） 84
金允植（キム・ユンシク） 56
金龍済（キム・ヨンジェ） 2
金龍式（キム・ヨンシク） 343
金龍渙（キム・ヨンファン） 313
金永浩（キム・ヨンホ） 66
金用茂（キム・ヨンム） 329
金良仙（キム・リャンソン） 176
清川浩 394
慶（上原）川重（キョン・チョンジュン） 228
権五卨（クォン・オソル） 61, 139, 140, 163, 193-196, 202, 204, 209, 214, 216, 246, 253, 254, 256, 364, 425
権（吉田）快福（クォン・ケボク） 341
権赫度（クォン・ヒュクド） 176
権寧峻（クォン・ヨンジュン） 365, 366
具（綾城）謹会（グ・クンフェ） 322, 324, 393
具滋観（グ・チャガン） 245, 283, 287

大竹広吉　336
大野憲光　236, 416
大場正次郎　295
大森秀雄　60, 61
大山光　313
呉麒洙（オ・ギス）　300
呉淇燮（オ・ギソプ）　84, 164, 199
沖中守夫　411
奥平康弘　7
小田倉勝衛　222, 236
小野勝太郎　240, 242, 293
小野秀雄　98
呉丙洙（オ・ビョンス）　300
呉興俊（オ・フンヂュン）　102, 386
呉完洙（オ・ワンス）　282, 298

## か

香川愿　169
角本佐一　291, 330
笠井健太郎　121, 124, 130, 131, 315, 338
片岡介三郎　242
桂蘭秀　96
加藤昇夫　320
加藤誠　96
金川広吉　224, 230, 240, 241, 275, 327
茅根龍夫　27, 28, 33, 34, 83, 251
河合初弥　310
河上肇　223, 251
河崎竹千代　96
河村静水　271, 293
姜甲永（カン・カプヨン）　225
姜祥奎（カン・サンギュ）（大山隆実）　38, 45, 49, 82, 92, 136, 173, 267, 375-377
姜斉永（カン・ジェヨン）　97
姜進（カン・ジン）　423, 424
姜世馨（カン・セヒョン）　280
姜達模（カン・ダルモ）　52
姜達永（カン・ダルヨン）　38, 59, 204, 209, 210, 213, 215, 252, 256
姜（吉田）昌輔（カン・チャンポ）　344
姜（神農）周煥（カン・チュファン）　222
姜哲模（カン・チョルモ）　283, 286, 287, 328
姜炳度（カン・ビョンド）　164, 369
菊池慎吾　173, 267, 322
北村直甫　328, 341, 344
鬼頭兵一　277, 280
金翼鎮（キム・イクジン）　74, 148, 212, 346
金翊煥（キム・イクファン）　293
金一浚（キム・イルヂュン）　56
金科全（キム・カチョン）　162, 194
金光均（キム・ガンギュン）　364
金光黙（キム・ガンモク）　62, 67
金基洙（キム・ギス）　24, 84
金麒洙（キム・ギス）　341, 347, 348
金圭福（キム・ギュボク）　300
金烱善（キム・キョンソン）　423
金景瑞（キム・ギョンタン）　217
金九（キム・グ）　46
金傑（キム・コル）　96
金（金海）健鎬（キム・コンホ）　280
金三弘（キム・サムホン）　377
金尚珠（キム・サンジュ）　34, 83, 195
金象泰（キム・サンテ）（青山秀章）　45, 77, 270, 347
金尚昊（キム・サンテ）　298
金在水（キム・ジェス）　294
金載棟（キム・ジェドン）　225
金在明（キム・ジェミョン）　364
金章臣（キム・ジャンシン）　227

## や

大和塾　409, 413, 415
『大和塾日記』　411
儒林団事件　116
要視察人　22-24, 26, 28, 80, 105, 179, 415
麗水社会科学研究会　312
麗水赤色労働組合準備会　312
予防拘禁制度　126, 359, 374, 399, 416-419, 421-424
永同青年連盟事件　299

## ら

陸海軍刑法　175, 269
流言蜚語　51, 126, 154, 228
留保処分　6, 33, 160
留滬韓国独立運動者同盟　86
領事館警察　35, 36, 62, 63, 65, 86, 102, 107, 218, 271, 274
「累進得点原簿」　383, 386, 388, 392
労働農民党　330

# 主要人名索引

## あ

相原宏　310
赤尾虎吉　349, 350
浅野茂子　411
浅見仙作　297
浅利三朗　12
荒巻昌之　197, 220, 221, 225, 266
有沢作治　227
安恭根（アン・コングン）　313
安三遠（アン・サムウォン）　164
安在鴻（アン・ジェホ）　169
安昌大（アン・チャンテ）　221
安昌浩（アン・チャンホ）　234, 366
安炳春（アン・ビョンチュン）　166, 176
安秉珍（アン・ビョンチン）　152
安福山（アン・ボクサン）　307
飯島米太郎　323
飯塚敏夫　428
池田克　105
池田清　15, 96
池谷嘉雄　322
池田良之助　241, 295
磯谷季次　67, 363, 368
板野孝一　295, 300
市川朝彦　307
市原感一　98
伊藤浦太　24
伊藤清　295
伊藤憲郎　104, 105, 109, 115, 119, 121, 142, 231, 271, 319, 327
岩城義三郎　339
岩島肇　328
岩本五郎　69, 70
元鐘億（ウォン・ジョンオク）　283
氏家仁　320
江上緑輔　185, 276, 316
江藤逸夫　300
王泰升（オウ・タイショウ）　429
大木喜市　81
大国正夫　175
大坂盛夫　420

朝鮮共産主義者同盟組織事件　226
朝鮮共産党工作委員会事件　315
朝鮮共産党再建協議事件　299
朝鮮共産党再建京城地方協議会事件　197, 201, 215, 220, 266
朝鮮共産党準備事件　57, 91, 136, 137, 162
朝鮮共産党並高麗共産青年会準備会事件　244
朝鮮共産党日本総局事件　409
朝鮮共産党平安道幹部機関及細胞機関検挙事件　12
朝鮮共産無政府主義同盟　68
朝鮮建国団　77
朝鮮語学会事件　172, 281, 327, 342, 353
『朝鮮思想検察提要』　105, 116
朝鮮思想犯予防拘禁令　126, 414-420, 423
『朝鮮司法保護』　412, 413
『朝鮮重大事件判決集』　117, 284
朝鮮少年令　321-323
朝鮮総督府爆弾投擲事件　83, 136
朝鮮総督府保護教導所　420
『朝鮮治安維持法違反事件判決（一）』　116, 120
『朝鮮治安維持法違反調査』　115, 120, 270, 277, 288, 289, 292, 297, 305
『朝鮮独立思想運動の変遷』　117, 118
朝鮮問題時局研究会　345
朝鮮臨時保安令　153, 175
全南木浦学生事件　211
太陽会　294
顛末書　92, 93
統義府　102, 103
同心会　78, 348
灯台社事件　222
同盟休校事件　29, 37, 68, 110, 142, 144
独立騒擾事件　117, 284

## な

南京軍官学校　169
二重橋前爆弾事件　117
日本共産主義団　406
日本プロレタリア作家同盟　2
日本無政府共産党事件　336
認知書　25
農民協会　63, 217

## は

朴烈事件　117
咸北道連事件　191, 304
衡平社事件　54, 301
不穏宣伝ビラ撒布事件　45
黒旗連盟事件　115, 116
北青赤色農民組合事件　70
普天教　97, 126, 228
不定期刑　321-324
保安法　23, 25, 26, 45, 56, 57, 101, 118, 136, 143, 152, 153, 165, 168, 169, 191, 207, 211, 231-233, 260, 263, 284, 319, 328, 339, 340, 342, 358, 391
暴行陵辱瀆職罪　61
保護司　187, 383, 397, 398, 400, 401, 406, 411
輔導官　397, 401

## ま

水責　60, 67
無極大道事件　229
無線電信法　136
文川事件　190
目的遂行罪　311, 312, 314

支援結社　314
時局対応全鮮思想報国連盟　373, 388, 389, 407, 408, 415
『思想彙報』　120, 144, 159, 400
『思想月報』　105, 113-115, 117-120, 159, 244, 289, 290
思想犯保護観察制度　131, 161, 218, 264, 265, 292, 356, 374, 398, 401, 408, 413, 415, 416
『思想報国』　407
指定弁護士制　328
十字架党事件　40, 44, 88, 89, 143, 144, 168, 200, 205, 207, 234, 241, 260
自覚団　293, 294
上海反帝同盟　86
上海臨時仮政府　66, 200, 207
『銃後赤心録』　373
集団　2, 314
自由法曹団　244, 248, 326, 330
出版法　298, 313, 328, 357
準備結社　314
正火会　293, 298
新義州青年同盟事件　304
新義州青年連盟事件　190
真友連盟事件　116, 330
新幹会　132, 187, 290, 327, 350
新幹会鉄山支会事件　350
身上票　378, 380
定平農民組合事件　217
新興教育研究所事件　224, 276
新聞紙法　83, 110, 112, 328, 329
新民府事件　116
水原高農事件　191, 327, 339
修養同友会事件　73-75, 77, 92, 271, 297, 302, 304, 334-337, 341, 345
制令第七号　91, 101, 118, 162, 230, 231, 284, 320, 328, 352, 357, 358
赤色読書会　300, 301
赤色農民組合　70, 166, 167, 372
赤色永興農民組合暴動事件　274
赤色労働組合　85, 166, 167, 176, 221, 225, 312
新建設社事件　145, 276, 280, 287
全鮮弁護士大会　282, 320
捜査報告書　92, 93-95
素行調書　45, 80-82
西大門刑務所　142, 143, 151, 152, 179, 184, 209, 216, 249, 307, 331, 358, 361-363, 366, 368, 369, 373, 375, 382, 387, 388, 390, 426
仙道教事件　228

## た

第一次・第二次朝鮮共産党事件　2, 12, 36, 38, 52, 58, 61, 162, 184, 202, 205, 209, 212, 213, 216, 240, 244, 246, 253, 282, 289, 324-326, 330, 338, 360, 364, 366, 425
第一次朝鮮共産党事件　27, 33, 35, 83, 104, 138, 184, 192, 194, 248
第二次太平洋労働組合事件　67, 363
第二次朝鮮共産党事件　24, 28, 29, 81, 84, 95, 139, 141, 184, 193-196, 199
茶革党　341, 344
中国共産党　21, 63, 85, 98, 191, 276, 344, 349, 351, 352
聴取書　33-35, 74, 319
朝鮮阿片令　207
朝鮮学生科学研究会　25, 66, 82, 85, 142, 164, 170, 369
朝鮮学生前衛同盟　122, 166, 170, 200, 272, 350
朝鮮行刑累進処遇規則　383, 384, 386, 387, 392
朝鮮共産主義者晋州協議会事件　308

# 索引

## 主要事項索引


### あ

愛国団　46, 147, 148, 313
意見書　30, 45, 80, 83-93, 135-137, 143, 146, 151, 153, 157, 162, 164, 168-170, 176, 177, 230
義烈団　30, 66, 90, 169, 173, 176, 207, 233, 243, 258, 317
諺文研究会事件　43, 53, 77, 94, 174, 269, 278, 345, 347, 353

### か

仮釈放審査規程　384
韓国独立党　35, 46, 90, 91, 259, 267
光州学生事件　52, 121, 225, 233, 367, 368
光州事件　327
韓人独立青年同盟　146
間島　14, 35, 36, 62, 63, 65, 67, 80, 87, 107, 179, 188, 191, 210, 217, 218, 232, 236, 246, 287, 291, 300, 329, 343, 349, 351, 352
間島共産党事件　62, 116, 119, 179, 186, 211, 233, 235, 253, 291, 343, 368
光復団　277
金泉少年刑務所　322, 361, 393
行刑累進処遇令　383
行状表　378, 380, 381, 384, 386, 388, 393
教導官　420, 422
京都学連事件　2
キヨク党（ㄱ党）　165
京城高等女学生同盟休校事件　110, 142, 144
慶北軍資金募集事件　297
キリスト教長老派　126
警察官吏功労記章　95
警察犯処罰規則　29
刑事補償法　315
警務官　12
憲兵隊　64, 67, 78, 79, 119, 348
興業倶楽部事件　144
国語講習会　410
国語普及運動　410
国防保安法　108, 127, 158, 240, 420
五・三〇間島共産党事件　62, 63, 67, 188, 217, 241, 246, 287, 291, 329, 330, 343, 351, 366
コミンテルン　18, 21, 91, 114, 139, 220, 223, 227, 230, 275, 309, 310
「コム」グループ事件　221
高麗共産青年会　28, 33, 34, 37, 83, 85, 138-140, 162-166, 192-195, 202, 217, 219, 224, 253, 254, 290
高麗共産青年会日本総局関西部事件　290
高麗青年会咸南支部事件　339
高麗革命党事件　116
共鳴団　173, 256, 257

### さ

斎藤総督狙撃事件　116
裁判闘争　244, 338, 339
三・一五事件　11, 12, 102, 253
三・一独立運動　10, 56, 81, 100, 285
常緑会事件　26, 27, 42, 47, 48, 86, 87, 177, 178

［治安維持法の歴史Ⅲ］

# 朝鮮《ちょうせん》の治安維持法《ちあんいじほう》の「現場《げんば》」——治安維持法事件《ちあんいじほうじけん》はどう裁《さば》かれたか

著者——荻野富士夫
発行日——二〇二二年五月二五日　初版第一刷
発行者——山本有紀乃
発行所——六花出版
〒一〇一—〇〇五一　東京都千代田区神田神保町一—二八　電話〇三—三二九三—八七八七　振替〇〇一二〇—九—三二三五二六
校閲——黒板博子・岩崎眞美子
組版——公和図書デザイン室
印刷・製本所——モリモト印刷
装丁——臼井弘志

著者紹介——荻野富士夫（おぎの・ふじお）
一九五三年　埼玉県生まれ
一九七五年　早稲田大学第一文学部日本史学科卒業
一九八二年　早稲田大学大学院文学研究科後期課程修了
一九八七年より小樽商科大学勤務
二〇一八年より小樽商科大学名誉教授
主な著書　『特高警察体制史——社会運動抑圧取締の構造と実態』せきた書房、一九八四年／増補版、一九八八年／増補新装版　明誠書林、二〇二〇年／『戦後治安体制の確立』岩波書店、一九九九年／『思想検事』（岩波新書）二〇〇〇年／『特高警察』（岩波新書）二〇一二年／『日本憲兵史』日本経済評論社、二〇一八年／『よみがえる戦時体制』（集英社新書）二〇一八年

ISBN978-4-86617-165-4 